건강하고
평범한
삶을 위한
발자국

장애인거주시설
복지-의료 지원 사례집

건강하고 평범한 삶을 위한 발자국

은평재활원 편

입주자의 건강한 삶을 위한
돌봄과 복지, 의료 지원

인간과복지

은평재활원

은평재활원은 장애를 겪는 분들의 따듯한 보금자리로 자리매김 한 이후, 사십오년의 시간이 흘렀습니다. 그동안 편안하게 생활할 수 있는 생활환경 조성과 당사자 중심, 생애주기에 따른 지원 서비스를 제공하고자 노력해 왔습니다. 그리고 개개인의 욕구와 개성, 권리가 존중받도록 전 직원의 인권 인식과 역량 강화에 힘써왔습니다.

은평재활원은 또한 입주자의 자기결정을 존중하고 권리를 옹호하며, 우리 사회에서 더불어 행복할 수 있도록 돌봄과 자립을 적극 지원하고 있습니다. 그리고 지역사회의 일원으로서 당당하게 삶을 영위할 수 있도록 조력하고 있습니다.

우리 은평재활원은 지금까지 노력해 왔던 것에 만족하지 않고, 좀 더 앞서 나아가려 합니다. 우리의 꿈은, 장애를 겪는 분들이 자신의 꿈을 이루고, 건강한 삶, 평범한 삶, 행복한 삶을 누리는 것입니다.

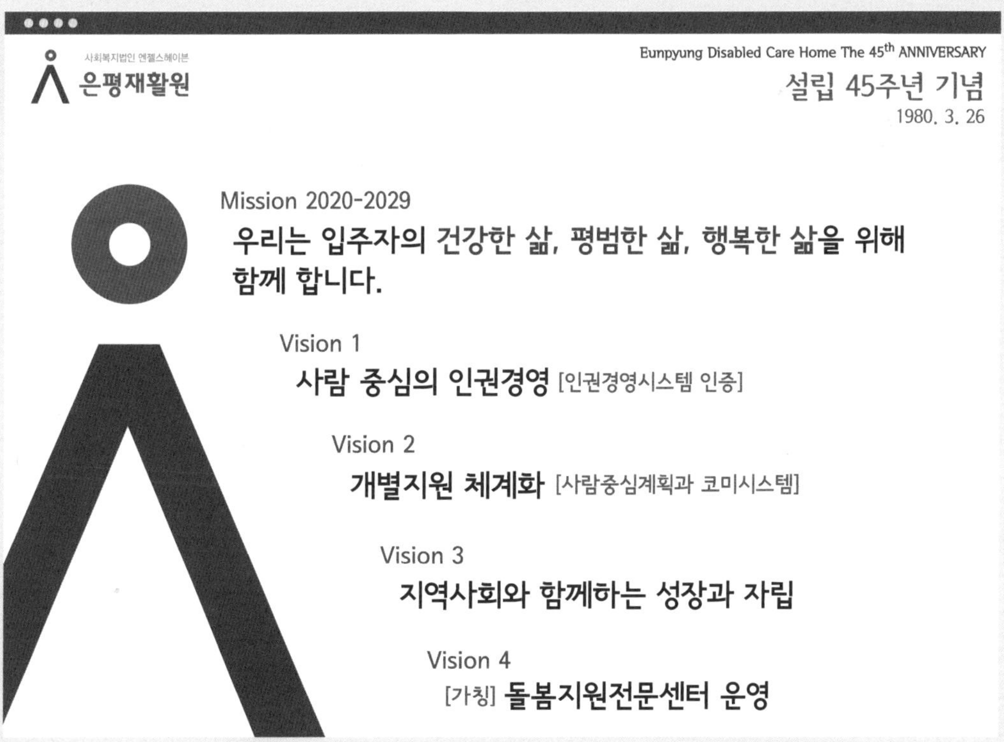

의료통합 사례지원 중심의 사회복지 실천

하성도 (은평재활원장)

저는 사회복지사로서, 『은평재활원 복지-의료지원 사례집』을 통해 사람 중심 실천의 진정한 의미를 다시금 느끼게 되었습니다. 특히 '의료와 통합된 사례지원'이라는 관점에서, 사회복지사의 실천적 역할과 제언을 말씀드리고자 합니다.

장애인거주시설의 현장은 단지 복지의 공간이 아니라, 다양한 건강 문제와 의료적 욕구가 함께 존재하는 삶의 현장입니다. 따라서 복지와 의료의 통합적 접근은 선택이 아닌 필수가 되었습니다.

첫 번째 제언은, '보건의료 욕구에 기반한 맞춤형 사례지원 강화'입니다. 장애를 겪는 입주자는 만성질환, 정신건강 문제, 재활치료 등 복합적인 건강 욕구를 가지고 있습니다. 사회복지사는 이러한 의료적 욕구를 정확히 파악하고, 필요시 외부 의료자원을 적극적으로 연계해야 합니다. 특히 정기적인 건강 상태 모니터링, 진료 동행, 투약 관리 등의 실천은 서비스의 일관성과 신뢰성을 높이는 데 핵심입니다.

두 번째는, '다학제팀 기반의 협업 시스템 구축'입니다. 사례집에서도 언급되었듯, 은평재활원은 '의료사례회의'를 통해 당사자 중심의 지원방안을 함께 마련해왔습니다. 이 과정에서 의사, 간호사, 치료사, 영양사, 사회복지사 등 다양한 전문가들과의 협업은 문제 해결의 핵심이 되었습니다. 사회복지사는 이 협업을 조율하고, 당사자의 이야기가 팀 안에서 존중받을 수 있도록 조정자 역할을 수행해야 합니다.

세 번째는, '의료정보와 복지정보의 통합관리'입니다. 복지 현장에서 의료정보는 단절되기 쉽고, 반대로 의료기관에서는 복지환경을 파악하기 어렵습니다. 사회복지사는 이 둘을 연결하는 정보 관리자이자 전달자입니다. 진료 기록, 사례지원 기록, 서비스 연계 자료 등을 통해 정보를 정확히 기록하고 공유함으로써, 당사자 중심의 통합적 지원을 실현할 수 있습니다.

네 번째는, '예방 중심의 건강증진 실천 강화'입니다. 단지 병을 관리하는 것이 아니라, 건강을 유지하고 삶의 질을 향상하는 실천을 해야 합니다. 이를 위해 정기 건강검진, 건강관리, 운동 프로그램, 영양교육 등의 활동이 사회복지사의 계획과 조정하에 통합적으로 제공되어야 합니다. 이러한 예방적 접근은 당사자의 자립과 존엄을 높이는 중요한 수단이 됩니다.

다섯 번째는, '복지와 의료의 언어를 잇는 통역자 역할'입니다. 의료 전문가들은 전문 용어와 치료 계획에 익숙하지만, 당사자에게는 그것이 추상적이고 낯설 수 있습니다. 사회복지사는 그 사이에서 조정자이자 설명자 역할을 수행해야 합니다. 당사자가 치료나 약물, 건강관리에 대해 이해하고 스스로 선택할 수 있도록 돕는 것이 핵심입니다.

마지막으로, '회복과 의미 중심의 지원 실천'입니다. 단순히 병을 치료하는 것을 넘어, 회복의 과정을 통해 의미 있는 삶을 살아갈 수 있도록 도와야 합니다. 복지적 지원과 의료적 지원이 함께할 때, 장애인의 일상 회복과 삶의 만족도는 극대화될 수 있습니다.

우리가 실천하는 '의료사례지원'은 단지 협업을 넘어서, 사람의 삶 전체를 통합적으로 바라보는 실천입니다. 여기에 더해, 비약물적 접근의 중요성 또한 점점 두드러지고 있습니다. 특히 사람중심계획Person- Centered Planning, PCP, 코미시스템KOMI System, 행동분석이론Applied Behavior Analysis, ABA 등을 접목한 사례지원은 의료적 개입을 최소화하면서도 효과적인 지원을 가능하게 합니다.

이러한 이론과 기법은 단독으로 적용되기보다 통합적 실천 속에서 효과를 발휘합니다. 예를 들어, 사람중심계획을 바탕으로 당사자의 목표를 설정하고, 코미시스템으로 의료와 연계하는 돌봄을 지원하며, 행동분석을 통해 긍정적 변화를 이끌어낼 수 있습니다. 이와 같은 비약물적 개입은 당사자에 대한 깊은 이해와 신뢰를 바탕으로, 보다 지속가능하고 인간적인 지원을 가능케 합니다.

사회복지사는 이러한 다양한 이론과 실천도구를 유기적으로 통합하여, 의료적·심리적·사회적 측면에서 당사자의 삶을 균형 있게 지원하는 역할을 수행해야 합니다.

아직은 부족한 점이 있으나 의료와 통합된 사례 지원을 위해 지난 8년 동안 노력하신 선생님들과 도움 주신 분들의 열정과 노고에 깊은 감사와 존경을 표하며, 이 책을 통해 감사의 인사를 전해 드리고 싶습니다.

촉탁 의사로 함께하시는 추혜인 원장님(살림의료복지사회적협동조합)과 정신건강의학과 장창현 과장님 두 분의 도움이 가장 컸습니다. 감사합니다. 책을 발간하는 데 도움을 준 아산복지재단과 엔젤스헤이븐에도 감사의 마음을 전하고 싶습니다. 그리고 평소 강사로, 자문위원으로, 운영위원으로 도움을 주시며 바쁜 가운데 자문해주신 분들께 감사드립니다. 코미KOMI 시스템을 가르쳐 주신 김병순 소장님(전, 코미연구소장), 김봉선 운영위원장님(숭의여대 사회복지학과장), 문회원 위원님(서울시장애인일자리통합지원센터 사무국장), 그리고 평소에 아낌없는 조언과 응원을 해주시고 출판을 해주신 '인간과 복지' 이명묵 대표님께 감사의 마음을 전합니다. 또한 '복지요결'을 통하여 입주자를 존중하고 사람다운 삶(건강한 삶), 사회다운 삶(평범한 삶), 주인 된 삶(행복한 삶)을 위해 함께 할 수 있도록 이끌어 주신 한덕연 원장님(사회복지정보원)께 진심으로 감사드립니다. 배움을 기반으로 자칫 '의료 모델'에 매몰되지 않고, '생태관점'에 부합하는 지원이 되도록 절차탁마切磋琢磨하겠습니다.

무엇보다 한 사람의 삶을 변화시키고 도와줄 수 있는 기적적인 일을 하는 장애인거주시설 직원의 사명은 가장 존엄하고 거룩한 일이라 생각합니다. 사명을 잘 감당하시는 은평재활원 선생님들께 진심으로 감사와 존경을 드립니다.

끝으로 1980년 은평재활원을 설립하시고 2015년까지 35년간 부모 잃은 장애아동을 하나님의 사랑으로 보살펴주시고 은평재활원을 성장 발전시키시고 (2024년) 하나님 나라에 가신 윤경숙 명예 원장님께 이 책을 바칩니다.

"사람이 마음으로 자기의 앞길을 계획하지만, 그 발걸음을 인도하시는 분은 주님이시다."

(잠언 16장 9절).

의료사례집 발간을 축하드립니다

이종혁 (은평재활원 입주자자치회장)

안녕하세요. 저는 은평재활원 입주자자치회 회장 이종혁입니다.

은평재활원에서는 형, 친구, 동생들이 함께 살고 있습니다. 형, 친구, 동생들 대부분은 아파도 표현하기 어렵거나, 스스로 어떻게 할지 몰라서 힘든 일도 있습니다. 또 연세가 많아지신 형님들은 더 많은 도움이 필요하기도 합니다. 저는 입주자 대표로서, 누구도 불편함 없이 병원에 갈 수 있고 필요한 치료를 받을 수 있는 이동방법과 환경이 중요하다고 생각합니다.

다행히 은평재활원에서는 건강 관련된 이야기와 의료사례 회의를 통해 건강을 꼼꼼히 살펴주고, 입주자들이 알기 쉽게 건강 정보를 알려주고 있습니다. 치료 과정에서도 우리들의 의견을 존중하고 스스로 결정할 수 있도록 도와주기 때문에, 건강에 대한 이해와 관심이 커지고 자립심이 생기는 데 큰 도움이 되고 있습니다.

우리들의 건강을 꼼꼼히 지켜보면서 행복하고 건강해지는 좋은 방안을 입주자와 함께 찾아줘서 입주자분들이 행복하게 생활할 수 있게 되었습니다. 입주자 모두가 아프지 않고 건강하고 행복하게 지낼 수 있도록 늘 도와주시는 하성도 원장님과 모든 직원 선생님, 그리고 촉탁의 선생님께 진심으로 감사드립니다.

그동안의 노고와 노력이 들어간 의료사례집이 발간되어 기쁘고 감사하게 생각합니다. 앞으로 더더욱 저희 입주자분들에게 큰 힘이 되어주시길 바랍니다. 은평재활원의 의료사례집 발간을 진심으로 축하드려요. 언제나 입주자자치회에서 응원합니다.

건강한 삶의 변화를 이끈 노력의 결실

조준호 (엔젤스헤이븐 대표이사)

엔젤스헤이븐 은평재활원에서 발간하게 된 입주자 의료사례회의 사례집은, 장애인 입주자들의 건강한 삶을 위한 당사자와 많은 지원자의 지난 8년간의 노력이 담긴 귀중한 기록물입니다.

장애인이 일상에서 건강한 생활을 영위하도록 지역의 의료인과 사회복지사, 영양사, 간호사, 물리치료사, 작업치료사, 언어재활사 등이 당사자 관점에서 한 사람 한 사람의 일상생활부터 사회생활까지 종합적으로 살피며, 질환의 개선과 완화를 위한 세심한 지원의 과정이 담겨있습니다.

본 사례집은 전문적인 지원방안 모색과 교육, 훈련을 통해 축적된 경험으로 입주자의 삶의 변화를 가져오게 된 성과를 한데 모아 정리한 결과물이기에, 장애인 복지에서 건강문제를 중점으로 '사람 중심 지원'을 고민하는 실무자와 연구자, 정책 입안자뿐 아니라 보건의료 분야 종사자에게도 다학제적 지원의 필요성과 효과를 살필 수 있는 실질적 참고 자료가 될 것입니다.

입주자의 건강한 삶을 위해 지역사회에서 보건의료와 복지의 이음을 실천해온 많은 분의 헌신적인 도움과 협조가 있었습니다. 은평재활원 촉탁의, 자문위원, 그리고 지역의 다양한 병의원들의 전문적 케어와 관심에 깊은 감사의 말씀을 드립니다. 또한, 입주자 곁에서 수년간 함께 하며 식사, 수면, 위생, 안전 등을 세심히 살피고, 더 나은 삶을 영위할 수 있도록 고민하고 기록하며 실천해온 은평재활원 모든 직원의 노고에 진심으로 감사드립니다.

이 사례집이 장애인의 건강한 삶과 지원에 관심 있는 모든 분에게 유익한 길잡이가 되기를 바라며, 앞으로도 지속적인 관심과 성원을 부탁드립니다. 감사합니다.

table of

Ⅲ. 맺는 글

부록

contents

I

은평재활원의 의료사례회의

001 8년 동안 함께 만들어 온 의료사례회의

은평재활원의 의료사례회의는 지난 8년 동안 거의 1달에 한 번씩 특별한 일이 없으면 거르지 않고 진행해 온 우리 은평재활원의 자랑입니다. 촉탁의인 저를 포함하여 원장님, 사무국장님, 부장님, 팀장님 등 다양한 직책과 다양한 직역(사회복지사, 의사, 간호사, 물리치료사, 영양사 등)의 직원들이 함께 회의하고 있습니다. 이전에는 작업치료사, 언어재활사도 함께 회의하기도 했고, 때로는 입주자 당사자나 가족들과 함께 회의를 진행한 적도 있습니다.

입주자들의 생활과 건강의 역사를 소상히 알고 있는 분들이 모두 모여, 현재의 건강 문제가 무엇인지 짚고, 앞으로 어떤 지원이 더해지면 더욱 건강하고 행복하게 생활하실 수 있을지 지혜를 모아가는 과정은 서로가 서로에게 배울 수 있는 소중한 시간이었습니다.

지난 8년 동안 진행된 의료사례회의를 대략 정리해 보자면 아래와 같습니다.

첫 해인 2017년에는 그동안 정리되어 있지 않았던 의료기록들을 정리하여 입주자 개인별로 병력과 투약력을 확인하는 것이 주된 과제였습니다. 이듬해인 2018년에는 각 직종별로 중재계획을 수립하여 논의하기 시작했습니다. 촉탁의로서는 과거의 건강검진 결과들을 정리하고 예방접종력을 정리하고, 앞으로 맞아야 할 예방접종에 대해서도 계획을 세울 수 있게 되었습니다.

2019년부터는 각 직종별로 중재계획이 심화되기 시작했고, 불필요하게 2, 3차 상급의료기관을 이용하는 부분들을 정리하여 지역의 1, 2차 의료기관에서 편리하고 친근하게 진료받기로 하였습니다.

2020년에는 코로나로 외출을 하지 못하는 스트레스로 행동장애와 관련한 문제들이 더욱 많아졌음에도 불구하고, 불필요한 정신과 약물을 줄이고 입주자분들에 대한 전인적인 케어를 시행해 보자는 큰 계획에 따라 정신과 약물을 줄인 많은 성과가 있었습니다. 이는 환경과 행동 지원을 통해 불필요한 정신과 약물을 줄일 수 있다고 믿는 시설과 비판정신의학의 관점에서 정신과 약물을 줄여 나가는 데 대한 평소의 신념이 있는 정신건강의학과 전문의의 만남이 있어서 가능한 일이었습니다. 이 일을 맡은 정신

추혜인

(은평재활원 촉탁의, 살림의원 가정의학과 전문의)

건강의학과 전문의는 촉탁의인 제가 일하는 살림의원에서 같이 근무하고 있는 분으로서, 차트를 공유하고 있기도 하지만 서로 신뢰하며 진료하는 관계이기에 가정의학과-정신건강의학과 진료 사이에서도 약물 중재와 사례 관리가 원활하였던 부분이 있습니다.

2021년부터는 입주자들이 공통적으로 겪고 계시는 질환들을 함께 공부하고 그 질환을 가진 분들의 사례를 같이 다루기 시작하였습니다. 같은 질환인데도 조금씩 입주자마다 다르게 양상이 나타나는 것을 보면서, 그 질환에 대한 이해가 높아지기도 했고 입주자에 대한 이해가 더 높아지기도 했습니다. 또한 질환별 사례회의 전에 각 해당 질환에 대해 촉탁의가 미리 교육 내용을 준비해와서 전 직원이 같이 교육받는 시간을 가지기도 했는데, 이 교육 또한 2달에 한 번꼴이라 준비가 버겁기는 했지만, 직원들에게 상당한 도움이 되었다는 평가가 있었습니다. 이렇게 질환들에 대해 함께 논의하기 시작하면서 정신건강의학과 약물을 드시는 분들에 대한 사례회의도 자연스럽게 추가될 수 있었습니다.

가장 최근인 2024년에는 각 팀별 사례회의가 추가되었습니다. 보통의 사례회의는 팀장을 포함하여 팀에서 1~2인 정도가 참여하여 이루어지는데, 2024년에는 모든 팀원이 참여하는 사례회의를 시도한 것입니다. 이를 위해 그 팀이 회의하는 날에는 다른 팀 직원들까지도 케어 지원을 위해 파견을 나가는 등 일정 조정이 많이 필요하였습니다. 그럼에도 팀원들이 다 참여하는 회의를 하기 시작하자, 팀 내에서도 공유되지 못하고 있었던 사실들을 서로 알게 되었습니다. 보통은 촉탁의의 제안을 팀장을 통하여 공유받았기 때문에, 왜 그러한 제안이 나왔는지 맥락을 충분히 이해하지 못하던 직원들도 이 기회를 통해 더 잘 이해하게 되었다는 평가가 있었습니다. 또 사례를 직접 담당하는 직원들이 자신이 돌보는 입주자들에 대해 발표했기에, 다른 직원들과 촉탁의에게도 입주자를 더 잘 이해할 수 있는 기회가 되기도 했습니다. 케어의 방향성을 맞추어 가기 위해서도, 팀웍을 다지는 데도 필요하고 좋은 시간이라는 판단에 앞으로도 매년 팀별 사례회의는 1번씩 유지하기로 하였습니다.

- 2017년: 입주자 개인별 병력/투약력 확인
- 2018년: 각 직종별 중재계획 수립, 건강검진 결과, 예방접종력 정리와 추후 계획 수립
- 2019년: 불필요한 2차, 3차 의료기관 방문 정리
- 2020년: 긴급 사례회의 중심으로 지속, 정신과 불필요한 약물 줄이는 중재 시작
- 2021년~2024년
  - 질환별 사례회의 + 각 질환에 대한 교육 : 행동장애, 갑상선, B형 간염, 뇌전증, 뇌졸중, 무릎관절염, 강직성 척추염, 다운증후군, 고혈압과 당뇨, 무좀…
- 2024년
  - 팀별 사례회의 : 각 팀의 직원들 모두가 참여하여, 사례 담당 직원들이 직접 의견을 나누는 자리로 기획. 이를 위해 다른 팀의 직원들이 대신 근무하기도 함

이렇게 정말 해마다, 단 한 해도 빼놓지 않고 새로운 시도로 진행되어 온 의료사례회의이지만, 돌이켜 보면 꼭 필요한 과정이 아니었나 싶습니다. 그리고 그 어느 해도 솔직히 도움이 되었습니다. 그것은 아마도 해마다 연말에 그 해의 의료사례회의 진행 방식을 평가하고 내년에 더 필요한 부분이 무엇인지 논의를 거친 후 회의계획을 수립하였기 때문일 것입니다. 그러다 보니 이제는 좀 틀이 잡혀서 매년 하게 되는 주제의 사례회의도 생겼습니다. 연 중간에 이루어지는 건강검진 결과를 같이 보고 논의하는 자리가 바로 그것입니다.

이렇게 8년 동안 거의 매달 한 번씩 진행된 은평재활원의 의료사례회의를 통해, 우리는 '다학제 사례회의'의 훌륭한 모델을 만들어 왔다고 생각합니다.

은평재활원의 의료사례회의에서는 다운증후군 입주자분들의 이야기가 적지 않게 논의되었습니다. 그간의 의료사례회의 내용을 쭉 찾아보니, 다운증후군의 특성에 대해서 이보다 더 정확히 쓸 수는 없겠다 싶을 만큼 얘기를 많이 나누었네요. 다운증후군 건강관리 요령을 아래와 같이 정리할 수도 있을 정도입니다.

- 피부 면역력이 약해 무좀, 사마귀 등의 감염에 취약하고 지루성피부염, 아토피 피부염이 잘 생기는 편임
- 뚜렷한 알레르기 원인 항원이 없어도 비염과 결막염이 잘 생기고, 감기와 같은 급성 상기도 감염 시에 부비동염 합병증을 동반하는 일이 잦음, 이로 인해 고막 천공 등의 합병증이 생겨 청력이 저하된 분들이 많은 편임 (두개골 구조상)
- 외이도가 굽어져 있고 귀지가 습한 편이라, 귀지가 외이도 안에서 굳어져 잘 빠져나오지 않는 경우가 있음. 1년에 2번 정도는 귀지를 따로 제거해 주어야 함. 귀지로 인해 청력이 떨어져도 잘 표현하시지 않아 알아챌 수 없는 경우들이 있음
- 갑상선 기능저하증이 잘 생기므로, 반드시 1년에 한 번씩은 갑상선 기능검사를 해야 함. 갑상선 기능저하증이 심하게 와도 갑상

선 기능저하증의 소견과 다운증후군의 특징이 워낙 비슷한 편이라 잘 발견되지 않고 놓쳐지는 경우가 있음

- 신장 기능이 갑자기 나빠질 수 있어, 1년에 한 번씩은 신장기능검사를 해야 함, 신장 기능을 저해하는데 요산이 영향이 있으므로, 통풍성 관절염의 임상 증상이 뚜렷하지 않더라도 요산 수치가 높다면 통풍에 준하여 관리를 시작해야 신장 기능이 급속히 저하되는 것을 예방할 수 있음
- 발목, 무릎, 고관절, 손목 등의 관절이 약하고 뼈와 뼈가 이루고 있는 각도가 달라 발바닥 아치가 평평한 경우가 많고, 이에 따라 퇴행성 관절염이 조기에 진행될 수 있음
- 면역력이 상대적으로 낮은 편으로, 대상포진이 조기에 발병할 수 있어 이른 나이에 대상포진 예방접종이 권유됨

이러한 다운증후군 입주자분들에 대한 의학적 지식은 그냥 의학 논문으로만, 의대 교과서로만 알 수 있는 내용의 한계를 뛰어넘습니다. 이런 것들이 바로 우리 의료사례회의의 힘이 아닐까 싶습니다.

우리 은평재활원의 의료사례회의를 단적으로 설명하자면 이렇습니다. 서로가 서로를 통해 배울 수 있는 회의, 해마다 진화하는 회의, 팀으로 함께 일한다는 것의 즐거움과 성장의 기쁨을 알 수 있게 해주는 회의, 상호 신뢰와 직종별 전문성에 기인한 회의, '의료'에 매몰되지 않고 입주자분들의 건강과 행복까지 그려볼 수 있는 회의. 그런 회의를 8년 동안 우리가 함께 만들어 온 거죠?

8년을 끌고 올 수 있는 힘의 크기에 새삼 감탄하며 정말 존경을 보냅니다. 우리는 앞으로도 매년 더 좋아지는 회의를 하게 될 것 같습니다. 모쪼록 은평재활원의 지난 의료사례회의가 좋은 모델로서 많이 공유될 수 있기를 바랍니다. 그리고 우리가 의료사례회의를 통해 함께 얻은 지혜들이 다른 분들께도 큰 도움이 될 수 있기를 진심으로 바랍니다.

002 의료사례회의 기능과 진행

1) 은평재활원 의료사례회의를 소개합니다

은평재활원의 의료사례회의는 시설에서 근무하는 각 분야 전문가들이 모여 입주자의 건강 상태와 일상생활에 대해 논의하고, 의료지원을 비롯한 지원 방법에 대한 결정을 내리는 회의입니다. 의료사례회의는 각 팀에서 적용하고 조정한 내용을 월 1회 함께 모여 다시 논의하면서, 전문가 간 의사소통과 지식 공유를 통해 입주자 지원에 대한 최적의 방법을 결정합니다.

의료사례회의의 주요 내용은 다음과 같습니다.

1. 입주자 건강 상황 공유: 입주자의 의료기록, 검사 결과, 일상생활 모습 등의 정보를 공유하고 분석. 이를 통해 종합적인 판단을 내리고 질환의 진단과 치료 방법 및 일상생활 지원을 결정
2. 전문분야 간 협업: 다양한 분야의 전문가가 참여하여 논의. 원장, 사무국장, 촉탁의, 사회복지사(생활지도원), 물리/작업치료사, 언어재활사, 간호사, 영양사 등이 함께 논의를 거쳐 최적의 결정을 도출
3. 의료교육과 정보 공유: 질환별 주제에 따른 촉탁의 교육 진행, 전문분야에서 업데이트된 정보 공유

의료사례회의는 전문분야 간 연계방안 논의와 협력, 전문지식 공유와 의사소통을 통해서 입주자가 더 건강한 삶을 살도록 하는 중요한 역할을 합니다. 의료사례회의 구성과 주요 역할은 오른쪽과 같습니다.

의료사례회의 구성과 주요 역할

은평재활원 의료사례회의

원장
- 의료사례회의 총괄
- 최종 슈퍼비전

사무국장
- 의료사례회의 진행 조율
- 슈퍼비전
- 의료사례회의 자료 검토, 보완

촉탁의
- 의료사례회의 내용 확인
- 질환별 교육 준비 및 교육 진행
- 전문의 의견 제안
- 방문진료

사회복지사(생활지도원)
- 서비스 지원사항 작성
- 의료사례회의를 통해 해결하고자 하는 사항 파악
- 의료사례회의 결정사항에 따른 입주자 지원

간호사
- 의료사례회의 자료 준비
- 의료사례회의록 작성
- 의료 지원 내용 확인

치료사
- 개별 치료 지원/평가 진행(물리치료사, 작업치료사, 언어재활사)
- 치료적 의견 제시, 논의 후 적용
- 의료사례회의 자료 검토, 보완

영양사
- 질환별 식단 제공 내용 작성
- 제한식에 대한 정보 제공

2) 의료사례회의 진행 일정과 주제 (2017년 – 2024년)

- 2017년부터 의료사례회의를 시작하면서 의료기록을 체계화하고, 병력·투약력, 건강검진, 예방접종 내역을 바탕으로 개인별 건강관리 계획을 수립하였습니다. 또한 의료기관 이용 실태를 분석하여 불필요한 2차·3차 의료기관 이용을 줄이고 효율적인 1차·2차 진료 체계를 마련하였습니다. 2020년부터는 정신건강의학과 약물 중재를 통해 약물 의존도 감소와 비의료적 지원을 강화하였습니다. 동시에 재활원에서는 비약물 지원에 대한 방안을 논의하고 적용해 나가며 다양한 개입 방법을 실천하는 데 중점을 두었습니다. 약물과 비약물 지원을 병행하면서, 입주자들이 약물 조정뿐 아니라 사회복지적 개입을 통해 변화되는 것을 확인할 수 있었습니다.

- 그동안 우리가 진행했던 의료사례회의의 유형들을 내용과 연도별로 정리하면 아래와 같습니다.
  1. 건강검진 결과 확인, 건강검진 결과에 따른 추가검사 계획(연 1회)
  2. 예방접종 접종 이력 확인과 계획 수립(연초 1회)
  3. 질환별로 나눠서 보기 : B형 간염, 뇌전증, 갑상선, 정신과 질환, 무좀 등
  4. 교육과 함께 진행 : 코로나, 여러 질환들(3. 참고), 건강 모니터링 등
  5. 팀별 의료사례회의 진행 : 각 팀 입주자 관련 집중 논의
  6. 개인별로 병력 정리하여 논의
  7. 긴급한 사례 논의 등

년도	일정	주제
2017	7월 ~12월	입주자 건강검진 결과와 현재 건강 문제 확인, 앞으로의 지원과 관리에 대한 계획회의 총 6회, 49건의 의료사례회의 진행
2018	1월 ~12월	입주자 건강지원 방향 논의 총 12회, 54건의 의료사례회의 진행
2019	2월 ~6월	입주자 건강지원 방향 논의 총 5회, 33건의 의료사례회의 진행
	7월	전체 입주자 건강검진 주요 사항 논의
	8월 ~11월	입주자 건강지원 방향 논의 총 4회, 18건의 의료사례회의 진행
2020	2. 19 (1차)	김○운, 안○필, 임○서/ 3명 - 김○운(현재 상황, 행동장애약 중단 후 상황, 치매 진단 검사에 대한 논의) - 안○필(현재 상황, 현재 행동을 통한 행동장애약 조절 방향성 논의, 안○필씨 복용약 줄어 들 경우 손 떠는 행동이 증가할지 여부, 복용 약 감량 시 주의사항에 대한 논의) - 임○서(현재 상황, 현재 행동을 통한 행동 장애약 조절 방향성 논의, 지속적 음식 요구와 식탐 조절을 위한 방안 논의)
	3. 18 (2차)	신○찬, 박○찬, 이○루, 이○원, 구○주/ 5명 - 신○찬(현재 증상을 통한 뇌전증약 조절 방향성 논의) - 박○찬(복용 약 조절, 수면장애에 대한 논의) - 이○루(이탈, 폭력 행동, 거부/현재 행동을 통한 행동장애약 조절 방향성 논의) - 이○원(체중 증량 필요) - 구○주(행동장애)

2020	4. 29 (3차)	김○근, 김○명, 이○훈/ 3명 - 김○근, 김○명 (정신건강의학과 약물 복용에 관한 논의) - 이○훈 (수면문제에 관한 논의)
	5. 27 (4차)	김○필, 함○우, 이○루, 진○철, 구○주, 이○원, 안○필, 김○근, 김○필, 김○명, 박○범, 이○호/ 12명 - 김○필 (살림의원 정신건강의학과 전원 진료내용 공유, 치과 치료에 대한 논의) - 함○우 (치과 치료에 대한 논의) - 이○루, 진○철, 구○주, 이○원, 안○필, 김○근, 김○필, 김○명, 박○범, 이○호 (살림의원 정신건강의학과 전원 진행에 따른 초진 진료 내용과 약물 변경 사항 공유)
	6. 25 (5차)	박○범, 김○로, 성○민, 안○필/ 4명 - 박○범 (연하곤란으로 인한 식사법, 영양유지) - 김○로 (무치악으로 인한 식사법, 영양유지) - 성○민 (손 떨림 증세 관련 논의) - 안○필 (살림의원 정신건강의학과 전원 진료내용 공유)
	7. 15 (6차)	안○필, 이○호, 박○현/ 3명 - 안○필 (십이지장궤양, 지방간 진단에 따른 건강관리 논의) - 이○호 (하지 기능 유지에 대한 논의) - 박○현 (서맥 문제에 대한 논의)
	9. 9 (7차)	김○환/ 1명 - 전 입주자 건강검진 결과 리뷰 - 김○환 의료사례회의 내용(신규 입주자 건강 상황 공유와 관장 관련 논의, 왼쪽 복사뼈 주변 점액 낭염 치료가 필요한지 논의, 전 시설에서 11년 동안 관장으로 대변을 본 상황으로, 자연적인 배변 활동을 위한 방법 논의)
	10.21 (8차)	박○범, 박○현, 신○민/ 3명 - 박○범 (연하곤란으로 인한 식사법 단계별 조절) - 박○현 (고혈압 관련 진료 내용 공유와 혈압관리) - 신○민 (심리상담 경과보고와 서○대어린이병원 진료 내용 공유와 전원 논의)
	11. 16 (9차)	박○찬, 민○혁, 안○필, 이○열/ 4명 - 박○찬 (눈 관리에 대한 지원방법 논의) - 민○혁, 안○필 (갑상선호르몬 수치 검사 결과에 따른 지원 방법 논의) - 이○열 (고지혈증 수치 감소를 위한 지원과 관찰)
	12. 16 (10차)	성○민, 신○덕/ 2명 - 성○민 (컨디션 저하 관련 논의) - 신○덕 (근육 저하 관련 논의) - 2021년 의료사례회의 방향성에 대한 논의
2021	2. 17 (1차)	김○훈, 김○근, 김○명, 이○식, 유○천, 박○범/ 6명 - 만성 B형 간염 직원교육(추혜인 원장) - 만성 B형 간염 입주자 건강관리에 대한 지원 방법 논의 김○훈, 김○근, 김○명, 이○식, 유○천/ 5명 - 박○범 연하식이 단계조절 논의 - 2021년 의료사례회의 방향성에 대한 논의
	3. 17 (2차)	김○영, 박○범/ 2명 - 김○영 계단이동 시 거동문제에 대한 지원 방법 논의 - 박○범 삼킴장애 해결을 위한 지원 방법 논의
	4. 20 (3차)	- 갑상선 기능저하증/항진증 직원 교육(추혜인 원장) - 갑상선 기능저하증/항진증 입주자 건강관리에 대한 지원 방법 논의 (김○필, 김○명, 이○식, 최○진, 김○수, 김○영, 박○현, 유○천, 이○수, 함○우, 민○혁, 이○찬, 김○선, 이○우/ 14명) - 입주자 대상포진 예방접종에 대한 문의 - 코로나 백신 접종 직원교육(추혜인 원장)

년도	일정	주제
2021	5. 20 (4차)	정신건강의학과 약물 복용 입주자의 개별 건강관리 지원방법 논의 구○주, 김○환, 김○필, 김○명, 박○범, 안○필, 이○호, 이○루, 이○원, 임○서, 진○철/ 11명
	6. 16 (5차)	- 김○경 노화에 따른 건강관리-대상포진, 당뇨 관리 - 김○필 체중 증량과 질병 관리에 대한 지원 방법 논의
	7. 14 (6차)	- 김○환 피부질환 관리에 대한 논의- 사마귀, 모낭염, 무좀, 비듬 - 은평재활원 피부질환 입주자 현황에 따른 지원 방법 논의
	9. 15 (7차)	- 안○필 구토증세에 대한 논의 - 김○로 만성 신부전증 관련 논의
	10. 20 (8차)	- 2021년 건강검진 결과에 따른 논의(46명) - 김○로 만성 신부전증 관련 문의
	11. 17 (9차)	박○범 체중 변화에 따른 건강상태 논의
	12. 15 (10차)	2022년 의료사례회의 방향성 논의
2022	1. 12 (1차)	정신건강의학(정신건강의학과에서 다루는 지적 약자의 행동 문제) 학습과 지원논의 구○주, 김○환, 김○필, 김○현, 박○범, 안○필, 이○호, 이○루, 이○원, 임○서, 진○철/ 11명
	3. 30 (2차)	뇌전증 학습과 뇌전증 입주자 건강관리에 대한 지원 방향 논의 박○찬, 박○범, 이○호, 김○현, 양○모, 성○민, 이○혁, 정○철, 임○수, 신○찬/ 10명
	4. 20 (3차)	신부전 학습과 신부전 입주자 건강관리에 대한 지원 방향 논의(김○훈, 김○로/ 2명)
	5. 18 (4차)	이○식 건강관리에 대한 지원 방향 논의
	6. 15 (5차)	갑상선 질환 학습과 지원 방향 논의 김○운, 김○명, 이○식, 진○철, 최○진, 민○혁, 이○찬, 이○우, 강○두, 강○묵, 김○수 김○영, 김○필, 김○선, 김○섭, 박○현, 이○수, 함○우, 유○천, 안○필/ 20명
	9. 20 (6차)	전체 입주자 건강검진 결과 리뷰, 논의(44명)
	10. 18 (7차)	만성질환 학습과 지원 방향 논의 김○운, 김○훈, 김○근, 김○경, 김○명, 이○식, 진○철, 최○진, 신○민, 김○수, 김○선, 박○현, 유○천/ 13명
	11. 29 (8차)	정신건강의학(정신건강의학과에서 다루는 지적 약자의 행동 문제) 학습과 지원논의 구○주, 김○환, 김○필, 김○현, 박○범, 안○필, 이○호, 이○루, 이○원, 임○서, 진○철/ 11명
	12. 20 (9차)	2022년 의료사례회의 평가와 2023년 방향성 논의
2023	2. 15 (1차)	치매 학습과 지원사항 논의(이○식)
	3. 22 (2차)	강직성척추염 학습과 지원사항 논의(김○필)
	4. 19 (3차)	골다공증 학습과 지원사항 논의(김○운, 신○덕, 김○선, 신○찬/ 4명)
	5. 16 (4차)	정신건강의학(정신건강의학과에서 다루는 지적 약자의 행동 문제) 학습과 지원사항 논의 구○주, 김○환, 김○필, 김○현, 박○범, 안○필, 이○호, 이○루, 이○원, 임○서, 진○철/ 11명
	6. 14 (5차)	퇴행성관절염 학습과 지원사항 논의(김○로)
	7. 19 (6차)	전체 입주자 건강검진 결과 리뷰(40명)

2023	9. 20 (7차)	- 근막통증증후군과 잠복 결핵 학습, 지원 방향 논의/ 이○혁 - 건강한 식생활 습관 학습
	10. 18 (8차)	뇌졸중 학습과 만성질환(고혈압, 당뇨) 지원 방향 논의(김○운, 김○경, 김○명, 김○선/ 4명)
	11. 22 (9차)	정신건강의학과에서 다루는 지적 약자의 행동 문제 학습과 지원논의 구○주, 김○환, 김○필, 박○범, 안○필, 이○호, 이○루, 이○원, 임○서, 진○철/ 10명
	12. 20 (10차)	2023년 의료사례회의 평가와 2024년 방향성 논의
2024	2. 21 (1차)	입주자 건강지원 방향 논의(돌봄집중팀) 김○운, 김○환, 김○훈, 김○근, 김○경, 박○찬, 박○범, 이○호, 진○철, 한○수/ 10명
	3. 20 (2차)	입주자 건강지원 방향 논의(돌봄지원팀) 구○주, 김○로, 김○명, 민○혁, 박○인, 신○덕, 양○모, 이○식, 이○찬, 이○우, 이○원, 임○서 / 12명
	4. 24 (3차)	입주자 건강지원 방향 논의(자립지원팀) 강○두, 김○수, 김○영, 김○필, 김○선, 김○섭, 안○필, 유○천, 이○열, 이○루, 이○수, 이○혁, 정○철, 함○우/ 14명
	5. 22 (4차)	치매 관련 입주자 건강지원 방향 논의(김○운, 김○로, 김○명, 이○식/ 4명)
	7. 9 (5차)	정신건강의학(정신건강의학과에서 다루는 지적 약자의 행동 문제) 학습과 지원논의 구○주, 김○환, 김○필, 박○범, 안○필, 이○호, 이○루, 이○원, 임○서, 진○철/ 10명
	7. 31 (6차)	건강검진 결과 리뷰(전체 입주자/ 45명)
	9. 25 (7차)	무좀 학습과 무좀 입주자 지원 방향 논의(24명)
	10. 8 (8차)	정신건강의학(정신건강의학과에서 다루는 지적 약자의 행동 문제) 학습과 지원논의 구○주, 김○환, 김○필, 박○범, 안○필, 이○호, 이○루, 이○원, 임○서, 진○철/ 10명
	11. 20 (9차)	물리치료 입주자 지원 방향 논의 김○경, 박○범, 신○덕, 이○식, 이○우, 김○필, 김○선/ 7명
	12. 18 (10차)	2024년 의료사례회의 평가와 2025년 방향성 논의

2017~2024년 사례 진행 통계

년도	1월	2월	3월	4월	5월	6월	7월	8월	9월	10월	11월	12월	계(명)
2017	-	-	-	-	-	-	13	10	7	7	6	6	49
2018	0	5	-	5	5	5	6	6	0	6	9	1	48
2019	-	8	7	6	7	5	48	4	5	5	4	-	99
2020	-	3	5	3	12	4	3	-	47	3	4	2	86
2021	-	6	2	14	11	2	1	-	2	47	1	0	86
2022	11	-	10	2	1	20	-	-	44	13	11	0	112
2023	-	1	1	4	11	1	40	-	1	4	10	0	73
2024	-	10	12	14	4	-	55	-	24	10	7	0	136
계(명)													689

참고: 의료사례회의를 진행하지 않은 경우는 - 표시,
의료사례회의 진행이 되었으나 사례논의가 아닌 기타 논의(평가, 방향성 논의 등)를 진행한 경우는 0 표시

003 남기고 싶은 이야기

관찰과 배려,
기록으로 이루어낸 입주자의 건강

김명화 (돌봄집중팀 사회복지사)

재활원에 생활하고 계신 입주자들은 나이를 떠나서 대부분이 만성질환이나 정신과적 질환을 앓고 있는, 건강한 입주자보다는 그렇지 못한 입주자가 대다수입니다. 은평재활원의 미션은 '입주자의 건강한 삶, 평범한 삶, 행복한 삶을 위해 함께 합니다' 입니다. 건강이 전제되어야 평범하고 행복한 삶 또한 누릴 수 있습니다. 매달 의료사례회의를 진행해오면서 입주자의 건강을 다시 한번 생각하고 살피게 되었습니다.

아픈 것을 제대로 표현하지 못하는 입주자에게 '일상생활에서 세심하게 관찰하고 관심을 가지는 것이 중요하겠구나'하는 생각이 들었습니다. 의료사례회의를 통해 약물에는 부작용이 있고 건강과 직결되는 필수적인 약물 외에는 약은 최소화해야 한다는 생각의 변화를 가져왔습니다. 특히 정신과적인 질환에서 약을 의존하기보다는 당사자가 좋아하는 활동이나 환경 변화 등 다양한 지원을 해 보고 약은 마지막의 보루로 신중하게 다가가는 점이 좋았습니다.

물론 변화라는 것이 한순간에 좋아지지 않고 미비할 수 있겠지만, 지원할 부분은 최대한 지원하려는 모두의 노력을 엿볼 수 있었습니다. 일상생활이나 케어 업무로 바쁜 와중에 지속적인 추적관찰을 하고 기록하기가 쉽지만은 않았지만 이번에 사례집 발간을 위해 정리하면서 기록의 중요성을 다시 한번 느끼게 되었습니다.

한편 회의 때마다 생활지도원 직원들이 최대한 참여하여 입주자의 건강 정보나 의료분야에 대해 많이 배워 나가면 좋겠지만 3교대로 매회 회의에 참여하는 것이 어렵다는 나름의 현실적인 부분이 아쉽기도 합니다. 지금껏 진행해 오던 정기적인 의료사례회의를 통해 입주자의 건강한 삶을 지원하기 위해 원장님 이하 모든 직원이 얼마나 고민을 하고 노력해 왔는지 알 수 있었던 시간이었습니다. 앞으로도 입주자들이 평범한 일상을 보내고 건강한 삶을 이어나갈 수 있도록 애정 어린 관심을 갖고 끊임없이 배움으로 채워나갈 수 있도록 힘쓰겠습니다.

사람을 먼저 생각하는 회의, 마음을 담은 의료사례회의

이보라 (돌봄집중팀 사회복지사)

우리 재활원은 조기 노화로 인하여 입주자분들의 질병이 늘어나고 있었기에 2017년부터 의료사례회의를 실시하게 되었습니다. 처음 시작은 입주자분들이 복용하는 약과 질병을 확인하는 과정부터 시작하게 되었는데, 질병에 대한 작은 질문들로 시작된 의료사례회의는 횟수를 거듭하면서 점차 발전하게 되었습니다.

물리치료사, 간호사, 영양사, 작업치료사, 언어재활사, 사회복지사, 가정의학과 전문의, 정신건강의학과 전문의가 함께 의료사례회의에 참여하게 되었고, 서로 도울 수 있는 방향들을 모색하며 협력하며 진행했습니다. 또한 입주자의 예방접종과 과거 질병, 앞으로 생길 수 있는 질병에까지 대처하고, 질병에 대해 이해도를 높이고자 공부하고 논의하며 지원자의 역량 강화에도 힘을 써 왔습니다. 그중 가장 힘든 과정은 바로 정신건강의학과 약물을 조정하는 것이었습니다. 입주자가 약에 노출된 기간이 길었던 만큼 그 약물을 조정하는 것이 쉬운 과정이 아니었습니다. 약의 의존성을 낮추고, 일상생활 속에서 안정을 찾게 하는 일에는 많은 에너지가 필요했습니다. 지원하는 직원들의 에너지만큼이나 입주자분들이 느끼는 혼란도 대단했습니다.

약물을 조정하기 위해서 직원들이 해야 될 첫 업무는 바로 약물을 이해하는 과정이었습니다. 직접 입주자분들이 먹는 약물을 공부하고, 조사하는 과정에서 약물의 '부작용'이 상당수 어려운 행동(도전적 행동)과도 연결이 된다는 것을 알게 되었고, 긍정적인 효과만큼 개인의 건강이 나빠질 수 있는다는 의사의 말을 듣고 처음 약물 조정에 부정적 시각을 가지고 있던 직원들도 하나 둘 동참하기 시작하며 관찰, 기록,

표적 행동에 대한 중재 방법, 중재 기법을 생각하며 지원하게 되었습니다.

약을 조정하는데 입주자의 의지도 중요하겠지만 정신과 약물을 조정하며 일상생활을 지원하는 것에 긍정적인 의사도 만나기 쉽지 않았습니다. 약물에 노출된 기간이 길었던 만큼 약물을 중단하거나 조정하는 기간 중 느끼는 불안 요소들로 어려운 행동이 더 강화될 것이고, 그동안 치료했던 기간이 허사로 돌아갈 수 있으니 거부당하기도 했습니다.

의료진들이 이렇게 판단하니 "역시 약물은 의료진의 영역이야"라고 생각하게 되었습니다. 하지만 내부 논의를 통해 약물을 조정할 수 있는 의료진을 찾아다니게 되었고, 다행히 촉탁의 선생님의 권유로 정신건강의학과 전문의를 소개받을 수 있었습니다. 그렇게 은평재활원은 정신건강의학과 약물을 조정할 수 있는 첫 번째 단추를 끼우게 되었지만, 약물을 조정하는 과정에서, 현장에서 느끼는 어려움과 혼란은 상당했습니다. 하지만 입주자분들의 건강하고 행복한 삶을 위해서 우리가 할 수 있는 일들을 해야만 했습니다. 환경 정리, 입주자 간 서로 느끼는 부정적인 감정들을 관찰하고 룸메이트를 교체하며, 안정적인 환경을 만들어 주기, 일괄적인 지원 매뉴얼을 제작하여 편차 없는 서비스를 제공하고자 노력했습니다.

지원자들의 노력만큼 걷고, 뛰고, 활기찬 생활을 하시는 입주자도 있지만, 예민함으로 아주 작은 약물 조정으로도 힘들어하던 입주자도 있습니다. 약물 조정이 모든 입주자에게 좋은 영향력을 주었다고 볼 수 없지만, 약물을 조정하는 과정에서 입주자, 지원자가 서로를 이해하고, 서로를 보듬어 주는 그 과정이 더 소중했고, 감사했고, 고마웠습니다.

이번 아산 지원사업 네트워크를 통해 우리 은평재활원의 의료사례회의 기록 과정과 발달장애인의 질병이 어떻게 진행되고 어떤 점에 중점을 두고 지원했는지 등을 통해, 지역사회 의료진과 또 현장에서 어려움을 겪을 기관에게 도움이 되길 바랍니다.

관찰과 이해, 그리고 변화

이용운 (돌봄집중팀 사회복지사)

은평재활원에서 생활한지 어언 10여 년 되었다. 처음 입사하였을 때 하루 종일 기운이 없어 방바닥에 힘없이 머리를 박고 있는 분도 있었고 먹은 음식을 수 없이 올리는 반추 행동을 하여 몸이 깡마르신 분도 있었다. 그분들이 왜 그런지 어떻게 지원해야 되는지 막막하기만 했었지만, 매달 진행하는 의료사례회의를 통해 조금씩 더 알아가게 되었다. 또 만성질환과 정신건강의학과 질병에 대해 학습하고 복용하고 있는 약물에 대해 공부를 하면서, 조금씩 그분들을 이해하게 되고 어떤 지원이 필요한지도 알게 되었다. 무엇보다 중요한 것은 그분들의 어려운 행동에 대한 세심한 관찰과 기록이라는 것도 알았고, 세심한 관찰과 기록이 중요하다는 것도 알았고, 약물 조정이 필요한 것인지, 질병 등의 원인은 무엇인지 파악하는 시간들을 가졌다. 특히 의료사례회의를 통해 필요한 지원이 무엇인지 함께 고심함으로서 그분들의 건강하고 행복한 삶이 될 수 있도록 노력을 해왔다.

그 결과 무기력하고 기운이 없었던 입주자는 지금은 거실과 복도를 뛰어다니며 어느 입주자보다도 활기찬 일상을 보내고 있고, 반추행동으로 건강이 우려되었던 입주자는 반추와 흡인성 폐렴 증세 역시 보이지 않고 예전 체중보다 16kg 이상 늘어난 건강한 체력을 유지하게 되었다. 입주자의 건강을 위해 관련된 질병과 의료 사항들을 꾸준하게 정리하고 의료사례회의를 통해 머리를 맞대고 논의하는 것이 왜 중요한지 이번 의료사례집 발간을 통해 다시 한번 절실히 느꼈고, 이를 위해 고생하신 원장님 이하 모든 직원께 감사를 드린다.

함께 고민한 시간, 함께 찾은 해답

조영애 (자립지원팀 사회복지사)

2017년부터 시작된 의료사례회의에 꾸준히 참여하면서 다양한 전문가들과 함께 입주자의 건강관리를 고민하고 실천해온 시간에 큰 자부심을 느낍니다. 사례회의와 교육을 통해 질병 관리와 치료 방안을 체계적으로 이해하고 접근하는 방법을 배우며, 입주자 중심의 건강관리 역량을 키워왔습니다.

특히 정신건강의학과 약물 의존도를 낮추기 위한 논의와, 어려운 행동에 대한 비약물적 접근의 중요성을 인식하게 되었으며, 이는 의미 있는 배움의 시간이었습니다. 사회복지사, 간호사, 영양사, 작업치료사, 언어재활사, 물리치료사, 촉탁의 등 다양한 전문가들과 협력하며, 맞춤형 건강관리 실천과 전문가 간 소통의 중요성도 깊이 느끼게 되었습니다.

정신건강의학과 약물 복용 중이던 안○필 씨는 2020년부터 구토 증상이 잦아지고, 체중 감소와 함께 갑작스러운 십이지장궤양이 발생했습니다. 원인을 찾기 위해 시행한 갑상선기능검사 결과 갑상선 기능항진증이 발견되었고, 이로 인해 위 배출 속도가 빨라져 궤양과 구토 증상이 유발된 것이었습니다. 정신건강의학과 전문의와 논의하여 복용 중이던 '바렙톨'을 중단하기로 결정하였고, 이후 별도의 약물 치료 없이도 갑상선 기능과 궤양 증상이 호전되었습니다. 3개월 후 혈액검사 결과, 갑상선 기능이 정상으로 회복되어 불필요한 약물 치료를 피할 수 있었던 중요한 사례였습니다.

안○필 씨는 2010년부터 정신건강의학과 약물을 복용해왔으며, 병원 진료와 의료사례회의를 통해 꾸준히 건강 상태를 관리해왔습니다. 2023년부터 약물을 단계적으로 감량하였고, 리스페달 0.5mg까지 줄인 후에도 안정적인 상태를 보여 2024년 4월에는 약물 복용을 중단할 수 있었습니다.

이후 사회복지사(생활지도원)는 안○필 씨의 정서적 안정을 위해 적극적으로 소통하며, 그림, 오리기, 공예, 여행, 산책, 외식 등 다양한 여가활동과 개별 매뉴얼을 활용한 일관된 지원을 제공하였습니다. 하지만 이러한 지속적인 노력에도 불구하고 6월 경부터 소변 실수, 과도한 화장실 이용, 음식 집착, 수면 부족 등 도전적 행동이 나타났고, 이에 의료사례회의를 통해 11월 20일부터 약물(리스페달 0.25mg) 복용을 재개하기로 결정하였습니다. 약물 복용과 함께 부작용 데이터를 관찰·수집하는 과정을 통해 입주자의 상태를 더욱 깊이 이해할 수 있었으며, 약물 지원의 필요성과 부작용을 통한 적절한 선택의 중요성을 다시금 확인하는 계기가 되었습니다.

이러한 과정은 단순한 약물 조절이 아니라, 입주자의 삶의 질과 행복을 위한 맞춤형 접근의 필요성을 다시 한번 일깨워주었습니다. 앞으로도 이러한 과제는 지속적으로 고민하고 풀어가야 할 과제이며, 안○필 씨가 보다 안정되고 행복한 삶을 살아 갈 수 있도록 이번 경험을 통해 다시 한번 마음을 다잡아 봅니다.

사례집을 통해 거주시설 현장에서 비슷한 고민과 어려움을 겪고 있는 사회복지사와 의료진들에게 조금이나마 도움이 되기를 바랍니다.

우리를 지키는 든든한 친구

조한나 (자립지원팀 사회복지사)

매달 진행되는 의료사례회의는 입주자의 건강을 지키는 든든한 친구라 생각합니다. 또한, 입주자의 건강한 삶을 위해 최선의 노력과 힘을 다하시는 팀장님과 직원, 촉탁의, 원장님, 국장님, 부장님과 함께하는 논의 시간은 더 나은 건강한 삶을 위해 어떻게 하면 입주자가 즐겁고, 행복하고, 평범하게 살아갈 수 있을까를 고민하며, 또 다른 지원을 할 방법들을 알아가는 값진 시간이기도 합니다.

한 번의 회의로 입주자가 바로 좋아지지는 않지만, 의료사례회의가 매달 진행되다 보니 입주자를 더 집중하여 지원하고 관찰하면서 알게 된 내용을 공유하였고, 논의된 방법들로 지원하였을 때 조금씩이나마 변화되는 모습을 보게 되었습니다. 또한 선생님들이 더 나은 의료 서비스를 제공하고자 각자의 역할에서도 충실하게 지원하는 모습에 감동하기도 합니다.

은평재활원에서의 다양한 교육들은 많은 도움이 되기도 하며, 나를 다시 돌아보는 시간이 되기도 합니다. 안○필 씨의 경우 정신건강의학과 약물을 복용하고 있다가 일상 생활하는 데 어려움이 없으리라 판단하여 의료사례회의에서 충분하게 논의하여 중단하였는데, 약 6개월 후 어려운 행동들이 다시 보여 더 집중하여 지원하고 관찰한 끝에 회의를 거쳐 정신건강의학과 약을 다시 복용하게 되었습니다. 밤에 숙면하지 못하고 화장실을 수시로 왔다 갔다 하는 모습에 안○필 씨가 참으로 힘들겠다라는 생각이 들기도 하였고, 안○필 씨가 언어로 표현이 더 자유로웠다면 얼마나 좋을까? 하는 생각이 많이 들기도 하였습니다. 그런 안○필 씨의 마음을 알아주지 못한 미안함이 있었습니다.

앞으로 안○필 씨가 은평재활원에서 살아가는 동안 더 나은 의료서비스를 제공받으며 시금보다는 더 건강하고, 즐겁고, 평범하게 변화된 모습으로 사회 구성원으로서 소속감을 느끼고, 성취감과 정서적으로도 안정감을 느끼며 생활하기를 진심으로 바랍니다.

변화를 기록하는 의료사례회의

최인석 (돌봄집중팀 사회복지사)

입주자가 가진 질병에 대해 알게 되었다. 뇌전증, 고지혈증, 당뇨병 등 많이 들었던 질병이거나, 흡인성 폐렴, 신우신염 등 어디선가 한 번 정도 들어봤던 질병들에 대해 더욱 자세히 알 수 있었다.

생소하고 어려운 내용이지만, 의료사례회의를 통한 지속적인 학습과 입주자 질병의 상태를 추적 기록하는 동안 조금씩 입주자의 질병을 이해할 수 있었다. 또한 약물 교육을 통해 약물의 효과와 부작용을 공부할 수 있었고, 특히 정신과적 약물을 복용하는 입주자들의 행동이나 심리 등을 조금이나마 이해할 수 있었다.

과거보다 입주자분들의 건강을 세심하게 관찰하고 기록하는 기회가 되었다. 또한 의료사례회의에 가정의학과, 정신건강의학과 의사분들이 참여하여 입주자의 건강을 확인하고, 약물로 인한 변화 과정을 설명하고 논의하는 과정이 유익했다. 아울러 입주자에게 부작용이 없는 최적의 약물을 찾아가는 과정에 함께 할 수 있었다. 그리고 주치의 제도를 도입하여 입주자의 건강에 이상이 발생할 경우나, 전조 현상이 있을 때 신속하게 연락하여 조치할 수 있었다.

그러나 의료사례회의를 위해 기록해야 하는 입주자의 질병 관련 내용을 매달 정리하는 것은 매우 어렵고 힘든 작업이었다. 3교대 근무 특성상 사회복지사에게 힘든 과정이었다. 특히 정신과 약물의 변경으로 인한 입주자의 행동이나 심리는 더욱더 어려웠다. 정신과 약물은 소량만으로도 입주자의 행동이나 심리에 많은 변화를 주었고, 약물의 변경으로 어려운 행동이 증가되기도 하고 다른 심리적 모습을 보이기도 했다. 그럴 때마다 약물의 변경에 대해 여러 가지 생각이 들었다.

또한 약물로 인한 변화를 기록하고 추적하는 과정은 많은 에너지가 필요했다. 24시간 입주자의 변화를 확인하는 과정에서, 입주자의 행동이나 심리가 약물의 변경으로 인한 것인지 다른 이유로 인한 것인지 확인하는 과정에 어려움이 있었다. 입주자의 행동과 심리를 분석하는 것은 사회복지사들에게 큰 숙제였다. 그리고 보호자들과 소통하고 이해를 얻는 과정, 팀원들과 정보를 공유하고 나누고 논의하는 것도 힘든 과정이었지만, 사회복지사들은 입주자의 건강한 삶, 평범한 삶, 행복한 삶을 위해 의료사례회의에 논의되었던 것을 실행하고 변화를 기록하는 과정을 반복하였다. 그러나 사회복지사로서 입주자의 삶의 변화를 위해 약물 변경의 노력에 참여할 기회를 가질 수 있는 점은 유익했다.

처음 입사했을 때 이○호 씨는 많은 약물을 복용하고 있었다. 물기도 하고, 꼬집고, 머리 박고, 손이나 손등으로 치는 행동, 타인을 할퀴는 행동 등 여러 가지 어려운 행동을 수시로 했다. 또한 약을 먹으면 몸을 가누지 못하거나 걸을 때 힘이 없고 허리를 구부정하게 하고, 생활했다. 의료사례회의를 통해 약물의 변경을 조금씩 시도했다. 과도한 변화는 이○호 씨의 건강을 해 롭게 할 수 있어 신중하게 변화를 주었다, 현재는 여러 가지 어려운 행동이 없어지지는 않았지만, 횟수는 많이 줄었고, 이제 허리를 꼿꼿

이 세우고, 걷기도 하고 뛰어다닌다. 의료사례 회의를 통해 적정 약물을 찾는 과정을 거쳐 입소 후 처음으로 어려운 행동이 감소되었고, 부모님 집에서 외박도 할 수 있게 되었다. 그리고 이제는 지역사회의 식당, 카페, 노래방 등 다양한 곳을 이용할 수 있게 되었다. 아직도 어려움이 있지만 이○호 씨의 건강한 삶, 평범한 삶, 행복한 삶을 위해 노력할 것이다.

천천히, 그러나 꾸준히 도달한 변화

김종찬 (건강지원팀 언어재활사)

제가 은평재활원에서 언어재활사로 일한 지 어느덧 시간이 꽤 흘렀습니다. 처음 이 일을 시작했을 때 설렘과 긴장이 교차하던 순간들이 아직도 기억납니다. 언어는 단순히 정보를 전달하는 수단이 아니라, 관계를 형성하고 마음을 나누는 중요한 매개체입니다. 세상과의 소통이 단절된 분들에게 다리를 놓아주는 역할을 한다는 것은 저에게 커다란 보람을 안겨줍니다.

언어재활사로 일하면서 느낀 가장 중요한 점은 치료의 핵심이 단순한 기술이나 방법론에만 있지 않다는 것입니다. 기술보다도 중요한 것은 입주자분들과의 관계 형성과 신뢰입니다. 입주자분들은 언어 표현이 어려울 뿐만 아니라, 자신의 상태에 대한 답답함이나 두려움으로 인해 처음에는 소극적인 모습을 보이는 경우가 많습니다. 이럴 때 제가 가장 신경 쓰는 것은 입주자가 안심할 수 있도록 환경을 조성하고, 말로만 소통하지 않고 따뜻한 태도로 다가가는 것입니다.

처음 상담을 진행할 때, 입주자분들이 긴장한 표정으로 저를 바라보던 모습이 생각납니다. 그럴 때 저는 말보다 눈 맞춤이나 부드러운 미소, 그리고 작은 몸짓 하나하나에 신경을 씁니다. 상대방이 제 진심을 느끼고, 조금씩 마음을 열어가는 과정을 지켜보는 것은 매번 감동적인 순간입니다. 언어치료는 단순히 발음 교정이나 어휘 확장을 넘어, 입주자분들이 자신을 표현할 수 있는 자존감과 용기를 되찾게 하는 과정이라고 생각합니다.

입주자분들이 진전을 이루지 못하거나, 때로는 치료 자체를 거부하는 모습을 보일 때는 저 역시 많은 고민과 어려움을 느꼈습니다. 하지만 그런 순간은 제게 더 나은 해결책을 찾을 기회를 주기도 했습니다. 그럴 때마다 "지금 이분에게 가장 필요한 것은 무엇일까?"라는 질문을 스스로에게 던지며 맞춤형 방법을 찾으려고 노력했습니다. 때로는 기존의 계획을 전면 수정하기도 하고, 작은 성취라도 함께 기뻐하며 동기를 북돋우는 방식으로 접근했습니다. 이런 과정은 저 스스로도 끊임없이 배우고 성장하게 하는 계기가 되었습니다.

입주자가 언어적 능력을 되찾아가는 모습을 보며 깨달은 또 다른 점은, 언어 재활이 단순히 개별적인 기술적 향상을 넘어 전체적인 삶의 질을 높이는 데 큰 영향을 준다는 것입니다. 의사소통 능력이 개선되면 입주자분들은 다른 사람들과의 관계에서도 자신감을 갖게 됩니다. 식사 시간에 더 활발히 대화를 나누거나, 소소한 농담을 하며 웃는 모습을 볼 때마다 언어가 단순한 도구가 아니라 삶을 풍요롭게 하는 본질적인 요소임을 실감합니다.

은평재활원이라는 공간에서 일하며 저는 단순히 치료자가 아니라 동반자로서의 역할을 하고 있음을 느낍니다. 입주자의 작은 변화 하나 하나가 제게는 큰 의미로 다가옵니다. 그분들과 함께 웃고, 때로는 좌절감을 나누며 보낸 시간은 제 인생에서도 매우 소중한 경험으로 남아 있습니다. 특히 이곳에서의 경험은 제가 언어재활사로서뿐만 아니라 한 인간으로서도 성장할 수 있는 계기가 되었습니다.

언어재활사로서 단순히 입주자 한 사람의 치료적 발전을 돕는 것을 넘어서, 그들의 삶에 지속 가능한 변화를 일으키는 과정임을 깨달았습니다. 그 과정에서 중요한 것은 단기적인 성과보다는 장기적인 지원입니다. 입주자분들이 처음에는 작은 발전이라도 그것을 긍정적으로 바라보며 스스로를 격려할 수 있도록 도와주는 것이 제가 가장 중시하는 부분입니다. 이러한 태도는 치료의 일환으로, 입주자분들이 자신의 성취를 자랑스럽게 느끼도록 하여, 자존감과 자기 효능감을 키우는 데 큰 도움이 됩니다.

의료사례회의와 정기사례회의를 통해 다양한 전문가들이 함께 협력하여 입주자의 상태에 대한 깊은 이해를 바탕으로 치료 방법을 조율하고 개선해 나가는 과정은 매우 보람차고 의미가 있습니다. 서로의 경험을 나누며 배우고, 아이디어를 공유하는 과정에서 저는 더 많은 관점을 얻고 발전할 수 있었습니다.

말로 표현할 수 없는 감정이나 생각을 눈빛과 몸짓으로라도 서로 이해하고 소통할 수 있는 기회를 제공하는 것은, 치료의 핵심인 '소통의 힘'을 더욱 실감하게 만듭니다. 때로는 언어치료의 효과가 즉각적으로 나타나지 않을 때도 있지만, 꾸준한 관심과 지지가 쌓이면 입주자분들의 변화가 눈에 띄게 나타나곤 합니다. 이 과정에서 치료자로서 제 역할이 단순한 기술적 교정 이상의 의미를 지닌다는 것을 깊이 깨달았습니다.

이 여정의 끝에는 단순한 발음의 교정이나 어휘 확장이 아닌, 입주자분들이 삶의 모든 순간을 자신 있게 살아갈 수 있도록 돕는 더 큰 목표가 있습니다. 제가 언어재활사로서 이 여정을 계속할 수 있는 원동력은 바로 그 목표를 실현할 때의 기쁨과 보람입니다. 앞으로도 이러한 가치와 함께, 제가 할 수 있는 최선을 다하며 입주자분들의 길잡이가 되어드리고 싶습니다.

앞으로도 저는 입주자분들과 함께 소통의 다리를 만들어 가는 여정을 계속 이어나가고 싶습니다. 변화는 때로 더디고 힘들게 느껴질지라도, 그 과정이 주는 보람과 가치는 이루 말할 수 없을 만큼 큽니다. 이 일을 통해 입주자분들에게는 희망을, 저 자신에게는 삶의 의미를 더해가며 꾸준히 나아가고자 합니다.

과정은 어려웠지만, 결과는 뜻 깊었다

김충 (건강지원팀 작업치료사)

이번 의료사례집 발간에 참여하면서, 지난 8년간 은평재활원 입주자분들을 위해 노력한 의료사례회의의 변화를 다시 한번 실감하게 되었습니다. 의료적 지원을 위해 입주자를 보다 잘 이해하고 장애인거주시설에 맞는 지원을 함께 할 수 있는, 은평재활원과 뜻을 함께 할 촉탁의를 찾기 위해 삼고초려하며 많은 노력을 기울였던 그 당시의 상황은 상세히 알지 못하지만, 촉탁의를 추천받기 위해 은평재활원을 알리고 지원을 요청했던 노력의 시작이 '의료사례집'으로 결실을 맺은 것이라 생각합니다.

촉탁의가 지정되고, 은평재활원 직원들과 협력하여 입주자분들의 의무기록과 건강검진 결과를 바탕으로 의료적 관점에서 정리해 나가던 첫 번째 의료사례회의 기록을 보았을 때, 당시에는 입주자의 수 년에서 수십 년에 걸친 기록을 되짚어보며 복용 약물, 예방접종 기록, 건강검진 결과에 따른 의료적 지원 방향을 어떻게 정리할지 고민하는 과정이 매우 어려웠을 것이라고 생각됩니다. 그럼에도 불구하고, 의료사례회의의 시작은 입주자들의 의료적 지원에 대한 큰 전환점을 마련해 주었고, 지금까지 이어지고 있습니다.

입주자의 건강 정보를 공유한 이후, 의료사례회의는 점차 개별적인 지원에 초점을 맞추기 시작했습니다. 예를 들어, 입주자에게 필요한 식사 지원방안, 다래끼 관리와 재발 방지 방법, 감정 기복을 줄이는 방법 등 주제는 다양하게 확대되었습니다. 이는 마치 병원이 각 진료과를 연상할 정도로 폭넓게 논의가 이어졌습니다. 질환별 의료사례회의가 진행될수록 지원 방법에 대한 노하우도 축적되었고, 입주자들의 질환에 대한 기본적인 이해를 위해 직원들의 질환별 교육도 진행되었으며, 이를 통해 질환에 대한 이해도가 더욱 깊어졌습니다.

또한, 은평재활원의 의료사례회의는 단순히 질환별 논의에 그치지 않고, 매년 진행되는 건강검진 결과를 바탕으로 필요한 의료지원 사항을 공유하고 다시 검사를 진행하여, 변화된 상황을 지속적으로 의료사례회의에서 공유하며 지원의 질을 향상시켜 왔습니다. 입주자들이 해결하고자 하는 건강 문제에 대해 촉탁의, 간호사, 사회복지사, 영양사, 치료사 등 각 분야의 전문가들이 함께 의견을 나누고 지원 방법을 제시하는 과정에서 정보를 공유하며 일관된 방법으로 입주자들을 돕기 위해 노력했습니다.

직종별로 구체적인 분업도 이루어졌습니다. 예를 들어, 흡인성 폐렴이 있는 입주자를 지원할 때, 촉탁의와 간호사는 삼킴 검사 결과와 염증 수치와 같은 의료적 부분을 점검하고, 영양사는 입주자가 섭취하는 식사의 질감과 점도를 조절하였으며, 사회복지사는 식사제공 방법의 변화와 식사 전후 구강 위생 관리를 담당하고, 치료사는 삼킴 관련 근육 증진과 올바른 식사 자세를 습관화하는 방식으로, 각 분야의 전문가들이 협력하여 입주자의 어려운 상황을 해결해 나갔습니다. 물론, 이는 단지 한 가지 예일 뿐이며, 지난 8년간 우리는 입주자들의 다양한 질환에 대해 계속해서 묻고, 의논하며, 일관된 지원을 통해 문제를 해결해 왔습니다.

이 모든 과정은 의료사례회의에서 공유된 정보를 바탕으로 협력하고, 서로의 역할을 충실히 이행하며 이루어진 결과입니다. 의료사례집 발간에 참여하며 그 당시 논의하던 과정과 지원했던 사항들이 떠오릅니다. 치료사로서 직종별 분업으로 입주자를 치료할 수 있게 되어 기쁘고 앞으로도 은평재활원의 입주자가 보다 건강하고 평범하고 행복한 삶을 영위할 수 있도록, 의료사례회의는 계속해서 중요한 역할을 할 것이라 생각합니다.

의료사례회의를 진행하면서

김정애 (건강지원팀 간호사)

2021년 9월 입사하고 이틀 후에 진행되는 의료사례회의에 참석하게 되었다. 어떻게 진행되는지 궁금함과 입사한 지 얼마 되지 않아서 어리둥절함이 동시에 느껴진 날이다. 병원에서의 사례회의는 참석 해 본 적이 있으나, 사회복지시설에서 진행하는 사례회의는 처음이었고, 또 다른 경험이었다. 현재의 어려운 부분을 얘기하면서 함께 생활하고 지원하는 직원들의 의견을 듣고 어떻게 하면 좋을지? 얘기한 후 의료적인 관점에 대해서는 촉탁의 선생님께 의견을 여쭙고, 궁금한 점, 지원 방향에 대해 논의하는 형식이었다.

다음 달부터 자료를 작성해야 된다는 것을 알게 되고, 2021년 10월부터 자료 작성, 12월의 평가와 함께 어떤 방향으로 사례회의를 진행하면 좋을지에 대한 논의에 직접 참여하게 되면서 고민도 많아졌다. 2022년~2023년에는 촉탁의 선생님께서 질환에 대하여 강의해 주시고, 연관된 입주자의 상태를 파악, 지원 방향으로 논의하여 진행되었으며 2024년에는 전체 입주자를 대상으로 사례를 진행함으로 팀의 팀의 직원들이 모두 참여하는 해가 되었고, 질환에 대해 궁금했던 내용과 지원하면서 궁금했던 내용도 질의하는 방식으로 진행하였다.

지금까지 꾸준히 진행된 사례 중 건강검진 후에 따른 결과를 촉탁의 선생님께서 정리하여 하나하나 열거하여 작년과 다른 변화된 모습까지 알려주실 때 참 좋았다. 또한 바쁜 와중에도 질환에 대한 강의 자료를 만들어 강의해 주시고, 입주자의 상태를 좀 더 이해하기 쉽게 알려준 내용도 참 좋았다. 입주자의 건강을 위해 함께 고민하고, 진행 사항, 결정 사항을 기록하면서 좀 더 나은 방안을 모색하고, 알아가면서 꾸준함이 병행되어야 함을 생각하게 한다. 2025년에는 또 어떤 방식으로 진행하면 좋을지 12월이 되니 고민하게 된다.

II

입주자 의료지원 사례

입주자 소개자료와 의료사례회의 자료에는 '입주자의 상황과 지원 방향, 일상에서 적용한 과정과 변화의 모습'들이 담겨있습니다. 어떠한 논의와 지원과정을 거쳐왔는지 세부 내용을 공개합니다.

※ 개인정보보호를 위해 입주자 이름 일부는 'O' 처리, 일부는 가명 처리하였습니다.

001 연하곤란, 반추 행동에 대한 지원

002 혈액투석에 대한 지원

003 치매에 대한 지원

004 위암, 강직성 척추염에 대한 지원

005 어려운 행동으로 인한 정신과 약 조정과 지원

006 약물 부작용으로 인한 정신과 약 조정과 지원

007 요로결석에 대한 지원

008 당뇨에 대한 지원

009 가족샘종폴립증에 대한 지원

010 통풍에 대한 지원

※ 참고

- 의료사례회의 서식은 진행 과정에서 점진적으로 수정/보완되어 다소의 변화가 있음
- 퇴사자 이름과 타기관 관계자 이름(기관명 포함)의 경우, 개인정보보호를 위해 일부를 'O' 처리함

001 연하곤란/반추행동에 대한 지원

삼킴장애(연하곤란)란?
음식물을 삼키기 어려운 증상. 목이나 식도에 병변이 있을 때 나타나고 중추적으로는 뇌종양의 경우에도 볼 수 있다. [출처: 문화체육관광부 국립국어원 우리말샘]

반추행동(반추장애)이란?
정상적인 식사 이후에 음식을 과량으로 역류시켜 되씹기 시작하고 입 밖으로 뱉어내거나 다시 삼킨다.
[출처: 문화체육관광부 국립국어원 우리말샘]

박○범 씨는 11세(2008년)에 시설 전원으로 은평재활원에 오게 되었습니다. 장애의 정도가 심한 지적장애와 뇌전증을 동반하고 있어 의사소통과 일상생활에 어려움이 있습니다. 입소 후부터 직원들의 관심을 받고자 반추 행동(구토/구역)을 보였고, 성인이 되면서 반추 행동의 횟수가 증가하면서 체중이 저하되어 위관영양 가능성도 고려하게 되었으며, 위식도괄약근 구멍이 넓어져 있을 가능성이 있어 위내시경 검사를 진행하였습니다. 검사 결과 위식도괄약근 약화로 인한 역류성식도염으로, 수술할 정도는 아니라는 주치의(2017년) 의견이 있었고, 위루관(위에 직접적으로 관통하는 튜브로, 튜브를 통해 약물이나 영양제를 전달하는 방법) 삽입으로 관심받고자 보이는 반추 행동(구토/구역)이 줄어들 수 있을지는 미지수였습니다.

21세(2018년)부터 23세(2020년)까지 6차례 발열로 병원 진료를 하게 되었고 진료 결과 흡인성 폐렴으로 진단받았습니다. 그리고 잦은 흡인성 폐렴으로 ○○란스병원 재활의학과에서 삼킴 검사를 실시였습니다(2020년 6월/23세). 검사 결과 연하곤란으로 진단되어 각 팀에서 협업하여 지원할 수 있는 의료사례회의를 통해 지원 방향을 수립하였습니다.

건강지원팀에서는 감각자극/멜덴슨 삼키기를 통한 삼킴근 강화 훈련, 아이스 스틱으로 얼굴 근육과 구강 내 온도 자극, 고개 숙이고 삼키기, 삼킴 시 두 번 삼키기 유도, 식사 지원 매뉴얼을 작성하여 일률적인 지원을 진행하였고, 삼키는 힘 강화와 기도 흡인 예방효과를 기대하며 삼킬 때 수축 운동을 유발하는 전기자극치료도 실시하였습니다. 생활실에서는 오전, 오후 식사 후에 운동 지원, 여가생활 지원으로 반추 행동 소거를 위해 노력하였고, 매 식사 시 점도

증진제를 사용하여 농도를 조절하고 식사 지원을 하는 등 매뉴얼대로 수행하며 여러 가지 지원을 실행하였습니다. 반추 행동의 횟수가 늘어나면서 체중이 저하되고 면역력이 떨어짐으로 흡인성 폐렴과 봉와직염이 생길 수 있어, 영양지원팀에서는 1일 권장량의 열량을 제공하고 참기름과 올리브유를 추가하여 150~200kcal와 단백질로 다진 불고기 120kcal 추가하여 체중 증량을 위해 힘을 보탰습니다.

하지만 구역/구토가 지속되면서 체중 저하와 탈수가 진행되었고, 이로 인해 소변 배출이 없는 시간이 길어져 지원하는 선생님들의 애간장을 태우기도 하였으나, 약물 조절, 식사 지원, 영양수액 지원으로 39kg까지 줄어들었던 체중은 조금씩 늘어 55kg을 유지하고 있습니다. 촉탁의 처방으로 탈수증 예방을 위한 주 1회 영양수액을 맞았고(25세, 2022년 12월부터), 체중이 늘어나 월 2회로 횟수를 점차 줄여 2024년 7월부터는 월 1회로 맞고 있습니다.

식사 시 많은 웃음을 보임으로 흡인성 폐렴이 염려되는 상황이 생겨(2024년 4월/27세), 의료사례회의에서 정신건강의학과 주치의와 논의하였습니다(2024년 7월/27세). 체중이 늘어 반가우나 '리스페리돈 약물이 감정 안정에 방해될 수도 있어 어려움이 없다면 감량해 보면 어떨지?, 체중 증가 염려로 0.25mg 줄여보면 어떨지?'를 논의한 끝에, 과거 약 감량 후 반추 행동 늘어난 경험이 있어 0.25mg 단위로 줄여보면 좋을 것 같다는 의견을 통해 약을 감량하고 경과를 보기로 하였습니다. 리스페리돈 0.25mg 감량 후 관찰 중에 반추 행동의 횟수가 늘어났고 어려운 행동(침을 뱉거나 식사 거부, 주저앉는 행동 등)이 증가되었습니다. 이후 흡인성 폐렴이 발생하였고, 식사 시 어려운 행동이 반복되면 앞으로도 흡인성 폐렴 지속이 우려됨으로 감량한 리스페리돈 0.25mg을 다시 처방받아 복용하게 되었습니다. 정신건강의학과 약물을 복용한 후에는 점차 어려운 행동과 함께 반추 행동의 횟수도 감소하는 모습을 보였습니다.

삼킴검사 결과 음식의 질감은 다진식으로 제공하고 음료는 점도 조절이 불필요하다는 검사 결과가 나왔습니다(2024년 9월/27세). 하지만 박○범 씨 기도로 액체가 들어간 경우에도 기침을 안 할 때가 있어서 점도가 있도록 제공하고 있습니다. 아직은 치료 상 보상 전략으로 턱을 목 쪽으로 당기는 자세로 식사를 진행하고 있으며, 전기 자극기를 통한 치료는 종료되었습니다.

이와같이 박○범 씨에게 있어 리스페리돈 용량 변화는 반추 행동과 연관성이 높다는 점이 관찰됨으로 조심스럽게 약물을 조절하고 있습니다. 아주 적은 용량에도 민감하게 반응하고 있어 의료사례회의 시 정신건강의학과 주치의와의 상담, 직원들 간 논의를 통해 상태에 따른 조절을 섬세하게 진행하고 있습니다.

2. 박○범 씨를 소개합니다.

나에게 중요한 것들

- 걷기 운동하는 것을 좋아해요. 복도, 계단을 오르내리며 걷기 운동을 하는 것을 제일 좋아해요.
- 먹는 것을 좋아해요. 가리지 않지만, 특히 계란 반찬과 소세지를 좋아해요.
- 간식을 챙겨 먹어야 해요. 푸딩, 죽, 과일 등을 식사 중간에 먹어야 해요.
- 호기심이 많아 보고 관찰하는 것을 좋아해요. 다른 사람들이 무엇을 하는지 이것저것 관찰을 해야 해요.
- 스스로 할 수 있는 것은 스스로 해야 해요. 바지 벗기와 입기, 신발 신기 등 스스로 할 수 있는 것은 스스로 해야 해요.
- 정리 정돈을 해야 해요. 장난감, 책 등을 정리하고 물건들을 제자리에 넣어 두어야 해요.

사람들이 좋아하는 나의 장점

- 환한 웃음이 매력적입니다.
- 활동적이고 호기심이 많아요.
- 다양한 것들을 정리하는 것을 좋아해요.
- 말은 못하지만 좋아하는 것, 싫어하는 것 등의 의사 표현을 잘해요.

나를 지원하는 최상의 방법

- 호기심이 많아요. 궁금한 것이 많아 관찰하고 만져보고 할 수 있도록 해주세요.
- 천천히 설명해주면 이해할 수 있으니, 천천히 쉬운 말로 말을 해주세요.
- 먹는 것을 좋아하나 연하장애로 잘 먹을 수 없으니, 다양한 음식과 과일 등을 먹을 수 있도록 지원해 주세요.
- 식사 시간은 50~60분 정도로 천천히 식사할 수 있도록 지원해 주세요.
- 스스로 할 수 있는 일은 스스로 하니, 느리더라도 기다려주세요.
- 걷기 운동을 좋아하니 자주 걷기 운동을 할 수 있도록 지원해 주세요. 잘 넘어지니 안전장비를 꼭 착용하도록 해주세요. 오래 걸으면 발이 붓고 열감이 생기고 봉와직염이 걸릴 수 있으니, 중간중간 휴식을 취하게 해주세요.
- 봉와직염이 걸리지 않도록 아침, 저녁으로 발소독을 해주세요.

나를 지원하는 사람이 갖춰야 할 특성

- 인내심이 강하고 내가 행동할 때까지 기다려 줄 수 있었으면 해요.
- 행동이 느리지만 천천히 할 수 있으니, 지지해 주었으면 좋겠어요.
- 알아듣기 쉽게 부드럽고 천천히 이야기를 해주면 좋겠어요.

3. 사례 진행에 따른 변화

21세(2018. 12.) – 23세(2020 6.) 흡인성폐렴으로 6번 치료

- 21세 첫 흡입성폐렴으로 진단 이후 6번 발병됨
- 22세 제2차 의료사례회의 시 각 팀별 지원방향논의

23세(2020 6.) 삼킴검사 후 연하식 지원

- 코로나-19로 인하여 미뤄졌던 연하영상조영술 검사실시하여 연하곤란 확인
- 감각자극/멜덴슨 삼키기를 통한 삼킴근 강화 훈련지원 점도증진제 사용
- 식사 매뉴얼 각팀 협업 지원(농도, 양, 다진식, 식사섭취 방법 메뉴얼화)

24세(2021. 9.) 삼킴검사 결과 사례전 단계로 호전

- 식이 반찬 갈은식 ⟶ 다진식으로 변경. 밥, 국은 걸쭉한 정도의 점성 유지
- 아이스 스틱으로 얼굴근육과 구강 내 온도 자극 제공
- 고개 숙이고 삼키기, 삼킴 시 두 번 삼키기 유도

25세(2022년) 사례들림 단계로 악화

- 전기자극 치료기 지원, 식사지원 매뉴얼화 재정비
- 식사 지원 시 작업치료사와 지원 사항 확인, 수정 과정 공유
- 음식 삼킴 시 후방 넘기기 지원을 위한 '수저 혀 중간까지 넣기'
- 식사 전, 식사 중, 식사 후 환경 조성, 속도 조절, 양 조절, 자세 유지 지속지원

25세(2022년)/체중 증가 44.6kg

- 리스페리돈 0.5mg 증량 후 빈추행동이 줄어 2021. 11. 42.5kg 에서 2.1kg 점차적 증가
- 간식으로 새벽 무스웰, 오전 꿀, 홍삼(10g) 섞어서 지원. 1일2,700kcal-2,800kcal 제공 열량지원

26세(2023년)체중 39.2kg 주 1회 영양수액 지원

- 구토 증상 심해져서 2023년 7월 대비 4kg의 체중 감소
- 영양상태가 우려되어 살림의원 방문간호사를 통해 영양수액 처치
- 부족한 영양소 섭취를 위해 기상 후, 오전, 오후 영양 간식 제공

27세(2024년) 체중 55.4kg이며 리스페리돈이 감정 안정에 방해 될 수 있어 0.25mg 감량

- 5월부터 현저하게 반추 행동이 줄어들고 월 2회 영양수액 처치로 증가된 체중 꾸준한 유지
- 정신건강의학과 진료 시 감정 안정을 위해 리스페리돈 감량 시도

27세(2024. 7.) 영양수액 월 1회로 변경

- 6월부터 55kg 이상의 체중을 유지하고 있고, 반추 행동의 흥미나 관심도 떨어짐
- 건강, 영양상태가 점차적으로 양호해져 영양수액 주 1회(2022.12.) ▶ 월 2회(2023.8.) ▶ 월 1회(2024.7.)로 변경

27세(2024. 8.) 약물 감량 후 반추 행동 심해지고, 어려운 행동 지속되어 리스페리돈 0.25mg 처방

- 리스페리돈 0.25mg 감량 이후 반추 행동이 늘어남
- 얼굴 때리기, 식사 거부하기, 침 뱉기 등 어려운 행동과 산만한 행동이 늘어 증량하여 복용함
- 추가 복용 후 반추 행동의 흥미나 관심이 점차 감소함.

27세(2024. 9.) 삼킴검사 결과 다진 식, 점도 조절 불필요. 저주파 자극기 치료 종결

- 식사는 다진식, 음료는 점도 조절 불필요
- 구강 청결 유지, 식사 속도 조절을 위해 작은 숟가락 사용하여 지원
- 1년 후 VFSS 추적검사

4. 다학제적 지원

박○범

영양지원팀/식사지원 현황

식사 형태: 연하식
1일 지원 칼로리: 2,700kcal –2,800kcal
단백질 추가 지원: 다진 소불고기 50g/
매끼(단백질 12g)
올리브유 첨가: 주식
제한 식품: 해조류, 연두부, 유제품 외
(반추 행동을 자주 하는 식품류)
간식: 경구 영양 보조식
(단백질&칼로리보조식품) 지원/생활실

사회복지사(생활지도원)

실내 환기/햇볕 쬐기
매뉴얼 대로 식사 지원
청결한 신체 유지 지원
하지 부종 감소를 위한 지원
욕구 파악하여 지원
봉와직염 예방을 위한 발케어
낙상 방지 지원
지역사회 나들이
연하식 준비(밥, 국)

건강지원팀(물리치료사)

하지 부종 감소를 위해 공기압
치료기를 이용해서 하지 마사지
주 2회, 1회 40분 진행
공기압 30압력(10압력~200압력)
A모드 적용(1단계에서 6단계까지 선
택된 공기실들에 순차적으로 압박을
가하면서 공기실의 압력을 배출)

건강지원팀(작업치료사)

음식물 기도 흡인 예방하는 자세로
식사하기와 삼킴근육 강화
주 4회, 1회 50분 진행
음식을 삼킬 때 턱을 목 쪽으로 당기는
자세chin-tuck로 삼키기
전기 자극기(00 플러스)를 삼킴근육에
부착 후 6.0mA로 제공하여
삼킴근육 강화

촉탁의

흡인성 폐렴 진단과 치료: VFSS(비디오투시삼킴검사) 권유
연하곤란 예방 위한 개입 논의: 식이, 작업치료 등
체중 유지에 대한 계획: 단백질 보충, 영양수액 등
영양수액 방문간호 연결
다리 부종에 대한 진단과 치료: 공기압 마사지 권유
봉와직염 관리와 예방: 무좀 치료 등

건강지원팀(간호사)

건강 상태 확인
병원 진료 지원과 연계
뇌전증(○○란스 병원)
위장장애, 무좀, 행동장애 (살림의원)
삼킴검사(서울○○병원)
영양수액 주사처치 지원(방문간호)

5. 박○범 씨 의료사례회의

2020년 제5차 의료사례회의 (6. 25.)

성명	박 ○ 범		
생년월일	1997년 0월 0일	작성자	이보라, 염○일 사회복지사
주제	연하곤란으로 인한 식사법, 영양유지		

복용약

<투약 및 진료이력>

- 2008. 10. 7. 위, 식도 역류증으로 인한 약물복용(시립○○병원)
- 2011. 9. 16. 과잉행동장애로 정신과 약물 복용(동○정신건강의학과)
- 2016. 8. 19. 뇌파검사 시 뇌파가 활발하여 뇌전증약 복용(○○란스병원 신경과)
- 2018. 12. 8. 흡인성 폐렴 의심 진료(○○란스병원 응급실)
- 2019. 8. 19. 흡인성 폐렴 의심 진료(○○란스병원 응급실)
- 2020. 1. 3. 흡인성 폐렴 의심, 좌측봉와직염 진료(○○란스병원 감염내과)
- 2020. 2. 19. 흡인성 폐렴 의심 진료(○○란스병원 응급실)
- 2020. 5. 28. 신우신염/ 흡인성 폐렴 의심(촉탁의 진료)
- 2020. 6. 3. 돌발성 발열 관련 진료(○○란스병원 감염내과)
- 2020. 6. 11. 비디오 투시 삼킴검사 진행, 결과 상담(○○란스병원 재활병원 재활의학과)

<현재 복용약>

- 아침: 산화마그네슘 250mg 1정, 에소메졸캡슐 20mg 1정, 리리카캡슐 150mg 1캡슐,
  아로나민씨플러스 1정, 리스페리돈 1mg 1정
- 점심: 산화마그네슘 250mg 1정
- 저녁: 산화마그네슘 250mg 1정, 리리카캡슐 150mg 1캡슐, 엑세그란 2정,
  아로나민씨플러스 1정, 리스페리돈 1mg 1정

<7월부터 복약변경 예정사항>

* 6. 2. 살림의원 정신과 진료 시 처방받음
* 7. 1. ○○란스 신경과 진료 예정. 살림의원과 약물 나누어 처방요청 예정
- 아침: 마그밀 1정, 속시틴 1정, 넥시움 40mg, 리스페리돈 1mg 0.5정(살림의원)
  리리카캡슐 150mg 1캡슐, 아로나민씨플러스 1정(○○란스병원)
- 저녁: 마그밀 1정, 속시틴 1정, 리스페리돈 1mg 1정(살림의원)
  아로나민씨플러스 1정, 리리카캡슐 150mg 1캡슐, 엑세그란정 1정(○○란스 병원)

진료 내용

2020.05.24. 사례들림

- 15시 34분경 수박을 섭취하시다가 기도에 막힌 듯 증상을 보여 바로 응급처치함
- 이에 따라 코로나-19로 인하여 미뤄졌던 연하영상조영술 검사를 실시하기로 함

2020.06.03. ○○란스 병원 수정 감염내과 진료

- 감염내과에 그동안 있었던 돌발성 발열과 발열 시 처치 내용(타이레놀, 미온수로 닦기, 지역사회 병,의원 항생제 복용) 전달하니, 음식 먹은 시간과 상관없이 폐로 흡인된 것들이 염증을 일으켜 발열이 나타난 상황이거나, 또는 봉와직염에 의한 발열이었을 수도 있다고 함. 발열이 생기면 이전과 같이 처치하면 된다고 함. 재활의학과 협진 진료 보고 연하기능검사 예약하였음

2020.06.11. ○○란스 병원 재활의학과 검사 및 진료

- 비디오 투시 삼킴 검사 진행하고 결과 상담함(조○래 주치의)
- 주치의 소견: 액체 마실 때 기도로 넘어간다고 함. 폐로 음식물 흡인 방지를 위하여 물(액체)은 점도증진제를 타서 끈적하게 만들어 푸딩식의 제형으로 섭취하길 권장. 음식 섭취는 푸딩이나 매쉬포테이토 같은 개념으로(다진고기 같은 제형으로는 부족함) 섭취 권장. 믹서기 성능 좋은 것으로 수분을 적게 한 채 아주 곱게 갈아서, 숟가락을 뒤집었을 때 꿀물처럼 떨어지는 제형감의 수준으로 섭취해야 안전하다고 함
- 3개월 후 재검사: 9월 10일 예약

현재 상황	1) 비디오 투시 삼킴 검사 실시 2) 구강 단계에서 음식물 '입 뒤쪽으로 옮기기' 저하 소견 보임 3) 인두 단계에서 삼킴반사 지연으로 인해 spontaneous posterior falling(*삼킴 시 고개를 들어 삼키고 있음/ 자발적 후면 내리기) 관찰됨 4) 후두개곡에 남는 것 거의 없으며, 기도 닫힘 완벽하지 않은 소견 보임 5) 6% 적은 양의 액체에서 기도침투 관찰됨. 많은 양의 액체 삼킴 단계에서 삼킴 중 기침 관찰됨 6) 검사 후 음식물을 모두 연하식으로 대체함 7) 감각자극/멘델슨 삼키기를 통한 삼킴근 강화 훈련을 위해 설압자와 거즈 구입
논의 사항	1) 현재 연하식으로 교체 후, 성인 남성 칼로리의 1일 권장량으로 모두 가능할지? - 음식을 연하식으로 준비하다 보니 양은 늘고 칼로리는 적어지고 있음 2) 탈수 예방을 위해 어떤 지원을 하면 좋을지?(일일 수분 섭취량) 3) 점도증진제를 장기간 사용하게 되면 건강에 이상은 없는지? 4) 연하식을 오랫동안 복용했을 때 부작용은 없는지?(치아, 소화 장애, 변비, 영양불균형)
촉탁의 의견	1) 연하식(식사와 간식)으로 1일 2200kcal 제공하며 체중 관찰 필요 2) 식후 2시간 혈당 측정 3) 점도증진제의 장기 복용이 안전함을 확인함에 따라 충분한 수분 섭취를 제공 필요 - 점도 증진제를 장기간 사용하는 것에 대한 부작용은 없음. 점도 증진제는 고분자 탄수화물이기 때문에 몸 안으로 흡수되지 않고 물 분자만 소화기로 흡수됨
결정 사항과 지원내용	1) 연하식(식사와 간식)으로 1일 2200kcal 제공하며 체중 관찰하기로 함 2) 식후 두 시간 혈당 측정 3) 점도증진제의 장기 복용이 안전함을 확인함에 따라 충분한 수분 섭취를 제공하기로 함 - 점도증진제를 장기간 사용하는 것에 대한 부작용은 없음. 점도 증진제는 고분자 탄수화물이나 몸안으로 흡수되지 않고 물 분자만 소화기로 흡수됨. - 연하식 특성상 부피는 많지만 음식량은 적음. 대신 흡수는 좋아서 고형식보다 칼로리 줄여도 됨. 입자를 갈되 점도를 높여 칼로리를 공급하고 박○범 씨의 체중과 활동량을 고려하여 일일 2100~2200kcal 제공하기로 함(체중 체크와 혈당 체크 병행하기로 함.) - 연하식을 오래 하다 보면 저작근 퇴화하고, 치아 기능 퇴화, 인지도 더 빨리 떨어질 수 있고, 변비 등 기능적인 퇴화는 어쩔 수 없는 부분임. 예상되는 부작용에 대해서 주의하여 관찰하고, 향후 보조적 방법을 궁리하기로 함 1) 1일 kcal 적정량 제공함 2) 식후 2시간 혈당 평균 140~170mg/dl로 측정됨 3) 1일 1L 이상의 수분을 제공하고 있음

2020년 8차 의료사례회의 (10. 21.)

작성자	이보라, 염○일 사회복지사
주제	연하곤란으로 인한 식사법 단계별 조절
복용약	**<최초투약>** - 2008년 9월 위 역류증으로 인하여 정신과 약물복용 시작함 - 2016년 뇌파검사 시 뇌파가 활발하여 뇌전증 추가 복용 **<현재 복용약>** 아침: 리스페리돈0.5mg, 넥시움40mg, 속시틴 1정, 유산균 1캡슐 마그밀정 1정, 속시틴정 1정, 넥시움정 40mg, 리스페달정1mg 0.5정 리리카켑슐150mg 1캡슐, 아로나민씨플러스 1정 저녁: 리스페리돈0.5mg, 속시틴 1정, 유산균 1캡슐 아로나민씨플러스 1정, 리리카캡슐 150mg 1캡슐

진료 기록	* 2020. 5. 24. 사레들림 - 15시 34분경 수박을 섭취하다가 기도에 막힌 듯한 증상을 보여 바로 응급처치함. 이에 따라 코로나 - 19로 인하여 미뤄졌던 비디오 투시 삼킴 검사를 실시하기로 함 * 2020. 6. 3. ○○란스병원 감염내과 진료 - 감염내과에 그동안 있었던 돌발성 발열과 발열 시 처치 내용(타이레놀, 미온수로 닦기, 지역사회 병,의원 항생제 복용) 전달하니 음식 먹은 시간과 상관없이 폐로 흡인된 것들이 그때 염증을 일으켜서 폐렴으로 되었을 것이라고 함, 또는 봉와직염에 의한 발열이었을 수도 있다 함. 발열이 생기면 했던 대로 처치하면 된다고 함. 재활의학과 협진 진료 보고 연하기능검사 예약함 → 봉와직염은 현재(2020. 10. 20) 나타나고 있지 않음 * 2020. 6. 11. ○○란스재활병원 재활의학과(조○래 주치의) - 비디오 투시 삼킴 검사 진행하고 결과 상담 - 주치의 소견 : 액체 마실 때 기도로 넘어간다고 함. 폐로 음식물 흡인 방지를 위하여 물(액체)은 점도증진제를 타서 끈적하게 만들어서 푸딩 식의 제형으로 섭취하길 권장. 음식 섭취는 푸딩이나 매쉬포테이토 같은 개념으로(다진고기 같은 제형으로는 부족함) 믹서기 성능 좋은 것으로 사서 수분을 적게 한 채 아주 곱게 갈아서 숟가락을 뒤집었을 때 꿀물처럼 떨어지는 제형감의 수준으로 섭취해야 안전하다고 함. 3개월 후 재검사 9월 10일 예약하였음 * 2020. 9. 17. (9월 10일 예약이었으나 전공의 파업으로 인하여 17일로 연기됨.) - 비디오 투시 삼킴 검사 진행하고 결과 상담 - 주치의 소견: 삼킴검사 결과 사레 전 단계(기도로 들어가려다 방어해서 식도로 들어가는 단계)로, 관리를 잘해서 지난 번 검사 시보다 호전됨. 완전 액체는 아직 안 되지만 전에 권장했던 제형보다는 약간은 묽어도 되고, 갈거나 다진식도 가능. 6개월 뒤 3월에 재검과 진료인데 그때까지 그렇게 섭취해야 하고, 점점 나아지면 나중엔 일반식 할 정도로 좋아질 수도 있음
현재 상황	1) 5. 16.(화) 음식물을 모두 연하식으로 대체함. 점도 증진제, 1일 권장량인 칼로리를 위해서 영양제 구입하여 식사 시 사용. 식사 후 2시간마다 혈당 체크 2) 10/5(월)부터 반찬을 다진식으로 대체함. 3) 새벽 05시~06시 사이 아침 간식, 08:30 아침 식사, 11:00 오전 간식, 13:00 점심, 15:00 오후 간식 18:00 저녁 식사, 20:00 오후 간식으로 준비하여 지원함 4) 반찬을 다진식으로 제공하고부터 식사 후 삼킨 내용물 역류시키는 활동 다시 관찰됨 5) 식이 반찬 갈은식 ⟶ 다진식으로 변경/ 밥, 국은 걸쭉한 정도의 점성 유지 중 6) 아이스 스틱으로 얼굴근육과 구강 내 온도 자극 제공함. 고개 숙이고 삼키기, 멘델슨 삼키기 진행. 삼킴 시 두 번 삼키기 유도
논의 사항	1) 부드럽게 씹을 수 있음. 삼키기 전에 저작이 필요한 정도의 갈지 않은 죽으로 변경 건 2) 삼킨 내용물 역류하는 원인에 대한 논의
촉탁의 의견	1) 2020. 9. 17. ○○란스병원 재활의학과 비디오 투시 삼킴 검사 결과 사레 전 단계로, 초회 검사 시 보다 호전되어 제형의 변화를 시도해도 됨(10월 5일부터 반찬 다진식 섭취하였음. 다진식 섭취 후 삼킨 음식물 역류로 반추하는 증상 나타남. 후두개 앞 남은 음식의 자극으로 흡인성 폐렴의 위험이 있어 다시 이전처럼 갈은식 식사하기로 함) 2) 역류는 뇌전증의 증상(주기성 구역증후군) 중의 하나일 수도 있음. 식이를 바꾸면 증상이 줄어들기도 함. 갈은식 섭취 시에 증상 호전이 있었으므로 갈은식 유지하며 역류 증상 횟수 확인 필요 3) 젤리, 양갱 등 덩어리지만 잘게 쪼개지지 않는 질감의 간식은 유지하기로 함 4) 식이 종류에 따른 인슐린 수치 해석 필요 (갈은식은 위에서 소장으로 가는 속도가 빨라 인슐린 피크가 빨리 옴. 고형식은 위에 저류하는 시간이 길어 늦게까지 혈당이 높은 상태로 유지됨)
지원내용	* 연하곤란으로 인한 식사법 단계별 조절 1) 10월 22일부터 갈은식으로 식사 진행 중 2) 식사 시마다 메디푸드 1/2포 제공, 일 3회 젤리 형태의 간식 3회 제공 3) 점심과 저녁 식간에 죽 형태의 간식 1회 제공 4) 식후 두 시간 혈당 측정으로 특이 사항 관찰 중임

2021년 제2차 의료사례회의 (3. 17.)

<table>
<tr><td>주제</td><td>삼킴장애 해결을 위한 지원 방법 논의</td><td>작성자</td><td>김충 작업치료사, 이보라 사회복지사</td></tr>
<tr><td>질병력</td><td colspan="3">뇌전증, 봉와직염, 흡인성 폐렴/ 지적장애 1</td></tr>
<tr><td>복용약</td><td colspan="3">- 아침: 리리카150mg 1캡슐,아로나민씨플러스 1정, 넥시움40mg 1정, 속시틴 1정, 라시도필 1캡슐
- 저녁: 리리카150mg 1캡슐,아로나민씨플러스 1정, 넥시움40mg 1정, 속시틴 1정, 라시도필 1캡슐
리스페리돈0.5mg 1정</td></tr>
<tr><td rowspan="2">진료내용과 생활관찰</td><td colspan="2">간호영역</td><td>생활영역</td></tr>
<tr><td colspan="2">* 2020. 6. 11. ○○란스재활병원 재활의학과
비디오 투시 삼킴 검사 진행하고 결과 상담
- 주치의 소견 : 액체 마실 때 기도로 넘어간다고 함(사레들림 단계), 폐로 음식물 흡인 방지를 위하여 물(액체)은 점도증진제를 타서 끈적하게 만들어서 푸딩 식의 제형으로 섭취하길 권장, 음식 섭취는 푸딩이나 매쉬포테이토 같은 개념으로(다진고기 같은 제형으로는 부족함) 믹서기 성능 좋은 것으로 사서 수분을 적게 한 채 아주 곱게 갈아서, 숟가락을 뒤집었을 때 꿀물처럼 떨어지는 제형감의 수준으로 섭취해야 안전하다고 함
- 3개월 후 재검사 9월 17일 예약함

* 2020. 9. 17. ○○란스재활병원 재활의학과
비디오 투시 삼킴 검사 진행하고 결과 상담
- 주치의 소견: 삼킴검사 결과 사레 전단계(기도로 들어가려다 방어해서 식도로 들어가는 단계)로 지난번 검사 시보다 호전됨. 완전 액체는 아직 안 되지만 전에 권장했던 제형보다는 약간은 묽어도 되고 갈거나 다진식도 가능함. 점점 나아지면 나중엔 일반식 할 정도로 좋아질 수도 있다고 함
- 6개월 후 재검사 3월 11일 예약함

* 2021. 03. 11. ○○란스재활병원 재활의학과
비디오 투시 삼킴 검사 진행하고 결과 상담
- 주치의 소견: 이번 검사 결과 다시 사레들림 단계로 악화됨. 구강 단계에서 음식물 후방 보내기의 저하 소견 보임. 인두 단계에서 삼킴반사 저하로 인한 자발적 후방 낙하(고개 들어 음식물 넘기기)가 관찰되고 후두개곡 잔여물 거의 없으며, 불완전한 후두 닫힘 소견 보임. 많은 양(일반 숟가락)의 6% 반고체(꿀만큼 흐르는듯한 점도), 소량의 액체에서 음식물 침투됨. 많은 양의 액체여서 삼킴 도중 흡인/기침 소견 관찰됨. 반찬만 물기를 꼭 짜서 다진식으로 드리고 있는 상황 전달하니 다진식으로 반찬 유지하되 사레들림 수 있으니 한 수저에 소량씩 섭취 권유함, 밥은 끈적한 농도의 연하식으로, 물도 점도증액제 타서 수저로 복용하는 것 유지. 반추행동으로 인해 액체 형태 삼키는 염려에 대해서는 흡인 걱정할 정도는 아니라고 함
- 6개월 후 재검사 9월 16일 예약함</td><td>* 일상생활 지원내용
1. 새벽 05:00~06:00 사이 아침 간식, 08:30 아침 식사, 11:00 오전 간식, 13:00 점심, 15:00 오후 간식
18:00 저녁 식사로 준비하여 지원함

2. 반찬은 다진식으로 제공하고 있음. 밥, 국은 걸쭉한 정도의 점성 유지 중

3. 고개 숙이고 삼키기, 멘델슨 삼키기 진행. 삼킴 시 두 번 삼키기 유도

4. 식후 2시간 후 혈당 체크 (소아당뇨가 있었다고 어머님께서 이야기하여 체크 진행함)</td></tr>
<tr><td>논의 사항</td><td colspan="3">1. 검사 결과에 따른 지원 방법 논의
<식사 전>
- 박○범 씨 식사에 집중할 수 있도록 산만하지 않은 장소에서 진행
- 엉덩이가 등받이에 바짝 붙을 수 있도록 앉고, 허리를 숙여서 식탁에 복부 압박이 안 되는지 확인
- 몸이 한쪽으로 치우치지 않는지, 머리는 정면을 향하고 있는지 확인
- 준비된 반찬에 물기가 있다면, 점도증진제 첨가하여 물기 제거
- 구강건조를 줄일 수 있도록 식전에 점도증진제 첨가한 물 3~5 숟가락 삼킴
<식사 중>
- 고개 숙이는 자세(이중턱 만들기) 만들어서 식사 진행. 음식물이 기도로 들어가는 것을 막음
- 반복 삼키기: 음식을 삼킨 후에 음식없이 1~2회 더 삼키도록 함. 이를 통해 입속이나 목 속에 남아있는 음식의 양을 줄이거나 제거할 수 있음. 삼킴 후에 기침이나 목소리, 숨소리를 듣고 음식물이 기도로 들어 갔는지 확인
- 식사제공 시 숟가락의 1/2 정도로 식사량 조정하고, 입에 있는 음식을 모두 삼킨 후 다음 음식 삼킴
- 식사 도중 머리를 뒤로 젖히는 상황이 없도록 주의
- 기침이 나올 경우, 기침이 멈출 때까지 식사를 잠시 중단
<식사 후>
- 입안에 음식이 남아있는지 확인. 콜록거림, 쉰 목소리나 숨소리가 들리면 성대 위에 음식이 있는 상황임을 인지
- 식사 후 바로 눕지 않고 20~30분 정도 소화 시간 가지도록 함
- 치아와 잇몸, 혀, 볼과 잇몸 사이에 음식물이 없도록 구강 위생 유지
2. 식후 2시간 혈당체크 100~120 정도 유지됨에 따라서 혈당 체크 중단 건</td></tr>
</table>

<table>
<tr><th>주제</th><th>삼킴장애 해결을 위한 지원 방법 논의</th></tr>
<tr><td>결정 사항</td><td>1. 돌봄집중팀 직원이 식사 지원 방법 프린트물 제공하고 설명하였음. 직원이 식사를 지원할 때 작업치료사 지원 사항 확인하고 수정하는 과정을 지속할 예정
- 추가 사항: 음식 삼킬 때 후방 넘기기 지원을 위해 수저를 혀 중간까지 넣기
2. 꿀꺽 삼키는 힘 강화와 기도 흡인 예방효과를 기대하며, 삼킬 때 수축 운동을 유발하는 전기자극치료기(상품명: OOO스팀, OO플러스) 사용하기
- 대여 알아보기-> 기계사용으로 인한 부작용(불쾌, 불편감으로 인한 입맛 저하, 음식 거부 등)이 없는 것이 확인되면 SOCL에 전기자극치료기 지원 신청해 보기——> 지원이 어려우면 자비 구입
3. 식사 전/식사 중/식사 후 환경조성, 속도 조절, 양 조절, 자세 유지 지원은 지속 필요함
4. 저혈당에 대한 염려로 6개월간 식후 혈당 측정을 하였고, 100~120mg/dl 유지가 확인되어 혈당 측정은 년 1~2회 축소하기로 함</td></tr>
</table>

2021년 제9차 의료사례회의 (11. 17.)

<table>
<tr><th>주제</th><th>체중 변화에 따른 건강상태 논의</th><th>작성자</th><th>이보라 사회복지사, 김충 작업치료사, 김정애 간호사</th></tr>
<tr><td>질병력</td><td colspan="3">뇌전증, 봉와직염, 흡인성 폐렴</td></tr>
<tr><td>복용약</td><td colspan="3">- 아침: 리리카150mg 1캡슐, 아로나민씨플러스 1정, 넥시움40mg 1정, 속시틴 1정, 라시도필 1캡슐
- 저녁: 리리카150mg 1캡슐, 아로나민씨플러스 1정, 넥시움40mg 1정, 속시틴 1정, 라시도필 1캡슐 리스페리돈 0.5mg 1정</td></tr>
<tr><td rowspan="2">진료내용과 생활관찰</td><td colspan="2">간호영역</td><td>생활영역</td></tr>
<tr><td colspan="2">- 2008. 2. 21. 골절(우측 2007년 8월경) 후 팔 안에 삽입한(쇠) 제거 수술(강북○○병원)
- 2011. 9. 2. : 재활병원 의사와 상담 중 잠시도 가만히 있지 못하고, 돌발행동을 보여 약 처방. 약 14일분
- 2011. 9. 16. : 과잉 행동장애가 너무 심하여 정신과 전문의와 상담(동○신경정신과의원)
- 2012. 10. 31. : 학교복도 낙상으로 발등골절 splint(카○○정형외과)
- 2015. 3. 31.: 맹장수술 후 입원(강북○○병원)
- 2016. 8. 19.: 뇌전증약 복용(○○란스병원 신경과)
- 2018. 12. 8.: 폐렴으로 응급실 진료(○○란스병원)
- 2019. 8. 19.: 흡인성 폐렴 의심 응급실 진료(○○란스병원)
- 2020. 6. 11.: 삼킴기능검사 후 연하식 적용 시작(○○란스병원 재활의학과)
- 2020. 6. 12.: 살림의원 정신건강의학과로 정신과약 처방 전원(뇌전증 약은 ○○란스에서 기존대로)

* 2020. 6. 11. ○○란스재활병원 재활의학과
비디오 투시 삼킴 검사 진행하고 결과 상담
- 주치의 소견: 액체 마실 때 기도로 넘어간다고 함.(사레들림 단계). 폐로 음식물 흡인 방지를 위하여 물(액체)는 점도 증진제를 타서 끈적하게 만들어 푸딩 식의 제형으로 섭취하길 권장, 음식 섭취는 푸딩이나 매쉬포테이토 같은 개념으로(다진 고기 같은 제형으로는 부족함) 믹서기 성능 좋은 것으로 사서 수분을 적게 한 채 아주 곱게 갈아서 숟가락을 뒤집었을 때 꿀물처럼 떨어지는 제형감의 수준으로 섭취해야 안전하다고 함
- 3개월 후 재검사 9월 17일 예약함

* 2020. 9. 17. ○○란스재활병원 재활의학과
비디오 투시 삼킴 검사 진행하고 결과 상담
- 주치의 소견: 삼킴 검사 결과 사레 전 단계(기도로 들어가려다 방어해서 식도로 들어가는 단계)로 지난번 검사 시보다 호전됨. 완전 액체는 아직 안 되지만 전에 권장했던 제형보다는 약간은 묽어도 되고 갈거나 다진식도 가능함. 점점 나아지면 나중엔 일반식 할 정도로 좋아질 수도 있다고 함
- 6개월 후 재검사 3월 11일 예약함</td><td>*일상생활 지원내용

1. 새벽 05:00~06:00 사이 아침 간식, 08:00 아침 식사, 13:00 점심, 15:00 오후 간식
18:00 저녁 식사 지원함.
(때에 따라서 20:00~21:00 간식 지원)

2.반찬은 다진식으로 제공하고 있음. 밥, 국은 걸쭉한 정도의 점성 유지 중

3. 고개 숙이고 삼키기, 멘델슨 삼키기 진행. 삼킴 시 두 번 삼키기 유도

4. 1일 2회 발 소독과 발 상태 점검

5. 5. 20. 일상 능력 향상과 안정된 모습이 유지되어, 저녁때 복용하던 정신건강의학과 약물 리스페리돈 0.5mg을 중단 관련 살림의원과 상담 실시

6. 6. 2.부터 약 중단 6월 15일부터 반추행동이 급격하게 증가, 7~8월에는 매일 식사 후 반추행으로 인한 심한 구토 증세를 보여 체중이 42kg까지 떨어짐(4.5kg정도 감소)

7. 8. 12. 진료 시 다시 리스페리돈 0.5mg을 복용하기로 함. 복용 후 8월 말부터는 반추행동이 급격하게감소되고 구토증상도 크게 감소

8. 현재 식사량 유지, 천천히 식사할 수 있도록 지원(1일 2500kcal)</td></tr>
</table>

<table>
<tr>
<td>진료내용과 생활관찰</td>
<td>
* 2020. 9. 17. ○○란스재활병원 재활의학과
비디오 투시 삼킴 검사 진행하고 결과 상담
- 주치의 소견: 삼킴 검사 결과 사레 전 단계(기도로 들어가려다 방어해서 식도로 들어가는 단계)로 지난번 검사 시보다 호전됨. 완전 액체는 아직 안 되지만 전에 권장했던 제형보다는 약간은 묽어도 되고 갈거나 다진식도 가능함. 점점 나아지면 나중엔 일반식 할 정도로 좋아질 수도 있다고 함
- 6개월 후 재검사 3월 11일 예약함
* 2021. 03. 11. ○○란스재활병원 재활의학과
비디오 투시 삼킴 검사 진행하고 결과 상담
- 주치의 소견: 이번 검사 결과 다시 사레들림 단계로 악화됨. 구강 단계에서 음식물 후방 보내기의 저하 소견 보임. 인두 단계에서 삼킴반사 저하로 인한 자발적 후방 낙하(고개 들어 음식물 넘기기)가 관찰되고 후두개곡으로 잔여물이 거의 없으며 불완전한 후두 닫힘 소견 보임. 많은 양(일반 숟가락)의 6% 반고체(꿀만큼 흐르는듯한 점도), 소량의 액체에서 음식물 침투됨. 많은 양의 액체여서 삼킴 도중 흡인/기침 소견 관찰됨. 반찬만 물기를 꼭 짜서 다진식으로 드리고 있는 상황 전달하니 다진식으로 반찬 유지하되 사레들릴 수 있으니 한 수저에 소량씩 섭취 권유함. 밥은 끈적한 농도의 연하식으로, 물도 점도증액제 타서 수저로 복용하는 것 유지. 반추행동으로 인해 액체 형태 삼키는 염려에 대해서는 흡인 걱정할 정도는 아니라고 함
- 6개월 후 재검사 9월 16일 예약함
* 2021. 5. 20 살림의원 정신건강의학과 진료
- 저녁 리스페리돈 0.5mg 1정 ──> 중단
- 반추행동이 지속적으로 늘어남
* 2021. 8. 20. 살림의원 정신건강의학과 진료
- 취침 전 리스페리돈 0.5mg 1정 추가 처방
* 2021. 9. 16. ○○란스재활병원 재활의학과
비디오 투시 삼킴 검사 진행하고 결과 상담
- 주치의 소견: 3월 검사했을 때와 같은 검사 결과 나옴. 구강 단계에서 음식물 후방 보내기의 저하 소견 보임. 인두 단계에서 삼킴반사 저하로 인한 자발적 후방 낙하(고개 들어 음식물 넘기기)가 관찰되고 후두개곡 잔여물 거의 없으며 불완전한 후두닫힘 소견 보임

※ 참고 자료 : 체중 변화(kg)
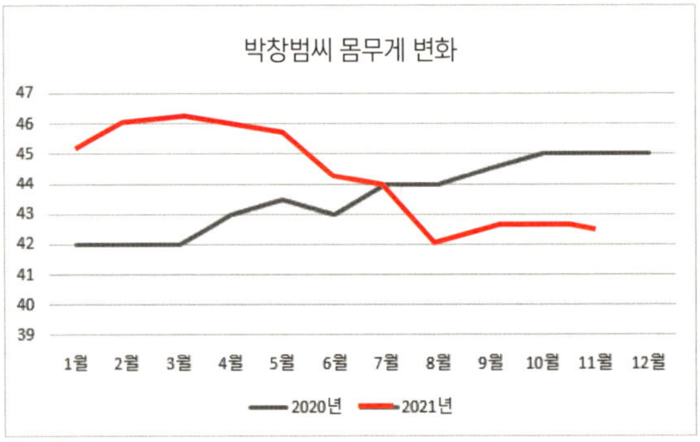

</td>
<td>
9. 반추행동의 재미보다 다른 자극을 찾아서 재미를 느낄 수 있도록 레고놀이 지원. 블록 맞추기, 실내 운동 지원, 드라이브를 통한 놀이 지원
10. 현재 몸무게 42.5kg
</td>
</tr>
<tr>
<td>논의 사항</td>
<td colspan="2">
1. 건강검진 시 저체중, 근육량 저하로 관리와 철결핍성빈혈에 대한 철분 늘리기가 필요하다고 나옴. 이에 따라서 생활실에서 뿐만 아니라 각 팀에서 지원할 부분들을 세세하게 협력하여 진행했으면 함
2. 현재 감소된 체중이 쉽게 돌아오지 않고 있음. 면역력이 저하되어 흡인성 폐렴과 봉와직염이 발생되지 않을지 우려스러운 상황임. 주 1회라도 영양제를 생활실에서 맞는 것이 어떤지?
</td>
</tr>
</table>

주제	체중 변화에 따른 건강상태 논의
결정 사항	1. 충분한 수분 섭취했으면 좋겠으나 반추행동으로 어려움 - 반추행동 보이는 경우 많고 재미를 느낌. 운동 절제 요청 시, 식사량이 많은 경우, 향이 강한 음식 섭취 후, 단 음식 섭취할 경우 반추행동. 어렸을 때부터 놀이, 자극으로 생각함 2. 현재 근력이 떨어져 코로나 백신 2차 접종 시 근육이 없어 주사 놓기 힘들다는 의사 의견 들음 - 근력을 올리는 식사 필요 3. 건강검진 결과 철 결핍으로 철분제 처방하여 복용 예정 - 알약 삼키는 것 가능하여 알약으로 처방, 식사 때 섭취할 예정임. 철분제 물약이 있으나 비릿한 맛으로 드시기 어려운 부분 있음. 철분제 복용 시 부작용으로 변비 유발 - 영양상태 고려하여 고기양 추가, 철분 공급과 단백질 섭취도 필요하며 도움을 줌. 철분이 많은 고기는 붉은 소고기, 소간, 선지, 순대 등 4. 주기성 구토증후군은 뇌전증, 행동장애에 많이 나타남. 뇌전증인지 행동장애인지 의견 분분함. 반추행동은 즐기기 위해서뿐만 아니라 습관화 행동으로 나타날 수 있음 - 병리적 부분으로 식도, 위 괄약근이 약해져서 후유증으로 발생. 역류성식도염 있어 구토 유발 - 박○범 씨 경우 계란 드시면 반추증상 심해짐 5. 외부 활동 다녀온 후 체력적으로 약해짐. 2019년 외부 다녀온 후 흡인성 폐렴으로 치료받은 적 있음. 야외 활동 후 기관지 염증 발생 - 식도염 자체로도 숨소리, 기침 증상 보일 수 있음 6. 영양제 주사 처방은 가능하나 살림의원에서는 비보험임. 비용 7만원 발생(주 1회) - ○○란스 가정간호사업소에 의뢰하여 영양제 주사 처방 가능한지 문의하여 가능하다면 보험으로 진행 시 무료이나 주로 퇴원환자 관리가 이루어지므로 어려울 수도 있음 - 영양제 주사 처치하는 경우 소모성질환일 경우 원기 회복에 도움이 됨 - 어렸을 때 뇌전증일 경우 살이 안 붙는 경우가 많음 - 기본 체력을 늘리는 방법으로 진행 - 운동으로 근육 키우기는 힘든 상태임. 비협조적, 상체가 약하나 상체 운동은 어려움 - 기초체력 보충을 위해 열량 2500kcal에서 200kcal 경구 영양 보조제 추가하여 열량 2700kcal로 조정 - 최근 활동량도 늘어나 단백질 섭취량을 늘려 체중을 올리는 방안 모색 - 2020년에는 꿀 섭취로 체중 증가하였으나 최근에는 단 음식인 경우 반추행동 보여 어려움 있음
진행 사항	1. 간식으로 새벽, 오전 간식 시 꿀을 한 숟가락씩(10g) 섞어서 지원하고 있음/ 1일 2,700kcal-2,800kcal 제공 열량 추가 지원/ 경구영양 보조제 3포/1일 - 참기름과 올리브유 추가 150-200kcal/ 단백질 추가 지원/ 다진 불고기 120kcal - 현재 몸무게 44.6kg ⇒ 2kg 증량 2. 오전, 오후, 식사 후에 운동할 수 있도록 지원함 3. 여가생활 지원으로 통한 반추행동 소거를 위한 노력 1) 블록, 소리 나는 장난감, 나무놀이 기구를 통한 놀이 지원 2) 목욕 시 욕조 사용을 이용한 놀이 지원 3) 주 2회 드라이브 지원 ⇒ 위의 사항으로 지원하였으나 현재로서는 산책과 계단 오르기 외에는 특별한 놀이에 관심 없음 - 블럭, 소리 나는 장난감. 욕조 물놀이 등 다양한 방법을 동원하여 지원하고 있음 4. 11. 18. 빈혈 약(훼로바) 처방받아 1일 1회 복용 중임 5. ○○란스 가정간호사업소 영양제 주사 처방 문의: 어렵다는 답변 받음

2023년 제4차 의료사례회의 (5. 16.)

<table>
<tr><td>주제</td><td>정신과 약물 복용 입주자 건강관리 논의</td><td>작성자</td><td>김정애 간호사, 이용운 사회복지사</td></tr>
<tr><td>복용약</td><td colspan="3">* 관리
○○란스병원 신경과 ⟶ 2020. 6. 2. 살림의원 정신건강의학과로 전원
* 최초복용
2011~ 동○신경정신과의원
* 변경 전 약물(2022. 9. 21.)
- 아침, 취침전: 라시도필캡슐 1캡슐
- 취침 전: 리스페달정0.5mg 1정
* 현재 복용약(2023. 2. 8.)
- 아침, 취침 전: 라시도필캡슐 1캡슐
- 취침 전: 리스페달정0.5mg 1정, 리스페달정0.5mg 0.5정</td></tr>
<tr><td>약물 변경</td><td colspan="2">- 2023. 2. 8. 정기진료
* 일상생활: 실내 걷기 운동, 다리 공기압 마사지를 지원함. 그리고 방에서 생활함
* 식사: 식전 약 복용 후 식사를 지원함. (40분~1시간 정도), 간식과 무스웰 제공으로 영양지원
* 수면: 초저녁(20:00경)에 수면하여 24시 이후 잠에서 깨는 경우가 많음 그리고 다시 취침하여 새벽 05:00경 기상
* 박○범 씨 식사 지원 후 행동
- 식전 약 복용 후 식사 지원한 후 걷기와 다리 공기압 마사지 지원함(60분, 130 압력)
- 식사 후 다리 공기압 마사지한 후 104호 의료용 침대에서 30분~1시간 정도 수면 후 스스로 거실로 나옴
- 걷기 운동 지원, 또는 걷기 후 다리 공기압 마사지함
* 반추 행동
- 소화기내과 약을 추가해도 반추 행동은 별로 효과를 보지 못한 상태임
- 식사 후 최소 5회 또는 많이 먹었던 음식을 전부 뱉은 후 음식물이 나오지 않으면 침을 뱉는 행동함
- 물이 포함된 음식물, 물기 없는 음식물을 뱉는 경우가 있음. 음식물을 많이 토했을 때 하루 20회 이상 토하는 경우가 있음. 40kg에서 체중 변화가 없으며, 현재는 영양실조 증세와 탈수가 되지 않을까 심히 염려스러운 상황임. 이렇게 심하게 반추 행동할 때 일시적인 도움이 되는 방법이 있는지 논의가 필요함
- 장창현 정신과 의사와 약물 조절에 대해 논의하고 추후 의료사례회의(2월)에서 논의하기로 함
- 생활실에서 전달받은 내용 주치의에게 전달함
- 2월 2일 주치의와 상담 후 취침 전부터 리스페달 0.25mg 증량되어 복용 후 구토 증상 약간 감소 되고, 눈에 띄게 쳐져 보이지는 않으나 증량 전보다 활동량은 감소 됨을 주치의에게 전달함
- 증량된 용량 유지하면서 경과 관찰하기로 함</td><td>- 아 침: 라시도필캡슐 1캡슐
- 취침 전: 리스페달정0.5mg 1정
리스페달정0.5mg 0.5정(+)
라시도필캡슐 1캡슐</td></tr>
</table>

- 2023. 4. 12. 정기진료

1. 수면시간 20:00~03:00(04:00) 정도로 수면 패턴은 일정하게 유지하고 있으나 같은 방을 쓰는 박○찬 씨가 수면하지 않고 소음을 내는 경우 얕은 수면을 취하기도 함
2. 평소 반추 행동을 여전히 보이고 있으나 양은 줄어들었음. 하지만 일부러 반추 행동을 보일 때가 있음. 음식물이 나오지 않을 때는 침을 뱉는 등의 불만을 표시하기도 하여 반추 행동이 심할 때는 식사량을 조절하고 간식으로 부족한 영양을 보충할 수 있도록 지원함. 또한 반추 행동을 줄일 수 있도록 오전, 오후 하루 2회 걷기 운동을 지원함. 저녁 식사 후에는 위생 지원 후 바로 취침하는 경우가 많아 식사량을 늘려 충분한 양을 섭취할 수 있도록 지원함

* 2023년 1월~3월 체중 변화(단위:kg)

1월	2월	3월	4월
39.2	44.0	46.5	46.5

- 생활실에서 전달받은 내용 주치의에게 전달함
- 약 그대로 유지하면서 경과 관찰하기로 함

- 아 침, 취침 전: 라시도필캡슐 1캡슐
- 취침 전: 리스페달정0.5mg 1정
  리스페달정0.5mg 0.5정

약물 변경

~ 현재 상황

1. 긍정적 변화
 - 울거나 자해하는 행동이 소거됨
 - 일상생활에서 활력이 생김. 뛰어다님
   비틀거리면서 걷던 걸음걸이가 안정적으로 됨
 - 수시로 하던 반추행동이 특정 환경에서 보이는 경우가 있음
 - 운동 후에 피곤하면 스스로 방으로 들어가 휴식 취함
 - 주변 환경에 관심이 많음
 - 영양수액 지원으로 인하여 수분 섭취량 늘림
 - 2023년 체중 변화(kg)

1월	2월	3월	4월	5월
39.2	45.0	46.5	45.7	46.3

2 어려운 행동
 - 불만이나 놀이로 침을 뱉으면서 반추행동을 보임. 직원에 따라서 반추행동이 증가되기도 함
 - 걷거나 뛸 때도 반추행동을 보임
   흡인성 폐렴이 염려되는 부분들이 있음
 - 오후 간식 섭취 후에 계속 반추 행동을 보임(특히 수분 섭취를 위해서 물을 섭취하면 계속 반추행동을 보임)
 - 물을 틀어 놓고 직원 눈을 피하여 물을 마심

1. 일상생활 지원
 - 숙면 상태(20:00~04:00 숙면)
 - 같이 방을 쓰는 입주자(박○찬 씨)가 잠을 자지 않고, 물건을 두드리는 소리에 깊은 숙면 못함
 - 오전, 오후 부상 예방을 위하여 보호 장비 착용 후 실내 걷기 운동 지원
 - 건강관리
   1) 주 1회 영양수액
   2) 점도증진제 사용하여 식사량 조절
   3) 밥: 갈은식 준비 시 소고기, 올리브유
      국: 건더기 위주로 식사 준비, 균형 영양 보조제 5대 영양소 넣어 준비
   4) 간식 지원: 새벽, 오후 간식 무스웰 지원
   5) 기침과 발열 체크로 흡인성 폐렴 관찰
 - 반추 행동 시 단호하게 하지 않도록 지원(반추 행동 시 세탁과 소독 지원)
 - 오전, 오후 발 소독 진행(봉와직염 예방)

2. 정서적 지원
 - 편안한 식사가 될 수 있도록 음악 청취
 - 자주 말을 걸어주어 직원들이 관심을 가지고 있는 것을 느끼도록 함

3. 여가생활 지원
 - 주말 나들이
 - 지역사회 나들이, 소규모 여행을 통한 스트레스 해소 지원
 - 실내, 실외 걷기운동 지원

결정 사항

- 살림 재택 의료센터 방문간호로 주 1회 영양수액 주사 처치 중임(체중 증량됨 1월 39.2kg 5월 46.3kg)
- 불만이나 놀이로 침을 뱉으면서 반추 행동을 보임. 직원에 따라 반추 행동이 증가하기도 함
- 구토 증상 이후 구강 위생관리 필요함
- 2/2 리스페달 0.25mg 증량 후 구토 증상 약간 감소. 주치의 약 최소량으로 유지 중임

진행 사항	- 상황에 따른 세심한 식사지원과 함께 주 1회 영양수액 투여로 체중이 1월 39.2kg 대비 5월 46.3kg 6월 48.6kg로 연초 1월보다 9.6kg 정도 증량된 모습을 보임 (전반적인 반추 횟수 감소도 체중 증량에 영향을 끼침) - 근무 직원에 따라 반추 행동 보이는 횟수와 의도가 확연히 다름이 확인됨 - 가급적 사례담당 직원이나 박○범 씨가 반추 행동에 대한 자제를 본인이 해야 한다고 느낄 수 있는 직원이 식사 지원, 식사 후 휴식을 취할 때 방문을 열어놓고 관찰과 정서적인 안정을 위한 대화를 시도함(과거 미역국을 섭취하면 반추 행동이 더 심하다는 정보를 확인. 식사 후 문을 열어놓고 직원이 마주 보며 관심을 보이자 반추 행동을 전혀 하지 않은 것으로 보아, 본인의 오랜 습관이며 놀이로 생각되는 반추 행동이 직원에 따라 시도하는 양상이 다른 것으로 판단됨. 5. 30. 생활일지 참조) - 식사 후에 가글을 제외한 물 양치와 구강청결제 칫솔질을 하는 외에 구토 증상이 발견되는 즉시, 바로 음식물 제거를 위한 위생 지원함 - 반추 행동에 대한 관찰 내용을 근무자 간 인수인계 시 항상 공유하고 밥과 국의 점도, 채소 반찬의 수분 제거를 항상 확인하고 지원함

2024년 제1차 의료사례회의 (2. 21.)

주제	입주자 건강지원 방향 논의	작성자	김정애 간호사, 이보라 사회복지사 이용운 사회복지사, 추혜인 촉탁의

■생활영역

1. 주간 일정

오전	- 04:00~05:00 기상, 양치, 간식 지원 - 05:00~10:00 여가생활, 아침 식사, 위생 지원 (식사 전 30분에 약 복용), 발 전체 소독, 상처 확인과 치료 - 10:00~11:30 공기압 치료 - 11:30~13:00 운동과 여가생활(2, 4째 주 목요일 오전 09:00~11:00) 영양수액
오후	- 13:00~14:00 점심 식사(월~금 점심 작업치료 - 삼킴근육 훈련) - 14:00~18:00 생활실 내 걷기 활동, 개인 여가 활동, 낮잠 * 16:00-17:20 화/물리치료 15:00-15:50 금/물리치료 - 18:00~19:30 저녁 식사와 위생 지원, 여가생활(걷기 운동 지원) - 19:30~20:00 목욕과 발 전체 소독과 상처 확인과 치료 - 20:00~04:00 취침 * 주 1회 드라이브 지원, 월 1회 지역사회 외출지원, 분기별 나들이 진행

2. 일상생활 케어

키/몸무게 165.9cm, 47.5kg	
식사	'박○범 씨 식사 지원 매뉴얼'(하단) 참고
수면	- 20:00~21:00~04:00~사이 숙면. 수면시간 8시간 이상 유지 (낮잠도 1시간 이상 취침) - 취침 시 발 베개를 사용하여 다리를 심장보다 높게 있을 수 있도록 조치
구강관리	- 양치 시 물이 들어가면 마시려고 하는 경향이 있어 턱을 아래로 유지하며 양치와 헹굼을 함 (1일 4~5회) - 칫솔을 이용하여 치아의 안과 밖을 닦아내며 여러 번 닦음 - 치약보다는 구강청결제로 사용하고 있음.(청결하게 헹구지 못하여) - 하지만 반추 행동을 하여 음식물이 늘 입안에 머물고 있어 현재 구강 청결 상태가 좋지 못함. 그로 인하여 치아우식증이 발생함
배뇨 배변	기저귀 착용 - 일 4~5회 정도 배뇨(기저귀 교체 시 많은 양) - 주 2~3회 정도 배변(많은 양)

3. 여가생활
- 생활실 내 걷기 활동
- 태블릿PC 시청
- 월 2회 이상 외출(드라이브, 산책 등)

4. 케어 시 어려운 점이나 궁금한 점
- 치아우식증이 생기고 있지만, 현재 반추 행동으로 치아 청결을 유지하지 못하고 있음
  혹시 실란트 같은 충전제는 사용할 수 없는지?
- 현재 연하곤란으로 인하여 다진식과 갈은식을 섭취하고 있는데. 아직 젊은 나이기에 일반식으로 전환하면 어떨지?
- 발에 부기를 없애기 위해 발 베개, 걷기 운동, 발 소독 등을 하며 관리하고 있으나, 부기가 쉽게 없어지지 않음. 발가락 사이사이에 부기로 인하여 상처가 생겨 잘 낫지 않음
  이런 때에는 걷기를 자제시켜야 하는지? 아니면 발 전체에 부기를 제거하기 위해서 꾸준한 운동을 지원해야 하는지?
- 발의 부기가 왜 그런 것인지? 어떤 이유에서 그런 것인지 궁금함

■의료영역

과거력	1. 뇌전증 - 선천적으로 뇌실이 확장된 뇌 구조(+), 뇌파(EEG) 검사상 간질파(+) 2. 구토와 반추 행동 - 행동장애 - 주기적 구토 증후군(cyclic vomiting syndrome) : 뇌전증의 일종 - 역류성식도염, 위산에 의한 치아 손상 3. 잦은 낙상과 외상 - 종족골 내 변형으로 인한 불안정한 걸음걸이, 제거되지 않은 골내 고정장치 4. 하지 부종(림프 부종)과 잦은 봉와직염 5. 연하 곤란 - 점도 증진제 타서 음식 섭취, 흡인성 폐렴 6. 저체중과 탈수: 2주에 한 번 영양수액제 주사 중 7. 비대, 서맥, 심장판막의 이상: 큰 이상 소견은 아님
복용약	<○○란스 신경과> 뇌전증 - 아침, 저녁: 리리카캡슐150mg 1캡슐, 아로나민씨플러스 1정 - 저녁: 액세그란 2정 <살림의원 정신건강의학과> - 아침, 취침 전: 라시도필캡슐 1캡슐 - 취침 전: 리스페리달 0.5m 1.5정 <살림의원 가정의학과> - 아침, 점심, 저녁: 속시틴정 1정, 무코스타정 1정 - 아침: 파리에트정 5mg 1정 - 무좀: 티비에프 250mg (125mg 2정) 주 1회 * 월 2회(2, 4째 주/목) 영양수액 3-chamber 724ml 주사 처치(방문간호)
이전 예방접종	파상풍 2019
예방접종	독감과 코로나 : 2024~2025 절기

우려되는 점	1. 뇌전증: 향후 악화될 가능성 고려, 뇌실 확장의 구조적 이상 있을 경우 노화와 함께 뇌전증 악화 2. 외상: 잦은 두부 외상으로 방사선 노출이 많은 것에 대한 우려 - 두부 외상 아닐 경우 열상을 빠르게 봉합해야 할 필요 없으므로, 시설 내에서 1~2일 정도 지켜보아도 됨 - 골내 고정장치가 있는 부분에서 외상 발생 시 외상의 중증도가 높을 가능성 우려 3. 잦은 발열: 발열 시 흡인성 폐렴/ 봉와직염 가능성 고려하여 약 처방 필요 4. 무좀 관리: 봉와직염 잦은 발에 무좀균까지 감염되면 더 자주 염증 발생할 우려 5. 치아 관리: 위산에 치아 부식 우려 6. 골다공증 예방
결정 사항	1. 치아우식증이 발생하지만, 현재 반추 행동으로 치아 청결을 유지하지 못하고 있음. 혹시 실란트 같은 충전제는 사용할 수 없는지? - 불소도포(치과 진료 시 요청) 2. 현재 연하곤란증으로 다진식과 갈은식을 섭취하고 있는데. 아직 젊은 나이기에 일반식으로 전환하면 어떨지? - 일반식으로의 전환은 어려울 듯 - 다진식+ 점도 증진제 유지 - 삼킴검사 결과 좋아졌더라도 일반식으로 전환할 경우 위험성 높음 3. 발에 부기를 없애기 위해 발 베개, 걷기 운동, 발 소독 등을 하며 관리하고 있으나, 부기가 쉽게 없어지지 않음. 발가락 사이사이에 부기로 인하여 상처가 생겨 잘 낫지 않음. 이런 때에는 걷기를 자제시켜야 하는지? 아니면 발 전체에 부기를 제거하기 위해서 꾸준한 운동을 지원해야 하는지? - 림프 부종으로 (중력에 의한 것) 운동하면 심해짐 - 서 있는 것보다는 걷는 것이 좋음 - 림프 부종으로 염증 생기면 더 심해짐/너무 부었을 경우 운동 자제 4. 발의 부기가 왜 그런 것인지? 어떤 이유에서 그런 것인지 궁금함 - 림프 부종으로 인함

2025년 제2차 의료사례회의 (3. 19.)

주제	입주자 건강지원 방향 논의	작성자	김정애 간호사 김명화 사회복지사 추혜인 촉탁의

■생활영역

1. 주간 일정

오전	- 04:00~09:00 간식 지원, 여가생활, 아침 식사, 위생 지원 (식사 전 30분에 약 복용), 발 전체 소독과 상처 확인과 치료 - 09:00~13:00 걷기 운동과 여가생활 - 발 공기압 마사지
오후	- 13:00~14:00 점심 식사 - 14:00~18:00 생활실 내 걷기 활동, 개인 여가활동, 낮잠 - 18:00~19:30 저녁 식사와 위생 지원, 생활실 내 걷기 활동 - 19:30~20:00 목욕과 발 전체 소독과 상처 확인과 치료, 발 보습제 도포 - 20:00~04:00 취침 * 주 2회 주블리아 무좀약 도포

2. 일상생활 케어

키/몸무게 165.9cm, 53kg	
식사	'박○범 씨 식사 지원 매뉴얼'(하단) 참고
수면	- 20:00~21:00~04:00~사이 숙면 수면시간 8시간 이상 유지 (낮잠도 1시간 이상 취침) - 취침 시 발 베개를 사용하여 다리를 심장보다 높게 있을 수 있도록 조치
구강관리	- 양치 시 물을 들어가면 마시려고 하는 경향이 있어 턱을 아래로 유지하며 양치와 헹굼을 함 (1일 4~5회) - 칫솔을 이용하여 치아의 안과 밖을 닦아내며 여러 번 닦음 - 치약보다는 거품 치약과 구강청결제로 사용하고 있음(청결하게 헹구지 못하여) - 반추 행동을 하여 음식물이 늘 입안에 머물고 있어 현재 구강 청결 상태가 좋지 못함. 그로 인하여 치아우식증이 발생함
배뇨 배변	- 기저귀 착용 - 일 4~5회 정도 배뇨(기저귀 교체 시 많은 양) - 주 1~2회 정도 배변(많은 양)

3. 여가생활
- 생활실 내 걷기 활동
- 태블릿PC 시청
- 월 2회 이상 외출(드라이브, 산책 등)
- 물건 정리 정돈

4. 케어 시 어려운 점이나 궁금한 점
- 대변을 4~5일 정도의 간격을 두고 보고 있는데 규칙적으로 본다면 변비는 아닌 것인지 궁금함
  현재 생활실에서 자주 걷기 운동을 하고 있는데, 불안정하게 뒤뚱뒤뚱 걷는 편으로 자세 교정이 가능한지?
  부종이 감소 되면서(약 복용) 소변을 안 보다가 갑자기 한꺼번에 보는 경향이 있는데 괜찮은 것인지?
- 발등의 색소침착이(거무스름) 두드러지는데, 시간이 지나면 정상적으로 회복되는지 아니면 이 상태로 유지되는 것인지 궁금함
- 자해(양손으로 본인의 뺨과 귀를 세게 때림)를 보이고 있는데 향후 청력 손상이 우려됨. 어떻게 관리하고 어떤 시기에 병원에 가서 확인해야 하는지?
- 반추행동이 전에 비해 확연히 줄어들었지만, 아직도 직원에 따라 반추행동을 보임

■의료영역

과거력	1.뇌전증 - 선천적으로 뇌실이 확장된 뇌 구조(+), 뇌파(EEG) 검사 상 간질파(+) 2.구토와 반추 행동 - 행동장애 - 주기적 구토 증후군(cyclic vomiting syndrome) : 뇌전증의 일종 - 역류성식도염, 위산에 의한 치아 손상 3. 잦은 낙상과 외상 - 종족골 내 변형으로 인한 불안정한 걸음걸이, 제거되지 않은 골내 고정장치 4. 하지 부종(림프 부종) : 잦은 발가락 봉와직염 5. 연하장애 - 잦은 흡인성 폐렴 과거력 - 점도증진제 타서 음식 섭취, 연하곤란에 대한 작업치료 지속 중

복용약	<○○란스 신경과> 뇌전증 - 아침: 리리카캡슐150mg 1알, 아로나민씨플러스 1알 - 저녁: 리리카캡슐150mg 1알, 액세그란 2알, 아로나민씨플러스 1알 <살림의원 정신건강의학과> - 아침, 취침전: 라시도필캡슐 1알 - 취침 전: 리스페달 0.5m 1.5알 <살림의원 가정의학과> - 무좀 -점심: 티비에프 125mg 2알 *주블리아 주 2회 도포 - 위장장애 - 아침, 저녁: 무코스타정 1알 - 아침 식전: 파리에트정 5mg 1알 가스티인씨알정 1알 - 림프부종 - 아침, 저녁: 엔테론정 150mg 1알
이전 예방접종	파상풍 2019
예방접종	- 독감과 코로나: 2025~2026 절기 - 대상포진 사백신(싱그릭스) 추천
케어 포인트	1. 뇌전증: 향후 악화될 가능성 고려, 뇌실 확장의 구조적 이상 있을 경우 노화와 함께 뇌전증 악화 2. 외상: 잦은 두부 외상으로 방사선 노출이 많은 것에 대한 우려 - 두부 외상 아닐 경우 열상을 빠르게 봉합해야 할 필요 없으므로, 시설 내에서 1~2일 정도 관찰 - 이후 촉탁의 라운딩 시 열상 봉합[suture] 진행해도 됨 - 골내 고정장치가 있는 부분에서 외상 발생 시 외상의 중증도가 높을 가능성 우려 3. 잦은 발열: 발열 시 흡인성 폐렴/봉와직염 가능성 고려하여 약 처방 필요 - 호흡기 면역력이 약한 편 : 독감 등 호흡기 바이러스 이환율 높음 4. 하지 부종 관리 - 압박 치료 지속 중 - 엔테론 복용 이후 하지 부종 호전된 상태 5. 무좀 관리 - 무좀에 의한 각질 변형 부분에서 세균성 염증이 자주 시작되는 것으로 추정 - 현재 무좀약 매일 복용하고 있음, 무좀약 증량 이후 봉와직염 발생 횟수 감소 중 6. 치아 관리: 위산에 치아 부식 우려 7. 골다공증 예방: 골밀도 검사 추천 8. 연하 곤란: 비디오 투시 삼킴 검사[VFSS] 매년 시행

결정 사항

- 대변 4-5일 간격으로 규칙적으로 보고, 불편감 호소 없다면 괜찮음
- 자세 교정 관련 서울○○병원 재활의학과 선생님과 상담 권유
- 15시간 동안 소변을 보지 않다가 이후 많은 양의 소변을 한 달에 1-2회 가량 보는 것은 엔테론 약과 관련성 떨어짐. 방광 근육의 힘이 약해지면서 횟수 늘어날 수 있으며, 횟수 늘어나면 방광 운동 자극하는 약물 복용 권유(복용 중인 약물 중 리리카, 리스페달이 방광 기능을 떨어뜨릴 수 있음)
- 오랜 기간 일어나서 서 있는 시간 길어 색소침착 된 듯 ⟶ 색소 유지될 듯 ⟶ 혈류 흐름 정상으로 경과 관찰
- 자해로 인한 청력 손상 여부는 고막이 찢어지면 피가 나거나 통증이 있음. 고막 손상이 없다면 청력 손상 없을 듯. 고막 상태 정기적으로 경과 관찰. 잦은 자해로 인해 치매 빨리 올 수 있음
- 낙상 관리 중요
- 열이 나면 봉와직염, 흡인성 폐렴으로 추정
- 방문이 바뀌면서 시야가 넓어져 반추 행동 줄어듦

※ 주기적 구토 증후군
- 증상 완화, 발작 빈도와 강도 감소, 합병증 예방에 초점을 맞춰 치료
- 약물 치료, 생활 습관 조절, 스트레스 관리
- 가장 흔한 합병증으로 탈수(반복적인 구토는 체내 수분과 전해질 균형을 방해할 수 있음)
- 완치할 수 있는 치료법은 없으나, 발작을 유발할 수 있는 트리거를 식별하고 가능한 피하는 것이 중요

모니터링(의료사례회의 이후 진행사항)

- 대변은 4~5일 정도 간격을 두고 보고 있음. 간혹 하루 이틀 늦어질 수 있는데 다행히도 대변을 보기는 함
- 반추행동은 직원에 따라 식사 후 바로 구토하거나 공기압 마사지, 걷기운동 등을 할 때 계속해서 보이고 있음
- 걷기 운동을 하고 있는데 불안정하게 뒤뚱뒤뚱 걷는 편으로 자세 교정이 가능한지에 대해 문의를 하였고, 4/11(금) 서울○○병원 재활의학과에 보행 관련하여 진료하기로 함
- 갑자기 많은 양의 소변을 보는 것이 월 1회 정도 나타나기는 하였는데 현재까지는 나타나고 있지 않음
- 자해(양손으로 본인의 뺨과 귀를 세게 때림) 행동은 지속적으로 보이고 있음. 고막의 손상 정도는 아니어서 지켜보면서 관찰 중이고, 자해 행동을 자주 하지 않도록 관심을 다른 곳으로 돌리도록 함
- 대상포진 5월 16일 예방접종 예정임

박○범 씨 식사 지원 매뉴얼

- 삼킴 곤란으로 인하여 식사 시 세심한 케어로 건강한 식사/ 안전한 식사가 될 수 있도록 지원함
- 소화를 돕기 위해 국과 밥 그리고 반찬은 온기를 유지(보온 용기, 전자렌지 이용)
- 식사 30분 전 점도 증진제를 희석한 온기가 있는 물에 기능성 소화불량 억제와 위염 치료를 위한 식전 약 복용 지원(속시틴정, 무코스타정)
- 10분 전 준비된 밥에 볶음 고기와 올리브유 그리고 끓인 물을 넣어 믹서기를 이용하여 연하식과 다진식 중간 정도로 간 뒤 온기를 유지
- 국에는 메디푸드를 첨가하여 갈고 점도 증진제를 섞어 농도를 조절(보온 유지)
- 반추 행동이 심한 때에는 음식량을 조절하여 식사를 지원함

<식사 전>
- 박○범 씨가 식사에 집중할 수 있도록 산만하지 않은 장소에서 진행
- 엉덩이가 등받이에 바짝 붙을 수 있도록 앉고, 허리를 숙여서 식탁에 복부 압박이 안 되는지 확인
- 몸이 한쪽으로 치우치지 않는지, 머리는 정면을 향하고 있는지 확인
- 준비된 반찬에 물기가 있다면, 점도증진제 첨가하여 물기 제거
- 구강건조를 줄일 수 있도록 식전에 점도증진제 첨가한 물 3~5 숟가락 삼킴

<식사 중>
- 고개 숙이는 자세(이중턱 만들기) 만들어서 식사 진행. 음식물이 기도로 들어가는 것을 막음
- 반복 삼키기 : 음식을 삼킨 후에 음식 없이 1~2회 더 삼키도록 함. 이를 통해 입속이나 목 속에 남아있는 음식의 양을 줄이거나 제거할 수 있음. 삼킴 후에 기침이나 목소리, 숨소리를 듣고 음식물이 기도로 들어갔는지 확인
- 식사 제공 시 숟가락의 1/2 정도로 식사량 조정하고, 입에 있는 음식을 모두 삼킨 후 다음 음식 삼킬 수 있도록 함
- 식사 도중 머리를 뒤로 젖히는 상황이 없도록 주의
- 기침이 나올 경우, 기침이 멈출 때까지 식사를 잠시 중단

<식사 후>
- 입안에 음식이 남아있는지 확인. 콜록거림, 쉰 목소리나 숨소리가 들리면 성대 위에 음식이 있는 상황임을 인지
- 식사 후 바로 눕지 않고 20~30분 정도 소화 시간 가지도록 함
- 치아와 잇몸, 혀, 볼과 잇몸 사이에 음식물이 없도록 구강 위생 유지

※ 추가 사항: 음식 삼킬 때 후방 넘기기 지원을 위해 수저를 혀 중간까지 넣기
☞ 식사 전, 식사 중, 식사 후 환경 조성, 속도 조절, 양 조절, 자세 유지 지원은 지속 필요함

함께 만들어가는 소중한 일상

사회복지사 이보라, 이용운

돌봄집중팀은 20대부터 50대까지 다양한 연령이 함께 어울려 생활하는 곳입니다. 이름처럼 돌봄이 집중으로 필요한 분에게 서비스를 제공하며, 건강하고, 평범하고, 행복한 삶을 지원하는 것이 목적입니다. 박○범 씨는 20대로, 호기심 많고 활달하며, 주변에 물건이 있으면 이것저것 관찰하고, 정리된 물건을 어지르는 것을 좋아합니다. 또한 외출과 산책을 즐기지만, 건강이 좋지 못한 것이 안타깝습니다. 2018년도부터 박○범 씨는 잦은 발열과 흡인성 폐렴, 봉와직염으로 고생해 왔고, 그 횟수가 점차 늘어나면서 면역력이 저하되고, 기력도 많이 떨어졌습니다. 그래서일까요? 마치 고질병처럼 질병들이 반복적으로 찾아왔습니다. 원인을 파악하고 적절한 지원책을 찾기 위해 여러 가지 검사를 진행하게 되었습니다.

검사 결과, 섭식에 문제가 있다는 사실을 알게 되었습니다. 음식물을 삼킬 때 식도로 넘어가야 할 음식이 기도와 식도 사이에 머물러 있다는 것입니다. 일반적으로 음식물이 기도 근처에 가면 기침 반사로 음식물을 밀어내는 것이 일반적인 반응입니다. 하지만 박○범 씨는 그 조건반사가 나오지 않아, 기도로 음식물이 소량씩 넘어가면서 흡인성 폐렴이 발생한다는 것을 확인했습니다. 아직 이른 나이임에도 불구하고 2020년 6월 박○범 씨가 섭취하는 모든 음식은 연하식으로 교체되었습니다. 당시 전 팀이 협력하여 2020년 개별 지원계획을 재수립하고, 모든 직원이 박○범 씨의 건강을 최우선으로 계획을 수립하고 지원하게 되었습니다.

박○범 씨는 젊고 앞으로의 삶이 더 많이 남아있는 입주자이기에, 작업치료사와 논의하여 식사 시간을 치료 시간으로 활용해 삼키는 기능을 강화하는 치료를 진행하기로 했습니다. 이에 작업치료사는 사회복지사(생활지도원)들에게 삼킴 기능 저하의 원인에 대해서 교육하고, 올바른 식사 방법과 자세 교정 방법을 가르치기 시작했습니다. 모두 함께 고민하고 논의하며 보다 효과적인 지원방안을 마련해 나갔습니다. 영양지원팀에서는 성인 남성이 하루 섭취해야 할 칼로리의 양을 연하식으로 준비하는 과정에서 음식물의 양이 많아져 어려움을 겪었고, 하루 섭취할 칼로리를 어떻게 어떤 식으로 조절할 것인지 조리원과 함께 연구하며 대안을 모색했고, 건강지원팀에서는 물리치료사는 봉와직염 예방을 위한 공기압 치료 시행했으며, 작업치료로는 삼킴 훈련을 준비했습니다. 또한 간호사는 건강 모니터링을 담당하고 사회복지사(생활지도원)들은 식사 보조와 식기류 소독, 발 소독에 온 힘을 다했습니다. 박○범 씨를 위해 모든 직원이 협력하여 최선을 다하며 노력했습니다. 당사자인 박○범 씨 역시 자신의 건강을 위해 적극적으로 협조하며 열심히 노력했습니다. 각 팀의 노력에 응답하듯, 그렇게 박○범 씨의 건강은 점차 회복되었고, 이에 많은 직원이 큰 보람과 깊은 책임감을 느끼게 되는 계기가 되었습니다.

"박○범 씨!!! 신발이요~ 보호대 차고 가셔야

죠~"

오늘도 애타게 직원분들이 박○범 씨를 부르는 소리가 여기저기서 들려옵니다. 하지만 직원들의 다급하고 애타는 발걸음과 달리, 박○범 씨는 신이 나서 "나 잡아봐라!!~" 하며 활기차게 뛰어갑니다. 그 얼굴에는 한껏 들뜬 표정이 가득하고, 마치 어린아이가 부모님과 숨바꼭질하는 듯 맹렬하게 뛰기 시작합니다. 기력이 회복된 박○범 씨는 이제 일어나 걷는 일이 점점 늘어나더니 급기야 걷는 것을 넘어 달리기까지 하게 되었습니다. 그러면서 구석구석 놓여 있는 물건들에 호기심이 생겨 재활원 전체를 돌아다니며 여기저기 간섭(?)하기 시작했습니다. 설거지한 그릇을 싱크대 곳곳에 숨겨 놓기도 하고, 소독 중인 그릇을 모두 꺼내놓기도 합니다. 그뿐만 아니라 열 일을 하는 공기청정기는 물론이요, 청소기, 냉장고까지 보이는 모든 콘센트를 빼기 시작했습니다, 그렇게 본인이 바빠질수록 주변의 모든 사람도 덩달아 바쁘게 움직이는 날들이 이어졌습니다.

그쯤 되니, 박○범 씨는 자신의 목적을 이루어 행복하고 뿌듯했겠지만, 다시금 정리해야 하는 직원들에게는 경계의 대상이 되었습니다. "어떻게 지원해야 박○범 씨도 행복하고, 주변 사람들도 조금이나마 안심할 수 있을까?" 각 팀원이 깊이 고민하며 해결책을 모색하기 시작했습니다.

첫째 박○범 씨도 맡은 역할과 할 일이 있어야 한다.

둘째 그 일이 박○범 씨에게 즐거움을 줄 수 있어야 한다.

셋째 무엇보다 박○범 씨가 스스로 원하고 자발적으로 참여해야 한다. 이런 초점을 바탕으로, 의복 착, 탈의, 벗은 옷을 바구니에 담기, 기상 후 이부자리 정돈, 세탁된 의복 정리, 건강 관리하기 등 일상생활에서 박○범 씨가 할 수 있는 활동들을 알려주며 하나씩 실천해 나가는 것을 지원계획으로 세웠습니다. 하지만 그 과정이 어찌 쉽게 이뤄지겠습니까?

세탁되지 않은 옷을 서랍장에 넣기도 하고, 반대로 세탁된 뽀송뽀송한 옷을 다시 세탁기에 넣기도 했습니다, 또 취침 중인 다른 입주자들의 이불을 정리하겠다고 침대 밑에 밀어 넣는 일도 있었습니다. 박○범 씨의 활동량이 늘어나는 딱 그만큼 팀 직원들의 하루도 덩달아 바빠지기 시작했습니다. 하지만 그렇게 바쁘게 보낸 하루는 박○범 씨에게 의미 있는 시간으로 쌓여갔고, 그 여정을 함께하는 직원들에게도 단순한 돌봄이 아니라, 서로에게 배움과 성장의 시간이 되어가고 있습니다.

5년의 노력

작업치료사 김충

박○범 씨는 편식을 하지 않고 먹는 것을 좋아하고 일상생활에서 습관성 반추 행동을 보이시는 입주자입니다. 2019년 봉와직염과 함께 흡인성 폐렴으로 2회 병원 진료를 하였고 2020년 5월 말 흡인성 폐렴 의심되어 치료 후에 흡인성 폐렴의 원인을 찾기 위해 재활의학과를 방문하여 비디오 투시 삼킴 검사(VFSS)를 진행하였습니다.

삼킴 검사 결과 박○범 씨는 음식을 입에 넣은 후 음식물 덩어리가 혀를 지나 식도로 가기 전까지 삼킨 지연이 관찰되었습니다. 그리고 후두덮개의 불완전함이 관찰되었습니다. 후두는 호흡계와 소화계의 교차점에 위치하며, 호흡과 발성에 핵심적인 역할을 하는 기관입니다. 기도의 상부에 위치하며, 흡입한 공기가 폐로 들어가는 길을 제공합니다. 후두덮개는 후두 입구를 덮고 있어 음식물을 삼킬 때 음식물이 후두와 기관에 들어가지 못하게 합니다. 이러한 후두덮개가 불완전하게 후드로 덮으면서 소량의 물이 기도로 들어가는 것을 관찰하였습니다. 이후 은평재활원에서는 박○범 씨의 흡인성 폐렴을 예방하기 위해서 여러 가지 방안을 마련하였습니다.

우선 음식의 변화를 주었습니다. 박○범 씨가 식사를 드실 때 씹는 것처럼 관찰되지만 실질적으로는 치아 사이에서 음식물이 갈리지 않고 혀 위에 음식이 있다가 그냥 삼킨다는 걸 알게 되었습니다. 그래서 반찬과 밥은 다진식으로 준비하였습니다. 물기가 있는 반찬은 꼭 짜서 물기 제거가 필요하였고 갈은 반찬이 응집이 안 되거나 퍽퍽한 질감일 때는 점도 증진제가 첨가된 물로 반찬의 재질을 조절해 드렸습니다. 소량의 액체에도 기도로 들어가는 것을 알게 되어 국과 물은 점도 증진제를 타서 꿀과 같은 점도로 만들었습니다. 드시는 음식의 온도 또한 너무 뜨겁거나 차갑지 않도록 일정한 온도를 맞춰서 식사 준비를 하였습니다.

다음으로는 식사 지원 방법을 변화하였습니다. 박○범 씨는 스스로 식사를 할 때 입안에 음식이 있음에도 숟가락으로 음식을 다시 떠서 드실 정도로 빠른 식사가 진행되었습니다. 그래서 1:1 식사 지원 방법을 통해 식사 드시는 속도 조절을 하였습니다. 음식물이 기도로 들어가는 것을 예방하기 위해 고개 숙이는 자세(chin-tuck/ 머리가 바르게 세워진 상태에서 턱만 목 쪽으로 당겨지는 자세) 만들어서 식사를 진행하였습니다. 또한 입속이나 목 속에 남아있는 음식을 완전히 삼키면서 기도로 음식이 넘어갈 우려가 있어서, 음식을 삼킨 후에 1~2회 더 반복 삼키기를 할 수 있도록 지원하였습니다. 음식을 뜰 때는 숟가락의 1/2 정도로 식사량을 조정하고, 입에 숟가락을 넣을 때 혀에 숟가락 압력을 살짝 주면서 음식이 들어왔다는 것을 알려주었습니다. 식사 중 기침이 발생하면 음식 잔여물이 나올 수 있게 등을 두드려 드리고 기침이 멈추어도 숨소리와 목소리 변화를 들어보면서 기도 흡인 있는지 확인 후 음식을 드렸습니다.

식사 지원 방법과 함께 재활치료도 함께 진행하였습니다. 식사를 드시기 전에 아이스 스틱에 가글액을 묻혀서 구강 청결을 하였습니다. 구강 청결을 하면서 입안에 차가운 것을 반복하여 문질러 줌으로써 삼킴을 촉진 시킬 수 있게 지원하였습니다. 치료 중 삼킴이 필요할 때는 멘델슨 삼키기를 함께 적용하였습니다. 이 방법은 손가락으로 후두부를 촉지한 상태에서 삼킴이 일어날 때 후두 상승이 최대로 이루어진 시점에서 2초 정도 유지하는 방법입니다. 치료 초기에는 박○범 씨가 치료사와 함께 거부 없이 잘 참여하였으나, 아이스 스틱을 거부하며 스틱물기와 목에 손을 대는 것에 거부를 보여 추가적인 방법을 실시하였습니다.

삼킴과 관련된 근육의 수축을 유발시키기 위한 전기 자극기의 사용이었습니다. 전기 자극기(판매 명칭 : ○○플러스, ○○○스팀)는 식사 때 반복적으로 근육을 수축하고 이완하는 과정에서 삼키는 기능 향상과 근육의 재훈련을 유도합니다. 많은 자극을 제공하기 위해서 식사 때에 사용하였습니다. 다행히 전기 자극기 사용에는 박○범 씨가 거부하지 않으셨으며 식사 종료 때까지 착용할 수 있었습니다.

지난 5년 동안 박○범 씨 식사를 지원하는 직원들은 모두 같은 방법으로 식사 지원을 하였으며, 박○범 씨도 반복되는 식사 지원에 스스로 고개를 숙이며 삼킴을 하였습니다. 삼킴에 대한 변화가 생기면서 3개월에 1번씩 가던 삼킴검사도 6개월에 1번, 1년에 1번으로 줄어 들었습니다. 최근 식사에 대한 변화를 적어보겠습니다. 음식의 질감은 다진식으로 제공하고 음료는 점도 조절이 불필요하다는 검사 결과가 나왔습니다. 하지만 박○범 씨가 기도로 액체가 들어갔을 때 기침을 안 할 때가 있어서 점도가 있도록 제공하고 있습니다. 아직은 보상 전략으로 고개 숙인 자세로 식사를 진행하고 있으며 전기 자극기를 통한 치료는 종료되었습니다. 이제는 스스로 숟가락 활동을 시도하고 있습니다. 숟가락 활동은 가능하지만, 먹는 속도가 빨라서 옆에서 속도 조절을 해드려야 합니다. 입안에 음식을 다 삼키고 숟가락 활동을 할 수 있게 언어지원도 해드리고 숟가락 잡은 손을 잠시 잡고 기다릴 수 있다고 긍정적 표현을 해드립니다. 삼킴 근육의 변화가 생겼듯이 차후에는 박○범 씨가 혼자서 안전한 식사를 할 수 있을 것이라 믿어 의심치 않습니다.

002 혈액투석에 대한 지원

만성신부전
여러 원인에 의해 신장 기능이 서서히 비가역적으로 저하되는 일. 당뇨병에 의한 것이 가장 많고 고혈압, 사구체 신염이 원인이 된다.
[출처: 문화체육관광부 국립국어원 우리말샘]

투석(투석요법)이란?
인공적으로 혈액 속의 노폐물을 없애 체액의 균형을 유지하는 방법 . 콩팥 기능 상실의 치료로서 인공 콩팥에 의한 혈액 투석이 있으며, 그 밖에 복막 투석 따위가 있다. [출처: 문화체육관광부 국립국어원 표준국어대사전]

김○로 씨는 52세가 되던 여름(2021. 8.) 갑작스러운 혈뇨와 복통으로 살림의원 가정의학과를 방문하게 되었습니다. 특별한 만성질환을 가지고 있지 않았던 김○로 씨였기에, 살림의원의 검사 결과는 충격적이었습니다. 혈뇨와 단백뇨, 신장기능의 이상. 은평○○병원으로 의뢰하여 진행한 검사에서 크레아티닌 수치는 13에 달하였습니다. 당장이라도 투석을 해야 하는 상태라니!

1년 전에 했던 혈액검사 결과도 정상이었고, 평소에도 무릎 관절염으로 인한 통증을 간간이 호소한 것 이외에 큰 질환이 없었던 김○로 씨였기에, 갑작스러운 투석 얘기에 직원들은 큰 충격을 받았습니다.

김○로 씨는 바로 은평○○병원에 입원하여 응급 투석부터 시작하였고, 이후 동정맥루 수술을 하고 정기적인 투석을 시작하게 되었습니다. 추후에 의료사례회의를 통해 원인을 파악해보려 하였으나, 뚜렷한 원인이라 할만한 것이 없었습니다. 요로 결석도 아니고, 염증도 아니고.. 결국 요산 수치의 증가가 꾸준히 관찰되어 왔던 점, 통풍은 없었으나 요산 수치가 증가될 경우 신기능에 악영향을 끼칠 수 있다는 점, 다운증후군의 특성상 신장기능이 급격히 악화되는 동안에도 겉으로 드러나는 증상의 호소가 거의 없을 수 있다는 점 등이 갑자기 발견되어 말기 신부전의 원인이 아닐까 추정하였습니다.

은평○○의원에서 주 3회 혈액투석을 받기로 하고 퇴원하여, 현재(2024. 12.)는 체력을 많이 회복한 상태입니다. 혈액투석 바늘을 꽂는 부위에 통증을 호소하시기에 병원에 가기 전 투석 바늘이 꽂힐 부위에 국소마취제 연고를 발라 통증을 줄일 수 있도록 지원하였고, 매일 혈압과 체중 체크, 소변량 체크도 하였습니다. 병원 수첩에 혈압, 체중, 소변량 등을 기록하여 병원에 전달함으로써 병원-시설 간 원활한 의사소통을 진행하였고, 김○로 씨 케어 시 놓치는 것이 없도록 노력하였습니다.

처음에 영양지원팀에서는 김○로 씨의 건강관리를 위해 투석 식단을 준비하였으나, 투석 식단은 맛이 없는지 체중이 빠지고 진료를 거부하기도 하였습니다. 이후 의료사례회의 논의를 통해 입맛이 돌아오도록 하는 것이 더 중요하므로, 투석 병원과 상담하여 일반식 지원이 가능하도록 결정하였습니다. 최대한 맛있는 음식으로 지원하되, 단 음료와 인/칼륨을 제한하는 식이만 유지하는 중입니다. 현재는 단백질 보충도 잘 하여 체력과 체중이 잘 회복된 상태입니다.

어느 정도 투석이 익숙해질 무렵, 동정맥루의 혈전으로 인해 다시 입원하였고 혈전을 제거하고 풍선확장술을 받았습니다. 그러나 좌측의 동정맥루는 결국 기능이 떨어져 우측에 다시 동정맥루를 만드는 수술을 받게 되었습니다. 갑작스러운 몸의 변화와 지속되는 투석, 반복되는 입원으로 김○로 씨는 매우 힘들어하였고, 직원들은 정서적으로 안정될 수 있도록 계속 격려하였습니다.

현재는 우측 팔의 동정맥루를 잘 유지하며 월, 수, 금 혈액투석 중입니다. 간혹 투석실에서 바늘을 잡아 빼 버리거나, 투석실 구석에 숨어서 모든 직원을 깜짝 놀라게 하기도 하지만, 혈액투석 가는 날이면 환의로 갈아입고 준비도 하는 등 나름대로 김○로 씨도 익숙해지려 노력하는 모습입니다.

신체 활동량 증가와 근력 향상을 위해 ○○재활체육센터에서 진행하는 체력 증진 프로그램에 참여하고 있으며, 그림그리기를 좋아하여 유화 그리기 프로그램에 참여하는 중입니다. 외출, 여행에도 적극적으로 참여하면서 환한 웃음을 보이는 김○로 씨. 다정하고 애교 많은 김○로 씨는 주 3회 힘든 투석 중이지만, 보다 즐겁고 건강한 삶을 위해 노력하고 있습니다.

2. 김○로 씨를 소개합니다.

나에게 중요한 것들

- 저는 전자기기를 좋아해요. 컴퓨터, 휴대폰 등등 다양한 제품을 갖고 싶고 또 알고 싶어요.
- 저는 노래를 좋아해요. 듣는 것도, 부르는 것도 좋아합니다. 열심히 연습해서 무대에 올라 사람들에게 들려주고 싶어요.
- 저는 물품 수집하는 것을 좋아합니다. 저의 취미이자 스트레스를 해소하는 방법이에요.
- 저는 애기들을 좋아합니다. 특히 같이 살고 있는 이○우 군을 좋아합니다. 시간이 날 때마다 놀아주고 챙겨주고 싶어요.
- 구매하고 싶은 것이 있으면 빨리 구매를 했으면 좋겠어요. 새로운 것을 받을 때가 가장 기분 좋아요.
- 패션에 관심이 많아요. "신사"라는 별명답게 멋지게 저를 꾸미고 싶어요.
- 칭찬을 듣고 싶어요.

사람들이 좋아하는 나의 장점

- 인사를 잘하고 사람들을 좋아해요.
- 웃음이 많고 밝은 성격입니다.
- 조용한 곳을 좋아해요.
- 다른 사람에게 도움을 주는 것이 즐거워요
- 의사 표현을 잘해요. 제가 하고 싶은 것과 하기 싫은 것을 잘 이야기할 수 있어요.
- 탁구를 매우 잘 쳐요.

나를 지원하는 최상의 방법

- 하고 싶은 말이 많아요, 하고 싶은 말을 다 할 수 있도록 기다려주세요.
- 갖고 싶은 것도 많고 사고 싶은 것도 매우 많아요. 다양한 정보를 접할 수 있도록 해주세요.
- 스스로 할 수 있도록 기다려주세요.
- 치아가 좋지 않으니 음식을 잘게 다져주세요.
- 제가 스스로 할 수 있는 일은 스스로 할 수 있게 도와주세요.

나를 지원하는 사람이 갖춰야 할 특성

- 인내심이 강하고 내가 생각하고 행동할 때까지 기다려줄 수 있었으면 해요
- 무엇보다 저를 잘 이해해 주었으면 해요.
- 상냥한 말투가 듣기 좋아요.
- 잘못한 일에 대해서는 정확하게 알려주세요.

3. 사례 진행에 따른 변화

52세(2021. 8. 26.) 혈뇨와 복통으로 살림의원 진료

- 소변 검사상 혈뇨, 단백뇨 확인
- 콩팥의 기능이 이상이 있는 기능부전 가능성 있어 정밀검사 위해 진료 의뢰

52세(2021. 8. 30.) 은평○○병원 신장내과 진료

- 혈액검사, 소변검사
- 소변검사 결과 신장 수치 13(정상 수치 1.2), 더 심각해질 경우 신장 투석도 고려

52세(2021. 9. 6.) 은평○○병원 신장내과에서 말기 신부전증 진단

- 입원하여 혈액투석 필요하다고 함. 입원 전 검사 시행과 입원

52세(2021. 9. 7.) 투석 시작 / 신부전 식이

52세(2021. 9. 16.) 좌측 동정맥루수술

52세(2021. 10. 8.) 은평○○병원 퇴원 후

- 은평○○의원(화,목,토) 주 3회 투석

52세(2021. 11. 27.) 투석을 위해 주사 처치 시 통증 호소 심하여 엠라 5%크림(표면마취제역할) 도포 지원

갑작스런 몸 상태 변화와 지속되는 투석으로 심리, 정서적으로 안정과 격려

54세(2023. 7. 20.) 좌측 동정맥루 막힘으로 우측 동정맥루 수술

55세(2024년) 우측 동정맥루 유지하며 월, 수, 금 혈액투석 중임

4. 다학제적 지원

김○로

사회복지사(생활지도원)

- 저염식과 물, 음료 제한식이 섭취 지원
- 치아 소실로 음식 잘게 잘라 제공
- 혈압/체중 체크
- 걷기 운동, 글씨쓰기, 그림그리기
- 월 2회 이상 외출 지원
- 주 1회 미술학원, 주 2회 체육센터 특수 체육활동 지원

영양지원팀(신부전증 식이)

- 칼륨&인 제한식 지원 중
- 흰쌀밥 지원
- 엽채류, 구근류, 육가공 식품외 칼륨과 철분 함량이 높은 식품 제한
- 젓갈 등 염분 함량이 높은 식품 제한
- 수분 섭취 제한
- 영양상담 지원

촉탁의

- 신기능 저하 확인과 진료 의뢰
- 만성 신부전과 투석에 대한 교육
- 동정맥루 상태 확인
- 영양에 대한 자문

건강지원팀(간호사)

- 건강 상태 확인
- 혈액투석 지원(주 3회)
- 병원 진료 지원과 연계
(은평○○병원 호흡기내과, 혈관외과, 서○병원 신경과)

5. 김○로 씨 의료사례회의

2021년 제7차 의료사례회의 (9.15.)

주제	의료사례회의 (만성신부전증 관련 논의)
결정 사항	1. 퇴원 후 혈액투석 여부 확인 2. 다운증후군 선천적 결함으로 조직학적 결함이 있는 경우 예상하지 못한 시기에 빠르게 신장기능 저하 진행될 수 있음 3. 진행되어 갈 때 뚜렷한 증상 없음 (피로감, 소화불량) 혈액검사, 소변검사로 발견. 증상 발견 시 정상인도 크레아티닌 수치 4.5 되어야 증상 느낌 다운증후군은 크레아티닌 수치 10 되어야 발견 4. 크레아티닌 수치 고착되지 않음. 수치 유지 여부에 따라 혈압약 복용하면서 진행 경과 볼 수도 있음 5. 투석을 위한 동정맥루 수술 여부 확인 필요
진행 상황	- 9/6(월) ~ 10/8(금) 은평○○병원 입원 진료와 퇴원하였음 병원 입원 후 진료 내용과 퇴원 관련하여 8차 의료사례회의에서 재논의 예정

2021년 제8차 의료사례회의 (10. 20.)

입주자명	김○로	나이	53세 (1969)
주제	만성 신부전증 관련 문의	작성자	이동준 사회복지사, 김충 작업치료사,김정애 간호사
질병력	- 2017. 3. 10. 좌측 무릎 인대 주사, 통증 주사 (서울○○병원) - 2017. 4. 20. 무릎 통증약 처방(서울○○병원) - 2017. 5. 23. 골다공증 예방약처방(서울○○병원) - 2017. 11. 16. 좌측 무릎 연골주사 3회 투여 완료(서울○○병원) - 2019. 1. 15. 좌측 무릎 연골주사 3회 투여 완료(서울○○병원) - 2019. 1. 28. 폐 이상 소견(섬유화) 폐렴 앓은 흔적으로 판명 검진 시마다 흉부 촬영에서 폐 이상 소견 나올 것 추가검사 필요치 않음 - 2019. 12. 31. 수집 행동으로 정신과 초진 후 행동요법 권유 후 종결 (살림 의원 정신건강의학과) - 2020. 9. 17. 좌측 무릎 연골주사 3회 투여 완료(서울○○병원)		2021. 5. 26. 인바디 측정 키: 157.5cm 체중: 57.1kg BMI(18.5~23): 23 비만도(-10~+10): +4.6% 혈압: 133/80mmHg 맥박: 62회 2021. 10. 8. 가톨릭대학교 은평○○병원 퇴원 시 체중 52kg
복용약	서울○○병원 - 골다공증약 예방: 아침식후 하드칼츄어블 100mg 1알 - 가톨릭대학교 은평○○○병원 만성신부증, 두드러기약 복용 아침, 저녁 식후 즉시 1정씩 베포텐정10mg(bepotastine besilate 항히스타민제) - 은평○○의원 저녁 식후 레날민 1정		

<table>
<tr><th></th><th>간호영역</th><th>생활영역</th></tr>
<tr><td rowspan="3">진료내용과
생활 관찰</td><td>8/26(목) 살림 의원 가정의학과 진료
육안적 혈뇨와 복통을 주 호소로 내원하였고 소변검사를 시행하였음. 소변 검사상 혈뇨에 단백뇨가 있어 콩팥의 기능이 이상이 있는 기능부전일 가능성이 있다고 하였음. 정밀검사를 위해 서○병원이나 은평○○병원으로 내원할 수 있도록 진료의뢰서를 작성함</td><td rowspan="3">1. 건강관리 지원
- 코로나19 감염 예방 관련, 체온 체크와 기록, 수시 손 소독 지원
- 5/3(월), 7/23(금) 아스트라제네카 백신 접종 지원
- 식사 시 칼륨, 인 제한식과 다진 식 제공/ 10/15(금) 저녁부터 염분으로 지원된 일반식 지원
- 수분 섭취 제한(소변량 적으면 수분 섭취를 제한-전날+소변량 500cc) 가글 하듯 소량씩만 섭취하도록 지원
- 월, 수, 금요일 ○치니코프/화, 목요일 우유 지원
- 소변양, 혈압 등 체크리스트 지원

2. 여가생활 지원
- 핸드폰과 컴퓨터 사용
- 원내 영화관람
- 노래 부르기

3. 일상생활 지원
- 스스로 피부보호를 위하여 환절기, 목욕, 세안 후 보습로션 도포
- 스스로 목욕 시 미지근한 물로 목욕 가능
- 스스로 전기면도기 사용 지원
- 베개, 이불 청결 유지 지원
- 비듬 치료를 위해 헤○앤숄더 샴푸 사용 지원</td></tr>
<tr><td>8/30(월) 가톨릭대학교 은평○○병원 신장내과 진료
혈액검사, 소변검사 진행하고 결과 신장 정상 수치가 1.2인데 검사 결과 김○로 씨 신장 수치가 13으로 신장이 많이 상해있다고 함. 최악의 경우 신장 투석도 고려해야 함. 다음 진료 시 신장 수치가 높으면 입원해서 검사를 받아야 한다고 설명함
아침, 점심, 저녁: 후로스판 1정, 무코피드 1정, 모티리티톤 1정 (3일치)</td></tr>
<tr><td>9/6(월) 은평○○병원 진료와 응급실 내원 후 입원
- 14:00 혈액검사와 소변검사 실시 후 15:10 신장내과 주치의 상담하였음. 검사 결과 병명은 말기 신부전증이며 당일 입원하여 혈액투석이 필요하다고 하였음. 응급실로 내원하여 심전도 검사, 엑스레이, 혈액검사, 코로나 선제 검사를 하였음. 17:00 이후 코로나 선제 검사함
- 18:00 추가 혈액(동맥, 정맥)검사, 항문 검사 시행
18:18 소변 줄기 연결/혈액투석 건, 혈액투석 관 삽입 건 동의서 작성 지원하였음. 18:26 혈압 158/53
- 19:28 CT 촬영, 20:20 빈혈로 수혈, 21:00 입원실로 이동, 링거 주사, 05:00 소변량 체크 (1일 3회)
9/7(화)
- 금식(07:00), 혈액투석(13:50~16:50), 투석 식단 + 다진식 식이(시작)
9/8(수)
- 혈액투석(08:30~11:30), 심장 초음파검사 정상, 폐 질환 관찰, 객혈 2회, 혈압약 복용(시작)
9/9(목)
- 혈압약 복용(혈액투석으로 혈압 190이었으나 현재 139 정상 유지) 오전에 신장 초음파검사. 신장 초음파검사 결과 보고 조직검사 진행 예정 회진 시 객혈로 폐 관련된 검사 협의 후 진행 예정
- 09:20 신장 초음파
- 17:50 CT 결과 특발성 폐섬유증 진단으로 기관지 내시경 진행 예정으로 김○로 씨 동의서 서명함. 수면으로 진행 예정
- 18:08 식전 위장약 복용(란스톤엘에프디티정 30mg 1T-시작) 오른쪽 두 번째 손가락 염증 전달함
* 2021년 8월 5일 위내시경, 대장내시경 검사 결과(정상) 전달</td></tr>
</table>

진료내용과 생활 관찰	**9/10(금)** - 07:06 X-RAY 촬영 - 08:40 혈액투석 진행 - 14:00~14:30 기관지 내시경 (9/8 혈액투석 후 객혈 2회로 출혈 원인 확인) 그 이후로 객혈 보이지 않고 있음 - 18:00 X-ray 촬영 **9/11(토)** 08:20 조식 후 X-ray 촬영(혈액투석 건으로 물이 찼는지 확인) **9/15(수)** 우측 두 번째 손가락 손톱 주위 염증으로 정형외과 협진하여 2021.9.15. 절개배농 시행. 항생제 복용 **9/16(목)** 동정맥루 수술 **9/30(목)** - 9/27(월) 퇴원 예정이었으나 산소포화도 낮아져 입원 기간 연장 - 섭취량/배설량 확인 체크 지속 - 당분간 은평○○병원 투석 요청함(상태 안정된 후 의원으로 이동) **10/5(화)** 입원 중에 등, 목, 팔 등 부위에 두드러기(피부질환 증세로) 약과 연고 도포 중이라고 전달받음 **10/6(수)** 산소호흡기 제거했고 은평○○병원에서 퇴원 가능하다고 하여 10/8(금) 퇴원 예정임. 퇴원 후에는 은평○○의원에서 화, 목, 토요일 투석 진행한다고 전달받음 **10/7(목)** 금일 투석 진행하였고 두드러기로 약복용과 연고도포 중임. 식사를 잘 못하고 있어 식사를 권하고 있다고 전달받음 **10/8(금)** 은평○○병원 퇴원 **10/12(화)** 투석 시 마그밀(변비약) 복용건 촉탁의 문의한 결과 복용 안하기로 함 **10/13(수) 은평○○병원 피부과, 정형외과, 신장내과 진료(피검사, 엑스레이 촬영)** - 피검사, 엑스레이 촬영 결과 특이소견 없음 - 추후 복용약은 은평○○의원에서 처방받아 복용 권함 - 아침 혈압 체크 결과 89/62mmhg 은평○○의원에서도 저혈압 측정 - 피부과 진료 시 빨갛게 있었던 부위가 까맣게 되는 것은 호전되는 중으로 데쓰오웬 로션은 빨갛게 남아있는 부위만 바르면 되고 다른 부위는 일반 보습제 권함. 검게 변한 부위가 호전되는데 시간이 좀 걸린다고 하였고, 햇볕 쬐지 않게 하고 보습 권함. 복용약 7일분 처방받음. 예약 날짜는 없음 베포텐정10mg(bepotastine besilate 항히스타민제)아침, 저녁 식후 즉시 1정씩 - 정형외과 진료. 염증 상태 없어 종결 - 식이는 저염 다진식 권함	**10/9(토)** 소변 14:00 100ml **10/10(일)** 소변 10:00 50ml, 혈압 21시 125/60 **10/11(월)** 소변14:00 200ml, 혈압 21시 128/70 **10/12(화)** 소변 06:30 100ml 14:00 50ml 투석 전 혈압 104/64 체중 51.9 투석 후 혈압 162/82 체중 50.9 **10/13(수)** 소변 14:00 70ml, 혈압 21시 116/54 투석 전 혈압 117/80 체중 51.8 **10/14(목)** 소변 06:30 200ml, 혈압 21시 124/59 투석 전 혈압 124/59 **10/15(금)** 소변 06:30 100ml, 14:00 150ml, 혈압 21:00 118/70 **10/16(토)** 소변 14:00 80ml, 혈압 21시 123/58 투석 전 혈압 120/71 체중 51.7 투석 후 혈압 143/73 체중 50.8

<table>
<tr><td>진료내용과 생활 관찰</td><td>10/14(화)
은평○○병원 의무기록 확인
- 만성 신부전 : 몇 개월 ~1년 사이에 신기능 저하 진행된 것으로 보임, 검사를 통해서도 원인은 찾지 못함. (촉탁의 의견 : 다운증후군 환자들에게 종종 보고되는 신장 기능의 저하-현미경적으로 보았을 때 사구체 개수가 모자란 경우가 최근 종종 보고됨- 가 원인이지 않을까 조심스럽게 추정해 봄, 약물이나 다른 질환에 의해 신장 기능이 갑자기 나빠졌을 가능성은 거의 없어 보임.)
- 화,목,토 은평열○○원에서 투석 중 10/13(월) 저혈압, 기운 없는 부분에 대해 촉탁의 선생님께 말씀드렸으며 식이 확인 요청하셔서 은평○○의원에도 확인함. 짜지 않는 일반식, 과일, 음료 제한 권함
- 은평○○의원 경우 일반 식이를 섭취한다고 가정하고 투석을 진행하므로, 저염 신장식이를 유지할 경우 오히려 혈압이 떨어져 쳐지거나 어지러울 수 있으므로, 은평○○의원에 문의 후 일반식으로 변경하는 것을 권유
- 향후 약 복용/변경과 관련한 사항은 투석을 중심으로 생각해야 하므로, 항상 은평○○의원에 의논을 먼저 하도록 권유
- 은평○○의원에서 약 15일분 처방(영양제)
- 가톨릭대학교 은평○○병원 신장내과에서 처방받은 약 이어서 10/17 저녁부터 복용 예정
10/15(금)
- 아침에 침대에 앉아서 컴퓨터 탁자에 발을 부딪친 후 통증 호소함. 부종은 없고, 부딪친 부위만 루마겔 발라 드리고 탄력붕대로 처치함
- 서울○○병원 무릎 통증약 신바로정 은평○○의원 주치의와 확인 결과 종결, 골다공증 예방약 하드츄어블정 복용</td><td></td></tr>
<tr><td>논의사항</td><td colspan="2">1. 은평○○병원 1개월여 입원(9/6~10/8) 시 신체활동 미미하여 다리에 힘이 없어 걷기 힘들어함. 근력운동이 필요할 것으로 사료되며, 언제부터 근력운동 지원할 지에 대해 논의함(무릎 통증약 신바로정 종결, 골다공증 예방약 하드츄어블정 10/16부터 복용 재개함)
2. 김○로 씨 치아 소실로 씹는 기능이 거의 없음
- 원활한 영양 섭취를 위한 지원에 대해 논의함(밥과 국으로만 식사하고 반찬을 전혀 드시려고 하지 않음)</td></tr>
</table>

주제	2021년 제8차 의료사례회의 결정사항과 진행사항 중 만성 신부전증 관련 논의
결정 사항	1. 근력 손실(다리에 힘이 없고 휠체어 생활) - 근력운동 시작이 가능하며 체중 실는 운동 먼저 진행 (건강 상태에 맞춰 조정하는 것으로 진행) - 진행 순서: 사이클부터 시작. 근력 회복되면 러닝머신 순으로 진행 예정임 2. 영양 섭취 불량으로 인한 체력 손실에 대한 논의 - 섭취량이 많지 않으며 음료수를 원하지만, 음료수는 병원에서도 권하지 않으므로 자제하도록 권유하기 - 음료수보다는 물을 드실 수 있도록 권유하기 - 은평○○병원에서는 저염식이 권유했으나 은평○○의원은 일반식 가능하다고 하여 일반식으로 섭취하기로 함 (단, 음료 제한. 인, 칼륨 제한) - 입맛이 돌아오는 것이 중요하므로 다양한 음식 섭취, 좋아하는 것으로 식사하실 수 있도록 지원하기로 함 - 저혈압은 어지러움의 원인으로 식이 섭취가 중요 - 근육이 빠지는 것도 식이 섭취가 중요 - 일반식으로 식사하면서 저혈압에서 정상혈압으로 회복되고 있음 - 근육이 회복되려면 단백질 식이가 중요함 - 일반적으로 만성 신부전 경우 투석전에는 단백질 섭취 제한하나 투석을 하면 단백질 노폐물을 투석으로 제거함으로 단백질 섭취 권유 - 밥, 국만 먹는 식사에서 단백질 보충이 필요하므로 다양한 식이 방식 변경 (예: 닭죽, 밥에 참치나 닭가슴살 넣어 단백질 함량을 높인다.)

결정 사항

3. 김○로 씨 호흡기 상태관찰 필요
 - 은평○○병원 입원 중 객혈 증상 보임
   객혈은 신장 기능이 떨어지면서 수분 배출이 원활하지 않아 폐에 물이 쌓임. 연분홍색 객혈이 특징적
   물이 쌓이고 체중으로 투석 조절하다 보니 호흡곤란 증상 보이게 됨
   소통의 어려움으로 물 제거가 늦어지면서 여러 가지 증상이 나타나게 됨
   폐섬유화는 물 제거 후 폐 증상도 호전
 - 야간에 주무실 때 객혈이나 호흡곤란 증상 빠르게 파악하기 위해 산소포화도 측정 필요(95% 이상 유지)
 - 산소포화도가 떨어지면 x-ray 촬영하여 체크 필요함
4. 환경적 측면
 - 신○덕 씨와 대화상대 가능
 - 잦은 환기, 어두컴컴한 상태 관리 필요 (피부 상태로 햇빛 고려하여 커튼 사용중임)
 - 심리 정서적 측면으로 정서적 지원 필요함
   갑작스런 몸 상태의 변화로 위축되어 있으며 회복이 되어야겠다는 생각을 가질 수 있도록 정서적 지지
   이에 따라 식이, 운동도 긍정적으로 받아들이게 됨

진행 사항

1. 근력 손실(퇴원 후 다리에 힘이 없고 서 있기도 어려워하여 이동 시 휠체어 지원함)
 - 심리적으로 안정하며 투석과 식이조절, 운동 등으로 체력이 회복되어 스스로 실내에서 이동을 자유롭게 하고 있음. (휠체어 사용 안함.)
 - ○○재활체육센터 특수체육 김○로씨 11/12 부터 참여 예정
2. 영양 섭취 불량으로 인한 체력손실에 대한 논의
 - 일반식(칼륨, 인 체한)으로 섭취 지원 중임.
 - 간식: 황도, 번데기, 누룽지 제공중임.(우유, 요구르트 중단)
 - 10/26일부터 빈혈약 훼로바 1일 1회 1알 (저녁 식후) 추가되어 복용중임
 - 어지러움 증세 관찰되지 않음
 - 수분 섭취량: 전날 소변량 + 500CC 제한하여 섭취 지원 중임
 - 체크리스트 지원

날짜	11/1	11/2	11/3	11/4	11/5	11/6	11/7	11/8	11/9
소변량(cc)	200			100	400	390	90	230	100
혈압(mmhg)	125/66	118/61	127/61	126/71	126/88	103/71	109/72	132/76	131/80

날짜	10/24	10/30	11/7						
체중(kg)	50.5	52.4	53						

 - 2021.11.04. 팔 투석관 투석 시작, 적응 후 11. 22. 가슴 투석관 제거 예정

3. 김○로 씨 호흡기 상태 관찰 필요

날짜	11/1	11/3	11/5	11/6	11/7	11/8	11/9
산소포화도(%)	98	99	98	99	98	99	99

4. 환경적 측면
 - 갑작스런 몸 상태의 변화와 지속되는 투석으로 인한 어려움을 고려하여, 심리 정서적 안정을 도모하고 격려 중임

2022년 제3차 의료사례회의 (4. 20.)

질환명	신부전		
주제	신부전 입주자 건강관리에 대한 지원방향 논의	작성자	김정애 간호사, 이동준 사회복지사, 조영애 사회복지사

간호영역

- 2000. 2. 26. 건강검진 결과 신장 기능 이상으로
  2000. 3. 8. 재검사함
  검사 결과 creatinine 1.89 BUN 12.1
- 2009. 11. 30. 건강검진 결과 요산 상승으로 체중 감량과 고요산식품 섭취 줄여야 함(서울○○병원)
- 2018. 10. 22. 흉부 촬영 결과 서○병원에서 3차 의료기관 권유(2013년부터 폐렴으로 치료. 폐 아랫부분에 간질성 폐렴으로 폐 윗부분은 건강해 생활이 가능하나 갑자기 폐가 나빠지면 위험하므로 원인 확인위해), ○○란스병원 호흡기내과 진료
- 2019. 4. 23. ○○란스 호흡기내과 폐 아랫부분 섬유화로 진료
- 2020. 5. 19. ○○란스병원 진료 결과

1. 기관지확장증과 간질성폐질환 관련 검사 결과
   CT소견을 다시 확인하는 것이 필요하나 임상적인 증상이 없으므로 더 이상의 진료는 필요하지 않을 것으로 보임
2. 류마티스 항체 검사 양성으로 류마티스 내과 진료
   ⟶류마티스 항체가 양성으로 나오는 일은 일반 인구 중에서도 아주 흔한 일이기 때문에, 임상적인 관절염이나 피부염 등의 다른 증상이 없다면 류마티스 내과 진료를 받을 필요는 없음

- 2021. 8. 26. 육안적 혈뇨, 복통으로 살림의원 진료

* 소변검사 결과 단백뇨가 있었고, 콩팥의 기능이 이상이 있는 기능부전일 가능성이 있어 정밀검사위해 서○병원이나 은평○○병원 진료 권유

- 2021. 8. 30. 은평○○병원 신장내과 진료. 피/소변검사 결과 신장 수치가 13으로 신장이 많이 상해 있다고 함. 최악의 경우 신장 투석도 고려해야함
- 2021. 9. 6. 은평○○병원 신장내과 진료. 피/소변 검사함
  ⟶검사 결과 말기 신부전증으로 진단. 입원
- 2021. 9. 7.부터 혈액투석(은평○○병원 입원 중)

* 입원 도중 객혈로 CT 촬영. 특발성 폐섬유증 소견으로 기관지 내시경함. 입원 중 심낭삼출액 동반되어 심장막천자 진행하기엔 위험도 높다는 판단하에 체중 51-52kg으로 조절하며 투석 진행함

2021. 9. 16. 동정맥루 수술. 투석 주 3회 유지하며 안정적

- 2021.10. 8. 은평○○병원 퇴원
- 2021.10. 9. 은평○○의원에서 주 3회(화,목,토)투석
- 2021.11. 27. 투석위해 주사 처치 시 통증 호소 심하여 엠라 5%크림(표면마취제역할) 처방 (은평○○의원)
- 2022. 3. 22. 은평○○의원 차량 지원으로 7:30 출발함

생활영역

1. 건강관리 지원

- 만성 신부전증 관리(주 3회 화, 목, 토 혈액투석, 혈압과 체중, 체온, 산소포화도 체크 리스트 작성, 물 섭취 제한, 약복용, 혈액투석 전 마취 연고(엠라5%크림) 도포, 투석 후 인력 지원, 쾌적한 환경 지원)

* 혈압(mmhg)/ 산소포화도(%)

일자	혈압	산소포화도
4/1	126/73	98
4/2	123/75	99
4/3	132/108	99
4/4	133/106	99
4/5	132/108	96
4/8	123/70	95
4/9	122/76	96
4/10	126/79	99
4/12	110/90	99

* 체중(kg)

일자	체중
3/5	54
3/12	53
3/26	53.6
4/2	53.5
4/9	53

- 골다공증 예방관리(정기진료, 약복용 지원)
- 정기약 복용: 디맥정(비타민D 보급제) 1일 1회 (저녁 식후), Renalmin 1알 (영양제), 훼로바 유서방정(철분제) 1알, 저녁식후 즉시
- 특별 간식 지원(투석환자에 맞는 간식으로 번데기, 카스테라빵, 황도, 크린베리 쥬스, 누룽지 등 제공)
- 신체 활동량 증가와 근력 향상을 위해 매주 금요일 ○○재활체육센터 체력증진 p/g 참여
- 원내 보치아 p/g 참여

* 차량 탑승하고 가는 도중에 구토하였으며 혈액투석 중 구토 증상 보여 중단하고 복귀함. 복귀 시에도 구토 증상 보였으며 09:45분경 전○범 사회복무요원이 김○로 씨 투석 부위에서 출혈 확인. 입은 환복과 침대 시트에 다량의 출혈 관찰되어 직원 2명 지혈함. 지혈 후 ○○의원으로 이동하여 지혈부위 드레싱하고 지혈 완료 후 귀원함(구토 증상으로 은평 ○○의원에서 위장약 처방. 식이 죽으로 섭취)

- 복용약으로 저녁: 레날민 1정, 훼로바유서방정 1정, 디맥정 1000unit 10mg 1정

2. 여가생활 지원
- 매주 금요일 13~15시 유화그리기 p/g 참여하기
- 외출, 여행 등 하기
- 빔을 통한 원내 영화관람(○○릭스)하기
- '좋은 생각'. 신문 등 보기
- 휴대폰 '유튜브', 태블릿, PC를 통해 원하는 프로그램 시청하기

3. 일상생활 지원
- 걷기 운동을 통해 근력을 강화(실내, 외)
- 자립을 위한 역할수행
  (본인 간식 그릇 설거지, 방 청소와 정리, 카트 운반 등)
- 위생 지원을 통한 청결한 신체와 건강한 생활 유지

신부전 입주자 건강관리에 대한 지원 방향 논의	진행사항
- 식단 관리 잘 되고 있음 - 투석한 후 피로도 높음으로 낙상 위험도 일상생활 관리 필요 - 섬유성 폐로 폐활량 감소- 정기적인 검사. 폐 관리가 중요. 추후 산소치료 필요할 수도 있음 - 폐 관리 위해 탁구공 불어 밀어내는 연습, 산책 권유	- 투석 환자에게 맞는 식단과 간식 지원 중임 - 투석한 후 피로도 높음으로 인해 충분히 쉴 수 있도록 지 원 중임 - 보치아, 누리댄스, 건강증진 p/g 등 몸에 무리가 가지 않는 간단한 체조와 운동으로 지원 중임 - 매일 혈압과 산소포화도 측정하여 지원 중임 - 미니 공 불기로 폐활량 심폐기능 강화 지원 중임 - 산책과 지역사회 내 미용실, 마트, 백화점 등 이용 중임

2024년 제2차 의료사례회의 (3. 20.)

주제	입주자 건강관리 논의 사례	작성자	김정애 간호사, 이용운 사회복지사

■ 생활영역

1. 주간 일정

	월	화	수	목	금	토	일
오전	07:00~08:00 아침 식사와 약 복용. 개인위생 지원					07:00~08:00 아침 식사와 약 복용. 개인위생 지원 08:00~12:00 개인 여가생활 (글씨쓰기, 핸드폰 보기 등)	

<table>
<tr><th></th><th>월</th><th>화</th><th>수</th><th>목</th><th>금</th><th>토</th><th>일</th></tr>
<tr><td rowspan="2">오후</td><td>08:00~10:00
한○건설 장애 예술인 매칭사업 (미술) 재택근무
11:40~16:00
은평○○의원 혈액투석</td><td>08:00~10:00
한○건설 장애 예술인 매칭사업 (미술) 재택근무
14:00~16:00
○○재활체육센터 아크릴 수업</td><td>08:00~10:00
한○건설 장애 예술인 매칭사업 (미술) 재택근무
11:40~16:00
은평○○의원 혈액투석</td><td>08:00~10:00
한○건설 장애 예술인 매칭사업 (미술) 재택근무</td><td>08:00~10:00
한○건설 장애 예술인 매칭사업 (미술) 재택근무
11:40~16:00
은평○○의원 혈액투석</td><td colspan="2" rowspan="2">12:00~13:00 점심 식사, 양치
13:00~17:00 개인 여가활동
(글씨쓰기, 핸드폰 보기 등)
17:00~18:30
저녁 식사/위생 지원
18:30~22:00 개인 여가활동
(글씨쓰기, 핸드폰 보기 등)
22:00~06:30 취침</td></tr>
<tr><td colspan="5">17:00~18:30 저녁 식사와 개인위생
18:30~22:00 개인 여가활동(글씨쓰기, 핸드폰 보기 등)
22:00~06:30 취침</td></tr>
</table>

2. 일상생활 케어

<table>
<tr><td colspan="2">키/몸무게 162cm, 69.4kg</td></tr>
<tr><td>식사</td><td>- 신부전증으로 저염식과 물, 음료 제한 등 식단 관리함
- 치아 손실로 음식 잘게 잘라 제공함
- 편식하지 않고 스스로 식사 잘함</td></tr>
<tr><td>수면</td><td>- 22:00 취침 → 06:30 기상/ 1일 8시간 이상 숙면
- 밤 동안 숙면함</td></tr>
<tr><td>구강관리</td><td>- 1일 3회 스스로 양치할 수 있으나 직원이 권하지 않으면 양치하지 않는 경우가 잦음
- 치아 손실로 양치 시 가볍게 잇몸 마사지 되도록 양치 지원하고 있음</td></tr>
<tr><td>배뇨
배변</td><td>- 스스로 화장실 이용 가능함</td></tr>
</table>

3. 여가생활
- 생활실 내 걷기 활동
- 글씨쓰기, 핸드폰 보기 등
- 월 2회 이상 외출(카페 이용, 산책 등)

4. 케어 시 어려운 점이나 궁금한 점
- 신부전증으로 물을 최소한으로 섭취해야 하는데 물이나 음료수를 몰래 마시는 경우가 잦음. 물 섭취의 적정량과 효과적인 제한 방법에 대한 논의
- 하루 종일 침대 위에서 생활하고 활동이 거의 없어 건강을 위해 알맞은 운동에 대한 논의

■의료영역

<table>
<tr><td>과거력</td><td>1. 다운증후군
- 청각 : 잦은 중이염, 부비동염으로 청력 저하
- 시각 : 원추 각막, 근시, 난시
- 신장 : 요산 수치 상승, 만성 신부전으로 투석 중
- 발목 외반증 : 발목/ 무릎 관절염, 발목 인대의 잦은 손상
- 저작 : 틀니
-인지 저하 : 조기 치매
2. 폐질환
- 간질성 폐렴, 기관지확장증, 특발성 폐섬유화증
- 잦은 폐렴 : 초기 증상이 경하여 발견이 어려움, 급속히 악화되는 경향(+)
3. 뇌동맥류</td></tr>
</table>

복용약	<은평○○의원 내과> 저녁: 레날민 1알, 훼로바유서방정 1알 골다공증 예방 저녁: 디맥정 1000unit 10mg 1알 <서○병원 신경과> 아침 식후: 에빅사 20mg 1알
예방접종	폐렴구균 13가 2016 파상풍 2019 대상포진(생백신) 2022 폐렴구균 23가 2023
예방접종	독감과 코로나: 2024~2025 절기
우려되는 점	1. 투석과 동정맥루의 손상 - 좌측 동정맥루 → 우측 동정맥루: 기능 잘 유지되는지 확인 필요 - 심장에 부하: 심부전 발병 가능성 높음 2. 뇌동맥류 - 파열 가능성에 대한 판단 필요: 머리 MRA 촬영이 가능할지? - 추후 은평○○병원 신경과 정기 진료 예정 3. 안과적 문제: 백내장/녹내장 등 발생 가능성 높음

♣ 결정 사항

- 신부전증으로 물을 최소한으로 섭취해야 하는데 물이나 음료수를 몰래 마시는 경우가 잦음. 물 섭취의 적정량과 효과적인 제한 방법에 대한 논의
- 하루 종일 침대 위에서 생활하고 활동이 거의 없어 건강을 위해 알맞은 운동에 대한 논의 필요함

- 소변을 만들어 배출하는 기능이 남아 있는 경우 특별히 물 섭취 제한할 필요 없음
- 체중 변화 크지 않으면 물 제한 할 필요 없음(1일 1kg 정도 차이는 괜찮음). 보통 투석 병원에서 2~3kg 물을 뺌
- 투석 병원에서 물 섭취 조절 요청과 혈압이 높은 경우 물 섭취량 관리 필요
- 투석 시 체중을 많이 감량하게 되면 몸에 무리가 갈 수 있음
  (한 번에 물을 너무 많이 빼려고 하면 몸에 부담이 가고 전해질 불균형이 생길 수 있기 때문)
- 운동 관련 외부 활동 시도, 줍깅 자원 활동을 하면 어떨지?

♣ 진행 사항

- 향후 우려되는 점/안과적 문제: 백내장/녹내장 발생 가능성 높음
  4/9(화) 안과 검진. 검진 결과 녹내장 괜찮음. 백내장 있어 6개월 간격으로 경과 관찰하기로 함

2025년 제1차 의료사례회의 (2. 19.)

주제	입주자 건강지원 방향 논의	작성자	김정애 간호사, 최인석 사회복지사 추혜인 촉탁의

■생활영역

1. 주간 일정

	월	화	수	목	금	토	일
오전	07:00~08:00 아침 식사와 약 복용. 개인위생 지원					07:00~08:00 아침 식사와 약 복용. 개인위생 지원 08:00~12:00 개인 여가생활 (글씨쓰기, 핸드폰 보기 등)	

<table>
<tr><th></th><th>월</th><th>화</th><th>수</th><th>목</th><th>금</th><th>토</th><th>일</th></tr>
<tr><td rowspan="2">오후</td><td>08:00~10:00
한○건설 장애 예술인 매칭사업(미술) 재택근무
11:40~16:00
은평○○의원 혈액투석</td><td>08:00~10:00
한○건설 장애 예술인 매칭사업(미술) 재택근무
10:00~11:00 특수체육(○○재활체육센터)
14:00~16:00
○○재활체육센터 아크릴 수업</td><td>08:00~10:00
한○건설 장애 예술인 매칭사업(미술) 재택근무
11:40~16:00
은평○○의원 혈액투석</td><td>08:00~10:00
한○건설 장애 예술인 매칭사업(미술) 재택근무
10:00~11:00 특수체육(○○재활체육센터)
14:00~16:00
미술활동(오○제미술학원)</td><td>08:00~10:00
한○건설 장애 예술인 매칭사업(미술) 재택근무
11:40~16:00
은평○○의원 혈액투석</td><td colspan="2" rowspan="2">12:00~13:00 점심 식사, 양치
13:00~17:00 개인 여가활동(글씨쓰기, 핸드폰 보기 등)
17:00~18:30
저녁 식사/위생지원
18:30~22:00 개인 여가활동(글씨쓰기, 핸드폰 보기 등)
22:00~06:30 취침</td></tr>
<tr><td colspan="5">17:00~18:30 저녁 식사와 개인위생
18:30~22:00 개인 여가활동(글씨쓰기, 핸드폰 보기 등)
22:00~06:30 취침</td></tr>
</table>

2. 일상생활 케어

<table>
<tr><td colspan="2">키/몸무게 162cm, 56.6kg(2/7)</td></tr>
<tr><td>식사</td><td>- 신부전증으로 저염식으로 식단 관리함
- 치아 손실로 음식 잘게 잘라 제공함
- 편식하지 않고 스스로 식사 잘함</td></tr>
<tr><td>수면</td><td>- 22:00 취침 → 06:30 기상/ 1일 8시간 이상 숙면
- 밤 동안 숙면함</td></tr>
<tr><td>구강관리</td><td>- 1일 3회 스스로 양치할 수 있으나 직원이 권하지 않으면 양치하지 않는 경우가 잦음
- 치아 손실로 양치 시 가볍게 잇몸 마사지 되도록 양치 지원하고 있음</td></tr>
<tr><td>배뇨 배변</td><td>- 스스로 화장실 이용 가능함. 샤워는 1일 1회~2회</td></tr>
</table>

3. 여가생활
- 생활실 내 걷기 활동
- 글씨쓰기, 핸드폰 보기 등
- 월 2회 이상 외출(카페 이용, 산책 등)
- 그림 활동(직업, 아크릴 수업, 미술학원)
- 지역사회 이용, 산책, 드라이브
- 실내에서 그림그리기

4. 케어 시 어려운 점이나 궁금한 점
- 현재 치매약 복용중임. 신부전증 입주자의 치매가 다른 분과 다른 점이 있는지, 아니면 특별히 주의해야 할 사항은 무엇인지?

■의료영역

<table>
<tr><td>과거력</td><td>1. 다운증후군
- 청각: 잦은 중이염, 부비동염으로 청력 저하
- 시각: 원추 각막, 근시, 난시 - 녹내장(-), 경미한 백내장(+)
- 신장: 요산 수치 상승, 만성 신부전으로 투석 중
- 발목 외반증: 발목/무릎 관절염, 발목 인대의 잦은 손상
- 저작: 틀니
- 인지 저하: 조기 치매, 돌발적인 행동(투석 중 주사 바늘을 뽑는 행동)</td></tr>
</table>

과거력	2. 폐질환과 잦은 호흡기 감염 - 간질성 폐렴, 기관지확장증, 특발성 폐섬유화증 - 잦은 폐렴: 초기 증상이 경하여 발견이 어려움, 급속히 악화되는 경향(+) 이○안과: 백내장, 가리유니 점안액 처방
복용약	<은평○○의원 내과> 저녁: 타스나비타정 1알, 훼로바유서방정 1알 골다공증예방 저녁: 디맥정 1000unit 10mg 1알 <서○병원 신경과> 아침 식후: 에빅사 20mg 1알
이전 예방접종	폐렴구균 13가 2016 파상풍 2019 대상포진(생백신) 2022 폐렴구균 23가 2023
예방접종	독감과 코로나: 2025~2026 절기 대상포진(사백신) 접종 고려
케어 포인트	1. 투석과 동정맥루의 손상 - 좌측 동정맥루 → 우측 동정맥루: 기능 잘 유지되는지 확인 필요 - 심장에 부하: 심부전 발병 가능성 높음 2. 안과적 문제: 경미한 백내장 - 가리유니 점안액 넣는 중 3. 폐질환과 잦은 폐렴 - 간질성 폐렴, 기관지확장증, 특발성 폐섬유화증 - 잦은 폐렴: 초기 증상이 경하여 발견이 어려움, 급속히 악화되는 경향(+) - 신장 투석을 받는 경우 감염으로 인한 염증이 심해도 고열이 나지 않는 경우가 많음 - 열○내과에서 X-ray 검사가 가능하지 않아, 호흡기 증상 시 은평○○병원 내원 고려 4. 다운증후군의 갑상선 기능저하증 발병 가능성 연 1회 이상 반드시 갑상선 기능 검사 시행할 것: 건강검진에서 확인 중 5. 인지재활 프로그램 필요 적극적인 실내 운동과 함께 진행

♣ 결정사항

- 현재 치매약 복용 중임. 신부전증 입주자의 치매가 다른 분들과 다른 점이 있는지, 아니면 특별히 주의해야 할 사항은 무엇인지?

- 신부전으로 호흡기 증상 있어도 체온 높지 않을 수 있음. 체온 37.5도, 호흡기 증상 있으면 병원에서 검사 진행하는 게 좋음
- 대상포진 생백신 3-4년이 지나면 면역력 떨어짐으로 2025년 사백신 접종 고려
- 인지 재활 프로그램 적극적으로 지원 필요(실내에서 단체로 할 수 있는 프로그램 실행)
- 투석 중 주사바늘 뽑는 행동 등 있을 수 있으나, 특별히 주의해야 할 사항은 없음

♣ 모니터링(의료사례 이후 진행사항)

- 저녁 식후 체온 측정, 호흡기(감기 등) 증상 있는지 수시로 확인
- 체육센터 특수 체육활동 주 2회, 오○제 미술학원 주 1회 참여, 그림그리기 활동 중임
- 투석 진료 시 혈압, 체중 등을 기록하여 건강 관리함
- 직원, 사회복무요원 투석 지원 후 특이 사항 기록

우리들의 멋진 신사 김○로 씨~

사회복지사 이동준

영원한 신사 김○로 씨에게도 세월이란 큰 벽이 다가왔습니다. 어느 순간부터 김○로 씨는 많은 사람을 만나기보다는 혼자만의 생활에 만족하고 점차 외부 활동에 소홀해지는 모습을 보였습니다. 관절염이 외부 활동을 소극적으로 만들고 다양한 물건을 방에 저장하고 만족함으로써 혼자만의 세상에서 살고 있으며 점점 자신을 꾸미는 것조차 귀찮아 했습니다. 오래되고 바랜 신문지와 버리지 않고 쌓아둔 봉지에서는 냄새가 나고 빈 페트병에 담아 놓은 물에서는 냄새가 나지만 김○로 씨는 신문지와 빈 페트병을 얻기 위하여 재활원 생활실과 사무실을 돌아다니며 물건을 수집했습니다. 핵심목표를 개인물품 정리정돈과 위생관리로 정하고 직원과 함께 청소를 하였지만 그때마다 김○로 씨의 곱지 않은 눈빛이 느껴졌습니다.

정리 할 공간이 부족하다고 표현하여 다양한 수납공간을 제공하였고 개인 냉장고가 있으면 빈 페트병 모으는 것이 줄어들지 않을까 하여 개인 냉장고도 방에 배치하였습니다. 이후 빈 페트병 모으는 행동과 폐지를 모으는 행동은 전보다는 줄어 들었습니다만 물건 저장 강박 증상을 없앨 수는 없었습니다.

한 번에 다 고칠 수 없다면 조금씩 고쳐보자고 다짐하며 천천히 조금씩 변화해 보려 노력했습니다.

2020년 당시 김○로 씨는 ○○IL센터에서 직장생활을 하고 있었습니다. 코로나19 사회적 거리두기로 인하여 공가 기간이 지속되어 오랫동안 출근을 못 하였지만, 누구보다 하루빨리 출근해서 열심히 직장생활을 하고자 하셨습니다. 직장에서 퇴근 후 생활실에 돌아오면 피곤해하는 모습을 보이기도 하셨지만 김○로 씨는 받은 월급을 은행에 가서 직접 적금도 들고 관리하며 오히려 직장생활이 피곤하지 않고 재미있다며 행복해했습니다. 당시 사람 중심 계획 교육을 통하여 김○로 씨의 속마음을 들을 수 있었습니다. 비행기도 타고 싶고 결혼도 하고 싶고 부모님에게 선물도 드리고 싶고 가수도 되고 싶고, 하고 싶은 일이 굉장히 많다고 했습니다.

하지만 2021년 김○로 씨에게 좋지 못한 큰일이 생겼습니다. 9월 병원에서 만성 신부전증 판정을 받았고 그때부터 계속 화, 목, 토요일 주 3회 병원에서 투석을 받았습니다. 계속되는 투석으로 인해 많이 아프고 힘들 텐데 웃음을 잃지 않고 입주자 그리고 은평재활원 직원분들에게 웃음을 주기 위하여 노력하셨습니다. 김○로 씨가 빨리 건강해져서 예전처럼 더 밝은 미소를 보여 주시기를 전체 입주자들과 직원들이 기도하였습니다.

힘든 투석 생활을 하면서도 김○로 씨는 본인을 멋지게 꾸미기 위해 거울을 보고 옷을 고쳐 입었습니다. 탁월한 패션 감각과 춤, 노래, 유머

까지 그리고 그 뒤에 감춰진 중후한 신사의 모습까지. 은평재활원의 큰형님 김○로 씨는 직원이 인사하면 항상 언제 왔냐고 물어보며 반갑게 인사를 하시곤 하셨습니다. 투석이 매우 힘든 것임을 알고 있음에도 투석하는 것이 이제 익숙해졌다며 직원에게 주사가 하나도 아프지 않다고 자랑하는 모습도 보이시며 직원을 안심시켜 주셨습니다. 물론 투석 가기 싫으신 날은 종종 가기 싫은 듯한 모습을 보이시기도 하지만 만성 신부전증을 극복하기 위해 꾸준히 관리하는 김○로 씨를 보며 직원들 또한 큰 의지가 되었습니다.

김○로 씨에게는 자립이라는 큰 꿈이 있으십니다. 김○로 씨의 꿈은 자립을 해서 좋아하는 룸메이트와 함께 즐겁게 사는 것이 김○로 씨의 꿈이십니다. 그렇기 때문에 생활실 내에서도 자립 연습을 열심히 하고 계십니다. 간단한 방 청소부터 화장실 청소, 설거지 그리고 세탁기 돌리는 연습 그리고 동생 돌보기, 카트 옮기기까지 아직은 서툴지만 추후 자립생활을 꿈꾸며 열심히 노력하고 있습니다. 더 열심히 연습해서 자립 이후에도 누구의 도움 없이 스스로 생활할 수 있도록 꾸준히 배우고 연습하였습니다. 또한 다시 직장생활을 하기 위하여 노력 중입니다. 투석 때문에 지금 당장은 취업하기 어렵지만 누구보다 취업에 강한 열정이 있으며 스스로 그리고 직원의 도움을 받아 본인에게 맞는 일자리를 검색하며 취업을 하기 위하여 준비 중이십니다.

2023년 김○로 씨에게 꿈이 무엇인지 여쭤보았습니다. 꿈은 비행기를 타고 제주도 여행을 하는 것이 꿈이라고 하셔서 2023년 10월 직원과 함께 비행기를 타고 제주도 여행을 다녀왔습니다. 저 또한 김○로 씨의 옆에서 지켜보며 김○로 씨가 원했던 목표를 하나하나 성취하는 데에 열심히 도와주는 역할을 하고 싶습니다. 우리들의 멋진 신사 김○로 씨! 앞으로도 항상 건강하시도록 김○로 씨에게 힘찬 응원을 보냅니다.

003 치매에 대한 지원

치매

대뇌 신경 세포의 손상 따위로 말미암아 지능, 의지, 기억 따위가 지속적·본질적으로 상실되는 병. 주로 노인에게 나타난다. [출처: 문화체육관광부 국립국어원 우리말샘]

이○식 씨는 중증의 지적 장애를 가지고 계신 분입니다. 노화로 인한 치아 결손이 있어 다진 식이와 부드러운 간식을 지원하였고, 조기 노화 예방을 위해 맞춤형 체육활동을 지원하는 중이었습니다. 감정 기복이 있어 울거나 화를 내는 행동, 옷을 벗거나 고함지르기, 문을 세게 닫는 행동을 보일 때는 감정 기복을 줄이기 위해 욕구에 따른 개별외출, 취미활동, 산책, 원내 웰빙팜, 원내 놀이방을 지원하기도 하였습니다.

52세경부터 이○식 씨는 깊은 잠을 자지 못하거나 자주 깨는 모습 보이고, 체력이 약해져 걷기 힘들어하기도 하였습니다. 그러다 53세 무렵부터는 의복을 순서대로 입지 않는 모습이 관찰되기 시작했습니다. 바지를 먼저 착용한 후에 속옷을 입는가 하면, 옷을 이상한 방식으로 겹쳐 입는 모습도 보였습니다. 예전에는 충분히 이해가 가능했던 간단한 말이었으나 어느 순간 이해하기 어려운 듯 고개를 갸우뚱하며 한참 동안 혼란스러워하는 모습, 가만히 앉아 있는 중 공격받은 일이 없는데도 공격을 받았다고 하면서 소리 지르고 우는 등의 모습 보여 의료사례회의를 통해 지원 방향을 논의하기로 하였습니다.

의료사례회의에서의 논의를 바탕으로 스스로 할 수 있는 부분과 할 수 없는 부분을 구분하여 지원하기로 하였습니다. 대소변 실수 횟수를 체크하고, 변의/요의에 있어 감각 둔화된 것을 확인함으로 시간을 정해 화장실 가실 수 있도록 유도하였고, 소리 지르고 우는 모습 보이는 경우 안아주면서 진정을 돕고, 다른 방향으로 시선을 유도하기 위해 산책, 드라이브를 지원하기로 하였습니다. 또한 인지기능 저하에 대해 확인하고자 서○병원 신경과 진료를 의뢰하기로 하였습니다.

신경과 진료에서 다운증후군은 알츠하이머로 진행하기 쉽다는 신경과 전문의의 설명을 들을 수 있었습니다. 원칙적으로는 CT, MRI 등 영상 검사와 인지 기능검사를 시행하여 치매를 정확하게 진단해야 했지만, 경계심이 많은 이○식 씨의 특성상 CT, MRI 등 시간이 걸리는 영상 검사를 진행하기가 힘들었습니다. 그리고 본래의 인지기능이 높은 편이 아니어서, 지적장애가 아닌 사람들을 위해 개발된 보통의 인지 기능검사(신경심리검사)로는 치매 진단 기준을 맞추기가 어려웠습니다. 진단 기준을 맞추기 위해 무리하게 검사를 진행할 경우, 검사를 위한 검사만 되리라는 판단이 들어, 이○식 씨에게 맞추어 임상적으로 진단을 내리기로 하였습니다. 즉 원래 이○식 씨가 할 수 있었던 활동 중 인지기능이 저하되면서 하지 못하게 된 활동들을 나열하고, 이러한 변화가 갑자기 생긴 것이 아니라 2~3년에 걸쳐 서서히 진행되었다는 점을 고려하여 '지적장애인의 노화 과정에서 생긴 치매'로 진단하게 된 것입니다. 진단 후 인지 기능 개선제 에빅사memantine로 인지기능을 개선하는 시도를 해보기로 하였습니다. 에빅사 용량을 서서히 늘려 20mg까지 증량하자, 대소변 실수나 소리를 지르며 우는 행동은 다소나마 줄어드는 모습을 보였습니다.

이○식 씨에 대한 안정적인 케어를 위해 1층 돌봄집중팀에서 2층 돌봄지원팀으로 생활실을 이동하였습니다. 1층 돌봄집중팀에서는 일부 입주자들의 큰 움직임에 치어 이○식 씨가 편하게 휴식하기가 힘들었기에 2층 돌봄지원팀의 좀 더 안정적인 환경이 낫겠다고 판단하여 바꾸기로 하였고, 한편 갑작스러운 환경 변화에 이○식 씨가 잘 적응할 수 있도록 친근한 분위기를 만드는 것에 집중하였습니다. 낯선 사람, 상황, 장소에 대한 두려움이 있는 이○식 씨인 만큼 친근한 직원의 지원으로 새로운 장소에 대한 불안감을 최소화하려고 하였습니다.

직원들은 입주자의 노화로 인한 인지기능 저하 상황에 대처할 준비가 좀 더 필요하다고 생각하였습니다. 이○식 씨의 삶을 어디까지 지켜 줄 수 있는지, 본인이 할 수 있는 역할을 어떻게 최대한 유지할 수 있도록 지원할 수 있는지, 치매에 대처하기 위한 공부가 필요함을 느끼고 공부 모임도 진행했습니다.

이후 이○식 씨는 코로나에 확진되면서 인지기능이 다시 한번 큰 폭으로 떨어지기도 하였습니다. 당시 입원해 있으면서 섬망을 겪었기 때문입니다. 몇 차례의 폐렴과 기관지염을 앓았기에,

혹시 음식물의 기관지 흡인으로 인한 것인지를 확인하기 위해 비디오 투시 삼킴검사도 진행하였는데 다행히 기관지 흡인은 확인되지 않았고, 현재는 다진식을 사레들리지 않도록 잘 지원하고자 노력하고 있습니다. 직원들의 세심한 돌봄으로 기력을 차츰 찾아 안정을 찾아가고 있으며, 매일 워커를 사용하여 실내 산책을 하고 있습니다. 다리와 척추의 근력을 유지하는 것이 필요하기 때문입니다.

한동안 이○식 씨가 취침을 거부하는 일이 있었습니다. 의료사례회의에서 논의하면서 이불에 그려져 있는 작은 무늬들이 마치 벌레나 얼룩처럼 보이기 때문임을 확인하고 무늬가 없는 것으로 교체하였습니다. 치매에 동반될 수 있는 증상인 환각 때문이었던 것입니다. 열심히 지원하는데도 조금씩 인지기능이 약해지고 체력도 저하되는 모습을 볼 때마다 안타깝지만, 어떻게 돌봐드려야 치매 진행 속도를 조금이라도 늦출 수 있을지 열심히 논의 중입니다. 예전의 쩌렁쩌렁하던 목소리가 줄어들고 움직임이 둔해지는 모습을 볼 때 많이 안타깝습니다.

2. 이○식 씨를 소개합니다.

나에게 중요한 것들

- 사람들과 인사하는 것을 좋아합니다.
- 외출, 드라이브를 좋아합니다.
- 고단백 음료 마시는 것 좋아합니다.
- 차 마시는 것을 좋아합니다. 차를 마시면 기분이 좋습니다.
- 차를 타고 여행 가는 것을 좋아합니다.
- 조용한 환경을 좋아합니다.
- 따뜻한 관심과 칭찬을 좋아합니다.
- 면 종류의 음식을 좋아하고 삼계탕, 설렁탕 등을 좋아합니다.
- 함께 걸을 때 천천히 걷는 것을 좋아합니다.
- 신나는 음악을 좋아합니다.
- "엄마, 엄마" 하면서 엄마를 부르는 것을 좋아합니다.
- 낮잠 자는 것을 좋아합니다.

사람들이 좋아하는 나의 장점

- 환하게 웃는 모습
- 그림 그리는 활동 좋아합니다.
- 치아가 조금 있는데도 식사 잘해요.
- 반갑게 인사하는 것을 좋아해요.
- 다정하게 이야기하는 모습

나를 지원하는 최상의 방법

- 다정하게 이름을 불러주면서 이야기해 주세요.
- 시끄러운 소리에 예민해지는 편이어서 조용하게 있을 수 있도록 지원해 주세요.
- 산책, 드라이브를 좋아해서 자주 하고 싶어요. 일대일로 지원해 줄 때 가장 좋아요.
- 일상생활 지원 시 미리 설명해주고 천천히 기다려주세요.
- 외출 시 걷는 것이 힘들어요, 저에게 걸음을 맞추어 주세요.
- 언어적 표현을 이해할 수 없을 때 다른 방법(동작, 그림등)도 함께 사용해 주세요.
- 나이가 들어 건강이 걱정되어요, 몸의 변화나 상태를 잘 관찰해 주세요.
- 음식을 제공할 때 소화 잘되게(잘게) 잘라주세요.

나를 지원하는 사람이 갖춰야 할 특성

- 조용한 언어로 이야기해 주세요.
- 우울한 기분을 이해해 주고 옆에 있어 주세요.
- 부드러운 표정으로 미소를 지으며 칭찬을 자주 해주세요.
- 스스로 할 수 있도록 옆에서 지켜봐 주시고 칭찬과 격려해 주세요.
- 조용하고 편안한 환경을 유지해 주세요.
- 낯선 사람, 상황, 장소에 대한 두려움이 있어 새로운 장소와 상황에 대한 변화에 대해 천천히 설명해주어야 해요.

3. 사례 진행에 따른 변화

53세(2022. 5.) 옷을 입을 때 순서대로 입지 않고, 바지 착용- 속옷 순서로 착용하거나 옷을 겹쳐 입는 모습 보임
휴식 시간에 소리 지르고 우는 모습 확인됨
식판을 들고 배회하거나 화장실에 식판을 가져다 놓음. 본인의 방 화장실을 찾지 못해 배회
거실에서 바지를 벗고 소변을 보거나 바지를 입은 채 소변봄. 화장실 바닥에 변을 보거나 옷을 입은 채 변을 보는 모습으로 사례회의 진행

행동 양상으로 보아 경도인지장애의 과정인 듯 보임으로 신경과 진료와 검사의뢰
치매 중기~말기 입주자에게 대하는 방식에 대한 논의
의복 착·탈의 시, 소리 지르고 우는 모습 보일 경우, 배회, 대소변 실수, 의욕 관심사 떨어졌을 때 지원 방향 논의

53세(2022. 6.) 신경과 진료. 경계심이 있는 상태로 협조 안 되어 MRI, CT 촬영 어려움
다운증후군은 알츠하이머 결정적 유전인자 가지고 있으며 10대 후반부터 인지기능장애 보일 수 있다고 함
약복용(에빅사 처방)하면서 경과보고 검사 진행하기로 함.

약물 복용하면서 대소변 실수 감소. 2-3시간 간격으로 화장실 사용 권유
행동 양상에 따른 변화 관찰. 관찰된 내용 작성
정서적 교감과 외출, 산책 지원을 통한 안정감으로 정서적 지원

53세(2022. 8.) 의식장애로 응급의학과 진료. 뇌 CT 촬영함. 코로나 확진으로 전담병원 입원
입원 중 야간에 소리 지르고, 침대에서 내려오려는 모습 보임(낙상 위험)
입원 중 저혈압으로 인데놀 복용 중단(인데놀 - 신경과에서 6월 안절부절하는 증상에 안정감을 주기위해 처방)

스스로 화장실 이용. 간식, 외출 요구 등에 대한 의사 표현 (활동에 관심 증가)
스스로 꾸준한 양의 식사 섭취

53세(2022. 11.) 깊은 숙면 취하지 못하고, 자주 깨며 야간에 우는 소리 내어 취침 전 트리티코 25mg 처방받아 복용 시작
(신경과 주치의: 뇌 CT 촬영 영상 확인 결과 연령에 비해 뇌가 많이 위축되어 있는 상태)

트리티코 25mg 취침전 복용 후 간헐적으로 야간에 소리 지르는 모습 보이나 전보다 횟수 감소

54세(2023. 2.) 대소변 실수 시 심리적으로 위축되지 않도록 지원
목욕 도중 어지럼증 보이기도 함- 균형 감각, 걸을 때 비틀비틀- 안전 고려
에빅사(20mg) 유지

수면 무호흡 증상 관찰(혀뿌리 근력 약화로 수면 무호흡- 옆으로 고개 돌려 취침 권유)
운동 권유 수면 무호흡 증상 관찰(혀뿌리 근력 약화로 수면 무호흡- 옆으로 고개 돌려 취침 권유)
운동 권유

55세(2024. 5.) 수면 무호흡 증상 보이지 않음
소파에 앉아 뭔가를 먹는 듯한 행동, 자주 소리 지르고, 화내는 행동 소거를 위한 방안 모색

4. 다학제적 지원

이○식

사회복지사(생활지도원)

실내 환기/ 햇볕 쬐기
흡인성 폐렴 예방을 위한 매뉴얼 작성에 참여
청결한 신체 유지 지원
개별 욕구 파악하여 지원
낙상 방지 지원/ 안전 장비 설치
지역사회 나들이, 소규모 여행 지원
취침 중 무호흡증 보일 시 산소포화도 측정하여 지원
간단한 걷기 운동과 산책 지원
충분한 영양 섭취를 위한 고단백 음료 개별 간식 제공
일상에서 활기를 찾을 수 있는 방향에 대해 논의

건강지원팀(물리치료사)

치매 진행 억제를 위해 워커를
이용한 걷기 운동
주/ 5회, 1회 30분 진행

영양지원팀

저작 기능 향상에 도움을 주기 위해
다진식 지원
영양불균형을 예방하기 위해 충분
한 간식을 지원

촉탁의

치매에 대한 교육
치매 진행 예방을 위한 운동 권유
영양지원에 대한 자문
흡인성 폐렴 관리

건강지원팀(간호사)

건강 상태 확인
병원 진료 지원과 연계
(서울○○병원 재활의학과, 서○병원 신경과
살림의원 가정의학과)

5. 이O식 씨 의료사례회의

2022년 제4차 의료사례회의 (5. 18.)

질환명	치매 의심		
주제	이○식 씨 건강관리에 대한 지원 방향 논의	작성자	김정애 간호사, 이보라 사회복지사, 염○일 사회복지사

간호영역

- 1992. 8. 31. 좌측 늑골염증 진단(청○의원)
- 1992. 9. 2. 늑골 농양으로 ○○란스병원 흉부외과진료/ 약처방
- 1993. 5. 14. 간염 검사(항원: 양성 항체: 음성)
- 2004. 11. 29. 피검사 결과 GOT 50 GPT 80으로 간장약 처방받아 복용 시작. 만성간염(서○병원)
- 2005. 12. 15. 간 수치 높아 입원 치료(서○병원/ 12. 30. 퇴원)
- 2006. 1. 20. 간 수치 높아 입원 치료(서○병원/2.13. 퇴 원)
- 2009. 11. 12. 만성간염-피검사 결과 비활동성으로 약 복용 중단.
  DNA 검사 결과: 음성 e항원: 음성
- 2010. 2. 26. 피검사 결과 갑상선기능저하증 진단. 약 복용 시작 (서○대병원 가정의학과)
- 2011. 1. 24. 정기건강검진에서 간 수치 높아 ○○란스병원 진료 의뢰(GOT 617 GPT 754) 피 검사함.
- 2011. 2. 7. 초음파검사 결과 별 이상은 없으나 간기능수치가 매우 높아 약 처방받아 복용 시작
- 2014. 5. 7. 발톱 무좀으로 약 복용(○○란스병원 피부과 / 8개월)
- 2017. 1. 13. 흉부 촬영 결과 결핵 흔적, 반복적인 기관지염 흔적(서○병원)
- 2019. 10. 15. 갑상선기능저하증, 만성간염 서○병원으로 변경하여 치료 중임
- 2020. 3. 12. 무좀으로 약 복용 시작(살림의원)
- 2021. 11. 20. 갑상선기능저하증 살림의원으로 변경하여 약 복용 중

<복용약>

만성B형간염 <서○내과>
- 아침식전 ——> 취침전 바라크루드 0.5mg 1정

갑상선기능저하증 <살림의원 가정의학과>
- 아침 식전 30분: 씬지로이드 0.05mg 1정

무좀 <살림의원 가정의학과>
- 토요일 점심: 티비에프 250mg(125mg 2정)

생활영역

※ 일상생활 지원 방향

1. 충분한 영양 섭취와 간식 제공
- 치아 결손으로 저작 능력 저하되어 식사 시 충분한 영양소 섭취를 할 수 있도록 다진식 지원, 영양간식 제공과 좋아하는 개인 간식 등을 구매해 제공

2. 충분한 수면 제공
- 저녁 시간에 충분한 수면 취할 수 있도록 하고 낮에도 낮잠을 통해 원하는 만큼 충분한 수면을 할 수 있도록 하여, 정서적 불안감을 낮추고 좋은 컨디션에서 생활할 수 있도록 지원

3. 정서적 안정을 위한 여가생활 지원
- 정서적 불안감을 느끼는 경우가 많아 정서적으로 안정감을 가질 수 있도록 정서적 교류 진행, 좋아하는 차와 음료 제공, 산책과 드라이브 지원을 통해 정서적 안정감을 가질 수 있도록 지원

4. 스스로 할 수 있는 능력 지속 훈련
- 양치, 샤워, 의복 착·탈의, 이불 정리하기, 의복 정리, 식기 옮기기 등 스스로 할 수 있는 부분은 계속 스스로 할 수 있도록 지원

※ 관찰이 필요한 행동 양상의 변화

1. 위생 지원 후 의복을 입을 때 순서대로 입지 않고 바지 먼저 착용하고 속옷을 입는 모습이나 옷을 겹쳐 입는 등의 모습이 나타남
【3/23 생활일지 - 직원이 샤워 지원하고 갈아입을 의복을 건네주면 바지 먼저 착용하고 그 위에 팬티 입는 행동 보임. "이○식 씨, 팬티는 속옷이니 먼저 착용하고 바지 입는 것이 순서예요"라고 알려주는데도 직원의 말에 이해가 어려운 듯 고개를 갸우뚱하며 한참 동안 혼란스러워하는 모습 보이심】

2. 가만히 앉아 휴식을 취하다가, 공격받은 일이 없는데도 공격을 받았다고 하며 소리를 지르고 우는 모습이 나타남
【4/16 생활일지 - 로비에서 휴식을 취하다 갑자기 소리를 질러 왜 그런지 물으니 '꼬집었다'고 이야기함. 꼬집은 사람 없음을 알려드리고 진정시켜드리고 오니 다시 소리를 지르심. 좋아하는 영양 음료를 드려 진정하시도록 함. 다 드신 뒤에 진정된 모습을 보였으나 다시 소리를 지르고 우는 모습을 보여 방에서 휴식을 취하도록 지원함. 다른 입주자에게 공격받지 않았는데도 예전에 공격받은 기억을 가지고 공격을 받았다고 생각하며 피해 반응을 보여서, 아님을 알려주고 정신적 안정을 취할 수 있도록 지원함】

	3. 약 복용 뒤 정수기를 찾지 못하거나 식사 후 식판을 들고 어디다 가져다 놔야 할지 모르고 배회, 화장실 등에 식판을 가져다 놓음. 또한 자신의 방 화장실을 찾지 못하거나 직원이 위치를 알려주어도 찾지 못하고 헤매는 모습을 자주 보임 【5/6 생활일지 – 거실에서 방황하며 방을 잘 찾지 못하고, 화장실을 가고 싶어 하면서 화장실을 찾지 못하며 거실을 배회함. 무엇을 하고 싶은지 물은 후 화장실을 가고 싶다고 하여 화장실로 안내하니 소변을 봄】 4. 거실에서 바지를 입은 채 소변을 보거나, 벗고 소변을 보는 행동이 자주 나타남. 또한 화장실 바닥에 변을 보거나 옷을 입은 채 변을 보는 행동도 나타남 【5/7 생활일지 – 직원이 개인위생 지원하려고 방으로 들어가니 이미 화장실 바닥에 대변을 본 뒤 뒤처리하지 않은 채 옷을 주섬주섬 입고 있는 모습이 관찰됨. 직원이 바닥에 있는 변을 치우려고 하는데, 옆에서 옷을 입은 채로 바닥에 웅크리고 앉아 변과 소변을 보는 모습이 관찰됨. 직원이 옷을 벗도록 도움을 주고 변기에 앉아 볼일을 볼 수 있게 하자, 변기에 앉기를 거부하며 소리를 지름】 【5/8 생활일지 – 현관 쪽 거실에 앉아 있다가 바지를 내리고 바닥에 소변을 본 뒤, 바지를 올리지 않고 의자에 앉아 있는 모습 보여 위생 지원함】
주제	**건강관리에 대한 지원 방향 논의**
결정 사항	▣ 주치의 소견 - 다운증후군 경우 노화가 빨리 진행됨 - 행동 양상으로 보아 경도 인지장애의 한 과정인 듯 보임 - 치매와 유사한 질환으로 감염성 우울증, 수두증 ⟶보행장애 보임 - 장애가 나타날 때 보호자의 구술이 중요하며 주변 사람들이 느끼기 시작함 - 신경과 진료를 할 경우 기록, 테스트, 피검사, MRI 검사 진행하게 됨 기질적(뇌종양, 수두증) 여부를 확인하기 위해 MRI 검사 진행함 실제적인 것은 구술이 중요 MRI, CT 입원 진행이 가능하나, 노화의 과정이라고 보았을 때 이후의 상태에 따른 결정이 중요함 - 노인성치매 논의 방향성이 중요 검사도 중요하나 노화의 과정에 대한 대응이 중요 - 장애가 있는 경우 치매 진단받았을 경우, 노인이 치매 진단을 받았을 경우 케어 방법이 달라지진 않음 - 치매 중/말기 대상자에게 대하는 방식에 대한 논의 - 신경과 입원하여 기질적 문제에 대한 점검필요(종양, 감염 여부 확인. 퇴화 정도 확인) ▣ 지원 방향 논의 1. 의복 착·탈의 시 - 스스로 할 수 있는 부분 있으며, 안 되는 부분은 지원 - 최근 “싫다”의 표현 감소. 옷 꺼내주는 방향으로 바뀌는 상태 - 팬티형 기저귀 착용 여부 확인. 적용단계 진행 어떨지 논의 필요 (기저귀 착용 관점: 부끄러워짐을 막을 수 있으며 내 실수를 들키지 않았을 때 자존감 상승효과) - 대소변 실수 횟수 체크 필요 2. 소리 지르고 우는 모습 보일 경우 - 안아주고 진정시키고, 다른 부분으로 시선변화 유도 - 방으로 이동, 좋아하는 음료 지원 - 산책, 드라이브 지원 - 혼잣말하다 공격적인 행동 보이는 경우 있으나 타해하는 정도는 아님. 수긍과 공감으로 대처 3. 배회할 경우 - 식사 후 배회 시, 방향 제시를 통해 식판을 가져다놓을 수 있도록 지원 - 이○식 씨의 의사 반영하여 병행하여 진행

<table>
<tr><td>결정 사항</td><td>4. 대소변 실수
- 시간을 정해 화장실 가실 수 있도록 유도
- 외출 시 팬티형 기저귀 착용 ⟶ 친숙해질 수 있도록 유도
- 변의, 요의에 대한 감각 둔화 여부 확인필요
- 바지 내리고 서 있는 경우(노출) 전조 증상 여부 확인필요
5. 의욕, 관심사 떨어짐
- 일상에서 활기를 찾을 수 있는 방향 논의 필요
- 온기 그리워함 ⟶함께 어울릴 수 있는 방안 마련을 통해 기분 전환 유도
- 외출 좋아해서 지원 중임. 일과 중 지속적으로 지원 가능한 부분 확인 필요
※ 이○식 씨에게 필요한 것을 어떻게 해줄 수 있는지? 이○식 씨 상태에서 본인의 삶을 어디까지 지켜 줄 수 있는지? 본인이 할 수 있는 역할, 능력 점점 감소하나 특이점을 가지고 어떻게 할 것인지? 에 대해 생각하고 치매 관련된 공부 필요</td></tr>
<tr><td>진행 사항</td><td>1. 의료사례회의 후 진행 후, 2022년 5월 23일 서○병원 진료 받음
- 다운증후군의 경우, 10대 후반부터 인지기능장애 보일 수 있으며 알츠하이머 유발 결정적 유전인자를 가지고 있다고 함
- 현재 경계심이 있는 상태로 협조 안 되어 MRI, CT 촬영 어려움
- 약물 복용하면서 경과보고 검사 진행하자고 함
복용 약으로(아침 식후)
1. 에빅사정 0.5정 7일분 2. 에빅사정 1정 7일분 3. 에빅사정 1.5정 7일분 4. 에빅사정 2정 7일분
1-2-3-4 순으로 복용.(6월 15일 아침부터 2정 복용) 다음 진료 예정일 2022. 6.20. 15:00
★ 약 복용 후 대, 소변 실수, 소리를 지르거나 우는 행동은 횟수가 다소나마 줄었으나 화장실을 못 찾거나 주방을 찾지 못해 헤매는 행동에는 큰 변화가 없음
2. 2시간 간격으로 화장실 권유를 통해 이용하게 지원
3. 주 3회 이상 동네 산책, 카페, 마트 이용/ 주 1회 이상 드라이브를 통한 기분 전환 지원 중임
4. 팬티형 기저귀 구입하여 착용(일단 외출 시)
5. 행동 양상에 따른 변화 관찰 내용 작성 중임
6. 이○식 씨 대사 문제 관리 중요. 치매 진단 복용 약으로 잘 적응하는지, 부작용 확인</td></tr>
</table>

2023년 제1차 의료사례회의 (2023. 2. 15.)

<table>
<tr><td>질환명</td><td colspan="3">치매</td></tr>
<tr><td>주제</td><td>치매 학습과 지원 방향 논의</td><td>작성자</td><td>김정애 간호사, 이보라 사회복지사
이○ 사회복지사</td></tr>
<tr><td colspan="2">간호영역</td><td colspan="2">생활영역</td></tr>
<tr><td colspan="2">★ 생활일지 기록에 따른 행동 양상(5. 18. 의료사례회의)
- 2022. 3. 23. 직원이 샤워 지원하고 갈아입을 의복을 건네주면 바지 먼저 착용하고 그 위에 팬티 입는 행동 보임. "이○식 씨 팬티는 속옷이니 먼저 착용하고 바지 입는 것이 순서예요" 라고 알려주는데도 직원의 말에 이해가 어려운 듯 고개를 갸우뚱하며 한참 동안 혼란스러워하는 모습임
- 2022. 4. 16. 로비에서 휴식을 취하다 갑자기 소리를 질러 왜 그런지 물으니 꼬집었다고 이야기함. 꼬집은 사람 없음을 알려주고 진정시키고 오니 다시 소리를 지름. 좋아하는 영양 음료를 드리며 마시고 진정하도록 지원함
음료를 다 마신 뒤에 진정된 모습을 보였으나 다시 소리를 지르고 우는 모습을 보여 방에서 휴식을 취하도록 지원함. 다른 입주자에게 공격받지 않았는데도 예전에 공격받은 기억을 가지고 공격을 받았다고 생각하며 피해 반응을 보여 아님을 알려주고 정신적 안정을 취할 수 있도록 지원함</td><td colspan="2">▣ 2022년 9월 28(수) 정기 사례회의

어려운 행동 관찰 내용
1) 인지능력 저하
- 의복을 입을 때 바지를 먼저 입고 속옷을 겉옷 위에 입는 등의 행동이 나타남
2) 배회, 방향감각 상실
-식사 후 식판을 싱크대가 아닌 카페나 방 화장실에 가져다 놓거나 화장실을 찾지 못하고 방황하는 모습, 본인의 방이 아닌 다른 방에 들어가 휴식을 취하는 행동 등이 나타남
3) 피해망상
- 거실이나 방에서 휴식을 취하다가 갑자기 소리를 지르거나 우는 모습을 보이며 누가 꼬집었다거나 때렸다고 이야기함. 주변에 아무도 없는데도 예전 기억을 가지고 공격을 받은 것처럼 행동함</td></tr>
</table>

- 2022. 5. 6. 거실에서 방황하며 방을 잘 찾지 못하고 화장실을 가고 싶어 하면서 화장실을 찾지 못하고 거실을 배회. 왜 그러는지 물은 후 화장실을 가고 싶다고 하여 화장실을 안내하니 소변을 봄
- 2022. 5. 7. 직원이 개인위생 지원을 하려고 방으로 들어가니 이미 화장실 바닥에 대변을 본 뒤 뒤처리도 하지 않은 채 옷을 주섬주섬 입고 있는 모습이 관찰됨. 직원이 바닥에 있는 변을 치우려고 하는데 옆에서 옷을 입은 채로 바닥에 웅크리고 앉아 변과 소변을 보는 모습이 관찰됨. 직원이 옷을 벗도록 도움을 주고 변기에 앉아 볼일을 볼 수 있게 하자 변기에 앉기를 거부하며 소리를 지름
- 2022. 5. 8. 현관 쪽 거실에 앉아 있다가 바지를 내리고 바닥에 소변을 본 뒤 바지를 올리지 않고 의자에 앉아 있는 모습을 보여 위생 지원함

※2022. 5. 18. 의료사례회의 진행 후 병원 진료 결정

- **2022. 5. 23. 서○병원 신경과 진료 의뢰**

  주치의 다운증후군은 10대 후반부터 인지 기능장애 보임, 다운증후군은 알츠하이머 결정적 유전인자 가지고 있음. 현재 경계심이 있는 상태로 협조 안 되어 MRI, CT 촬영 어려움. 약 1개월분 처방하였으며 경과보고 검사 진행하자고 함.

  복용 약으로 아침 식후

  1. 에빅사정 0.5정 7일분
  2. 에빅사정 1정 7일분
  3. 에빅사정 1.5정 7일분
  4. 에빅사정 2정 7일분

  1-2-3-4 순서로 복용

- **2022. 6. 20. 서○병원 신경과 정기진료**

  대소변 실수, 소리 지르고 우는 모습 예전보다 감소하였음을 주치의에게 전달

  주치의 지난번 진료 시보다 안정적인 모습 보인다고 함.(지난 진료 시 진료실에 들어가는 것 거부하고 대기하면서 소리 지르고 우는 모습 보였으나 금일 진료실에 들어가서 앉아 있는 모습 보임. 대기 중에도 조용히 앉아서 대기함

  아침, 저녁 식후: 인데놀10mg 추가 처방

  (인데놀: 안절부절하는 증상에 안정감을 주기 위해 처방함)

★ 2022. 8. 1. 06:20분경 의식장애로

119 이용하여 은평○○병원 응급의학과의뢰

- 코로나 검사 결과 양성으로 진단
- 뇌 CT 촬영함. 혈압 낮고 산소포화도 떨어졌다 올라가길 반복하여 코로나 전담병원으로 이송
- 2022. 8. 4. 한○병원 입원 중 상태 확인

  8/3 저녁부터 밤새 소리 질렀으며 침대에서

  내려오려고 하여 낙상 위험으로 신체 보호대 착용
- 2022. 8. 5. 한○병원 입원 중 상태 확인

  밤에 자다가 깨면 소리 지른다고 함

  낙상 위험으로 신체 보호대 착용
- 8/8 퇴원. 입원 중 저혈압으로 인데놀 복용 중단함

4) 배뇨, 배변 실수

- 거실, 또는 침대 위에서 바지를 입은 채 소변을 보거나 대변 실수함. 또 화장실이 아닌 거실에서 바지를 내리고 대, 소변을 보려는 행동 보임

행동지원 내용

1) 인지능력 저하

- 의복 착, 탈의 시 스스로 할 수 있도록 하고 안 되는 부분은 언어적, 단편적인 지원을 통해 최대한 스스로 할수 있도록 지원함
- 상황에 대한 올바른 행동을 최대한 인지할 수 있도록 부드러운 말투로 전달함

2) 배회, 방향감각 상실

- 식판을 들고 움직일 때 위치를 알려주며 스스로 찾아갈 수 있도록 지원함
- 방이나 화장실을 찾지 못할 경우는 동행하여 찾아갈 수 있도록 지원함

3) 피해망상

- 정서적 교감과 외출, 산책 등을 통한 안정감을 가질 수 있도록 지원함
- 다른 입주자분들과 간식 등을 함께 먹으며 정서적 교감을 나눌 수 있도록 지원함

4) 배뇨, 배변 실수

- 취침 전, 기상 후 화장실 이용 지원함
- 3시간마다 화장실 이용 지원함

5) 치매로 에빅사정 2정(아침 식후) 복용 중임

긍정적인 변화

- 8월경 기력 없는 모습 보이고, 대소변 지원과 식사 보조 지원이 필요하였음. 9월 이후 점차 지원 없이도 혼자 스스로 식사 가능, 식사량도 증량되는 모습 보임
- 배뇨, 배변 실수가 줄었으며 화장실을 이용하기도 함
- 스스로 간식이나 외출 등을 요구하는 등 욕구 표현함
- 외출, 산책 등 외부 활동을 지원하면서 컨디션도 점차 좋은 상태 보임

▣2022. 10. 26.(수) 정기 사례회의

긍정적인 변화

- 도움 없이 스스로 식사하며 식사량 증가함
- 스스로 화장실 이용하여 배뇨, 배변 이루어지고 있음(의복, 거실 등에서의 배뇨, 배변 실수 없음)
- 피해망상에 대한 행동 감소함(정서적 안정감 증가)
- 간식, 외출 요구 등에 의사 표현(활동에 관심 증가)

▣2022. 12. 29.(목) 정기사례회의

긍정적인 변화

- 11~12월 도움 없이 스스로 꾸준한 양의 식사를 잘하며, 점차 체중 증량/유지 중임(12월 42.5kg)
- 취침 중간에 깨거나 아침 기상 시 일률적으로 화장실 사용 지원으로 방, 거실에서의 배뇨, 배변 실수는 현저히 줄어듦
- 직원과의 유대감 형성이 향상되면서 식사 시간에 자리이동이나 착석 권유 시 순조롭게 협조함
- 정서적 안정감 증가하며 주간 피해망상 행동이 감소함

- 2022. 8. 29. 서○병원 신경과 정기진료
  복용중인 약 중 인데놀 8월부터 저혈압으로 중단함을 주치의에게 전달
  심장내과 주치의와 상의 후 심장에 무리가 가지 않는다면 복용해도 되는지 확인 요청함
  ⟶ 9/2 은평○○병원 순환기내과 진료 결과 인데놀 복용은 혈압을 더 떨어뜨릴 수 있어 권하지 않는다고 함

- 2022. 11. 7 서○병원 신경과 정기진료
  대소변 실수 횟수 감소하였으며 깊은 숙면 취하지 못하고 자주 깨며 야간에 우는 소리도 낸다고 주치의에게 전달
  취침 전 트리티코25mg 1정 추가 처방함
  은평○○병원 CT 촬영 영상 주치의 확인
  ⟶ 연령에 비해 뇌가 많이 위축되어 있는 상태임

- 2023. 2. 6 서○병원 신경과 정기진료
  트리티코 25mg 복용 후 간헐적으로 야간에 소리 지르는 모습 보이나 전보다 횟수 감소했음을 주치의에게 전달함. 약 그대로 처방

<복용약>

만성B형간염 <서○병원 내과>
- 취침전: 바라크루드 0.5mg 1알

치매 <서○병원 신경과>
- 아침식후: 에빅사 20mg 1알
- 취침전: 트리티코25mg 1알

갑상선기능저하증 <살림의원 가정의학과>
- 아침식전 30분: 씬지로이드 0.05mg 1알

무좀 <살림의원 가정의학과>
- 토요일 점심: 티비에프 250mg(125mg 2알)

▣2023년 1월 ~ 2월 5일까지의 변화(생활일지 참조)
- 1/1 본인이 선호하거나 싫은 음식에 대한 자기 의사 표현이 증가함
- 1/3 오전에는 "엄마, 아빠"를 계속 찾음. 그냥 우는 경우가 많아짐. 점심 식사 후에도 울음. 3시간 정도 수면 후 기분 좋아짐. 요즘 낮잠을 자면 기분이 좋아짐
  00:30~02:00 수면하지 않고 울음을 보임
- 1/5 저녁 식사 후 본인 방 침대 위에 앉아서 "엄마~엄마~" 등을 외치며 서러운 듯이 울고 있었음. 메디푸드 음료수를 제공하면서 발 마사지기로 발을 마사지하려고 하였으나 계속 울면서 마사지에 협조가 되지 않았음. 30분 마사지 계획이 3분 정도에 그침. 그 후 안정된 상태로 발 마시지를 하였으나, 오래 앉아 있지를 못하고 의자에서 내려오려는 모습을 지속 보여 10분만 마사지함
- 1/6 오전과 오후에 낮잠을 자고 나면 컨디션이 다소 안정될 때도 있지만, 컨디션에 따라 혼자 화내다가 왼손을 입에 넣고 무는 행동을 함. 그러다가 왼손으로 본인의 머리를 때리는 행동을 함. 화나면 울면서 본인의 손을 무는 행동을 자주 함
  발 마사지를 지원하는데 하기 싫다고 울면서 짜증 보임. 10분이 지나면 짜증을 보이면서 발을 빼려고 함. 그래도 직원이 옆에서 핸드폰으로 노래를 들려주자 20여 분은 억지로 마사지함
- 1/7 식사 시 직원이 옆에서 한두 수저 지원하면 스스로 식사를 할 때가 종종 있음
- 1/8 김○근 씨나 이○호 씨가 지나가면 의례 소리를 지르면서 놀라는 모습을 반복적으로 보임. 이○식 씨에게 거실과 로비에 있기보다는 방에 있게 지원하여도 방이 답답한지 로비에 나와 있는 경우가 많음
- 1/13 김○환 씨가 이○식 씨의 멱살 잡아 놀라서 울음
- 1/22 화장실 바닥에 변을 보고 위생 지원 했음에도 침대에 변을 지림. 설사약 복용
- 1/30 20시경 김○환 씨가 복도에 앉아 있다 뛰어다니는 이○호 씨를 피해 방안으로 들어와 누워 있던 이○식 씨의 옷자락과 얼굴을 마구 잡으려 함. 위협을 느낀 이○식 씨가 "엄마~" 하고 큰소리로 도움을 청하는 모습을 보여 흥분한 김○환 씨를 분리시키고 침대에 누워 있는 이○식 씨의 손을 잡아 주며 위로의 말을 하고 안정할 수 있도록 지원
- 2/3 김○환 씨가 이○식 씨의 목덜미를 잡음
- 2/5 바지에 변 지림. 01:00~02:00: 수면하지 않고, 울음 소리, 엄마~ 하는 단어를 표현하면서 수면하지 않음
- 식사하고 나면 이○식 씨가 식판을 가져오기보다는 김○ 근 씨가 식판을 가져올 때가 많음

지원내용

1. 일상생활
- 식사: 선호하는 음식일 경우 제공된 음식을 충분하게 섭취함. 선호 음식이 아닐 경우는 식사량이 적어짐. 부족분을 간식으로 보충함. 영양적 균형을 위해 고단백 음료 1일 1회 기준으로 간식과 함께 제공하고 있음(추가로 제공하기도 함)
- 수면: 수면시간 22:00~06:00, 수면 중 1회 정도 기상하여 소변봄. 기상 후 소변 지원. 간혹 수면 중 우는 경우는 안아주며 수면 할 수 있도록 지원
- 낮잠: 점심 식사 후 1시간~2시간 정도 수면, 오전에도 피곤하면 낮잠을 자는 경우 있음

	- 발 마사지: 1일 1회 10분~15분 정도 지원 - 용변: 용변을 표현하는 경우 신속하게 화장실 지원 - 위생: 세면, 샤워, 면도, 의복 지원 - 안전: 수면 중 방에서 소리가 나면 신속히 확인 이○호 씨, 김○근 씨, 김○환 씨가 옆에 있거나 다툼이 발생할 여지가 있으면 신속히 분리 - 표현: 엄마, 아빠를 찾기도 하고 혼잣말하는 경우 있음 2. 여가생활 - 외출: 주 1회 지역사회 산책과 카페, 마트 등의 경제활동 지원. 월 1회 드라이브 지원 - 운동: 실내 걷기 운동, 스스로 맨손 운동하기도 하며 직원의 손을 잡고 거실을 돌며 운동하기도 함 - 정서지원: 이○식 씨가 울거나 외로움을 느낄 때 직원이 함께 방으로 들어가 말벗을 해주며 이야기 시간을 가짐

♠ 결정 사항

- 대소변 보고 싶은 표현은 하나 어떻게 해야 할지 우물쭈물하면서 실수로 이어짐
- 모든 곳이 아프다고 표현-긴장도 높아 처한 상황에서의 호소 가능성 높음
- 긴장도 증가(김○근 씨, 이○호 씨, 김○환 씨, 김○훈 씨 옆에 오면 깜짝깜짝 놀람)
- 성인용 팬티 기저귀, 요실금 팬티 고려
- 대소변 실수 시 심리적으로 위축되지 않도록 지원
- 실수가 밖으로 나오지 않도록 팬티형 기저귀 고려. 화장실 이용하여 근력 유지
- 목욕 도중 어지럼증 보이기도 함. 균형 감각이 없거나 걸을 때 비틀비틀하는 경우 안전 고려하여 지원
- 야간에 낙상 주의
- 다운증후군은 에○사 추천, 약을 드시고 호전 보임으로 무리하게 약을 끊을 필요 없는 듯함

♠ 모니터링 (2월 15일의 사례회의 이후 진행사항)

- 이○식 씨 생활실 지원과 경과 관찰(2월 16일- 3월 15일)
- 숙면을 위해 3월 1일 온수 매트 구매하여 사용 중임(평균 온도 30도~35도 유지)
- 소변 실수 7회, 대변 실수 2회(20시경 소변을 본 후 취침함)
- 수면 중 일어나면 소변볼 수 있도록 지원, 새벽에 소변 지원(야간 근무 직원에게 인수인계함)
- 간헐적으로 취침 전 소변을 안 본 경우 수면 중 소변 실수함

2024년 제2차 의료사례회의 (3. 20.)

주제	입주자 건강지원 방향 논의	작성자	김정애 간호사, 이동준 사회복지사 추혜인 촉탁의

■생활영역

1. 주간 일정

	월	화	수	목	금	토	일
오전	06:00~09:00 아침 식전 약 복용, 식사, 위생/ 샤워 지원 09:00~11:40 개인 여가 활동과 TV 시청, 운동과 산책					07:00~09:00 아침 식사, 약복용, 위생/샤워 지원 09:00~11:40 개인 여가 활동과 TV 시청, 운동, 산책	

<table>
<tr><th></th><th>월</th><th>화</th><th>수</th><th>목</th><th>금</th><th>토</th><th>일</th></tr>
<tr><td rowspan="3">오후</td><td>13:00~14:00
물리치료</td><td>13:00~14:00
물리치료</td><td>13:00~14:00
물리치료</td><td>13:00~14:00
물리치료</td><td>13:00~14:00
물리치료</td><td colspan="2" rowspan="3">12:00~13:00
점심 식사와 위생지원
13:00~17:00
개인 여가 활동과 TV 시청
17:00~18:30 저녁 식사, 위생지원
18:30~20:00 TV 시청
20:00~21:00 취침 준비
21:00~06:30 취침</td></tr>
<tr><td>15:00~15:30
간식시간
15:30~17:00
TV 시청</td><td>15:00~15:30
간식시간
15:30~17:00
TV 시청</td><td>15:00~15:30
간식시간
15:30~17:00
TV 시청</td><td>15:00~15:30
간식시간
15:30~17:00
TV 시청</td><td>15:00~15:30
간식시간
15:30~17:00
TV 시청</td></tr>
<tr><td colspan="5">17:00~18:30 저녁 식사와 위생지원
18:30~20:00 TV 시청
20:00~21:00 취침 준비
21:00~06:30 취침</td></tr>
</table>

2. 일상생활 케어

<table>
<tr><td colspan="2">키/몸무게 143.6cm, 37.7kg</td></tr>
<tr><td>식사</td><td>- 치아 결손으로 인한 저작 기능 향상에 도움을 드리기 위해 다진식을 지원하여 소화 흡수를 돕고 있음. 저작하기 어려운 음식은 잘게 잘라서 제공함
- 치아 결손으로 원활한 식사를 하지 못해 부족한 영양소 공급을 위한 영양간식을 별도로 구입하여 제공함
- 삼킴 곤란으로 인한 흡인성 폐렴 예방을 위해 바른 자세로 의자에 앉아 혼자 스스로 숟가락을 들고 천천히 식사하도록 지원 중임</td></tr>
<tr><td>수면</td><td>취침 중 무호흡증 보일 시 산소 포화도 측정하여, 80 이하일 경우에는 잠에서 깨우기로 함</td></tr>
<tr><td>구강관리</td><td>- 치아가 6개 남아있으므로 양치 시 치아 상태를 확인하고 있음
- 헹군 물은 마시지 않도록 주의하고 있음</td></tr>
<tr><td>배뇨
배변</td><td>- 취침 전 화장실 이용을 권하고 밤사이 취침용 기저귀로 교체하여 숙면할 수 있도록 도움
- 원활한 배변을 위해 매일 아침 식전(아기오) 1포 복용 중</td></tr>
</table>

3. 여가생활
- 평소 실내 여가활동으로 TV 시청(유튜브)을 자주 함.
- 걷기 운동으로 간단한 산책 진행 중임

4. 케어 시 어려운 점이나 궁금한 점
- 치매 예방을 위한 다른 지원방안에 대해 논의가 필요하며, 치매 진행에 대해 일상생활에서 깊이 관찰할 부분이 어떤 것이 있는지 궁금함

■ **의료영역**

<table>
<tr><td>과거력</td><td>1. 다운증후군
- 갑상선 기능저하증
- 척추 측만증
- 발목 외반
- 인지 저하 : 조기 치매
- 수면무호흡증 : 산소포화도 체크 중, 수면다원검사는 가능하지 않을 것으로 보고 있음
2. B형 만성 간염 : 항바이러스제 복용</td></tr>
</table>

과거력	3. 호흡기 감염에 대한 면역력 저하 - 코로나 확진 시 입원 - 잦은 폐렴 - VFSS(비디오 투시 삼킴 검사) 결과 : 정상 - 비활동성 폐결핵의 X-ray 소견 : 잠복 결핵 검사는 시행하지 않음 4. 위내시경 : 위축성 위염 - 헬리코박터 균항체(+) : 헬리코박터균에 감염된 적이 있음, 현재 균이 있는지는 모름 5. 무좀
복용약	<서○내과> 만성 B형간염 - 취침 전: 바라크루드 0.5mg 1정 <서○병원 신경과> 치매 - 아침 식후: 에빅사20mg 1정 - 취침 전: 트리티코25mg 1정 <살림의원 가정의학과> 갑상선 기능저하증 - 아침 식전: 씬지로이드 0.05mg 1정 변비 - 아침: 아기오과립 1포 무좀 - 점심: 티비에프 125mg 2정(수/토)
이전 예방접종	폐렴구균 2016(서○병원) 대상포진(생백신) 2022 파상풍 2019, 2022 폐렴구균 23가 2023, 폐렴구균 13가 2023
예방접종	독감과 코로나 : 2024~2025 절기
우려되는 점	1. B형 만성 간염 - 6개월마다 간초음파와 간암 표지자 검사 2. 수면무호흡증에 대한 관찰 3. 워커를 통한 운동 지속적으로 독려 - 근력 약화 시 호흡기 감염에 취약 4. 안과적 문제 : 백내장/녹내장 등 발생 가능성 높음

♣ 결정 사항

- 치매 예방을 위한 다른 지원 방안에 대해 논의가 필요하며, 치매 진행에 대해 일상생활에서 깊이 관찰할 부분이 어떤 것이 있는지 궁금함

- 치매 예방에는 운동이 가장 중요함
- 혀뿌리 근력 약화로 수면 무호흡 - 옆으로 고개 돌려 취침 권유
- 수면 무호흡 나빠질 가능성 높음
- 운동: 인지, 면역력 증진, 근력 향상에 도움이 됨.
  격렬한 운동이 가장 좋으나 어떤 운동이어도 안 하는 것보다는 좋음

♣ 모니터링 (사례회의 이후 진행사항)

헬리코박터균 항체(+)

- 3/21(목) 22:00부터 금식 후 3/22(금) 요산 호기 검사함(살림의원 가정의학과)
  검사 협조가 어려워 제대로 진행되지 못함

2024년 제4차 의료사례회의 (5. 22.)

주제	치매 관련 입주자 건강지원 방향 논의	작성자	김정애 간호사 이동준 사회복지사

■ 의료영역

2022. 5. 23. 서○병원 신경과 진료
- 최근 인지장애 증상 심하여 의료사례회의 진행 후 서○병원 신경과 진료받음
- 주치의 다운증후군 경우 10대 후반부터 인지 기능 장애 보임
- 다운증후군은 알츠하이머 결정적 유전인자 가지고 있음
- 현재 경계심이 있는 상태로 협조 안 되어 MRI, CT 촬영 어려움
- 약 1개월분 처방하였으며 약물 복용하면서 경과보고 검사 진행하자고 함
- 복용약으로 아침 식후 에빅사정 10mg 0.5정 7일분 -> 에빅사정 10mg 1정 7일분 ⟶ 에빅사정 10mg 1.5정 7일분 ⟶ 에빅사정 10mg 2정 7일분 순서로 복용 예정임

2022. 6. 20. 정기진료
- 대소변 실수, 소리 지르고 우는 모습 예전보다 감소하였음을 주치의에게 전달함
- 주치의 이○식 씨 상태 확인. 지난번 진료 때보다 안정적인 모습 보인다고 함
- 지난 진료 시 진료실에 들어가는 것 거부. 대기하면서 소리 지르고, 우는 모습 보였으나 금일 진료실에 들어가서 앉아 있는 모습 보임. 대기 중에도 조용히 앉아 대기함
- 아침, 저녁 식후: 인데놀 10mg 1알 추가 복용 약 처방함
- 약물 복용하면서 경과 관찰 후 CT 촬영해 보자고 함
- 복용약으로 아침 식후 에빅사정 2정 / 아침, 저녁 식후 인데놀정 10mg 1정

2022. 8. 29. 정기진료
- 복용 중인 약물 중 인데놀 8월부터 저혈압으로 복용 중단함을 주치의에게 전달함
- 주치의 인데놀은 안절부절하는 증상에 안정감을 주기 위해 처방하였다고 함
- 심장내과 주치의와 상의 후 심장에 무리가 가지 않는다면 복용해도 되는지 확인 요청함
- 9/2 은평○○병원 순환기내과 진료 시 문의하여 전달하기로 함. 금일 진료 처방에서는 에빅사만 처방함
- 복용약으로 아침 식후 에빅사정 2정

2022. 11. 7. 정기진료
- 대소변 실수 횟수는 감소하고, 숙면 취하지 못하고, 자주 깨며 야간에 우는 소리도 낸다고 주치의에게 전달함
- 은평○○병원에서 심장초음파검사 결과 협조가 되지 않아 자세한 검사는 이뤄지지 않았으나 특이 소견 없으며 인데놀 복용 관련 심장내과 주치의 복용 안 하는 게 좋겠다는 의견 주셨음을 주치의에게 전달함
- 수면장애 관련 트리티코 25mg 취침 전 추가 약 처방함
- 은평○○병원 뇌 CT 촬영 영상 CD 등록함
  주치의 뇌 CT 촬영 영상 확인. 나이에 비해 뇌가 많이 위축된 상태라고 함
- 복용약으로 아침 식후 에빅사정 20mg 1정 / 취침 전 트리티코정 25mg 1정

2023. 2. 6. 정기진료
- 취침 전 약 추가 복용 후 간헐적으로 야간에 소리 지르는 모습 보이나 전보다 횟수 적어졌음을 주치의에게 전달함
- 약 그대로 유지

2023. 5. 8. 정기진료
- 예전에는 진료실에 들어가기도 거부하였으나, 금일 진료실에 들어가 잘 앉아 있음
- 지금 상태로 만족. 최근 대소변 실수 있었음을 전달함
- 약 그대로 유지

2023. 8. 7. 정기진료
- 대소변관리로 기저귀 착용과 시간 맞춰 화장실 안내, 직원 도움으로 식사하고, 수면 상태 양호하다고 주치의에게 전달
- 진료실에 안정적으로 앉아 있는 모습 보임
- 약 그대로 유지

2023. 11. 6. 정기진료
- 8월 진료 시 진료실에 안정적으로 앉아 있는 모습 보였으나 금일 진료실에 들어가서 의자에 앉기를 거부함
- 날씨에 따라 소리 지르는 모습 있음을 주치의에게 전달함
- 약 그대로 유지

2024. 2. 5. 정기진료(대리 진료)
- 약 그대로 유지

2024. 5. 3. 정기진료(대리 진료)
- 최근 일주일 전부터 늦게 취침하고, 새벽에 일찍 깨며 새벽에는 앉아서 주무시는 모습 보임
  야간에 우는 소리 냄. 11시 넘어서 취침. 수면 무호흡 증상은 최근 보이지 않음을 주치의에게 전달함
- 약 그대로 유지

★ 물리치료
- 주 5회/1회 30분 워커를 이용한 걷기 운동을 진행함
- 처음에는 워커 손잡이를 잡고 느리지만 스스로 걸어감
- 운동을 진행할수록 스스로 걷는 횟수보다 담당자가 끌어주는 횟수가 많아짐
- 날씨가 좋으면 운동장에서 한 손을 잡고 운동을 진행함
- 운동 중 서있을 경우 다른 손을 잡으면 스스로 걸음
- 실내와 같이 운동 중 가다서다를 반복하지만, 야외에서는 실내 운동 때 보다 거리는 짧지만 뛰는 횟수가 많아짐

■ 생활영역

1. 약 복용 후 변화

약 복용 전	약 복용 후 변화
- 과격하게 달려들어 꼬집거나 옷을 잡아당기는 입주자로 인해 불안한 모습을 보임 - 입주자의 도전적 행동이 심하고 심하게 소리를 지르거나 짜증을 내어 돌봄지원팀에서 생활하고 취침은 돌봄집중팀에서 함 - 식사 후 의자에 앉아서 멍하니 있음. 늘 다니던 복도임에도 불구하고 직원에게 의존하는 모습들을 보임 - 최근 들어 방향을 찾지 못하는 경우가 잦고, 힘없이 멍하게 있는 날들이 많음 - 제대로 일어나 걷지도 못하여 부축하여 화장실로 이동 후 소변봄. 이후 제대로 취침하지 않고 소리를 지르기도 하고 혼잣말을 중얼거리기도 함. 깊은 잠을 이루지 못함 - 2층에 올라와서 점심 먹고 난 후 갑자기 화가 나가 시작했는지 소리를 지르고 주먹을 쥐고 휘두르려고 하여 방으로 안내해 누워 진정시키니 한참을 쉼	- 약 복용 후에도 그날의 상황과 컨디션에 따라 차이는 있으나 소리 지르고 우는 모습은 여전히 보임 - 대체로 잘 자는 편이나, 가끔 일찍 깨어 새벽에 소리를 지르거나 우는 행동은 반복됨 - 혼자서 이동은 어려우며 직원의 도움이 필요함 이동 시 중심을 제대로 잡지 못해 넘어질 듯 불안한 모습을 보임 - 소리를 지르면서 우는 듯한 표현을 함. 주로 "아파" "꼬집었어" "아빠" "엄마" 등 누군가에게 피해를 당할 때 도움을 요청하거나 누군가에게 이를 때의 상황의 단어만을 사용함 - 이유 없이 엄청 크게 웃거나 즐거워하는 등의 모습도 보이며 앞에 아무도 없는데 대화하는 행동을 하거나 음식이 앞에 없는데도 먹는 행동을 하는 등 망상의 증상도 가끔 보임

2. 일상생활 케어

일상 생활	- 평소 실내 여가활동으로 TV 시청(유튜브)을 자주 함 기분이 좋거나 TV에서 아는 노래가 나오면 따라 부르거나 몸을 흔들며 춤을 추기도 함 - 걷기 운동으로 간단한 산책 진행 중임 실내에서 보행기를 통해 운동하거나 보행기 타는 것을 싫어하면 직원의 손을 잡고 이동하면서 운동함. 그날 기분에 따라 운동 시 소리를 지르기도 하며 기분이 좋을 때는 직원에게 외부로 나가자고 하며 활동적인 모습을 보이기도 함. 날씨가 좋을 때는 외부(운동장)에 나가서 운동함. 외부에서는 실내에서보다 더 활동적인 모습을 보이며 간혹 뛰기도 함 - 정확한 이유는 알 수 없지만, 평소보다 유독 심하게 소리를 지르는 날이 있음. 너무 심하게 소리 지를 때는 잠시 방에서 안정을 취할 수 있도록 하고 있음

식사	- 치아 결손으로 저작 기능 향상에 도움을 드리기 위해 다진식을 지원하여 소화 흡수를 돕고 있음. 저작하기 어려운 음식은 잘게 잘라서 제공함 - 치아 결손으로 원활한 식사를 하지 못해 부족한 영양소 공급을 위한 영양간식을 별도로 구입하여 제공함. (고단백질 음료, 고단백질 양갱 등) - 삼킴곤란으로 인한 흡인성 폐렴 예방을 위해 바른 자세로 의자에 앉아 스스로 숟가락을 들고 천천히 식사하도록 지원 중임 - 식사 도중 숟가락을 내려놓고 가만히 있거나 자세가 흐트러진 경우는 직원이 도움을 줌
수면	- 취침 중 무호흡증 보일 시 산소 포화도 측정하여, 80 이하일 경우 잠에서 깨우고 있음 - 최근(5월) 이유는 모르겠지만 밤사이 침대에 눕는 것을 꺼려하고 침대에 앉아 있으려고만 함. 눕히면 바로 일어남. 앉아 있는 상태에서 졸리면 침대에 앉아서 다리 쪽으로 얼굴을 대고 자는 모습을 여러 차례 보임 - 가끔 새벽에 일찍 깨 "아빠" "엄마" "아파"를 큰 소리로 외치며 우는 듯한 소리를 심하게 내는 경우가 있음 - 안전을 고려하여 안전바가 설치되고 높낮이 조절이 가능한 병상 침대로 교체하여 사용 중임
구강 관리	- 치아가 몇 개 남아있지 않으므로 양치 시 치아 상태를 확인하고 있음 - 헹군 물은 마시지 않도록 주의하고 있음 - 칫솔 날이 매우 부드러운 특수 칫솔로 교체하여 사용 중임
배뇨 배변	- 취침 전 화장실 이용을 권하고 밤사이 취침용 기저귀로 교체하여 숙면할 수 있도록 돕고 있음 - 원활한 배변을 위해 매일 아침 식전 아기오 과립 1포 복용 중임 - 소변은 약 2시간마다 화장실에서 소변볼 수 있도록 지원 중임
특이 사항	- 최근 소파에 앉아서 뭔가를 먹는 듯한 행동(망상)을 하기도 함 - 갑자기 이유 없이 크게 웃는 경우 있으나 해당 행동은 예전부터 있었음 - "엄마" "아빠" "아파"를 반복하여 말하고 크게 소리를 지름

3. 여가활동과 참여
- 월 2회 이상 외출(산책 등)
- 유튜브를 통한 치매예방운동 동영상 시청과 운동 따라하기

4. 키/체중 변화, 맥박 체크
- 키/몸무게 143.6cm/ 39.5kg

5. 질의
- 자주 소리 지르고 화내는 행동에 대한 대응방법

♣ 결정사항

- 주 단위로 감정변화 보임
- 저녁 취침 시간 1월에 비해 짧아짐
- 1월에 비해 양치 시 입 헹굴 때 뱉는 횟수보다 삼키는 횟수가 증가함
- 망상이 아니라 환각 ⟶ 취침 거부하는 경우 있음. 침대에 벌레가 보인다. 작은 꽃무늬를 벌레로 보는 경우가 있어 디자인을 단순화하는 게 필요 예) 잔잔한 무늬 있는 이불 ⟶ 무늬 없는 요, 이불로 교체
- 아파 – 피해망상, 착각, 환각 있음
- 정보 불분명하게 들어오면 ⟶ 불안한 환경으로 느낄 수 있음. 오인하지 않도록 해주는 게 좋음
- 우는 행동은 공격받았다고 느낄 경우, 충분히 보호받지 못하고 있다고 느낄 때 나타날 수 있음
- 로비에 앉아 있는 시간이 길면 현재의 환경이 자극을 줄 수 있으므로 환경 변화를 주면 어떨지?
  소리를 질러 지원하는 직원, 같이 생활하는 입주자에게도 영향을 주고 있는 상태로 약으로 도움을 받을 수 있는지? 약을 조정하는 것도 방법일 수 있음

- 우리나라는 치매 환자 약을 쓰지 않으나 일본에서는 항정신성 약물을 사용하는 게 발달되어 있음
- 우리나라는 인지기능 개선제 주로 사용하나 안정을 주는 방향으로 변화를 시도해 보면 어떨지?
- 신경과에서 약물의 변화가 없는 경우 살림의원 가정의학과에서도 처방이 가능함
- 약물 관련 논의를 통해 진료 일정 변경할 예정임
- 최대한 서고, 운동하는 게 가장 좋음
- 식사할 때 사레 걸리는지 확인 필요함
- 중기 이후의 상태로 식욕을 잘 못 느낌 - 드실 수 있는 것 다 드실 수 있도록 협조
- 주관적인 문제 행동을 문제 행동으로 봐야 하는지 신중하게 객관적으로 생각하면 좋겠음
- 3자가 보았을 때도 충분히 이해할 수 있도록 기록(객관적인 서술 필요/횟수, 강도, 날짜 등)

♣ 진행 사항

1. 일상생활
- 주로 실내에서 활동하며, 소파에 앉아 TV 시청을 하거나 음악을 들으며 일상을 보냄
- 월 2회 10:00~11:00 서○교육청 지원사업 향○창작소 공예 수업 참여

2. 건강생활 (식사, 수면, 치아 관리, 운동)
- 식사

  치아 결손으로 인한 저작 기능 향상에 도움을 주기 위해 다진식을 지원하여 소화 흡수를 돕고 있음

  저작하기 어려운 음식은 잘게 잘라서 제공함

  삼킴 곤란으로 흡인성 폐렴 예방을 위해 바른 자세로 의자에 앉아 스스로 숟가락을 들고 천천히 식사하도록 지원 중

  식사할 때 간혹 콜록~콜록~ 거리는 모습을 보임. 그런 경우 조금 쉬었다가 식사 할 수 있도록 하고 점도액을 사용해 보면서 효과가 있는지 체크하고 있음. 평소 물 마실 때 큰 문제는 없음

  식사는 대체로 잘하는 편이며, 식사 도중 힘들면 숟가락을 놓치는 경우가 있어 여분의 숟가락으로 대비하고 있음

  가끔 숟가락을 떨어트려도 꼭 숟가락을 들고 있는 것처럼 착각하여 숟가락 없이 식사하는 행동을 보이기도 함

  치아 결손으로 원활한 식사를 하지 못해 부족한 영양소 공급을 위한 영양간식을 별도로 구입하여 제공함(고단백질 음료, 고단백질 양갱 등)
- 수면

  취침 시간 관련하여 5월에는 취침하지 않고 침대에 가만히 앉아 있는 경우가 많았으나 6월 초에는 기력 저하로 중간에 깨지 않고 취침함 낮에도 기력이 없어 식사 중 또는 소파에 앉아서 계속 자는 모습을 보였으나 6월 중순부터는 점차 기력을 회복하며 낮에 조는 횟수는 줄어듦
- 치아 관리

  양치 시 입 헹굴 때 뱉지 않고 삼키는 경우가 있음 직원이 시범을 보이면 본인도 "퉤~" 라며 입안의 헹굼 물을 뱉음
- 운동

  물리치료사와 보행기를 통해 매일 치료 받고 있으며 직원과도 손을 잡거나 보행기 도움을 받아 꾸준히 운동하고 있음 실내에서 보행기를 통해 운동하거나 보행기 타는 것을 싫어하면 직원의 손을 잡고 이동하며 운동함 기분에 따라 소리를 지르기도 하며, 기분이 좋을 때는 직원에게 외부로 나가자며 활동적인 모습을 보이기도 하나 최근 한 달간 실내 운동하는 것도 어려움을 보임 걷기 운동 시 균형을 잡지 못하고 오른쪽으로 비스듬히 몸이 기우는 모습이 관찰됨 6월 중에는 운동이 어려울 정도로 균형을 잡지 못하였음

* 특이 사항
- 6월 초 폐렴 증상으로 항생제 복용하면서 건강이 좋지 않음. 6월 한 달간 의자에 앉아 있을 때도 균형을 잡지 못하고 식사 시 숟가락을 입으로 가져가지 못하고 허공에 숟가락을 사용하는 모습을 보임
- 6월 중에는 기력이 없어서 취침하는 시간이 하루 24시간 중 18시간 정도 취침함
- 감정변화 심하게 보임. 이유 없이 웃다가 이유 없이 짜증을 내거나 욕을 하는 경우가 많음. 짜증을 낼 때 직원이 말을 걸거나 간단한 운동을 하면 잠깐은 기분이 좋아져 웃기도 하여 자주 말을 걸어주고 간단한 대화와 인사를 하려고 함
- 무늬가 있는 이불이 환각을 초래하는 부분 관련하여 무늬가 없는 이불로 교체하여 사용하고 있음
- 6월 말부터 기력이 점차 회복되니 소리도 같이 지르기 시작함. "아파"라는 말을 많이 함 주로 "아파" "꼬집어" "아빠" 세 단어를 가장 많이 표현함
- 이유 없이 짜증을 내며 큰 소리로 울 때는 잠시 진정할 수 있도록 방에서 잠시 앉아 있게 하거나 침대에 누워서 쉬도록 권유함. 앉아 있거나 누워 있을 때는 소리 지르는 것이 확연히 줄어들었으나, 기력이 조금씩 회복되면서 소리 지르는 횟수와 시간이 늘어남
- 너무 오래 소파에 앉아 있지 않고 여러 곳에 앉아 있을 수 있도록 환경을 조금씩 변화하고 있음
- 차량으로 드라이브를 나가고 있으나 차만 타면 매우 심하게 소리를 지름

3. 여가생활
- 유튜브를 통한 치매 동영상 볼 수 있도록 지원 중임. 그러나 집중하지 못함
- 거실에서 좋아하는 트로트 음악 영상을 시청할 수 있도록 지원 중에 있음
- 다양한 촉감을 느끼기 위해 촉감 장난감 등을 이용하여 자극을 주는 여가활동을 시도했으나, 거부가 심하여 중단함
- 수시로 소파에 앉아 손을 잡아 주며 말을 건네면서 심리적인 안정을 도모하고 있음

2025년 제1차 의료사례회의 (2. 19.)

주제	입주자 건강지원 방향 논의	작성자	김정애 간호사, 최인석 사회복지사, 추혜인 촉탁의

■생활영역

1. 주간 일정

<table>
<tr><th></th><th>월</th><th>화</th><th>수</th><th>목</th><th>금</th><th>토</th><th>일</th></tr>
<tr><td>오전</td><td colspan="5">06:00~09:00 아침 식전 약 복용, 식사, 위생/샤워 지원
09:00~11:40 개인 여가 활동과 TV 시청, 운동</td><td colspan="2">07:00~09:00
아침 식사, 약복용, 위생/샤워 지원
09:00~11:40 개인 여가활동과
TV 시청, 운동, 산책</td></tr>
<tr><td rowspan="2">오후</td><td>실내 걷기
서 있기, 손잡고
걷기, 워커 걷기</td><td>실내 걷기
서 있기, 손잡고
걷기, 워커 걷기</td><td>실내 걷기
서 있기, 손잡고
걷기, 워커 걷기</td><td>실내 걷기
서 있기, 손잡고
걷기, 워커 걷기</td><td>실내 걷기
서 있기, 손잡고
걷기, 워커 걷기</td><td colspan="2" rowspan="2">12:00~13:00 점심 식사와 위생지원
13:00~17:00 여가활동과 TV 시청
17:00~18:30 저녁 식사, 위생지원
18:30~20:00 TV 시청
20:00~21:00 취침 준비
21:00~06:30 취침</td></tr>
<tr><td colspan="5">17:00~18:30 저녁 식사와 위생지원
18:30~20:00 TV 시청
20:00~21:00 취침준비
21:00~06:30 취침</td></tr>
</table>

2. 일상생활 케어

<table>
<tr><td colspan="2">키/몸무게 143.6cm, 37.7kg</td></tr>
<tr><td>식사</td><td>- 치아 결손으로 저작 기능 향상에 도움을 주기 위해 다진식을 지원하여 소화 흡수를 돕고 있음. 저작하기 어려운 음식은 잘게 잘라서 제공함
- 치아 결손으로 원활한 식사를 못해, 영양소 공급을 위한 영양간식을 별도로 구입하여 제공함
- 삼킴 곤란으로 인한 흡인성 폐렴 예방을 위해 바른 자세로 의자에 앉아 혼자 스스로 숟가락을 들고 천천히 식사하도록 지원 중임</td></tr>
<tr><td>수면</td><td>취침 중 무호흡증 보일 시 산소 포화도 측정하여, 80 이하일 경우에는 잠에서 깨우기로 함</td></tr>
<tr><td>구강관리</td><td>- 치아가 6개 남아있으므로 양치 시 치아 상태를 확인하고 있음
- 헹군 물은 마시지 않도록 주의하고 있음</td></tr>
<tr><td>배뇨
배변</td><td>- 취침 전 화장실 이용을 권하고 밤사이 취침용 기저귀로 교체하여 숙면할 수 있도록 돕고 있음
- 원활한 배변을 위해 매일 점심 식사 때 아기오 1포 복용 중</td></tr>
</table>

3. 여가생활
- 평소 실내 여가 활동으로 TV 시청(유튜브)을 자주 함
- 실내 걷기 운동
- 지역사회 이용, 산책, 드라이브

4. 케어 시 어려운 점이나 궁금한 점
- 치매 예방을 위한 지원방안 논의가 필요하며, 치매 진행에 대해 일상에서 깊이 관찰할 부분이 어떤 것인지 궁금함
- 장기요양 등급 신청 후 필요한 것은 어떤 것이 있는지?

■의료영역

과거력	1. 다운증후군 - 갑상선 기능저하증 - 척추 측만증 - 발목 외반 - 인지 저하 : 조기 치매 - 수면무호흡증: 산소포화도 체크 중, 수면다원검사는 가능하지 않을 것으로 보고 있음 2. B형 만성간염: 항바이러스제 복용 3. 호흡기 감염에 대한 면역력 저하 - 코로나 확진 시 입원했던 병력 - 잦은 폐렴: 흡인성 폐렴 가능성 높지 않음(VFSS/비디오 투시 삼킴검사: 정상) - 비활동성 폐결핵의 X-ray 소견: 잠복결핵 검사는 시행하지 않음 4. 위내시경: 위축성 위염 - 헬리코박터균항체(+): 헬리코박터균에 감염된 적이 있음, 현재 균이 있는지는 모름 5. 무좀
복용약	<살림의원 가정의학과> **만성B형간염** - 취침 전: 바라크루드 0.5mg 1알 **갑상선기능저하증** - 아침 식전: 씬지로이드 0.05mg 1알 **변비** - 아침: 아기오과립 1포 **무좀** - 점심: 티비에프 125mg 2알(수/토) <서○병원 신경과> 치매 - 아침 식후: 에빅사20mg 1알 - 취침 전: 트리티코25mg 1알
이전 예방접종	폐렴구균 2016(서○병원) 대상포진(생백신) 2022 파상풍 2019, 2022 폐렴구균 23가 2023, 폐렴구균 13가 2023
예방접종	독감과 코로나 : 2025~2026 절기 **대상포진(사백신) 접종 고려**
케어 포인트	1. B형 만성간염 - 6개월마다 간초음파와 간암 표지자 검사 2. 워커를 통한 운동 지속적으로 독려 - 근력 약화 시 호흡기 감염에 취약해질 수 있음 3. 호흡기 감염의 증상 있을 경우 - 초기 적극적인 대처 필요: 코로나 시 항바이러스제 처방, 항생제 처방 등 4. 노인장기요양보험 등급 신청 예정 - 치매 진단서 필요: 만 65세 미만

♣ 결정 사항

- 치매 예방 지원방안에 대해 논의가 필요하며, 치매 진행에 대해 일상에서 깊이 관찰할 부분이 어떤 것인지 궁금함
- 장기요양 등급 신청 후 필요한 것은 어떤 것이 있는지?

> - 워커를 이용한 운동 지속적으로 독려(근력 약화 시 호흡기 감염에 취약해질 수 있음)
> - 호흡기 감염의 증상이 있을 경우 초기 적극적인 대처 필요(코로나 시 항바이러스제 처방, 항생제 처방 등)
> - 장기요양 등급 신청 후 필요한 보조기구 대여 또는 구매

♣ 모니터링(의료사례 이후 진행 사항)

- 원내 물리치료 주 3회, 실내운동으로 오전, 오후 걷기 중임
- 무호흡, 감기 등 호흡기 증상이 있는지 수시로 확인, 1일 1회 혈압, 맥박, 산소포화도 측정
- 장기요양 등급 신청 관련 건강○○공단에 서류 제출함

☞ 2025년 3월 18일 건강○○공단에서 방문하여 상담 진행하였으며 3월 27일 요양 등급 3급으로 받음

지긋한 연세만큼이나 넓은 포용심

사회복지사 이동준

지긋한 연세만큼이나, 넓은 가슴으로 입주자분들의 장난과 실수를 받아 주시는 이○식 씨는 항상 웃음을 잃지 않으시는 모습을 보여 주시는 게 인상적입니다.

항상 맏형, 학령기 입주자들에겐 아버지, 삼촌 같은 모습을 자주 보여 주셔서 많은 직원에게 인기가 많았습니다. 이런 이○식 씨도 때론 눈물을 보이시기도 하셨습니다. 침대에 누워서, "엄마~엄마~ 흑흑흑"하시면서 울고 계시는 모습에 다가가면 직원에게 안기면서 무엇인가 말씀하시면서 가만히 들어 보면 아주 사소한 일들이지만 작은 일에도 쉽게 감정 표현을 하실 수 있는 여린 마음을 가지고 계셨습니다. 또한 감정이 풀리면 머리에 손을 올려 토끼 인사를 하는 등, 애교를 보이실 때도 종종 있으셨고, 빠진 치아를 훤히 보이며, 큰 웃음을 보이실 때가 제일 행복해 보이셨습니다.

이○식 씨가 좋아하는 활동은 여행입니다. 2021년 코로나19로 인해 한동안 여행을 진행하지 못하다가 다행히 백신 2차 접종과 사회적 거리 두기 완화로 여행을 진행할 수 있었습니다. 여행 날짜와 여행지를 선정하기 위해서 서울 근교를 인터넷과 휴대폰으로 영상을 보여드리며 가보고 싶은 곳에 대해 논의하였습니다.

"이○식 씨 어디 가고 싶으세요?"라고 물으며 서울 근교의 산과 바다가 있는 곳을 선정하며 보여드렸더니 손으로 바다를 가리키며 바다가 보고 싶음을 표현하셨습니다. "이○식 씨 바다가 좋으신가요?"라고 물으니 이○식 씨가 활짝 웃으며 바다를 손으로 가리켰습니다. 바다가 있는 서울 근교의 대부도를 찾아 보여드렸습니다. 한옥의 아름다움을 느낄 수 있는 한옥 펜션으로 정했습니다. 이○식 씨가 많이 걷는 것을 힘들어합니다. 대부도 여행지 중 가장 유명하고 무장애 여행할 수 있는 곳으로 정했습니다. 대부도 가는 차량에서 이○식 씨가 아는 노래가 흘러나오자, 손뼉 치면서 노래를 부르기도 했습니다. '아파트'라는 노래가 나오자, 손을 마이크처럼 하고 "아무도 없는 아무도 없는 아파트"라고 노래 부르며 즐거워하셨습니다.

시화호 방파제에서 옆으로 펼쳐진 바다를 보고 직원이 "바다, 바다"라고 말하자 이○식 씨가 손을 좌우로 흔들기도 하고, 손을 쭉쭉 하늘 쪽으로 뻗으며 바다를 맞이하였습니다, 저 멀리 큰 배와 옆으로 지나가는 배를 보고"배, 배"라고 말하며 깔깔 웃었습니다.

제일 먼저 유리섬박물관 도착했습니다. "이○식 씨 여기에 있는 것은 모두 유리로 만들었어요."라고 설명하며 박물관 안으로 들어갔습니다. 야외에 있는 유리 조형물을 보고 신기한 표정을 지었습니다. 남자가 여자를 안고 있는 조형물을 보고 그 앞에서 사진을 찍어 달라고 부탁합니다. 두 손을 들어 V자 모양 포즈를 취하면서 활짝 웃어 보입니다. 실외에 있는 조형물을 만져보기도 합니다. 유리 조형물에 비친 햇살이 이○식 씨를 환하게 비춥니다. 실내에는 화려한 색을 이용한 조형물이 많았습니다. 유리로 만든 동물 앞에서 김○근 씨와 사진을 찍으며 즐거워 합니다.

구봉도 해변에 도착하여 해변에 널려 있는 조개 껍질을 손으로 만져보기도 하고 조개 껍질을 밟을 때 나는 소리에 놀라기도 했습니다. 탄도항 앞에 있는 억새와 썰물로 물이 빠진 바다 앞에서 사진 촬영하였고 석양이 지는 풍력발전기 앞에서 멋진 사진을 찍으며 낙조를 감상하였습니다. 걷는 것이 힘들어 아쉽게도 풍력발전기까지가 보지 못해 아쉬웠습니다. 종이 미술관 한옥 펜션에 도착하여 다락이 있는 한옥을 보고 다락에 올라가 보기도 하고 다락에 걸터앉아 있었습니다. 다락에 올라가 사진을 찍어 달라고 부탁하여 사진을 찍어드렸습니다.

둘째 날은 아침 식사 후 메추리 섬 일주와 방아머리 선착장을 방문하였습니다. 바람이 몹시 불어 차 안에서 바다를 감상하고 출항하는 배를 보면서 커피를 마시고, 하늘을 날고 있는 갈매기들을 보고 이○씩 씨는 혼잣말하면서 잘 가라고 손을 흔들어 주기도 했습니다. 펜션 정원에 있는 전통 놀이 투호, 그네타기, 양궁 등의 전통 놀이 중에서 그네를 타고 싶어 했습니다. 종이로 만든 다양한 종이 작품을 감상하던 중 이○식 씨는 어린아이들이 놀이하는 모습을 종이로 만든 작품을 유심히 관찰하기도 하고 아름다운 꽃 앞에서 사진 촬영을 부탁하며 활짝 웃었습니다. 머그컵 만들기에 들어갈 종이에 여러 가지 색으로 그림을 그렸습니다. 사각형 안에 다양한 색으로 크고 작은 동그라미를 그리고 그 안에다 더 작은 동그라미를 그렸습니다. 그 컵에 종이를 붙여 구운 완성된 머그컵을 보고 강사님이 "멋있어요"라고 하자 이○식 씨가 빙그레 웃으며 만족감을 표현했습니다.

"이○식 씨 여행 재미있었어요?"라고 묻자, 손가락으로 좋다고 표현하며 "네"라고 대답하셨습니다.

이○식 씨는 미술 활동하는 것도 좋아합니다. 종이탈 색칠하기, 찰흙으로 만들기, 석고 재료 이용하여 만들기 등 다양한 활동 중에서도 특히 그림그리기를 좋아합니다. 평소 스케치북에 색연필로 그림 그리고 색칠을 혼자서도 합니다. 도화지를 드리면 먼저 전면에 사각형을 크게 그립니다. 그다음에 그 안에 또 다른 사각형 그리는 동작을 여러 번 그리기도 합니다. 붓을 2개 사용하여 색칠하기도 합니다. 그리고 물감으로 색칠할 때 빨간색, 파란색, 노란색 등의 원색 등을 좋아합니다. 열심히 색칠하다 보면 도화지에 구멍이 나는 경우도 있습니다. 진지하게 몰입하면서 그린 그림을 보여 주며 씨~익 웃은 모습을 참 아름다웠습니다.

여행과 미술 활동을 좋아하던 이○식 씨에게도 힘든 고비가 찾아왔습니다. 2022년 3월부터 초기치매 증세가 미비하게 보여 의료사례관리와 집중 케어에 집중적으로 지원하였습니다. 치매 의심 증상 관찰하며 치매로 의심되는 행동을 관찰하고 기록하여 치매 진행 정도 파악하였습니다. 커피를 타 드리니 커피잔을 잡지 못하고 허공에 손짓을 하는 모습을 보였고, 샤워 지원 후 의복 착용 시 바지를 먼저 입고 팬티를 그 위에 입는 모습들을 보였습니다. 또 로비에 앉아 있거나 돌아다니다가 갑자기 이유 없이 큰소리를 지르거나 우는 모습을 자주 보였습니다. 이런 증상들이 초기치매임을 알게 되었습니다. 8월 코로나에 확진되어 병원에 입원했다가 퇴원 후 마음이 더욱 약해졌는지 입주자분들이 이○식 씨 옆에 오기만 해도 지레 겁을 먹고 소리를 지르기도 하고 우는 소리를 많이 내기도 하고 어린애처럼 행동하시고 애교를 보이면서 스킨쉽을 하기를 원하기도 하셨습니다. 치매 증세가 하루가 다르게 빨리 진행되고 있습니다. 이○식 씨가 하루빨리 건강해져서 평소 좋아하던 여행 활동과 미술 활동을 마음껏 할 수 있는 그런 날이 빨리 오기를 기대해 봅니다.

004 위암/강직성 척추염에 대한 지원

위암이란?

위에 발생하는 암. 초기에는 뚜렷한 증상이 없지만 점점 위 부위의 통증이나 팽만감, 메스꺼움, 식욕 부진 따위의 증상이 나타나며 토한 내용물이나 대변에 피가 섞여 나오는 수도 있다. [출처: 국립국어원 표준국어대사전]

강직성 척추염이란?

척추에 생긴 염증으로 인해 관절 및 인대가 서서히 굳어져 구부릴 수 없게 되는 만성질환이다.
[출처: 문화체육관광부 국립국어원 우리말샘]

김○필 씨는 지적장애로, 노래를 좋아하고 춤도 잘 추며 흥이 많은 분입니다. 지나가는 모든 분에게 관심이 많아 인사를 참 잘합니다. 말씀이 많아 조금 힘들 때도 있지만, 상황에 맞는 표현으로 인하여 웃음을 주기도 하는 김○필 씨. 김○필 씨는 위암과 강직성 척추염으로 ○○란스병원에 정기적으로 진료를 다니고 있습니다.

처음 김○필 씨에게 이상 소견이 확인된 것은 35세(2012년) 건강검진을 통해서였습니다. 건강검진 결과 헤모글로빈 수치가 5.8로, 심한 빈혈이 확인되었습니다. 당시 서○병원 내과에서는 "이 정도 빈혈이면 위내시경/대장내시경 검사를 해봐야 하지만, 지적장애인으로 협조가 힘들어 검사가 힘들 수 있다"며 우선은 철결핍성 만성 빈혈에 대해 빈혈약 치료부터 해보자고 하였습니다. 빈혈약을 꾸준히 복용하기 시작하자 37세(2014년) 건강검진에서는 헤모글로빈 수치가 13으로 좋아진 소견이 확인되었습니다.

하지만 38세(2015년) 가을, 서○병원 혈액검사 결과 헤모글로빈 수치가 6.9로 떨어져 있는 소견이 다시 확인되었습니다. 이번에는 ○○란스병원 응급실을 방문하여 위나 장의 출혈이 의심된다는 소견에 따라 위/대장내시경 검사를 하였고, 오랫동안 미뤘던 위내시경 검사를 받은 결과 위암으로 진단되어 그해 겨울 복강경 위아전 절제술을 받았습니다.

김○필 씨는 종종 관절의 통증도 호소하였습니다. 36세(2013년)에 좌측 대퇴부 통증이 1개월 이상 지속되어 정형외과 진료를 받은 적이 있고, 그해 여름에는 고개를 돌리지 못하고 어깨의 부자연스러운 경직이 관찰되어 정형외과 진료를 받았습니다. 당시 엑스레이 촬영 결과 어깨뼈에는 이상이 없으나 강직성 척추염을 의심할 수도 있다는 소견이 있었습니다. 간간이 여러 관절의 통증을 호소하던 김○필 씨는 결국, 41세(2018년)에 강직성 척추염을 확진할 수 있는 유전자 검사를 받고 확진을 받았습니다.

결과적으로 김○필씨는 위암 진단을 받고 수술을 통해 완치가 되었고, 강직성 척추염도 진단받아 주 1회 주사치료를 잘 받고 있는 중입니다만, 조금 더 진단이 늦어졌으면 어땠을까 아찔할 때가 많습니다. 돌이켜 보면 '위장관 출혈을 의심할 수 있는 상황이기는 하지만 위내시경/대장내시경에 협조가 잘 되지 않을 것 같으니 미루자'는 이야기에도, '강직성 척추염을 의심할 수는 있는 상황이지만 유전자 검사에 본인이 동의하기 힘든 상황이니 정 필요할 때까지는 검사를 미루자'는 이야기에도, "필요한 검사라면 미루지 말고 지금 하자"고 강하게 이야기해 줄 사람이 필요했습니다. 증상이 있을 때 진료를 받고 검사를 받는 것이 문제가 아니라, 그 검사 결과를 종합하여 앞으로 무엇을 할 것인지 방향을 잡아가는 것이 주치의의 역할인데, 그 주치의 역할을 할 촉탁의가 그 기간 동안 없었던 것이 김○필 씨의 진료 과정에서는 많이 아쉬운 부분입니다. 발달장애인도 꼭 해야 하는 검사는 절대 미루지 않고 받아야 한다는 사실, 어떤 의학적인 의사결정을 내려야 할 때 입주자를 대리하여 같이 판단해 줄 주치의가 필요하다는 사실은 꼭 기억해야 할 부분입니다.

현재 김○필 씨는 위를 절제한 후 영양관리를 지원받고 있고, 척추의 통증 조절을 위한 운동관리를 받고 있습니다. 물리치료도 정기적으로 받고 생활실에서는 바른 자세로 앉기를 실천하고, 누울 때 목에 알맞은 베개로 잘 받쳐질 수 있도록 지원하고 있습니다. 서울○○병원 재활의학과에서는 앞으로 강직성 척추염이 조금씩 더 심해질 수 있다고도 이야기합니다. 물리치료와 염증 수치가 잘 조절되어 더 진행되지 않고 현재 상태를 유지할 수 있었으면 좋겠습니다. 아무쪼록 지금 상태를 잘 유지하여 더 나빠지지 않기를 기대하며 지원하고 있습니다.

2024년 김○필 씨는 위암 수술로 인해 한 끼에 많이 드시지 못하기도 하고, 배고픔을 자주 느껴 조금씩 자주 드실 수 있도록 지원하고 있습니다. 건강을 위해 소화와 흡수를 생각하여 잡곡밥 대신 흰쌀밥으로 식사하고 있으며, 특별히 더 먹고 싶은 반찬이 있다고 표현하시는 날에는 집 인근 반찬 가게에서 먹고 싶은 반찬을 직접 구입하여 드시기도 합니다. 특히 젓갈류를 선호하시는데, 너무 짜거나 자극적으로 드시게 되면 건강에 좋지 않음을 이해하실 수 있게 천천히 설명해드리고 있습니다. 식사할 때 잘게 잘라 속에 부담이 되지 않도록 조금씩 드시도록 전달하면 "맛있게 먹을게요."라고 표현하면서 잘 드시는 모습을 보입니다. "입이 심심한데" 라는 표현을 자주 하여, 간식거리로 단백질 음료와 단백질 바의 종류들을 보여드린 후 먹고 싶다고 표현하는 고단백 간식을 구입하여 드시도록 합니다. 수술 이후 정기적으로 ○○란스병원 류마티스 내과와 소화기내과에서 피검사, 엑스레이 촬영, 수면 위내시경을 검사하며 염증 수치와 당뇨 수치 등을 확인하고 있습니다. 또한 서울○○병원 재활의학과에서도 어깨 각도,

척추 관리 등 정기적으로 진료받으며 생활하고 계십니다.

강직성 척추염은 2013년 고관절의 통증으로 시작하여 2018년 척추후만증 악화, 유전자 검사 후 확진되었고, 2019년 3월~7월 강직성척추염 약 복용, 2019년 7월부터 현재(2025년)는 휴미라주 40mg/0.4mL 피하주사를 격주 간격으로 투여하고 있습니다. 또 뼈와 뼈가 붙어서 허리 요추부에 유연성이 없고 강직성 척추염 때문에 굽는 것이 점점 심해질 수 있으므로, 진행을 늦추기 위해 원내에서는 물리치료 주 2회 진행하고 있습니다. 그리고 생활실 내 지원으로 바른 자세로 앉아 있기, 경추 베개 사용, 엎드려 팔 벌린 자세, 엎드린 채 손등으로 이마 받치는 자세, 벽에 기대어 어깨 펴는 자세 등을 지원하고 있습니다.

2. 김○필 씨를 소개합니다.

나에게 중요한 것들

- 많은 사람과 함께하고 싶어요.
- 옛날 가요와 신나는 노래를 들으며 흥얼거리며 따라 하는 것과 트로트 메들리가 좋아요. 음악에 맞춰 춤추는 것도 좋아요
- 자주 말을 걸어주고 나와 시간을 함께 해 주는 게 좋아요.
- 쥐포와 육포 등 입이 심심하지 않게 씹는 것들이 좋아요.
- 딱딱하지만 않으면 과자는 다 좋아요.
- 점선을 따라 글씨 쓰기 하는 것도 좋아요.
- 설거지 담당일 때 흥이 나요.
- 직원과 약속한 시간을 확인받고 싶어요.
- 칭찬을 듣고 싶어요.
- 매일 외출하고 싶어요.
- 밖에 나가서 많은 것을 보고 구경하고 싶어요

사람들이 좋아하는 나의 장점

- 인사를 잘해요.
- 마농의 샘처럼 흥이 마르지 않아요.
- 활동적이고, 하고 싶은 것과 호기심이 많아요.
- 원하는 것을 분명하게 이야기해요.
- 물건 정리를 잘합니다.

나를 지원하는 최상의 방법

- 하고 싶은 말이 많아요, 같은 말을 반복하고 있을 때가 있어요.
  (* 같은 말을 하고 있다고 해주세요.)
- 함께 하는 것을 좋아해요.
  (* 이거 하고 있어요, 보다 "이거 같이 할까요?"가 좋아요.)
- 심심하면 옷을 찢을 때가 있어요.
  (* 여러 가지 할 것을 지원해 주세요.)
- 칭찬하면 흥이 넘쳐요.
  (* 잘한 일을 되짚어주며 칭찬하기, 잘하고 있다고 할 수 있다고 격려하기)
- 매운 것을 잘 못 먹어요.
- 딱딱한 고기는 먹기 싫어요.
- 연하고 맛있는 고기를 쌈과 먹는 것이 좋아요.
- 설거지하는 것을 좋아해요.
- 가끔 남의 방 옷장에 관심을 가질 때가 있어요. 그럴 때는 잘못한 것을 이야기해 주세요.
- 쥐포나 육포 등의 간식이 계속 먹고 싶어요.

나를 지원하는 사람이 갖춰야 할 특성

- 제가 하는 행동에 쉽게 지치지 않는 한결같음이 필요해요.
- 무엇보다 저를 잘 이해해 주었으면 해요.
- 옆에서 함께 걸어주었으면 해요.
- 잘못한 일에 대해서는 정확하게 알려주세요.

3. 사례 진행에 따른 변화

35세(2012년) 건강검진 결과 헤모글로빈 수치 5.8로 서○병원 내과 진료 연계

38세(2015. 9.) 서○병원 피검사 결과 헤모글로빈 6.9로 떨어져 있어 ○○란스 병원 응급실 방문
⟶ 출혈 의심 소견, 저체중으로 검사 시행
⟶ 조직검사 결과 위암 진단 ⟶ 복강경위아전절제술 받음

매년 위내시경 검사, 엑스레이 촬영하여 추적관찰

36세(2013. 1.) 좌측 대퇴부 통증이 1개월 이상 지속되어 정형외과 진료
⟶ 고관절 머리 부분의 이상 소견

36세(2013. 6.) 고개를 돌리지 못하고 어깨 부자연스러워 보여 가○릭 정형외과 진료
⟶ 강직성 척추염 의심

41세(2018. 10.) 척추후만증 심해져 서울○○병원 진료
⟶ 엑스레이 촬영 결과 강직성척추염 의심⟶ 피검사(유전자 검사) 결과 양성으로 진단

서울○○병원에서 약물 복용하였으나 통증 지속. 3차 병원 진료 권유

42세(2019. 3.) ○○란스병원 류마티스 내과로 전원하여 약물 복용
4월부터는 격주 간격으로 휴미라주 주사를 맞음

휴미라주 주사를 맞으면서 염증 수치도 정상으로 체크되어 약물은 중단하고 주사만 맞게 되었으며 상태 호전

- 경과 관찰을 위해 정기적으로 3개월마다 진료와 검사를 하여 염증 수치를 확인
- 통증 예방을 위해 자세, 운동 관리/물리치료
- 6개월마다 서울○○병원에서 척추 각도를 측정하여 결과를 토대로 지원
- 바른 자세 앉아 있기, 상체 올리며 펴는 자세, 엎드린 상태에서 손등으로 이마를 받치는 자세, 누울 때 목에 알맞은 베개로 잘 받쳐줄 수 있도록 지원

4. 다학제적 지원

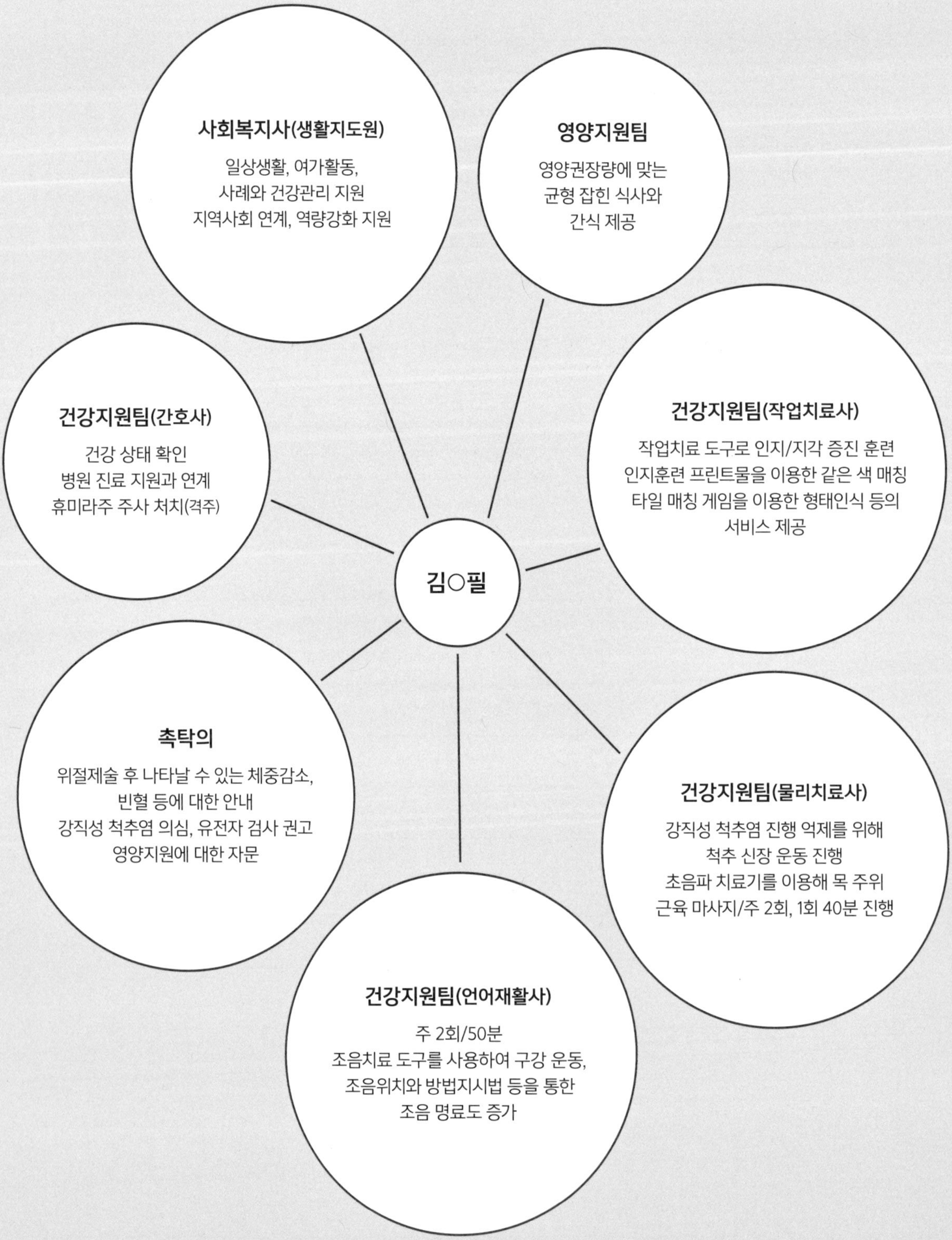
김○필
사회복지사(생활지도원)
일상생활, 여가활동,
사례와 건강관리 지원
지역사회 연계, 역량강화 지원
영양지원팀
영양권장량에 맞는
균형 잡힌 식사와
간식 제공
건강지원팀(간호사)
건강 상태 확인
병원 진료 지원과 연계
휴미라주 주사 처치(격주)
건강지원팀(작업치료사)
작업치료 도구로 인지/지각 증진 훈련
인지훈련 프린트물을 이용한 같은 색 매칭
타일 매칭 게임을 이용한 형태인식 등의
서비스 제공
촉탁의
위절제술 후 나타날 수 있는 체중감소,
빈혈 등에 대한 안내
강직성 척추염 의심, 유전자 검사 권고
영양지원에 대한 자문
건강지원팀(물리치료사)
강직성 척추염 진행 억제를 위해
척추 신장 운동 진행
초음파 치료기를 이용해 목 주위
근육 마사지/주 2회, 1회 40분 진행
건강지원팀(언어재활사)
주 2회/50분
조음치료 도구를 사용하여 구강 운동,
조음위치와 방법지시법 등을 통한
조음 명료도 증가

5. 김○필 씨 의료사례회의

2018년 제10차 의료사례회의 (10. 17.)

<table>
<tr><th>작성자</th><td colspan="5">박성신 사회복지사</td></tr>
<tr><th>성명</th><td>김○필</td><th>성별</th><td>남</td><th>나이</th><td>42세</td></tr>
<tr><th>장애유형과 등급</th><td>지적 2급</td><th>신장</th><td>167.3cm</td><th>체중</th><td>47.7 kg</td></tr>
<tr><th>해결할 사항</th><td colspan="5">5월~6월은 평균적으로 52~54kg 유지하였으나 6/30 52.3kg, 7/16 51.2kg, 8/1 52.4kg, 8/4 52kg, 8/12 51.9kg, 8/18 50.8kg, 8/25 50.7kg, 9/1 51.5kg, 9/8 49kg, 9/15 48.5kg, 9/22 47.7kg, 9/29 47.7kg, 10/47.8kg, 10/6 48.4kg, 10/12 47.7kg 체중감소로 입주자의 건강과 정상체중을 위해 해결하고자 함</td></tr>
<tr><th>간호사 지원</th><td colspan="5">1. 현재 건강상태. 보통

2. 의료 서비스지원 사항
2-1. 2018. 8월.16일 건강검진 시 추가 검사하여 갑상선 기능 저하증으로 약복용 중임
- TSH(뇌하수체 갑상선자극 호르몬) 검사
정상범위: 0.55uIU/mL~4.78uIU/mL, 검사결과: 11.516uIU/mL 높음
- FREE T4(자가면역 갑상선호르몬) 검사
정상범위: 0.89ng/dL~1.76ng/dL, 검사결과 : 0.77ng
- TSH 수치 11,516 높고 , FREE T4 수치 0.77 낮아 갑상선 기능저하증 약 복용: 씬지로이드 0.05mg 1정 아침 식전 30분 복용

2-2. 행동장애 약 2015. 12.02 초기 위암 수술 후 마취에서 깨어나 큰소리치고 소변 줄 수액 줄 뽑으려고 하여 다인 실 환자들에게 피해를 주어 1인실로 이동하여 정신의학과와 협진하여 행동장애 약 복용함
- 자기전약: 데코트서방정 500mg 1정, 쎄로켈정 200mg 1정
듀비록스정 50mg 1정, 쎄로켈정 200mg 1정
- 아침약: 데파코트서방정 250mg 1정, 쎄로켈정 100 mg 1정
- 장운동약 1일3회 30일분 한국유나이티드산화마그네슘정 250mg 1정
- 저녁약: 데파코트서방정 500mg 1정, 쎄로켈정 200mg 1정
듀바록스정 50mg 1정 쎄로켈정 200mg 1정</td></tr>
<tr><th rowspan="2">영역별 지원</th><td>사례관리자
(일상생활)</td><td colspan="4">- 매주 수요일 노래교실p/g
- 매일 20분 바른 자세 교정
- 산책, 개별외출 진행
- 10/6 체중 감소로 영양 간식 무스웰(고단백), 미니웰 지원</td></tr>
<tr><td>물리치료사</td><td colspan="4">- 대상자 척추후만증으로 자세 교정을 위한 운동(바로 누운 자세에서 허리를 바닥에 닿게 하며 엉덩이를 들어올리기, 두 다리를 천천히 구부렸다 펴기, 손으로 두 다리를 잡고 배에 대기, 번갈아 가면서 한 다리씩 구부리기, 두 다리를 옆으로 벌렸다 오므리기, 발바닥을 반대편 무릎에 올려놓기, 한 다리씩 뻗어 올리기, 엎드려 누운 자세에서 머리 들어올리기 ——> 각 동작마다 20회 반복) 실시함
- 물리치료실 내에 있는 견인 치료기를 이용하여 견인력 22kg, 20초 홀드, 10초 레스트 셋팅으로 30분간 견인 치료함</td></tr>
</table>

영역별 지원	언어재활사	대상자의 언어발달 연령 증진을 위해 사물의 명칭과 기능, 범주어, 모양, 색깔, 수 개념 이해하기와 표현하기와 문제해결 능력, 어휘력 증진 등의 활동을 실시함. 대상자의 경우 언어문제 해결력검사 결과 원인 이유 능력이 평균(+1SD)임
	작업치료사	- 지속적 주의 증가를 위한 같은 소리 나는 큐브 찾기, 그림 연결 도미노 등, 인지·지각 증진 훈련 실시함. - S○CL 공모프로그램을 통해 지원받은 작업치료 도구를 통해 8월 6일부터 10월 11일까지 서비스지원을 하였으며, MMSE-K 평가 30점 만점 중, 적용 전 6점에서 적용 후 10점으로 4점 향상되었으며, 3단계 명령 부분에서 3점 만점 중 3점 획득함
	영양사	- 영양권장량에 맞는 균형 잡힌 식사와 간식제공 - 체중 증가 또는 유지를 위해 식사량 증가
지원내용	- 촉탁의 선생님이 정해주신 체크리스트를 받아서 시립○○병원에서 검사 진행 - 서울○○병원 진료 시 강직성 척추염 유전적 소인이 있음을 알리기 - 무스웰과 미니웰 계속 복용	
촉탁의 의견	- 위암 수술 후 3년이 지나서 비타민 C,D등 부족해질 수 있는 시기이며 갑상선호르몬 수치 체크가 필요함. - 검사일 약복용 하지 않고 혈액검사를 통해서 비타민 등 확인한 후 약 복용 - 서울○○병원 검진 시 강직성 척추염 유전적 소인이 있음을 알려주기 바람	

2021년 제5차 의료사례회의 (6. 16.)

주제	체중 증량과 질병관리 대한 지원 방법	작성자	김○준 사회복지사 성○혜 간호사
질병력	- 2012. 7. ~ 2012. 12. 골다공증약 복용(보○소) - 2012. 11. ~ 2014. 12. 빈혈약 복용(서○병원) - 2015. 9. ~ 현재. 정신과 약물 복용(○○란스병원) - 2015. 12. 위암 수술(○○란스병원) - 2018. 8.~현재. 갑상선 기능저하증 약 복용(서○병원) - 2019. 3. ~ 2019. 7. 강직성 척추염 약 복용(○○란스병원) - 2019. 7. ~ 현재. 강직성 척추염 주사 투여(○○란스병원) - 2019. 5. ~ 2019. 12. 빈혈약 복용(서○병원)	2021.5.26. 인바디 측정 결과 키: 166.6cm 체중: 47.8kg BMI(18.5~23): 17.22 ⟶ 남성 상위 5%의 저체중 비만도(-10~+10): -25% 혈압: 95/72mmHg 맥박: 92회	
복용약	갑상선 기능저하증 <서○내과> - 아침식전: 씬지로이드0.05mg 1알 엽산, 비타민B제 <서○내과> - 아침: 신일폴산 1알 정신과 약물 <살림의원 가정의학과> - 저녁: 데파코트 750mg,쿠에타핀 150mg 강직성 척추염 <○○란스 류마티스내과> - 격주 화요일: 휴미라주 40mg/0.4ml (원내 피하주사 투여)	체중 변화 (적정체중 52~55kg) 1월: 48.5kg ⟶ 4월: 47.0kg ⟶ 5월: 47.8kg ⟶ 6월: 48.6kg	

<table>
<tr><th></th><th>간호영역</th><th>생활영역</th></tr>
<tr><td>진료내용과 생활관찰</td><td>
갑상선 기능저하증
- 2021. 4. 5 <서○병원 내과>
혈액검사 결과 갑상선 수치 정상, 빈혈 수치도 괜찮으나, 위암 수술로 위에서 영양분 흡수가 잘 되지 않을 수 있어 영양제(비타민B,엽산제제) 추가 처방 받아 복용 시작함. 갑상선 기능 저하증은 약을 오래 복용하여 안정화 단계라고 함. 정기적으로 6개월 간격 혈액검사와 진료 중임
- 2021. 5. 28 <살림의원 혈액검사>
:TSH 3.23으로 갑상선 기능검사 정상
⟶ 최근의 체중 저하는 갑상선 기능 이상으로 인한 것이 아님. 면밀하게 체중 변화 관찰 필요함

강직성 척추염
- 2021. 6. 4. <○○란스 류마티스내과>
관절의 움직임에 불편감이나 통증에 대해 김○필 씨가 아픈 데 없다고 대답함. 혈액검사 상 염증 수치 정상으로 관리가 잘 되고 있음. 관절 외 증상으로 안구에 포도막염이 올 수 있기 때문에 갑자기 뿌옇게 안 보이는 증상이 생기지 않는지 관찰 필요하다고 함. 현재 주사 치료 중인 휴미라주가 포도막염 예방에 탁월한 효과가 있으므로 안과 정기 검진까지는 필요하지 않고, 혹시나 급격한 시력 저하가 있으면 내원 필요함. 정기적으로 3개월 간격 혈액검사와 진료 중임

- 2021. 6. 10. <서울○○병원>
척추 각도 문의: 척추 82도의 흉추 후만증임. 뼈가 붙어서 유연성이 없는 건 허리 요추부에 많고 강직성 척추염 때문에 굽는 것은 점점 심해질 수 있음. 엎드렸다가 상체 올리며 펴는 자세를 하루에 몇 번 씩 실천하면 좋고, 누울 때 목에 알맞은 베개로 잘 받쳐주길 권장

위암 수술 후 관리
<○○란스 위장관외과 ⟶ 암예방센터>
2020. 11. 11. 9:30 채혈, X-ray 촬영 진행
9:45 상복부 위내시경, 복부 CT 진행
:위내시경, CT 검사 판독 결과 암 재발에 대한 특이 소견이 없었으며, 복막전이에 대한 특이 소견도 보이지 않음 혈액검사에서도 특이 소견 관찰되지 않음. 산정특례(암) 혜택이 5년 경과로 만료되어, 암센터 위장관외과 진료 종료되고, 암예방센터에서 1년 간격 정기 검사와 정기진료가 진행될 예정임
</td><td>
* 일상생활 지원

1. 수면
21시~22시 30분경 취침
(잠귀가 밝아서인지, 예민해서인지, 강직성 척추염으 로 인한 통증이나 불편감 때문인지 나이트 직원 라운딩 때에 잘 깨거나 자는 척하는 모습이 보여, 실제 누워 있는 시간이 순수 수면시간인지 아닌지 수면시간을 정확히 예측할 수 없음)

2. 운동 지원
1) 1일 1회 산책을 지원
2) 기상악화 또는 산책 불가 시 러닝머신을 이용하여 지원
3) 척추 신장 운동을 주 2회 이상 지원
4) 매주 수요일 뉴아름빌에서 물리치료(척추신장 운동) 지원

3. 영양지원
1) 조식 전에 두유를 지원
2) 선호하는 반찬 구입으로 식사 시 지원
3) 월 2~3회 이상 쌈 채소와 육류를 따로 간식 등으로 지원
4) 미니무스웰(건강보조식) 하루 3회 이상 지원
5) 기타 육포, 어포, 계란 등을 드실 수 있도록 지원
6) 식사 시 땀을 과도하게 흘리는 모습 관찰됨
</td></tr>
<tr><td>논의사항</td><td colspan="2">
1. 체중 관리
- 적정 체중인 52kg~55kg보다 적지만 위절제술을 한 사례로 볼 때 일반적인 사례 군에 속하는 것인지?
- 집중적인 지원(음식 섭취)에도 체중 증량이 되지 않는데, 증량의 필요성과 현 체중을 유지해도 되는지?
- 체중이 현재의 지원으로 충분하지 않다면 도움이 되는 영양제 복용이나 운동(살 빠지지 않고 튼튼해지는 운동은?) 등 체중 증량을 위한 어떤 노력이 더 필요할지?

2. 질병 관리
- 골다공증약과 빈혈약을 복용했던 적이 있고, 현재 강직성 척추염, 갑상선 기능 저하증을 동시에 앓고 있는데, 통증 예방관리, 수면관리, 운동관리, 자세관리, 영양관리 등 구체적으로 개선하거나 더 필요한 지원은?
- 위암 과거력이 있는데 살찌기 위해 선호하는 음식(매운 것 좋아하고 빨리 먹는 식습관도 있음) 무엇이나 가리지 않고 제공해도 되는지?
</td></tr>
</table>

<table>
<tr><th>주제</th><th>체중 증량과 질병 관리에 대한 지원 방법 논의</th></tr>
<tr><td>결정 사항</td><td>1. 위절제를 하면 무조건 살이 빠지며, 현재 식사량 충분하여 현재 체중 미달이 식이 부족 때문은 아님
오히려 체중이 늘어나면 강직성 척추염 때문에 허리에 무리가 됨으로 현재 체중 유지(48kg 전후)
2. 영양분 지원도 충분함. 더이상 공급해도 흡수되지 않을 것임. 현재 지원 유지
3. 운동으로도 근력이 늘지 않는 체질임. 유연성 운동, 관절 가동성 운동을 지원하기로 함
4. 헬리코박터균 치료를 했으므로 맵고 짠 음식이 단독으로 위궤양을 일으키지는 않기에 가끔 특식으로 본인이 원하는 매운 음식을 제공하기로 함. 너무 짠 음식, 양파, 마늘 등은 좋지 않음
5. 경추베개 구입하여 경추커브 유지하기로 함.(C자형 너무 높지 않게)
6. 바로 누워서 자는 자세를 권장하나 이미 옆으로 자는 자세가 굳어져서 잘 안된다면 낮은 베개 베고 고개를 돌리고 엎드려서 자는 자세 권장(스트레칭 효과)
7. 근육 신장을 위해 산책 시 군인처럼 팔다리에 힘을 줘서 걷도록
8. 소파에 퍼질러 있는 자세 지양하고 일반의자에 허리를 붙이고 있는 자세로 휴식하도록
9. 중력 줄이고 편하게 할 수 있는 가장 좋은 운동인 수영은 코로나 완화되면 논의해 보기로 함</td></tr>
<tr><td>진행 사항</td><td>1. 영양지원
- 현재 식사량 유지하면서 식사 지원함
- 고단백 무스웰 아침, 점심, 저녁 3회 제공과 수시로 간식처럼 섭취하고 있음
- 아침 기상 시 식사하기 힘들 때 두유 제공
- 한○야○○트 프로틴 코드 야쿠르트 음료 2일 1회 음용
- 개인 자산으로 선호하는 반찬 구입 지원(젓갈, 장아찌 종류의 반찬은 주 3회 정도로 제한 지원)
2. 수면
- 취침 시 현재 낮은 베개 사용 중으로 옆으로 누워 취침하는 경우, 바로 누워 취침할 수 있도록 지원
- 낮은 베개 사용 중이나 추후 경추베개 구입 예정
- 라텍스 매트리스 구입 예정
3. 운동 지원
- 물리치료 주 1회
- 척추신장 운동 주 2회 지원
- 산책 주 2회 이상, 스트레칭 운동 일 1회 지원</td></tr>
</table>

2023년 제2차 의료사례회의 사례(3. 23.)

<table>
<tr><th>질환명</th><th colspan="3">강직성 척추염</th></tr>
<tr><th>주제</th><td>강직성 척추염 학습과 지원 방향</td><th>작성자</th><td>김정애 간호사
박현주 사회복지사</td></tr>
<tr><th colspan="2">간호영역</th><th colspan="2">생활영역</th></tr>
<tr><td colspan="2">- 2018. 10. 17. 척추측만증이 심해 서울○○병원 재활의학과 진료. 엑스레이 촬영 결과 강직성 척추염 의심으로 피검사 처방
- 2018. 10. 18. 피검사 함(척추 유전자 검사)
- 2018. 10. 25. 피검사. 강직성 척추염으로 진단. 약 처방
아침, 저녁: 쎄레브렉스캅셀 1알, 시메티딘정 1알
- 2019. 2. 27. 통증 심해 약물 추가
아침, 저녁: 사라조피린EN정 1알
3차 병원 류마티스내과 진료 권유
- 2019. 3. 4. ○○란스병원 류마티스내과 진료
척추 엑스레이촬영, 골밀도검사, 피검사 함
- 2019. 3. 22. 척추 엑스레이 촬영. 강직성 척추염 확진.
피검사, 항체 검사, 소변검사 결과 염증 수치 높음
희귀, 중증 난치성 산정 특례 등록</td><td colspan="2">1. 일상생활
- 자세 교정 : 주 1~2회 30분 지원
평소 걸을 때 등을 구부린 자세를 보여 등을 펴고 걸을 수 있도록 안내하고는 있으나 등을 잘 펴지 않을 때가 많음. 누웠다 일어날 때 바로 일어나지 못하고 허리를 잡으며 천천히 일어나는 모습을 보이며 "아파요" "안 아파요"라고 가끔 표현하는 것으로 보아 약간의 통증이 있는 것으로 추측됨. 물리치료 시간에 지원하는 자세 교정을 지원하고 있음
- ○○재활체육센터 특수체육활동 주 2회
- ○○재활체육센터 건강증진 프로그램 주 1회 참여
- 주 3회 이상 인근 산책 지원함</td></tr>
</table>

<table>
<tr>
<td>

- 2019. 4. 12. 염증 수치 검사 결과
CRP 52(참고치 0-8) ESR 50(참고치 0-15)
휴미라주 주사 처치와 주사제 처방(2주에 1회)
- 2019. 5. 10. 피검사. CRP, ESR 수치 경계선까지 감소함
- 2019. 6. 7. 염증 수치(백혈구수 참고치 4.0-10.8) 4.36 정상
- 2019. 7. 5. 상태 좋아져 복용 약 중단
2주 간격으로 휴미라주 주사 처치 유지
- 2019. 8. 30. 통증 조절 잘 유지되고 있어 한 달 간격 내원에서 3달 간격으로 변경
- 2021. 9. 9. 발열로 은평○○병원 진료
피검사 결과 염증 수치 9.4(정상 수치 0.5)
소변검사에서도 염증 있다고 함
진료 시 복통 호소로 장염 의심 진단받아 약 처방
- 2021. 9. 10.
14:20 체온 38.2도 해열제 복용과 냉찜질
20:30 체온 38.2도 해열제 복용과 냉찜질
- 2021. 9. 11.
05:00 체온 38.6도 해열제 복용
06:00 체온 37.5도 이후 정상체온
은평○○병원 진료. 피검사 진행함
염증 수치 9.4->18로 높아져 입원 권유
15:57 ○○란스 병원 응급의학과 내원
18:00 피검사, CT촬영
22:04 수액, 해열제 투여 후 38도->37.1도 체크
23:08 CT결과 신우신염으로 진단. 약 처방
- 2021. 9. 17. ○○란스 병원 감염내과 진료
소변검사, 피검사 함. 소변검사 결과 특이소견 없음. 피검사 결과 염증 수치 10.8로 체크(정상 0-8)
항생제 약 처방. 정상체온 유지와 다른 증상 없으면 종결
- 2022. 10. 21. 류마티스내과 정기진료
2022. 10. 8. 골밀도검사 결과 특이소견 없음
피검사 결과 염증 수치는 괜찮으나 혈당(식전수치 124) 높아 관리 필요함
- 2023. 1. 13. 정기진료
피검사 결과 염증 수치 괜찮음
휴미라주 6개 처방(격주 화요일마다 주사 처치)
- 2023. 4. 7. 피검사 후 진료 예정

</td>
<td>

2. 건강생활

- 수면 : 취침 22:00~23:30 / 기상 06:30~07:00
간헐적으로 밤에 숙면을 취하지 못하고 자주 깨는 편임
- 숙면을 위해 돌침대에 두꺼운 패드를 깔고 경추베개 사용하고 있음
- 영양지원 : 마트에서 소고기, 과일 등 좋아하는 간식을 수시로 구입해 제공하며, 무스웰 영양보조식품 1일 2회, 단백질 음료 1일 1회 제공하고 있음
- 주 1회 물리치료 지원

3. 여가와 직업

- 주 1회~2회 피플○○트서울센터 취업과 동료 상담 참여
- 월 1회 은평○○IL센터 노래 교실 참여

</td>
</tr>
<tr>
<td>

결정 사항

</td>
<td>

- 취침 전과 아침에 일어나 스트레칭 지원 필요
- 스트레칭은 루틴을 정해서 항상 같은 시간만큼 순서대로 진행
(가능하면 유튜브 영상 시청으로 시간과 순서 맞추기)
- 열이 나면 생각보다 염증 심할 수 있음 (생물학적 제제 사용으로 염증반응 차단)
- 고열 시 응급실 내원 필요
- 야외 활동을 하면 할수록 좋음
- 예방접종 추가 권유
대상포진 유전자재조합백신: 2회(싱그릭스)
폐렴구균 13가 단백결합 백신: 1회(프리베라)
독감 접종 시 2배 용량 ⟶ 굳이 하지 않아도 될 것으로 보임(주치의)

</td>
</tr>
</table>

2024년 제3차 의료사례회의 사례(4. 24.)

주제	입주자 건강지원 방향 (자립지원팀)	작성자	김정애 간호사, 김○준 사회복지사 추혜인 촉탁의

■생활영역

1. 주간 일정

<table>
<tr><th></th><th>월</th><th>화</th><th>수</th><th>목</th><th>금</th><th>토</th><th>일</th></tr>
<tr><td rowspan="2">오전</td><td colspan="5">07:00~08:00 아침 식사와 약 복용, 개인위생</td><td colspan="2" rowspan="2">07:00~08:00
아침 식사와
약 복용. 개인위생 지원
08:00~12:00
개인 여가생활
(TV 시청, 차 마시기 등)</td></tr>
<tr><td>09:00~12:00
한○건설
장애 예술인
매칭사업(그림)
재택근무</td><td>09:00~12:00
한○건설
장애 예술인
매칭사업(그림)
재택근무
10:00~10:50
특수체육활동
(○○재활체육센터)</td><td>09:00~12:00
한○건설
장애 예술인 매
칭사업(그림)
재택근무
10:00~11:30
노래교실
(우리○○○복지관)</td><td>09:00~12:00
한○건설
장애 예술인 매칭
사업(그림)
재택근무
10:00~10:50
특수체육활동
(○○재활체육센터)</td><td>09:00~12:00
한○건설
장애 예술인
매칭사업(그림)
재택근무
10:00~10:50
건강증진프로그램
(○○재활체육센터)</td></tr>
<tr><td rowspan="2">오후</td><td>15:00~15:50
물리치료
(뉴아름빌)</td><td>14:00~16:00
아크릴 그림
(○○재활
체육센터)</td><td>15:00~16:00
토탈공예
(공방)</td><td>15:00~15:50
물리치료
(뉴아름빌)</td><td>13:00~17:00
개인 여가활동
(TV 보기, 패션잡지
스크랩, 보석십자수,
걷기운동 등)</td><td colspan="2">12:00~13:00
점심 식사와 개인위생
13:00~17:00
개인 여가활동
(TV시청, 패션잡지 스크랩,
보석십자수, 걷기운동 등)</td></tr>
<tr><td colspan="5">12:00~13:00 점심 식사와 개인위생
13:00~17:00 개인 여가활동
(TV 시청, 패션잡지 스크랩, 보석십자수, 걷기운동 등)
17:00~18:30 저녁 식사와 개인위생
18:30~22:00 개인 여가 활동(걷기 운동, TV 시청 등)
22:00~06:30 취침</td><td colspan="2">17:00~18:30
저녁 식사와 개인위생
18:30~22:00
개인 여가 활동(걷기 운동,
TV 시청 등)
19:30~20:00
입주자 자치회의 참여
22:00~06:30
취침</td></tr>
</table>

2. 일상생활 케어

<table>
<tr><th colspan="2">키/몸무게 166.1cm, 48kg</th></tr>
<tr><td>식사</td><td>- 소량으로 자주 음식을 섭취함
- 한식(고기류, 젓갈류 등)을 좋아함
- 좋아하지 않은 반찬을 버림.(나물류, 기름기 있는 반찬, 생선, 매운 음식 등)
- 흰쌀밥으로 섭취
- 먹고 싶은 반찬 구입하여 섭취(소불고기, 등심 등)</td></tr>
<tr><td rowspan="2">수면</td><td>- 23:00 ~ 06:30 취침함. 새벽에 화장실을 가거나 다른 홈으로 이동함
* 취침 중 새벽에 깸(일 1~2회 정도, 01~03시 사이 깸)/ 일찍 기상하는 경우 있음(4~5시 정도)</td></tr>
<tr><td>- 22:00 취침 ⟶ 07:30 기상(주말)</td></tr>
<tr><td>구강관리</td><td>- 양치를 스스로 할 수 있음(이 사이에 잔여 음식물이 보이지 않게 양치함)
- 치약을 과도하게 사용하여 지원 중임</td></tr>
<tr><td>배뇨
배변</td><td>- 배뇨, 배변 스스로 가능하나, 휴지에 집착하고 양 조절 못하여 지원 중임
- 화장실 사용 시 문을 개방하고 사용함</td></tr>
</table>

3. 여가생활
- TV 시청
- 보석 십자수 공예 활동(취미생활)
- 패션잡지 스크랩
- 특수 체육활동, 건강증진 프로그램 운동
- ○○장애인종합복지관 노래교실 참여
- 참○교회 종교활동
- 주 1회 토탈공예(외부 강사)

4. 케어 시 어려운 점이나 궁금한 점
- 흰쌀밥으로 지원 중인데 언제까지 지원해야 하는지 궁금함
- 음식과 간식을 소량으로 자주 섭취함. 평상시 배가 고픈지 먹고 싶어 하는 음식이 많음. 마른 저지방으로 간식 등을 원하는 만큼 지원해도 되는지 궁금함
- 식사 중 또는 조금만 움직이면 땀을 많이 흘리는데 건강에 이상이 없는지 궁금함
- 체중 빠지지 않고 유지하거나 늘리는 방법(식물성 단백질 음료, 고단백 영양갱 외)이 있는지 궁금함

■의료영역

과거력	강직성 척추염 - 2013년 고관절의 통증으로 시작 - 2018년 척추후만증 악화되어 유전자 검사 후 확진 - 현재 휴미라 주사 2주 → 3주 간격으로 주사 중 (2025-01-17) 위암 - 2012년부터 혈색소 수치의 감소 확인 : Hb 5.8 - 2015년 수면위내시경으로 위암 확진 후 수술 : 복강경 위아전절제술 ADHD, 행동장애 : 살림의원 정신건강의학과에서 약물 복용 중 골밀도의 감소: 골다공증 → 골감소증, 6개월마다 비타민D 주사 맞는 중 - 서울○○병원 검사: DXA L1~L4 T-score -1.0, Femur neck -1.8 (2025-04-16) 흉부촬영에서의 폐결핵 의심 소견 : CT 정상, 잠복결핵 검사 정상 갑상선 기능저하증 신우신염, 요도염 등 과거력 치과: 임플란트 수술 (2025. 3. 24.) 공복혈당의 상승: 당뇨전단계
복용약	<살림의원 가정의학과> 갑상선기능저하증 - 아침식전: 씬지로이드 0.05mg 1알 비타민B제 - 아침식후: 신일폴시드정 1mg 1알 무좀 - 아침식후: 티비에프 125mg 2알/주블리아외용액 10% (주1회) <살림의원 정신건강의학과> 정신과약물 - 아침 식후: 메디키넷리타드캡슐 5mg 1알, 아빌리파이 1mg 1알 - 취침전: 데파코트서방정 250mg 1알, 쿠에타핀 25mg 3알
이전 예방접종	대상포진 생백신 2022 폐렴구균 13가, 23가 2023 대상포진 싱그릭스 1, 2차 2023
예방접종	2025 절기 독감과 코로나 접종

우려되는 점	1. 위아전절제술 상태 - 빈혈, 저체중, 갑작스런 저혈당/고혈당이 모두 가능 - 단순당/정제당의 섭취를 줄이고, 복합 탄수화물의 섭취를 늘리도록 권유 - 혈당의 등락이 조절될 경우 행동장애/ADHD 증상도 호전될 가능성 있음 - 저탄수화물 고지방 식이 추천 : 체중이 높지 않아도 혈당의 등락이 높으므로 추천됨 2. 강직성 척추염 - 휴미라 주사 2주 간격으로 피하 주사 중 - ○○란스병원과 의논하여 주사약을 타와서 근처 의료기관에서 맞는 것도 방법임 3. 신우신염, 요도의 과거력 - 손으로 성기를 만지지 않도록 주의 필요

♣ 결정사항

- 흰쌀밥으로 지원 중인데 언제까지 지원해야 하는지 궁금함
- 소량으로 자주 음식과 간식을 섭취하고 있음. 평상시 배가 고픈지 먹고 싶어 하는 음식이 많음. 마른 저지방으로 간식 등을 원하는 만큼 지원해도 되는지 궁금함
- 식사 중 또는 조금만 움직이면 땀을 많이 흘리는데 건강에 이상이 없는지 궁금함
- 체중 빠지지 않고 유지하거나 늘리는 방법(식물성 단백질 음료, 고단백 영양갱 외)이 있는지 궁금함

> - 위 절제로 당뇨 발생 가능성 적어 흰쌀밥 그대로 유지해도 됨. 흰쌀밥 + 기름 권유
> - 위아전절제술 상태로 체중이 잘 늘지 않는 것이 정상임
> - 당분이 많이 함유된 음식을 섭취 시 혈당에 따라 기분, 흥분도 등락 폭 큼
> - 저탄고지- 혈당의 급속한 오름 예방, 체중 잘 유지, 필요한 만큼 체중 늘어날 수도 있음
> - 식은땀- 저혈당 증상임(위암 수술 후 나타나는 증상으로 저탄고지 식이 권유)
> - 당분이 많이 포함된 간식은 좋지 않으며 행동 변화 나타날 수 있음
> - 단백질, 지방이 함유된 간식 추천

2025년 제4차 의료사례회의 사례(5. 21.)

주제	입주자 건강지원 방향 (자립지원팀)	작성자	김정애 간호사, 박성신 사회복지사 추혜인 촉탁의

■생활영역

1. 주간 일정

<table>
<tr><th></th><th>월</th><th>화</th><th>수</th><th>목</th><th>금</th><th>토</th><th>일</th></tr>
<tr><td rowspan="2">오전</td><td colspan="5">07:00~08:00 아침 식사와 약 복용, 개인위생
08:00~09:00 여가생활</td><td colspan="2" rowspan="2">07:00~08:00
아침 식사와
약 복용. 개인위생 지원

08:00~12:00
개인 여가생활
(TV 시청, 그림책 보기, 차 마시기 등)</td></tr>
<tr><td>09:00~12:00
한○건설 장애 예술인 매칭사업(그림) 재택근무</td><td>09:00~12:00
한○건설 장애 예술인 매칭사업(그림) 재택 근무

10:00~10:50
특수체육활동
(○○재활체육센터)</td><td>09:00~12:00
한○건설 장애 예술인 매칭사업(그림) 재택 근무</td><td>09:00~12:00
한○건설 장애 예술인 매칭사업(그림) 재택 근무

10:00~10:50
특수체육활동
(○○재활체육센터)</td><td>09:00~12:00
한○건설 장애 예술인 매칭사업(그림) 재택 근무</td></tr>
</table>

<table>
<tr><th></th><th>월</th><th>화</th><th>수</th><th>목</th><th>금</th><th>토</th><th>일</th></tr>
<tr><td rowspan="2">오전</td><td colspan="5">12:00~13:00 점심 식사와 개인위생
13:00~17:00 개인 여가활동
(TV 시청, 그림책 보기, 산책, 자세 교정 운동 등)</td><td colspan="2" rowspan="2">07:00~08:00
아침 식사와
약 복용. 개인위생 지원

08:00~12:00
개인 여가생활
(TV 시청, 그림책 보기,
차 마시기 등)</td></tr>
<tr><td>15:00~15:50
물리치료
(뉴아름빌)</td><td>14:00~16:00
아크릴 그림
(○○재활체육
센터)</td><td>14:00~14:50
건강증진프로
그램(○○재활
체육센터)

19:00~20:00
훌라춤</td><td>15:00~15:50
물리치료
(뉴아름빌)</td><td>13:00~17:00
개인 여가활동
(TV 시청, 그림
책 보기, 산책, 자
세 교정 운동 등)</td></tr>
<tr><td></td><td colspan="5">17:00~18:30 저녁 식사와 개인위생, 근력운동
18:30~22:00 개인 여가 활동(자세 교정 운동, TV 시청, 그림책 보기 등)
22:00~06:50 취침</td><td colspan="2">17:00~18:30
저녁 식사와 개인위생

18:30~22:00
개인 여가 활동(자세교정운동, 근력운동, TV 시청, 그림책 보기 등)

19:30~20:00
입주자 자치회의 참여

22:00~06:50
취침</td></tr>
</table>

2. 일상생활 케어

키/몸무게 166.1cm, 48kg	
식사	- 소량으로 자주 음식을 섭취함 - 편식 있음(국에 들어간 두부, 매운 고기류, 생선, 매운 음식 등), 밥만 먹을 때도 있음 - 흰 쌀밥으로 섭취 - 저탄고지 식단으로 지원하고 있음(치킨, 단백질 음료, 단백질 바, 영양갱 등) - 식사 시 올리브 오일 한스푼 밥에 뿌려 섭취하고 있음
수면	- 평균 22:40~06:30 취침함. 새벽에 화장실을 가거나 다른 홈으로 이동하기도 함 - 4/21~4/26 스마트워치 수면시간 체크 중에 있음. - 가장 이른 기상시간 06:15, 가장 늦은 잠든 시간 00:07 - 주 평균 22:40 취침 ⟶ 06:30 기상
구강관리	- 양치를 10초 안으로 끝내므로, 조금 더 골고루 칫솔질 할 수 있도록 언어적 지원이 필요함 - 우측 위 앞어금니 부분 음식물이 껴 스스로 빼지 않아 치간칫솔 사용 권장하고 있음 - 좌측 아래 어금니 2개 임플란트 수술(2025. 3. 24.) - 더 ○마일치과에서 주기적으로 구강 관리함
배뇨 배변	- 배뇨, 배변 스스로 가능하나, 휴지를 과하게 사용하여 주의가 필요함 - 화장실 사용 시 문을 개방하고 사용하여 언어적 지원필요함

3. 여가생활

- TV 시청, 유튜브 노래영상 시청, 그림책 보기, 컬러링 북 색칠하기 등
- 주1회 코인노래방, 산책
- 주1회(화) 아크릴 수업(○○재활체육센터)

- 주3회(화,수,목) 특수체육활동(○○재활체육센터)
- 주1회(금) 공예활동(도○비공방)
- 월 3~4회 훌라춤
- 주1회 그림반 수업(서○장애인종합복지관) 참여하였으나 4월부터 중단, 지역사회 미술학원 지원예정
- 연 1~2회 소규모 여행
- 월 1회 정도 대중목욕탕 사우나 이용

4. 케어 시 어려운 점이나 궁금한 점

1) 새벽에 주 2~3회 깨어 타인의 방에 드나드는 행동, 새벽 시간 TV를 켜 시청하는 행동, 타인의 옷장에서 옷을 가져오는 행동 등 월 10회 정도 관찰되고 있음
2) ○부장애인종합복지관 그림반 수업시간에 잦은 화장실 이용, 소변이 마렵지 않을 때에도 화장실 이용한다는 이유를 대고 사무실을 들어가거나 다른반 활동실에 들어가려는 모습 보임
   - 그림반 수업시간에 화장실로 가서는, 전신 탈의 후 물비누를 몸에 바르고 씻으려는 모습 1회 보임
   - 참○교회 예배시간 화장실 이용하며 1회 탈의 후 샤워하려는 행동 보임
3) 샤워 시 성기의 과도한 자극으로 염증 증세 보여 비뇨기과 진료함
4) 1일 6회 잦은 샤워와, 주방 세제 등으로도 샤워하는 모습이 있어 주의가 필요함. 잦은 샤워로 피부가 건조해질 수 있고 샤워 시 성기 자극으로 상처나 염증 발생 위험이 있음. 샤워 횟수를 줄이기 위해 횟수를 김○필 씨와 1일 3회로 약속함. 일과표를 작성하여 루틴대로 샤워를 할 수 있도록 지원하지만 잘 지켜지지 않음

■의료영역

과거력	강직성 척추염 - 2013년 고관절의 통증으로 시작 - 2018년 척추후만증 악화되어 유전자 검사 후 확진 - 현재 휴미라 주사 2주 → 3주 간격으로 주사 중 (2025-01-17) 위암 - 2012년부터 혈색소 수치의 감소 확인 : Hb 5.8 - 2015년 수면위내시경으로 위암 확진 후 수술 : 복강경 위아전절제술 ADHD, 행동장애 : 살림의원 정신건강의학과에서 약물 복용 중 골밀도의 감소: 골다공증 → 골감소증, 6개월마다 비타민D 주사 맞는 중 - 서울○○병원 검사: DXA L1~L4 T-score -1.0, Femur neck -1.8 (2025-04-16) 흉부촬영에서의 폐결핵 의심 소견 : CT 정상, 잠복결핵 검사 정상 갑상선 기능저하증 신우신염, 요도염 등 과거력 치과: 임플란트 수술 (2025-03-24) 공복혈당의 상승: 당뇨전단계
복용약	<살림의원 가정의학과> 갑상선기능저하증 - 아침식전: 씬지로이드 0.05mg 1알 비타민B제 - 아침식후: 신일폴시드정 1mg 1알 무좀 - 아침식후: 티비에프 125mg 2알/주블리아외용액 10% (주1회) <살림의원 정신건강의학과> 정신과약물 - 아침 식후: 메디키넷리타드캡슐 5mg 1알, 아빌리파이 1mg 1알 - 취침전: 데파코트서방정 250mg 1알, 쿠에타핀 25mg 3알
이전 예방접종	대상포진 생백신 2022 폐렴구균 13가, 23가 2023 대상포진 싱그릭스 1, 2차 2023
예방접종	2025 절기 독감과 코로나 접종

<table>
<tr><td>케어 포인트</td><td>1. 위아전절제술 상태
- 빈혈, 저체중, 갑작스런 저혈당/고혈당이 모두 가능
- 단순당/정제당의 섭취를 줄이고, 복합 탄수화물의 섭취를 늘리도록 권유
- 혈당의 등락이 조절될 경우 행동장애/ADHD 증상도 호전될 가능성 있음
- 저탄수화물 고지방 식이 추천 : 체중이 높지 않아도 혈당의 등락이 높으므로 추천됨
2. 강직성척추염
- 휴미라 주사 3주 간격으로 피하 주사 중
3. 신우신염, 요도의 과거력
- 손으로 성기를 만지지 않도록 주의 필요
- 시간을 정해놓고 그 시간에 자위를 할 수 있도록 하는 것도 좋을 수 있음
4. 치아 관리 필요
- 임플란트 식립 부위 포함
- 스스로 잇솔질이 효과적으로 잘 되지 않고 있으므로, 주위 도움 필요
5. ADHD : 충동성의 조절 필요
- 하루에 여러 번 샤워, 프로그램 시간에 집중력 부족 등의 행동 지속 중</td></tr>
</table>

♣ 결정사항

1. 새벽에 주 2~3회 깨어 타인의 방에 드나드는 행동, 새벽 시간 tv를 켜 시청하는 행동, 타인의 옷장에서 옷을 가져오는 행동 등 월 10회 정도 관찰되고 있음
2. ○부장애인종합복지관 그림반 수업 시간에 잦은 화장실 이용, 소변이 마렵지 않을 때에도 화장실 이용한다는 이유를 대고 사무실을 들어가거나 다른반 활동실에 들어가려는 모습 보임
   - 그림반 수업시간 화장실 이용한다고 말하고 화장실로 이동, 전신 탈의 후 화장실에 있던 물비누를 몸에 바르고 씻으려는 모습 1회 보임
   - 참○교회 예배시간 화장실 이용하며 1회 탈의 후 샤워하려는 행동 보임
3. 샤워 시 성기의 과도한 자극으로 염증 증세 보여 비뇨기과 진료함
4. 1일 6회 잦은 샤워와, 주방 세제 등으로도 샤워하는 모습이 있어 주의가 필요함. 잦은 샤워로 인해 피부가 건조해질 수 있고 샤워 시 성기 자극으로 상처나 염증 발생 위험이 있음. 샤워 횟수를 줄여나가기 위해 횟수를 김○필씨와 함께 정하고 1일 3회로 약속함. 일과표를 작성하여 루틴대로 샤워를 할 수 있도록 지원하지만 잘 지켜지지 않음

ADHD 질환 자체의 증상임: 가만히 앉아 있는 시간을 견디지 못함, 집중력을 요하는 프로그램 시간(그림반 수업시간 등)이 견디기 힘들 수 있음, 루틴한 시간표를 지킬 수 있도록 독려하는 것이 필요함, 일정 상 가만히 있어야 하는 시간을 반드시 둘 것(명상, 기도 등), 충동성을 해소할 수 있는 활동도 반드시 배치할 것

♣ 모니터링(의료사례 이후 진행사항)

- 기존 활동 중 좀더 참여도가 높은 훌라춤, 공예활동은 지속적으로 참여하며, 그림그리기는 지역사회 내 미술학원을 연계하여 강사와 직접 소통하고 활동 할 수 있도록 지원할 계획임
- 루틴한 시간표를 만들고, 샤워 횟수를 스스로 정하고 약속을 지킬 수 있도록 권함. 수행 시 칭찬과 독려 지원중임
- 충동성을 해소할 수 있도록 AI 그림책 듣고 보기, 유튜브를 통한 단계별 명상으로 집중력을 키울 수 있도록 지원할 계획임
- 좋아하는 외부 활동(노래방 이용하기, 산책, 옷 쇼핑, 영화관람 등)지원할 계획임

2020년 나! 김○필이 오빠야

사회복지사 이용운

김○필 씨를 생각하면 치아를 드러낸 환한 미소와 특유의 목소리와 함께 개성 있게 춤추는 40대의 중년 총각입니다.

김○필 씨를 처음 만난 건 2013년도 12월 내가 첫 입사를 해서 믿음집에서 담당 직원으로 일하게 될 때 첫 인연이었습니다. "안녕하세요. 새로 근무하게 된 이용운이라고 합니다" 먼저 인사를 건네자 "나, 김○필이 오빠야" 손을 내밀며 반갑게 맞아 주었습니다. 그 당시 8개월 정도 짧은 생활을 한 후 은평재활원 재건축으로 헤어졌다가 거의 6년이 지나 본원이 지어지면서 올해 1월 김○필 씨와 다시 돌봄집중팀에서 만나게 되었습니다. 그 사이 위암 수술을 해서 인지 전 보다 살도 빠지고 등도 예전보다 더 굽은 수척한 모습이었습니다.

일단 김○필 씨와 욕구 상담을 진행하면서 여가생활에 대한 관심이 많다는 것을 알게 되었고, 위암 수술 전력과 강직성 척추염의 진행, 저체중으로 인해 건강관리도 중요한 문제임을 파악하게 되어 상담을 통해 하고 싶은 것, 외출, 노래교실, 공방학원 다니기 등 선호하는 여가생활을 지원하기로 했으며 또, 건강관리 면에서는 강직성 척추염 관리와 불규칙한 식사, 편식 문제 등을 줄이고 대인관계나 사회성 문제에서도 상호소통의 문제에 대해 지원 필요성이 있다고 판단되어 올 한 해 개별 지원계획을 수립하여 지원하기로 했습니다.

김○필 씨의 강직성 척추염은 2013년 고관절의 통증을 시작으로 2018년 척추후만증 악화하여 유전자 검사 후 확진, 2019년 3월 ~ 2019년 7월 강직성 척추염 약 복용하였으며 2019년 7월부터 휴미라주 40mg/0.4mL 피하주사 격주 간격으로 투여하고 있습니다. 뼈가 붙어서 유연성이 없는 건 허리 요추부에 많고 강직성 척추염 때문에 굽는 것은 점점 심해 질 수 있으므로 진행을 늦추기 위해 원내에서는 물리치료 주 2회 진행하고 있으며 생활실 내 지원으로 바른 자세 앉아 있기, 경추베개 사용, 엎드려 팔 벌린 자세, 엎드린 채 손등으로 이마 받치는 자세, 벽에 기대어 어깨 펴는 자세 등 지원하고 하고 있고 김○필 씨도 잘 따라주고 있습니다.

남방 언제 사요?

김○필 씨의 여가시간은 부지런히 동료들의 이방 저방을 다니며 옷장을 뒤져 와이셔츠를 찾는 모습을 보입니다. "김○ 필 씨 뒤에 감추고 있는 것 뭐예요?" "아무것도 아니에요" 뒤 춤에 숨기고 있는 와이셔츠가 직원에게 발견되었을 때는 다시 원위치에 갖다 놓는 일도 있지만, 직원 눈을 피해 성공하는 때도 많았습니다. 옷장 정리를 위해 서랍장을 열었을 때는 이미 단추며 옷깃까지 다 훼손시킨 경우가 다반사였습니다. "우리 그럼 약속할까요? 포도송이 그림에 김○필 씨가 칭찬받거나 착한 일을 해서 스티커를 다 붙여 포도송이가 꽉 차면 김○필 씨가 사고 싶은 와이셔츠며 벨트, 선글라스, 넥타이를 사는 거로요" 김○필 씨는 직원의 제의가 퍽 마음에 들었나 봅니다. "네 선생님. 진짜 남방 사는 거예요?" 하며 본인이 원하는 물건을 자기 스스로 구매한다는 것에 대한 성취감과 자존감에 얼굴부터 뿌듯해하는 마음이 밝은 표정으로 나타났습니다.

이후 김○필 씨는 출근한 직원을 볼 때마다 "나 좋은 일 많이 했어요. 남방 언제 사러 가요?", "어 벌써 포도가 다 완성 되었네요. 우리 이따 마스크와 비닐장갑을 끼고 요 앞에 있는 가게에 옷 사러 가요. 그런데 김○필 씨 요번에도 또, 옷 찢을 거예요?", "아니 안 찢을 거예요. 진짜예요" 처음에 김○필 씨는 약속 스티커를 통해 구매한 와이셔츠를 며칠이 지나지 않아 훼손시키는 경우가 잦아 직원을 실망하게 했지만, 우리 김○필 씨를 끝까지 믿으며 또, 약속하고 약속을 한 결과 현재 입고 있는 와이셔츠는 이미 두 달 전에 구매하여 지금까지도 소중하게 아끼며 입고 있답니다.

김치 먹고 싶어요

"김○필 씨 일어나 식사하세요. 약을 먹기 위해서는 식사를 하셔야 해요" "선생님 졸려요. 조금만 더 자면 안 돼요?" 김○필 씨는 아침잠이 많아 식사 시간에 동료들과 식사하는 경우가 드물었습니다. 늦게 일어난 김○필 씨를 위해 토스트 기계를 구매하여 간단한 식사를 지원했지만, 입맛이 없어서인지 다시 아침 식사를 하지 않게 되었습니다. 38세(2015년)에 위암 수술을 한 김○필 씨는 규칙적인 식사 지원이 필요하고 영양의 균형이 필요하기에 논의 끝에 현재 복용하고 있는 약에 대한 조절을 시도해 보기로 하였습니다. 그 결과 아침잠도 줄게 되어 제시간에 기상도 하고 잃었던 입맛도 찾게 되어 이제는 동료들과 함께 아침 식사를 같이하게 된 것은 올 한 해의 큰 성과였다고 생각됩니다.

직원과 함께 인근 마트에 들려 간식을 구매할 때는 먼저 김치 판매대로 달려가 "선생님. 총각김치 먹고 싶어요. 옆에 있는 마늘장아찌도 살래요" "네 김○필 씨가 먹고 싶은 거는 몸에 나쁘지만 않으면 다 사셔도 돼요" 어김없이 계산대 앞에 놓인 바구니에는 김○필 씨가 좋아하는 육포와 총각김치가 빠지지 않고 담겨 있습니다. 식사 시간에 "이거는 조금만 먹어야지" "이거는 맛있겠다. 많이 먹어야지" 하며 본인이 원하는 반찬과 밥을 적당량 덜어 가고, 가끔은 조금씩 남기는 때도 있지만 이제는 배식한 모든 양의 식사를 하고 나서는 빈 식판을 직원에게 자랑스럽게 보이는 경우가 많아 점차 변화되고 발전되어 가고 있는 김○필 씨의 모습이 멋집니다.

자립을 꿈꾸며

올 한 해는 코로나19 바이러스로 인해 김○필 씨가 좋아하는 외부 외출이나 프로그램 활동들을 꾸준히 진행하지 못해 아쉬움이 컸지만 중간중간 진행한 지역사회 네트워크 사업과 늘○IL 마이로드 참여를 통해 자립 생활을 하면 외출도 마음대로 나가서 먹고 싶은 것도 많이 먹고 내가 좋아하는 물건을 마음대로 살 수 있다는 막연하게나마 자립에 대한 동기부여가 된 큰 성과였습니다.

10월에 진행된 지역사회지원팀 자립체험은 그런 가능성을 더 촉진하는 경험이었습니다. "선생님. 저 뉴아름 체험홈 갈래요. 거기가 좋아요" 김○필 씨의 입에서 이런 말이 나왔을 때는 사실 서운한 마음이 앞섰답니다. “김○필 씨 거기 가면 선생님 못 볼 텐데 슬프지 않아요?” 하고 얘기했을 때는 잠시 고개를 떨구고 슬픈 표정을 짓는가 싶더니 이내 “슬퍼요. 하지만 갈래요. 가끔 선생님 보러 올 거예요” 하며 지역사회지원팀 체험홈 이사에 대한 확고한 의지를 표현하셨습니다.

향후, 장기적으로 10년을 목표로 자립 생활을 계획할 때 김○필 씨는 안정된 직장도 없고 자립 기술, 일상생활 기술 등이 부족하지만 직원이 관심과 열의를 갖고 꾸준히 지원한다면 자립 생활을 위해 한 걸음 한 걸음 나아가는 발전된 모습을 보리라 생각됩니다. 김○필 씨가 앞으로 체험홈에서 건강하고 행복한 삶을 영위하시길 기대합니다. 지금까진 담당 직원이었지만 앞으로도 멀리서나마 우리 김○필이 오빠를 응원하며 지켜볼 것입니다.

“김○필이 오빠는 할 수 있어요. 파이팅!!”

005 어려운 행동으로 인한 정신과 약 조정과 지원

도전적 행동(어려운 행동)이란?

개인이 보이는 행동 중에서 자신이나 타인, 또는 환경에 해를 끼치거나, 사회적으로 용인되기 어려우며 일상생활·학습·사회적 상호작용 등에 부정적인 영향을 미치는 행동을 의미합니다. [AI 기반 텍스트 활용]

정신과 약물이란?

정신과 약물은 뇌의 생물학적 불균형을 조절하여 다양한 정신질환의 증상을 치료하는 전문의약품
[AI 기반 텍스트 활용]
이 용어는 주로 발달장애, 자폐스펙트럼장애, 정신건강 문제, 치매 등 다양한 임상 및 교육 현장에서 사용됩니다.
[AI 기반 텍스트 활용]

이○호 씨는 2011년, 15세에 시설 전원으로 은평재활원에 오게 되었습니다. 장애 정도가 심한 지적장애로 인해 일상생활과 의사소통이 어렵고, 사람들에게 관심과 애착에 대한 욕구가 강하여 관심을 유도하기 위해서 타인에게 공격적인 행동(꼬집는 행동, 무는 행동, 밀치는 행동, 물건 던지기 등)을 보이는 모습이 많았습니다. 또 부정적 감정들을 기억하고 있다가 보복성 공격을 하여 주변 사람들에게 자극의 기폭제가 되었습니다. 개별 서비스지원을 하며 어려운 행동을 소거시키기 위해서 장애인권익옹호기관인 ○○○인권센터에서 지원하는 도전적 행동 지원 컨설팅도 받아보았으나, 어려운 행동(도전적 행동)은 쉽게 사라지지 않았습니다.

2007년 10세 때부터 복용을 시작한 정신건강의학과 약물은 지속적으로 증량되었고, 약물 부작용이 나타나면서 부작용을 막기 위해 또 다른 약물을 사용하는 것을 반복하는 동안 약물이 지속적으로 증량되는 악순환에 빠지게 되었습니다. 2014년 17세부터 허리가 굽고 걷는 것을 어려워하여 골밀도검사, 인바디검사, 비타민 D 검사를 하며 관리하기 시작했습니다. 하지만 어려운 행동(도전적 행동)은 수정이 되지 않았고, 정신건강의학과 주치의와 상담을 통해 약물을 조정하며 약의 부작용일 수 있는 약물을 소폭 조절하며 관찰하였으나 변화는 없었습니다.

옆에 사람들만 와도 물고 꼬집는 행동이 지속적으로 나타났고, 의사소통이 어렵다 보니 물건들을 던지고, TV에 집착하여 액정을 두들겨 파

손되는 일이 잦아졌습니다. 지원하는 직원들에게도 공격적인 성향이 드러났고, 함께 생활하는 입주자분들에게 어려운 행동들이 지속적으로 나타났습니다. 재활병원을 다니며 굽은 허리와 굽은 무릎 등을 펴기 위해서 진료와 물리치료를 실시하였으나, 협조하지 않아 물리치료를 받기 어려웠습니다. 그쯤부터 이○호 씨의 상태는 허리와 무릎이 굽어져 몇 걸음 걷지 못하고 넘어지는 일이 잦아졌고, 의료사례회의 시 화두는 '어떻게 하면 허리와 무릎, 손떨림을 해결할 수 있을까?' 였습니다.

2020년(23세), 재활원의 운영 방침이 정신과 약물을 줄이고 비약물 지원으로 전환되는 시기였고, 의료사례회의 시 정신건강의학과 병원을 교체하기로 결정하고 약물 상담을 실시하였습니다. 근육계통의 문제는 정신건강의학과 약물의 부작용일 수 있으니, 약물을 이○호 씨에게 맞는 것으로 적극적으로 교체해 보자는 간단하고 명료한 이야기였습니다. 이때까지 약물의 부작용으로 근육에 이런 심각한 부작용이 나타날 수 있다는 것을 알지 못했기에 더욱 놀라웠습니다. 재활의학과에서 하지강직을 치료하기 위해 자세교정만을 진행해왔기 때문입니다. 그동안 신체기능을 유지(거동)하는데 초점을 맞추어 치료하면서 스탠드업 운동을 할 수 있도록 워커 이용, 실내 깔창 사용을 권유받아 지원했는데, 이○호 씨의 의지만으로는 힘든 일이었음을 깨닫게 되었습니다.

약을 꽤 오랫동안 복용해왔기 때문에, 갑자기 끊게 되면 오히려 몸에 무리가 갈 수 있어 서두르지 않고 천천히 약을 줄여가는 것이 필요했습니다. 실제로 약물 조정을 시작한 23세 당시 (2020년 5월), 병원을 옮겨 처음 진료를 받으러 갈 때 휠체어를 타고 가야 할 정도로 몸을 움직이기 어려운 상태였습니다. 하지만 약물을 조정한 이후인 같은 해 7월 진료 때는, 손 떨림이 줄어들고 워커를 이용해 스스로 움직일 수 있을 만큼 상태가 눈에 띄게 좋아졌습니다. 생활실에서는 뜨거운 욕조에 몸을 담가 근육 이완에 힘을 쓰고, 아침 저녁으로 직원들의 도움을 받아 스트레칭을 하며 근육 이완이 되도록 애를 쓰는 등 직원들이 함께 궁리하며 힘을 보탰습니다.

손떨림과 굽어있는 허리, 무릎 등이 점차 좋아졌고, 정신건강의학과 약물 중에서도 약물을 줄이는 것만으로 보행이 호전된 긍정적인 사례이기에, 앞으로도 꾸준히 근경직과 같은 근육계통의 부작용을 줄 수 있는 약을 감량하며 지켜보기로 하였습니다. 시간이 지남에 따라서 굽어 있던 허리와 무릎이 펴졌고, 일상생활 속에서 뛰어다니며 여가시간을 보내는 이○호 씨를 보면서 정신건강의학과 약물이 주는 긍정적인 효과와 부작용을 다시 생각하는 계기가 되었습니다. 무엇보다 이○호 씨가 즐겁게 하루를 보내는 것이 감사한 일이라고 생각했습니다.

의료사례회의를 통하여 약 조정의 필요성과 어려운 행동에 대한 대응책을 논의하면서, 재활원 각 팀이 함께 협력하고 지원사항을 궁리하고 아이디어를 내며 노력하고 있습니다. 약물을 조정하는 과정에서 어려운 행동이 모두 소거되었다고 볼 수 없지만, 이○호 씨의 불안이 증폭되지 않도록 일상생활 속에서 관심 있는 부분들을 찾아 지원하고 여가생활과 정서 지원을 위해 노력하고 있습니다.

2. 이○호 씨를 소개합니다

나에게 중요한 것들

- 사랑하는 어머니와의 만남이 중요해요.
- 책을 만지고 보는 것을 좋아해요.
- 드라이브하는 것을 좋아해요.
- 단맛의 과자 등의 간식을 좋아해요.
- 김 종류(김, 김자반) 반찬과 고춧가루 없는 반찬을 좋아해요.
- 된장국 종류와 고기반찬을 좋아해요.
- 칭찬 듣는 것을 좋아해요.
- 함께 블록놀이 등의 활동을 해 주는 것을 좋아해요.
- 외출해서 간식 구입하는 것을 좋아해요.
- 동물 중에 말 보는 것을 좋아해요.

사람들이 좋아하는 나의 장점

- 애교가 있어요.
- 웃음이 많고 밝은 성격이죠.
- 활동적이고, 하고 싶은 것과 호기심이 많아요.
- 컨디션이 좋을 때는 적극적으로 대하는 행동 보여요.
- 손으로 가지고 놀 수 있는 장난감에 흥미를 보여요.
- 맛있는 음식 냄새에 즐거운 표정을 보여요.

나를 지원하는 최상의 방법

- TV 시청시 원하는 프로그램을 보는 것을 좋아해요
- 긍정적인 언어 지원 (조용한 목소리를 좋아해요. 잘할 때는 칭찬과 격려해 주세요.)
- 원하지 않을 때는 권해주지 마세요.
- 스스로 할 수 있도록 기다려주세요.
- 내가 잘못한 일을 하고 있을 때는 알아들을 수 있게 설명해 주세요.
- 주기적인 기저귀 교체로 청결하게 해주세요.

나를 지원하는 사람이 갖춰야 할 특성

- 무엇보다 저를 잘 이해해 주었으면 해요.
- 내가 생각하고 행동할 때까지 기다려줄 수 있었으면 해요.
- 식사 시 처음에는 먹지 않지만, 천천히 먹을 수 있도록 지원해 주세요.
- 상냥한 말투가 듣기 좋아요.
- 잘못한 일에 대해서는 정확하게 알려주세요.

3. 사례 진행에 따른 변화

- 22세(2018년) 도전적 행동인 공격성에 대한 행동수정과 의료적 지원을 위한 사례논의
- 주치의와 리스페달, 아리피프라졸 약물 조절 상담
- 23세(2019년) 서울시 권익○○기관 장애인○○센터에서 진행하는 도전적 컨설팅
  (어려운 행동 소거를 위한 분석/ 평가, 중재 계획, 중재 전략, 강화물 찾기 실시)

- 24세(2020년) 살림의원 정신건강의학과로 전원하여 진료 내용 공유
  약물 조절(인데놀 감량, 센틸 중단, 리스페달 감량/벤즈트로핀 추가, 디아제팜 추가)
- 근력 호전, 손떨림 증상 없어짐. 서 있을 수 있게 됨. 누웠다가 일어났다 가능
  자신의 욕구가 충족되지 않으면 타인을 할퀴는 행동 횟수 증가
- * 디아제팜: 하지 강직 풀리는 데 도움이 되는 효과로 처방
- 신체기능 유지(거동 관련)하기에 초점을 맞추어 치료하면서 스탠드업 운동, 워커 이용, 실내 깔창 사용
- 어려운(도전적) 행동 매뉴얼 개발과 지원 방법 수립과 업그레이드 진행

- 25세(2021년) 약을 줄이는 것만으로 보행 호전
  주변인을 때리고 꼬집는 문제는 ADHD로 보여 향후 리스페리돈 점차적 중단 ADHD약 소량 처방(메디키넷리타드 5mg)
  리 스페달 감량(0.75mg-> 0.5mg)
  리스페리돈 감량 시 디아제팜, 벤즈트로핀 줄일 수 있음
- 어려운 행동 매뉴얼 업그레이드와 점검
- 스스로 할 수 있는 일들 과업(의복 착,탈의, 의복 구분하기) 찾아 진행하기

- 메디키넷리타드 5mg 복용하면서 자기표현 빈도가 높아지고 활발
  할퀴려고 하고, 깨물려고 하며 물건들을 팔과 다리를 이용하여 밀고 차는 행동 등 어려운 행동 보임
- 개인여가생활 강화(봉지놀이, 먹방 보기, 코로나 시기로 인하여 랜선 여행 영상 등)

- 메디키넷리타드 5mg 중단 ⟶ 벤즈트로핀 감량, 중단 ⟶ 디아제팜 감량 후 중단 순으로 진행
- 활동지원과 보호대(무릎, 팔꿈치) 구입

26세(2022년) 인데놀 감량. 리스페리돈 ⟶ 아리피졸로 변경(근육계통 부작용이 더 적은 약으로 변경)

- 아리피졸로 변경 후 수면장애, 공격적인 행동 모습 보여 약물 조절함.
  아리피졸 중단. 리스페달정 0.5mg 처방. 인데놀 디아제팜 1mg씩 감량
- 러닝머신 운동 지원, 외부 활동(드라이브, 외출, 걷기 등) 지원
- 어려운 행동 매뉴얼 업로드와 점검

26세(2022년) 11월 의존성 약물 디아제팜 감량하면서 수면할 수 있는 쿠에타핀 6.25mg 처방
근육 뻣뻣함이 상당히 감소 되었고, 허리를 편 상태에서 긴 시간 복도를 뛰어다니거나 놀이하는 활동적인 모습 보임
- 지역사회 활동 늘리기(운동, 산책, 친근하고 익숙한 단골가게 만들기)

- 27세(2023년) 타 입주자의 수면 방해. 이개혈종으로 인한 통증, 스트레스로 산만한 행동과 예민함이 예전보다 심해짐. 디아제팜 감량. 리스페달 증량(0.5mg-> 1mg), 쿠에타핀 증량(6.25mg-> 12.5mg)
- 일시적인 약의 증량으로 건강 상태 체크와 행동 관찰

- 27세(2023.8.) 꾸벅꾸벅 조는 듯한 모습 보이고, 자주 넘어지며 중심 잡기 힘들어함
  뇌전증 증상으로 은평○○병원 신경과 진료 후 라믹탈 복용중임
  정신건강의학과 복용 중인 약물에서 인데놀, 벤즈트로핀, 리스페리돈 절반으로 용량 조절
- 일상생활 변화 체크(날씨, 환경, 입주자 간 대립 상황 등)

- 27세(2023.11.) 약물 감량 후 어려운 행동 심해짐. 소파를 물어뜯거나, 사람을 무는 행동
  예민함 올라와 작은 지시어나 권유 사항에도 어려운(물거나 때리는) 행동 보임
  예민함 지속되고 수면 상태 변화로 취침전: 리스페달정(0.5mg--->1mg) 이후 아침: 리스페달 0.5mg 추가함
  뇌전증으로 복용 중인 라믹탈 예민함을 올려줄 수 있어 경과 관찰. 신경과 주치의와 상담 예정
- 어려운 행동 매뉴얼 업그레이드 진행과 점검
- 환경 정리(1인실 사용하도록 환경 보수)를 통해 정서적 안정감 느끼도록 하기

- 27세(2023.11.) 은평○○병원 신경과 상담. 라믹탈 용량 조절. 오르필 용량 증량함
- 뇌전증으로 수면 상태, 일상생활, 환경 변화 체크(날씨. 온도변화 등)

28세(2024. 4.) 뇌전증 증상 감소했으나 남아 있는 것과 관련 뇌전증으로 인한 증상인지, 근육계통의 부작용인지 명확하지 않아 복용 중인 약물 중 리스페달 취침전 복용량 감량 0.5mg(1mg ---> 0.5mg)하면서 경과 관찰하기로 함

28세(2024. 7.) 무는 행동 늘어나고, 감정 기복 심함. 아침에 리스페달 0.25mg 증량 고려했으나 손떨림 증상 있어 아빌리파이 1mg 아침에 보완. 약 복용하면서 경과 관찰하기로 함

4. 다학제적 지원 내용

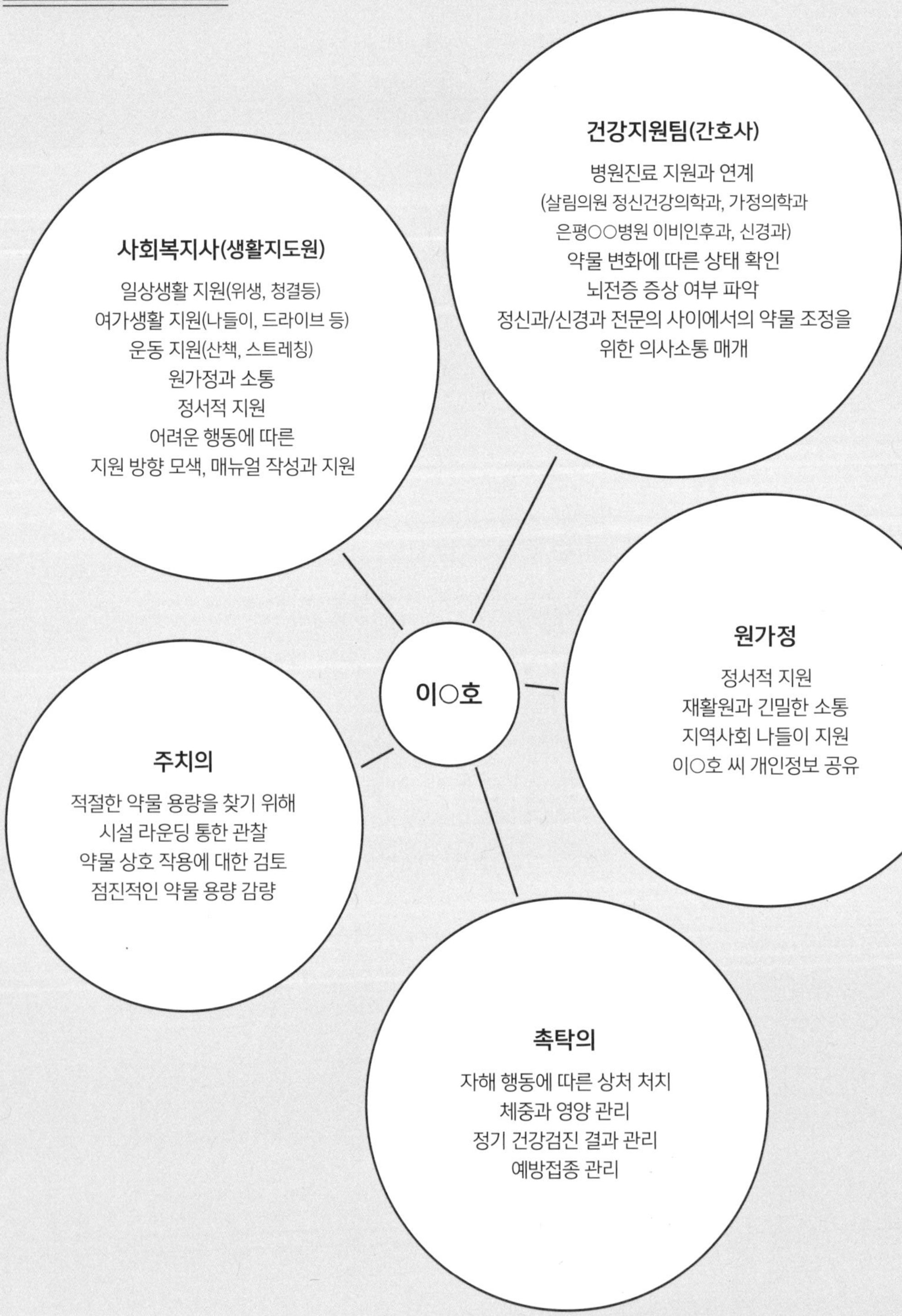

사회복지사(생활지도원)
일상생활 지원(위생, 청결등)
여가생활 지원(나들이, 드라이브 등)
운동 지원(산책, 스트레칭)
원가정과 소통
정서적 지원
어려운 행동에 따른
지원 방향 모색, 매뉴얼 작성과 지원
건강지원팀(간호사)
병원진료 지원과 연계
(살림의원 정신건강의학과, 가정의학과
은평○○병원 이비인후과, 신경과)
약물 변화에 따른 상태 확인
뇌전증 증상 여부 파악
정신과/신경과 전문의 사이에서의 약물 조정을
위한 의사소통 매개
이○호
원가정
정서적 지원
재활원과 긴밀한 소통
지역사회 나들이 지원
이○호 씨 개인정보 공유
주치의
적절한 약물 용량을 찾기 위해
시설 라운딩 통한 관찰
약물 상호 작용에 대한 검토
점진적인 약물 용량 감량
촉탁의
자해 행동에 따른 상처 처치
체중과 영양 관리
정기 건강검진 결과 관리
예방접종 관리

5. 이○호 씨 의료사례회의

2021년 제4차 의료사례회의 (5. 20.)

<table>
<tr><th>주제</th><td>정신과 약물 복용입주자 건강관리 논의 사례</td><th>작성자</th><td>성○혜 간호사</td></tr>
<tr><th>복용약</th><td colspan="3">* 관리
○○란스병원 신경과 ---> 2020.5.12. 살림의원 정신건강의학과로 전원
* 최초복용
2011~ ○○란스병원 소아신경과
* 변경 전 약물
- 아침: 오르필시럽 4ml (뇌전증약), 인데놀 40mg, 센틸 5mg, 리스페리돈 1.5mg
- 저녁: 오르필시럽 4ml (뇌전증약), 인데놀 40mg, 센틸 5mg, 리스페리돈 3mg
* 현재 복용약
- 아침: 오르필시럽 4ml (뇌전증약), 인데놀 20mg, 벤즈트로핀 1mg, 디아제팜 5mg
- 저녁: 오르필시럽 4ml (뇌전증약), 인데놀 20mg, 리스페리돈 0.75mg, 벤즈트로핀 2mg ,디아제팜 5mg</td></tr>
<tr><th rowspan="4">약물 변경</th><td colspan="2">- 2020. 5. 12. 컨디션 좋지 않고 텐션 떨어져 있어 휠체어 타고 방문하여 초진 상담함
최근 1~2주 동안 누워있으려고만 하고 컨디션 좋지 않은 것 관련, 살림의원 가정의학과 협진으로 갑상선호르몬 수치 검사 진행하고 정신과 약물 변경 처방함</td><td>- 인데놀 40mg ⟶ 20mg(↓) 아침, 저녁약 감량(텐션을 가라앉히는 약)
- 센틸 5mg ⟶ 디아제팜 5mg 으로 대체(불안, 긴장감 완화)
- 벤즈트로핀 1mg 아침,저녁약 추가(강직 완화에 도움이 됨)
- 리스페리돈 1.5mg ⟶ 0.5mg(↓) 아침약 감량
- 리스페리돈 3mg ⟶ 2mg(↓) 저녁약 감량</td></tr>
<tr><td colspan="2">- 2020. 6. 9. 컨디션 회복되어 진료 시 활발함. 잘 웃고, 종이 가지고 놀고, 몸 장난치는 모습 보임. 주치의의 질문에 고개 끄덕이고, 의자에 앉아달라는 말에 고개 젓고 침대에 앉는 의사 표현함
정신이 맑아지고, 힘이 세져서 꼬집고 때리는 행동이 있기는 했으나 타해 시 방으로 분리시키는 등 잘못을 인지시키고 있음. 점차 개선 중임. 약 감량 후 긍정적인 변화가 있어 좀 더 감량하기로 함</td><td>- 리스페리돈 2mg ⟶ 리스페리돈 1.5mg 감량
- 디아제팜 5mg ⟶ 2mg 감량</td></tr>
<tr><td colspan="2">- 2020. 7. 14. 진료 시 일어나 박수치고 웃고, 엉덩이춤을 춤. 최근 기분과 기운이 좋아 활발하게 지내나 싫어하는 사람을 할퀴는 행동은 여전히 보임. 하지 강직 개선을 위해 운동도 실천하면서 도움이 되는 약물 증량하고, 리스페리돈을 줄이기로 함</td><td>- 디아제팜 2mg ⟶ 5mg(↑) 아침약 증량(하지 강직 풀리는데 도움되는 효과로)
- 리스페리돈 1.5mg ⟶ 1mg(↓) 저녁약 감량</td></tr>
<tr><td colspan="2">- 2020. 8. 18. 손떨림 증상 호전되고, 다리도 조금 펴서 걷는 자세로 호전됨. 진료 동행한 사회복무요원을 할퀴고 깨물고, 다른 입주자를 밀고, 때리고, 꼬집고 컴퓨터를 치려하는 거친 모습 표출함</td><td>- 리스페리돈 0.5mg ⟶ 1mg(↑) 아침약 증량(지난번 감량 이후 심해진 모습 완화를 위해)
- 오르필 4ml ⟶ 8ml(↑) 아침, 저녁약 증량(예방적 경련약이지만 충동 억제로도 쓰임)
- 디아제팜 2mg ⟶ 5mg(↑) 저녁약 증량(난폭행동 완화효과와 강직 완화에 대한 이중효과로)</td></tr>
</table>

<table>
<tr><td rowspan="7">약물 변경</td><td>- 2020. 8. 20. 8월18일 약물 변경 후 손떨림 심해지고, 허리, 다리가 평소보다 잘 안 펴지는 증상</td><td>- 오르필 8ml ⟶ 4ml(↓) 아침, 저녁약 감량</td></tr>
<tr><td>- 2020. 9. 22. 지난 진료 시보다 손 떠는 증상 심해지고, 허리 다리 강직도 더 심해져 펴지는 각도가 더 감소함. 운동하자고 팔을 당겼을 때 거부하느라 힘주는 것도 운동이 되니 지속적인 운동 권유와 운동 시도하기로 함</td><td>- 리스페리돈 1mg ⟶ 0.75mg(↓) 아침약 감량 (점차적 감량 시도)</td></tr>
<tr><td>- 2020. 10. 20. 잠도 잘 주무시고 컨디션 좋음. 저녁 식후 너무 일찍 자는 모습이 보여 저녁약 감량하기로 함. 하지 강직 여전함</td><td>- 리스페리돈 1mg ⟶ 0.75mg(↓) 저녁약 감량 (점차적 감량시도)</td></tr>
<tr><td>- 2020. 12. 1. 하지 강직이 지난 진료 시보다 호전됨. 주치의를 따라 몸을 쭉 펴고 일어서는 동작을 여러 번 잘 따라 함. 앉아서 무릎 펴는 스트레칭과 앉았다 일어나는 동작 운동 권유받음. 타인을 할퀴는 모습이 관찰되지만, 본인은 장난으로 하는 행동임을 전달함. 컨디션이 좋음</td><td>- 리스페리돈 0.75mg ---> 0.5mg(↓) 아침약 감량(점차적 감량 시도)</td></tr>
<tr><td>- 2021. 1. 27. 계절 탓인지 몸이 굳은 각도가 더 감소하고 몸짓이 느려진 느낌. 리스페리돈이 뻣뻣하게 하는 것에도 영향을 미칠수 있는 약이라 다음 진료 시에 감량하기로 함.</td><td>변경없이 유지
- 아침,저녁: 오르필시럽 4ml
- 아침: 인데놀 20mg, 리스페리돈 0.5mg, 벤즈트로 핀 1mg, 디아제팜 5mg
- 저녁: 인데놀 20mg 2알, 리스페리돈 0.75mg, 벤즈트로핀 1mg ,디아제팜 5mg</td></tr>
<tr><td>- 2020. 3. 10. 밝고 활동적. 점점 무릎 강직이 심해지는지 걷는 것도 줄고, 걷다가 무릎으로 주저앉는 모습이 자주 보임</td><td>- 리스페리돈 0.5mg 아침약 중단(강직이 심해지는 것이 이 약의 부작용일 수 있음)
- 벤즈트로핀 1m⟶ 2mg(↑) 증량(강직 완화에 도움이 되는 효과로)</td></tr>
<tr><td>- 2021. 5. 14. 현재 상황
1. 긍정적 변화
1) 자신의 욕구 표현 강화
→ 예) 식사 시 마음에 들지 않은 반찬이 나올 때는 숟가락 던지기, 옆에 있는 사람들을 꼬집거나 할퀴는 행동을 보였으나 현재는 직원과 눈을 맞추고 밥을 가리키며 다른 반찬을 요구/ TV 채널이 마음에 들지 않는 경우 직원에게 다가와 다른 채널 요구/ 간식을 먹고 싶을 때 입을 벌리며 요구함
2) 꼬집거나 할퀴는 행동, 무는 행동 감소
3) 침을 흘리는 행동, 손을 떠는 행동 소거
2. 염려되는 지속되는 문제
1) 여전히 무릎이 강직되어 걷기는 힘들어함
2) 걷다가 무릎으로 주저앉는 모습이 자주 보임</td><td>일상생활 지원
1일 1회 무릎 펴기 운동
→ 본인의 거부로 운동 1회 시 무릎펴기 5회 미만 진행 일상생활에서 자주 움직일 수 있도록 할 수 있는 일들은 직접 하도록 격려와 지지(예: TV 켜기, 끄기/ 간식 접시 가져가기, 가져오기/ 방문하는 선생님들에게 인사하기 등)
취침 시 편안하게 숙면하도록 무릎 펴고 취침하기
- 행동 지원 지침
1) 할 수 있는 일들은 스스로 하도록 지원
2) 할퀴거나 꼬집고, 무는 행동을 보일 시 방으로 이동하여 잠시 혼자만의 시간을 갖도록 한다.
3) 욕구 표현이 있을 시에 즉각 반응하여 들어준다. (예를 들어서 원하는 TV 채널, 식사 시 선호 반찬준비 등)</td></tr>
<tr><td>결정 사항</td><td colspan="2">- 약을 줄이는 것만으로 보행이 호전된 사례이며, 다만 남아 있는 리스페리돈 0.75mg이 근 경직같은 근육 계통 부작용이 있을 수 있으나 아직 못 뺀 이유는 행동적으로 어려움이 존재하기 때문이었음
- 맥락없이 주변인을 때리고 꼬집는 문제는 ADHD로 보이기 때문에 향후 리스페리돈 점차적 중단하고, ADHD약을 소량 시도하기로 함. 동시효과로 리스페리돈이 빠지면 벤즈트로핀과 디아제팜(항정신성 약물의 부작용 완화를 위해 쓰는 약) 을 줄일 수 있게 됨
- ADHD약 메디키넷리타드 5mg 처방 시작/ 저녁약 리스페리돈 0.75mg ---> 0.5mg 감량</td></tr>
</table>

2022년 제1차 의료사례회의 (1. 12.)

<table>
<tr><th>주제</th><th>정신과 약물 복용 입주자 건강관리</th><th>작성자</th><th colspan="2">김정애 간호사,이용운 사회복지사</th></tr>
<tr><td>복용약</td><td colspan="4">관리병원
○○란스병원 신경과 ---> 2020.5.12. 살림의원 정신건강의학과로 전원
최초복용
2011~ ○○란스병원 소아신경과
변경 전 약물(2021. 3. 17.)
- 아침: 오르필시럽 4ml (뇌전증약), 인데놀 20mg, 벤즈트로핀 1mg, 디아제팜5mg
- 저녁: 오르필시럽 4ml (뇌전증약), 인데놀 20mg, 리스페리돈 0.75mg, 벤즈트로핀 2mg ,디아제팜 5mg
현재 복용약
- 아침: 오르필시럽 3ml, 인데놀 20mg, 디아제팜 5mg,
- 저녁: 오르필시럽 3ml, 인데놀 20mg, 벤즈트로핀 2mg, 디아제팜 5mg, 리스페리돈 0.5mg</td></tr>
<tr><td rowspan="3">약물 변경</td><td colspan="2">- 2021. 5. 20.
- 정신과 약물 줄인 것만으로 보행이 호전된 긍정적인 사례임. 남아 있는 리스페리돈이 소량이기는 하나 근경직과 같은 근육계통에 부작용을 줄 수 있는 약 이라서 0.75mg ---> 0.5mg로 감량하기로 함
(리스페리돈을 서서히 감량하다 중단하게 되면 리스 페리돈의 부작용 완화로 쓰였던 벤즈트로핀과 디아 제팜도 줄일 수 있음)
- 맥락 없이 입주자를 때리고 꼬집는 행동을 보이고 있어 ADHD 접근이 용이하다고 보아 ADHD약 메디 키넷리타드를 최소 용량으로 처방 시작하기로 함</td><td colspan="2">- 아침: 오르필시럽 4ml, 인데놀 20mg, 벤즈트로핀 1mg, 디아제팜 5mg, 메디키넷리타드 5mg(+)
- 저녁: 오르필시럽 4ml, 인데놀 20mg, 벤즈트로핀 2mg, 디아제팜 5mg, 리스페리돈 0.5mg(↓)</td></tr>
<tr><td colspan="2">- 2021. 6. 23.
- 5월 20일 진료로 ADHD약이 추가된 이후 일상생 활에서 자기표현(욕구에 대한 표현이 전보다 분명해 지고, 빈도 늘어남, 어떤 요구를 직원이 못 알아들을 때 객관식으로 물어보면 뜻을 알아듣고 답을 줌) 이 많아지고 활발해짐
- 병원 대기실에서는 기분이 나빠졌는지 동행한 직원들과 사회복무요원을 할퀴려고 하고, 깨물려고 하고 물건들을 팔과 다리를 이용해서 밀고 차는 행동을 보였고, 진료실에서 초기에는 주치의의 안경을 잡아 던지고, 휴지통을 넘어뜨리는 행동을 보이다가 점점 마음이 풀려 웃고, 박수치고 쉬운 질문에 끄덕이며 소통하였음.(동행한 입주자의 난폭 행동의 영향이 있었을 것으로 사료) 일상생활에서는 전보다 좋은 컨디션을 보였다지만, 주변 환경에 따라 어려운 행동을 보여서, 약물을 변경하지 않고, 일단 유지한 채 지켜보기로 함</td><td colspan="2">- 아침: 오르필시럽 4ml, 인데놀 20mg, 벤즈트로핀 1mg, 디아제팜5 mg, 메디키넷리타드 5mg
- 저녁: 오르필시럽 4ml, 인데놀 20mg, 벤즈트로핀 2mg, 디아제팜 5mg, 리스페리돈 0.5mg</td></tr>
<tr><td colspan="2">- 2021.10. 13.
이○호 씨 진료 전 감정 기복이 관찰되어 김충 팀장 , 이용운 직원이 대리 진료로 진행. 일상생활에서 자해가 늘어나지 않는 부분 있으며, ADHD약 미복용으로 나타나는 다른 행동은 없다고 전달함. 현재 복용 약 유지하면서 일상생활 관찰하겠다는 부분 설명</td><td colspan="2">- 아침: 오르필시럽 4ml, 인데놀 20mg, 벤즈트로핀 1mg, 디아제팜 5mg, 메디키넷리타드 5mg 중단
- 저녁: 오르필시럽 4ml, 인데놀 20mg, 벤즈트로핀 2mg, 디아제팜 5mg, 리스페리돈 0.5mg</td></tr>
</table>

	- 2021. 10. 21. 이○호 씨 건강검진 결과 갑상선 기능항진증으로 진단받아 갑상선 약물 복용 여부 확인을 위해 김정애 간호사 대리 진료 진행 오르필로 인해 갑상선 수치에 변화가 있을 수 있어 오르필 시럽 용량 조절함. 4cc에서 3cc로 감량. 아침 약에서 벤즈트로핀 1mg 중단 예정이었으나 가루 약으로 조제되어 벤즈트로핀은 그대로 복용하기로 하고 다음 진료 일에 약물 조절하기로 함	- 아침: 오르필시럽 3ml(↓), 인데놀 20mg, 벤즈트로핀 1mg, 디아제팜 5mg, - 저녁: 오르필시럽 3ml(↓), 인데놀 20mg, 벤즈트로핀 2mg, 디아제팜 5mg, 리스페리돈 0.5mg
	- 2021. 12. 08. - 욕구 표현 시 징징거리거나 난폭한 행동 보이기도 함. 직원에 따라 달라짐 - 이용운 직원을 아빠라고 생각한다고 함 - 주치의가 이○호 씨 구부리고 다니니 펴는 동작 자극해서 할 수 있도록 유도 요청함 - 지난번 갑상선 기능항진증으로 약 조절 예정이었던 아침 약 벤즈트로핀 1mg 중단	- 아침: 오르필시럽 3ml, 인데놀 20mg, 디아제팜 5mg, 벤즈트로핀 1mg 중단 - 저녁: 오르필시럽 3ml, 인데놀 20mg, 벤즈트로핀 2mg, 디아제팜 5mg, 리스페리돈 0.5mg
	- 2022. 1. 6. 현재상황 1. 수면시간 22:00 수면 시 3~4시 사이에 일어나 로비에서 책을 가지고 와서 방에서 책을 찢는 경우도 있고, 책을 만지며 수면하지 않은 경우도 있음 2. 자해(머리를 박는 행동) 본인의 의사를 표현하기 위해 머리를 박는 행동을 하기도 함 3. 식사를 조금하고 싶을 때는 강하게 거부함. 직원 옆에서 식사하는 것을 좋아함 * 현재 상황은 이○호 씨의 욕구가 반영되면 소거되는 경우가 많음. 취침 시간은 다른 입주자분들의 숙면을 방해해서 걱정스러운 상황임	**일상생활 지원** 1. TV 프로그램 시청 번○맨이나 아이야 등을 시청하지만, 오래 시청하지 않으며 직원이 함께 시청할 것을 요구하여 시청함 2. 책 함께 읽기와 음악 듣기 직원이 책을 읽어주거나 직원과 함께 있으며 음악을 듣거나 옆에서 낮잠을 잘 때도 있음 3. 월 1회 드라이브 4. 블록 놀이 등을 직원과 함께 하기 5. 타인을 할퀴거나 꼬집는 행동 * 기분이 나쁠 때나 요구 사항이 받아들여지지 않는 경우 타인에게 해를 끼치는 행동을 함. 이런 때에는 욕구를 파악하여 지원하면 소거됨

현재 상황	주치의 의견
- 화나거나 욕구를 들어주지 않으면 머리 박는 행동을 보임 - 최근 간헐적으로 하루 한 끼도 안 먹는 경우 있음 - 활동은 늘어났으나, 다리에 힘이 없어 몇 걸음 걸으면 넘어지는 모습 보임	- 근력 강화를 위한 지원 필요할 듯 단백질 식이 보완, 의사소통 어려움, 지시 수행 어려움으로 정형화된 재활 운동은 아니더라도 놀이 방식으로 추가적인 지원 관련 단순한 활동이 아닌 근력에 도움이 되는 행동 필요함을 권유함 - 뇌전증 증상은 2021년 3월 이후 없는 상태로, 갑상선항진증 관련 오르필 용량 섬세하게 조절 고려 - 디아제팜 근육긴장 풀어주는 효과 있으나 쳐짐 영향 줄 수 있으며 충동 억제 어렵게 될 수 있으므로 용량 감량 고려 아침: 디아제팜diazepam 5mg에서 4mg으로 감량

결정사항	아침 약 디아제팜diazepam 5mg에서 4mg으로 감량 3월 10일 진료 예정임

2022년 제8차 의료사례회의 (11. 29.)

<table>
<tr><td>주제</td><td>정신과 약물 복용 입주자 건강관리</td><td>작성자</td><td>김정애 간호사, 이용운 사회복지사</td></tr>
<tr><td>복용약</td><td colspan="3">관리병원
○○란스병원 신경과 ⟶ 2020. 5. 12. 살림의원 정신건강의학과로 전원
최초복용
2011~ ○○란스병원 소아신경과
변경 전 약물(2022. 6. 23.)
- 아 침: 오르필시럽 3ml, 인데놀[propranol] 10mg 1정, 디아제팜[diazepam] 2mg 0.5정
- 취침전: 오르필시럽 3ml, 디아제팜[diazepam] 5mg 1정, 인데놀[propranol] 10mg 1정
환인벤즈트로핀 1mg 2정, 리스페달정 0.5mg 1정
현재 복용약(2022. 9. 8.)
- 아 침: 오르필시럽 3ml, 인데놀[propranol] 10mg 1정
- 취침전: 오르필시럽 3ml, 디아제팜[diazepam] 5mg 1정, 인데놀[propranol] 10mg 1정
환인벤즈트로핀 1mg 2정, 리스페달정 0.5mg 1정</td></tr>
<tr><td rowspan="2">약물 변경</td><td colspan="2">- 2022. 1. 12.
화나거나 욕구 들어주지 않는 경우 머리 박는 행동 을 보임. 최근 간헐적으로 하루 3끼 중 한 끼도 안 드시는 경우 있음. 활동은 늘어났으나 다리에 힘이 없어 몇 걸음 걸으면 넘어지는 모습 보임
주치의 근력 강화를 위한 지원 필요할 듯. 단백질 식이 보완. 의사소통 어려움, 지시 수행 어려움으로 정형화된 재활 운동은 아니더라도 놀이 방식으로 추가 적인 지원을 하면 어떨지? 단순한 활동이 아닌 근력 에 도움이 되는 행동 필요함을 권유함
뇌전증 증상은 2021.3월 이후 없는 상태로 갑 상선 항진증 관련 오르필 용량 섬세하게 조절 고려. 디아제팜 근육긴장 풀어주는 효과 있으나 쳐짐 영향 줄 수 있으며 충동 억제 어렵게 될 수 있으므로 용량 감량 고려
아침: 디아제팜[diazepam] 5mg에서 4mg으로 감량</td><td>- 아 침: 오르필시럽 3ml
인데놀[propranol] 10mg 2정
디아제팜[diazepam] 2mg 2정(↓)

- 취침전: 오르필시럽 3ml
리스페달정 0.5mg 1정
인데놀[propranol] 10mg 2정
환인벤즈트로핀 1mg 2정
디아제팜[diazepam] 5mg 1정</td></tr>
<tr><td colspan="2">- 2022. 3. 10.
주치의에게 인사 깍듯이 함. 최근 활동량 늘어남. 공격적인 부분(무는 행동) 전에는 싫어하는 사람에게 하였으나 최근 이유 없이 다수로 변화됨
빈도: 최근 주 1회가량. 한동안 없다가 기분이 안 좋을 때, 맘대로 안 될 때 보임
이용운 팀장 약 감량 관련 상담. 주치의 중장기계획으로 1~2년 경과 관찰하면서 항정신성 약물 서서히 감량 예정
약에 노출된 시간이 짧지 않아 갑작스럽게 중단할 경우 힘듦, 불편 있을 수 있어 시간이 필요함. 무난 한 약으로 인데놀 20mg에서 10mg으로 감량
이○호 씨는 근육계통 부작용 완화하는 약으로 인데놀, 벤즈트로핀, 다이제팜 복용 중임. 복용 중인 리스페리돈 최신 약으로 근육계통 부작용이 적은 약이나 같은 계열의 약인 근육계통 부작용이 더 적은 아리피졸로 변경. 근육의 뻣뻣한 것이 감소하면 약을 줄여 나갈 수 있는 여지가 있다고 함</td><td>- 아 침: 오르필시럽 3ml
인데놀[propranol] 10mg 1정(↓)
디아제팜[diazepam] 2mg 2정
아리피졸 2mg 0.5정(+)
- 취침전: 오르필시럽 3ml
리스페달정 0.5mg 1정
인데놀[propranol] 10mg 1정(↓)
환인벤즈트로핀 1mg 2정
디아제팜[diazepam] 5mg 1정</td></tr>
</table>

약물 변경	- 2022. 5. 10. 수면 상태 불규칙. 수면장애로 인한 체중 감소 보임. 잠을 거의 안 자는 상태이며, 야간에도 같은 방 거주 하는 입주자를 건드려서 같이 놀자고 함. 낮에도 지속적인 요구, 공격적인 행동 모습 보임. 산책 시간도 늘렸으나 여전히 수면장애 보임. 족욕도 실시하나 효과 미비. 주치의 소견으로 수면장애는 정신건강문제를 악화시킬 수 있기에 약물을 조정하기로 함 근육 뻣뻣함으로 복용하는 약으로 의존성이 있으며 깊은 숙면을 방해하는 다아제팜(아침약)은 4mg에서 2mg을 감량 아리피졸정 2mg 중단하고 리스페달정 0.5mg으로 변경. 불면 지속 시 복용할 수 있는 필요시 처방 약 으로 쿠에타핀 100mg 30일분 처방함	- 아 침: 오르필시럽 3ml 인데놀propranol 10mg 1정 디아제팜diazepam 2mg 1정(↓) 아리피졸 2mg 0.5정 - 취침전: 오르필시럽 3ml 디아제팜diazepam 5mg 1정, 인데놀propranol 10mg 1정 환인벤즈트로핀 1mg 2정 리스페달정 0.5mg 1정(+) 필요시 처방약으로 쿠에타핀 100mg 30일분 처방함.
	- 2022. 6. 23. 5월 정신과 진료 시 불면으로 약 조절 후 수면 상태 양호함. 진료 대기 중에도 기분 상태 양호. 진료 전, 진료 시 주치의에게 인사하는 모습 보임. 활발, 근력도 좋아짐. 공격성, 어려운 행동은 남아 있는 상태 임. 식사 잘함. 주치의 복용 약 중 뻣뻣함으로 복용하는 약으로 아침에 디아제팜 용량 2mg에서 1mg으로 감량함. 감량으로 과격한 행동이 덜 나올 수도 있다고 함. 다른 약은 그대로 유지	- 아 침: 오르필시럽 3ml 인데놀propranol 10mg 1정 디아제팜diazepam 2mg 0.5정(↓) - 취침전: 오르필시럽 3ml 리스페달정 0.5mg 1정 인데놀propranol 10mg 1정 환인벤즈트로핀 1mg 2정 디아제팜diazepam 5mg 1정
	- 2022. 7. 21. 6월 23일경 체중 54.9kg 최근 57.3kg으로 2.4kg 증량됨 식사 잘하고 있으며 수면 상태 양호, 활발한 모습 보임을 주치의에게 전달함 약 감량 이후에도 특이 사항 없음을 전달함 진료실에서도 안정된 모습을 보이며 조용히 기다리고, 앉아 있는 모습 보임 주치의 약물로 인해 근육이 뻣뻣한지 상태 확인. 쭉 펴주는 운동 권유함 단백질이 많이 함유된 음식 권유(두유, 뉴케어. 고기류)	약 남아있어 처방 없으며 그대로 유지
	- 2022. 9. 8. 단백질 섭취하면서 근력 늘어난 듯 보임. 공놀이에 집중. 집중하는 시간 늘어남 예민함 감소. 수면 상태 양호 주치의 아침에 복용 중인 디아제팜 2mg 0.5정 중단하기로 함 다음 진료예정일 2022. 11. 15. 14:00	- 아 침: 오르필시럽 3ml 인데놀propranol 10mg 1정 디아제팜diazepam 2mg 0.5정 - 취침전: 오르필시럽 3ml 리스페달정 0.5mg 1정 인데놀propranol 10mg 1정 환인벤즈트로핀 1mg 2정 디아제팜diazepam 5mg 1정
	- 2022. 11. 15. 몸 바로 설 수 있는 기립근 많이 호전됨. 수면시간이 짧아짐 최근 21:30 취침하여 03:00경 깸 깨면 놀고 싶어서 안 자려고 함. 담당직원 "주무세요!"하면 누워있는 모습 보임을 주치의에게 전달함 주치의 의존성 약물인 디아제팜은 1mg 감량하고, 수면할 수 있는 쿠에타핀 6.25mg 추가하여 경과 관찰하기로 함 다음 진료예정일 2023. 1. 12. 14:00	- 아 침: 오르필시럽 3ml 인데놀propranol 10mg 1정 - 취침전: 오르필시럽 3ml 리스페달정 0.5mg 1정 인데놀propranol 10mg 1정 환인벤즈트로핀 1mg 2정 디아제팜diazepam 2mg 2정(↓) 쿠에타핀 12.5mg 0.5정(+)

약물 변경	현재 상황 1. 수면시간 22:00 전후로 취침하여 03시경 기상하여 직원의 권유에 따라 다시 수면하는 경우도 있지만 대부분 놀이를 하고 싶은 욕구에 더 이상 수면하지 않고 방에 있다가 06시경 기상 거실로 나옴. 숙면을 위하여 11/15일부터 처방받은 쿠에타핀 6.25mg 복용하며 수면 상태를 관찰 중임. 2. 현재 본인이 원하는 충분한 양의 식사를 하도록 지원함. 식사 시간에 식사에 열중하다 보니 타입주자에게 관심을 보이거나 공격적인 행동을 하는 부분은 감소함.(체중 1월 52kg >> 11월 56.4kg 증가) 3. 근육 뻣뻣함이 상당히 감소 되었고 허리를 편 상태에서 긴 시간 복도를 뛰어다니거나 놀이하는 활동적인 모습을 보임	**- 일상생활 지원** 1) 일상생활 - 규칙적이고 올바른 식사 예절을 위한 칭찬과 지지해주기 - 단백질이 많이 함유된 음식 섭취 지원(두유, 뉴케어. 고기류) - 불필요한 약물에 대한 의존력을 줄여가면서 활동적인 생활 지원 - 일상 활동 시 허리를 쭉 펴고 걷도록 지원 - 최소한의 도움으로 착·탈의 할 수 있도록 지원 2) 정서적 지원 - 소통할 수 있는 방법을 찾아 자신의 의견을 표현할 수 있도록 지원 - 직원과 함께 비닐놀이, 공놀이를 통한 즐거움과 유대감 형성 지원 - 선호하는 TV의 프로그램 시청(디○니랜드 번○맨 등) 3) 여가생활 지원 - 실내 활동이나 놀이 시 허리를 쭉 펴고 할 수 있도록 지원 - 개별외출과 주말을 이용한 드라이브 지원 - 소규모 여행 지원

현재 상황	주치의 의견
- 수면시간 짧아짐으로 11월 15일 쿠에타핀 6.25mg 추가 처방 약 복용하면서 수면 상태 관찰 중임 - 수면 중 중간에 깨서 놀려는 행동 보임 - 체중 1월 52kg ⟶ 11월 56.4kg으로 증가	- 수면 패턴 경과 관찰 - 활동량 독려하면서 경과 관찰

진행 사항	- 깊은 수면을 위해 취침 약을 20:30 이후 복용함 - 낮에 공놀이 등을 함께 하여 저녁에 깊은 수면을 할 수 있도록 함 - 편안한 수면을 위해 샤워는 중단하고 오후, 저녁 식사 후 샤워 지원 - 11/15 주치의 의존성 약물인 디아제팜은 1mg 감량하고, 수면할 수 있는 쿠에타핀 6.25mg 추가하여 11/21부터 복용하여 경과 관찰 이후 22:00~05:00 평균 수면시간 1-2 시간 늘어남 05:00 이후 일어나 방에서 혼자 놀거나 한○수 씨 깨우는 행동은 지속됨 - 낮에 한○수 씨에게 집착하는 행동은 변화 없음 (공놀이, 깨우는 행동, 일어나서 식사하라고 하는 행동, 놀아주지 않으면, 짜증 내고 화내고 우는 행동)

2023년 제9차 의료사례회의 (11. 22.)

주제	정신과 약물 복용 입주자 건강관리	작성자	김정애 간호사, 이○ 사회복지사

복용약

관리병원

- ○○란스병원 신경과 ⟶ 2020. 5. 12. 살림의원 정신건강의학과로 전원

최초복용

2011~ ○○란스병원 소아신경과

변경 전 약물(2023. 9. 12.)

- 아 침: 인데놀 10mg 0.5정
- 취침전: 인데놀 10mg 0.5정, 환인벤즈트로핀 1mg 1정, 리스페달정 0.5mg 1정, 쿠에타핀 12.5mg 0.5정
- 필요시: 쿠에타핀 25mg 1정(지난 처방으로 보관 중임), 리스페달정 0.5mg 1정

현재 복용 약(2023. 11. 1.)

- 아 침: 인데놀정 10mg 0.5정
- 취침전: 인데놀정 10mg 0.5정, 리스페달정 1mg 1정, 벤즈트로핀정 1mg 1정, 쿠에타핀정 12.5mg 0.5정

약물 변경

2023. 6. 1. 정기진료

- 취침 시간: 22:00-05:00 함께 생활하는 한○수 씨 수면을 방해하는 행동을 하기도 함
- 일상생활에서 스스로 할 수 있도록 지원(탈의한 의복 가져다 놓기, 스스로 입기, 식사한 그릇 가져다 놓기)
- 입주자와 다툼이나 관계 문제 발생할 때 방으로 이동 분리하여 혼자 안정적으로 시간을 보낼수 있도록 함
- 정확한 의사 표현 시 지지하고 격려해 주기, 직원과 함께 있으면서 자주 눈을 맞추고 웃어 주며 말걸기 등의 정서적 지원하고 있음을 주치의에게 전달함
- 약물 조절 후 상태 호전 보여 약 유지하면서 다이제팜 2mg에서 1mg으로 감량함

<복용 약>

- 아 침: 오르필시럽 3ml, 인데놀[propranol] 10mg 1정
- 취침전: 오르필시럽 3ml, 인데놀[propranol] 10mg 1정, 환인벤즈트로핀 1mg 2정,
  디아제팜[diazepam] 2mg 0.5정(↓), 리스페달정 1mg 1정, 쿠에타핀 12.5mg 1정
- 필요시 쿠에타핀정 25mg 1정

2023. 8. 8. 정기진료

- 일상생활 잘 지내고 있음을 전달. 종종 밤에 잠을 못 자는 듯한 모습을 보임
  소리 지르며, 예민한 듯한 모습들이 많이 소거됨
- 꾸벅, 꾸벅 조는 듯한 모습 보임. 자주 넘어지고, 중심 잡기를 힘들어한다는 내용 전달
  (뇌전증으로 인한 것인지 정신건강의학과 약물과의 관련성 문의함)
- 은평○○병원 진료 후에 라믹탈 추가 처방된 것을 전달함
  주치의 현재 넘어지는 것과 관련하여 인데놀정과 환인벤즈토로핀정, 리스페달정 절반으로 약물 조정
  한꺼번에 약물 줄였을 때에 이○호 씨가 혼란스럽거나 어렵지는 않을지에 대해서 문의함
  주치의 인데놀정과 환인벤즈토로핀정은 리스페리돈의 보안하는 약으로 어려운 행동과는 크게 상관없다고 함
  근육이 경직되는 것을 방지하기 위한 약으로 리스페달정은 꾸준히 줄여가면서 이○호 씨의 근육경직을 막는 것이 중요하다고 함

<복용 약>

- 아 침: 오르필시럽 3ml, 인데놀 10mg 0.5정(↓)
- 취침전: 오르필시럽 3ml, 인데놀 10mg 0.5정(↓), 환인벤즈트로핀 1mg 1정(↓),
  디아제팜 2mg 0.5알, 리스페달정 0.5mg 1정(↓), 쿠에타핀 12.5mg 0.5정(↓)

약물 변경

2023. 9. 12. 정기진료

- 8/8 약물 조절 후 간헐적으로 도전적인 행동 보임을 주치의에게 전달함(최근 자해로 머리에 상처 났음을 전달함)
- 주치의 복용 중인 약물 중 의존적인 디아제팜 2mg 0.5알 중단
- 약 중단 후 일시적으로 예민해질 수 있음을 전달받음
- 예민하거나 도전적 행동이 보이면 약 쿠에타핀 25mg 복용 이후 증상 지속되면 리스페달 0.5mg 1알 복용 예정
- 오르필은 은평○○병원 신경과에서 약 처방받을 예정임

<복용 약>
- 아 침: 인데놀 10mg 0.5정
- 취침전: 인데놀 10mg 0.5정, 환인벤즈트로핀 1mg 1정
  디아제팜 2mg 0.5정, 리스페달정 0.5mg 1정, 쿠에타핀 12.5mg 0.5정
- 필요시: 쿠에타핀 25mg 1정(지난 처방으로 보관 중임), 리스페달정 0.5mg 1정

2023. 11. 1. 정기진료

1. 일상생활

가. 유튜브 시청(파워 ○○져, 번○맨, 푸○오, 먹방 등 다양한 영상을 태블릿이나 tv로 시청함)
나. 자신이 원하는 것을 할 수 없을 때, 또는 화가 날 때 화를 내거나 TV를 손으로 치거나
식탁, 옷장, 폴딩도어 등을 손으로 또는 손등, 팔꿈치 등으로 치는 행동함
소파를 물어뜯는 행동함. 심하면 간혹 사람을 무는 행동을 보임
다. 일상생활 속에서 예민함이 올라와서 작은 지시어나, 권유 사항에도 어려운(물음. 때림 등) 행동을 보임
라. 어머님도 이○호 씨의 어려운 행동에 대해 걱정함

2. 여가생활

10/24~10/25 강화도 소규모 여행, 월 1회 드라이브 진행
생활실에서 전달받은 내용 주치의에게 전달함. 예민함 지속되고, 수면 상태 변화되어 필요시 처방 약 10월26일부터 취침 전에 복용한 후 예민함이 감소 되었음을 주치의에게 전달함.
필요시 약물 정기적으로 복용하기로 함.
은평○○병원 신경과에서 복용 중인 약물 중 라믹탈이 예민함을 올려 줄 수 있으므로 경과 관찰하기로 함.
추후 은평○○병원 신경과 진료예정일에 주치의와 상담 예정임

<복용 약>
- 아 침: 인데놀정 10mg 0.5정
취침전: 인데놀정 10mg 0.5정, 리스페달정 1mg 1정(↑), 벤즈트로핀정 1mg 1정, 쿠에타핀정 12.5mg 0.5정

~ 현재 상황

1. 긍정적 변화
- 이동 거리가 길어지고 체력이 좋아져 외부 활동이 많아짐
- 불특정 다수에게 보이던 어려운 행동(꼬집거나, 물거나)은 줄어듦
- 고집대로 하던 행동들이 직원들에게 의사 표현을 하며 일부 조율하는 부분들이 생김
- 일상생활 속에서 본인이 하는 일들이 늘어남.
  (세탁장에 의복 넣어두기, 사용한 물건 정리하기, 스스로 물 마시기 등)
- 혼자만의 여가생활을 즐김.(비닐봉지 놀이, 공놀이, 태블릿 pc 놀이 등)

1. 일상생활 지원
1) 취침 시간
20:00~21:00 사이 취침, 04:00~06:00 기상
2) 기상 후 거실로 나와 TV를 시청하거나 태블릿을 시청하도록 지원하고 있음.
3) 스스로 할 수 있는 영역 넓혀주기
(탈의한 의복 가져다 놓기, 스스로 입기, 식사한 그릇 가져다 놓기)
4) 혼자만의 여가생활을 보낼 수 있도록 지원
(비닐봉지 놀이, 공놀이, 태블릿pc 놀이 등)

2. 정서 지원
- 어머님과 화상 통화하며 심리적 안정 느끼기
- 정확한 의사 표현 시 지지하고 격려해 주기
- 직원들과 함께 있으면서 자주 눈을 맞추고, 웃어주며 말 걸기

	2. 어려운 행동 관찰 *10/16~11/7 행동 관찰 내용 *10/16(월) - 이○호 씨 은평○○병원 정형외과 진료(오른쪽 팔꿈치 뼈 부위가 어긋나는 것은 예견된 사항이었음. 수술보다는 현 생활을 유지하며 관찰하기로 함) - 저녁 식사 후에도 의자에 앉아 있다가 일어나면서 옆 입주자의 얼굴을 때림. 자극을 받은 입주자가 화가 나서 소리를 지르고 본인의 얼굴을 3대 때림 *10/17(화) - 컴퓨터 책상에 앉은 직원을 여러 번 잡아당기려 다 실패하자 얼굴을 할퀴는 행동을 보임. 즉각 중재 하자 큰 울음소리를 내고 악쓰기를 계속 함 *10/19(목) - 점심 식사 후 이○호 씨는 갑자기 거실로 나오더니 다른 입주자 옆으로 앉음. 한참 동안 바라보며 입주자의 얼굴을 할퀴려 손을 뻗는 모습이 관찰됨. 바로 이○호 씨를 입주자와 분리시키려 방으로 이동케 함. 이○호 씨는 들어가지 않으려 고집을 부리며 한참 동안 실랑이를 벌임. 다른 입주자분들에게 안전을 위해 방으로 함께 이동 하여 잠시 쉬도록 했지만, 직원에게 어려운 행동(꼬집고 물려는 행동)을 지속적으로 보임 - 04:00에 일어나 분리수거장 비닐 다 꺼내서 흐트러뜨림. 거실 휴지통 다 꺼내 놓음. 이후 방에서 계속 소리를 지르며 문과 벽 손으로 치는 행동 보임 *10/22(일) 식사 시 직원이 요플레와 우유를 나누어 주려고 로비 쪽으로 가면 이○호 씨도 식사하지 않고 직원을 따라와서 식사하고 있는 입주자분들을 일부러 건드리는(꼬집는) 행동을 보임. 이○호 씨에게 먼저 주어도 자신의 것은 마시지 않고 직원을 따라와 입주자들에게 어려운 행동을 반복함 *10/23(월) 아침 식사 후 위생지원을 하려고 상의를 벗자 오른 쪽 팔의 옷이 다 찢어지고 팔 부분에는 이빨로 문 자국과 멍이 있음. 위생지원 시에도 거울에 머리를 부딪히는 모습을 많이 보였고, 오른팔을 무는 행동을 반복. 직원을 쫓아 다니면서 머리를 때리고 할퀴려는 모습을 수시로 보임 *10/27(금) - 새벽 2시경 옷을 찢고, 방 스위치 주변에 핏자국이 많이 있는 상태 확인됨 - 점심과 저녁 식사가 특식이어서 분주하게 움직이는데 이○호 씨는 자리에 앉아 있지 않고 이리저리 이동하면서 입주자분들과 직원들을 꼬집거나 할퀴려는 모습이 반복적으로 보임. 또한 자리에 앉으려고 하면 일어나 책상을 밀거나 소리를 지르면서 어려운 행동이 반복됨. 시간이 지나 태블릿이 방전되어 충전해야 된다고 설명하며 가져가려고 하자, 소리를 지르면서 직원의 팔을 잡고 꼬집고 물려는 어려운 행동이 반복됨 - 옷을 물고 뜯고 잡아당겨서 그런지 양치하는데 오른쪽 치아가 아픈지 이를 닦지 못하게 함 *10/28(토) - 오전 10시 40분경 이○호 씨 본인 머리를 잡고 울면서 직원에게 다가와 확인해 보니, 오른쪽 머리 에 2cm 가량 찍힌 상처에서 피가 흘러 바로 지혈 과 소독을 하고 연고를 발라줌. 당시 다른 입주자가 빗자루를 들고 소파에 앉아 있는 이○호 씨 앞을 오가는 상황이어서 빗자루 손잡이(플라스틱) 부분으로 가격한 것으로 추정됨 - 태블릿pc를 충전을 위해 설명하며 가져가려고 하자 직원을 향해 손을 뻗어 할퀴려 하는 행동 보임. 이야기만 하면 할퀴는 행동이 반복됨 *10/29(일) 소파를 밀치고 지나가는 입주자와 직원을 쫓아다니 면서 할퀴려는 행동을 여러 번 보여 중재하려 고 하였으나 소리를 지르며 위협적인 모습을 보임	2. 정서 지원 - 어머님과 화상 통화하며 심리적 안정 느끼기 - 정확한 의사 표현 시 지지하고 격려해 주기 - 직원들과 함께 있으면서 자주 눈을 맞추고, 웃어주며 말 걸기 3. 여가생활 1) 강화도 소규모 여행, 월 1회 드라이브 진행 2) 유튜브 시청(파○ 레○져, 번○맨, 푸○오, 먹방 등 다양한 영상을 태블릿이나 tv로 시청함

	*11/3(금) - 위생 지원(양치와 기저귀를 교체)을 하며 손이 지저분해 씻어주자, 직원의 손을 꼬집으려 하고 본인의 머리를 수납 거울에 박는 행동을 함. 머리를 박으면서 직원의 행동을 살피고 어려운 행동을 반복적으로 보임. 위생지원을 잠시 멈추고 30분 후에 지원하려고 하였으나 거부하여 기저귀 교체만 실시함 - 본인이 하고 싶은 일을 하지 못할 때 타해가 이뤄짐 - 선행 자극이 없더라도, 불특정 다수에게 타해가 이뤄짐 - 요구 사항들이 많아졌으나, 우는 소리를 내어 요구 사항들을 정확하게 판단하기 어려움. 의사소통이 원활하지 않을 때는 울거나 물건들을 던지고, 두드리는 행동을 보임. 이로 인해 다른 입주자분들이 자극을 받는 일들이 있음 - 일상생활 속에서 예민함이 올라와서 권유 사항에도 어려운 행동(물기, 때리기 등)을 보임	

현재 상황	주치의 의견
- 일상생활 속에서 예민함이 올라와서 가벼운 지시나 권유에도 어려운 행동 (물기, 때리기 등) 보임 - 울거나 소리 지르는 모습 보임. 예민함이 늘어남 - 혼자 노는 시간 길어짐	- 예민함의 기준, 선행사항이 있는지, 정확한 (명확한) 판단이 중요 - 바뀐 행동에 대한 선행 자극이 없이 예민해졌는지 주변 환경에 의해 예민해졌는지가 중요 - 일상적인 접근을 함에도 부드럽게 되지 않는 경우도 중요한 부분임 - 빠른 속도로 라믹탈의 증량 - 라믹탈 감량 은평○○병원 신경과에 요청하기로 함 라믹탈 감량하면서 경련발작 증상관찰 필요 - 예민함으로 아침에 리스페달 0.5mg 1알 추가

진행 사항	- 11/29 은평○○병원 신경과에서 뇌전증 약인 라믹탈 용량 200mg에서 50mg으로 감량함. 이후 뇌전증 증상 없으며 안정적인 모습을 보임 - 약물 용량을 감량하고 직원들의 권유 사항(씻기, 기저귀 교체, 탈의, 의복 세탁실에 가져다 놓기) 을 수용하는 모습들을 보임. 권유 사항들이 받아들여지면 긍정적 경험이 쌓일 수 있도록 칭찬과 격려함 - 자신이 원하는 것을(유튜브 영상) 바로 지원해 주지 않는 경우 TV 때리는 행동, 식사 시 식탁을 때리는 행동, 거실 폴딩도어를 팔꿈치나, 팔로 치는 행동을 보임. 이때 누군가 옆으로 지나다니면 먼저 팔을 뻗어 할퀴려 하는 자세를 보임 - 직원이 위생지원을 할 때 직원의 머리를 잡는다든지, 양쪽 팔을 꼬집으려 행동을 보임. 본인의 욕구대로 하지 못할 시 울음소리를 냄 - 어려운 행동들이 중재되지 않을 때는 방으로 분리하여 시간을 보낼 수 있도록 함 * 취침 시간 20:00~05:00 충분한 수면을 하고 있음

2024년 제1차 의료사례회의 (2. 21.)

주제	입주자 건강지원 방향 논의	작성자	김정애 간호사, 이보라 사회복지사, 최인석 사회복지사, 추혜인 촉탁의

■생활영역

1. 주간 일정

오전	- 6:00~10:00 아침 식사, 위생지원(09:30~10:20 수/작업치료) - 10:00~12:00 유튜브 영상 시청, 책 가지고 놀기, 공놀이, 비닐 놀이 * 오전에는 식사 후 휴식을 취하는 경우가 많음. 가능한 오후에 움직이는 활동이 많음.
오후	- 12:00~13:00 점심 식사, 위생지원 - 13:00~17:00 여가생활(지역사회 산책, 영상 시청, 공놀이, 비닐 놀이, 간식 먹기 등) - 17:00~19:00 저녁 식사, 위생지원 - 19:00~22:00 여가생활(짐볼놀이, 영상 시청, 공놀이, 비닐 놀이, 간식 먹기, TV 시청 등) - 22:00~ 취침 * 주 1회 드라이브 지원, 월 1회 지역사회 외출 지원, 분기별 나들이 진행

2. 일상생활 케어

키/몸무게 162cm, 67kg	
식사	- 스스로 식사하며 저작에 문제없음. 반찬보다 밥 위주로 식사 - 특별하게 편식하지 않으며 일반식으로 식사함. 고기류, 절인 음식, 채소를 좋아함
수면	- 22:00 취침 → 05:00~06:00 사이 기상 / 1일 7시간 이상 숙면 - 기상하면 방에서 혼자 노는 경우가 있음
구강관리	- 치아 상태는 현재 좋으나 사물을 무는 행동과 치아로 사물을 치는 행동으로 인한 치아 파손이 염려되어 치아 관리에 세심한 관찰 중임 - 양치를 직원들의 전적인 도움을 받아 관리, 치아 사이에 음식물을 끼지 않도록 관리 - 1일 3회 양치질 지원
배뇨 배변	기저귀 착용하고 있으며 간혹 변기에 앉아 배뇨하기도 함(1일 4회) - 기저귀 착용하며 2일 간격 배변 활동

3. 여가생활
- 유튜브 영상 시청, 책 가지고 놀기, 공놀이, 비닐 놀이, 간식 먹기
- 주 1회 지역사회 산책 또는 지역사회 상점 이용(카페, 식당)
- 월 1회 드라이브, 분기별 가정 외출
- 연 1회 소규모 여행

4. 케어 시 어려운 점이나 궁금한 점
- 머리 박는 행동으로 뇌전증이 악화될까 걱정임
- 손, 손등, 손목, 팔, 팔꿈치, 다리 등의 관절로 사물을 때리는 행동으로 인한 골절 염려
- 치아 상태는 현재 좋으나 사물을 무는 행동과 치아로 사물을 치는 행동으로 인한 치아 파손이 염려

■ 의료영역

과거력	1. 행동장애 뇌전증 부분 발작partial seizure 남아 있는 상태 잦은 외상과 자해 질식asphyxia - 2019년 마시멜로 먹던 중, 폐부종으로 중환자실 입원, 기관지 내시경 시행
복용약	<살림의원 정신건강의학과> 정신과 약물 - 아　침: 인데놀 10mg 0.5알, 리스페달 0.5mg 1알 - 취침전: 인데놀 10mg 0.5알, 벤즈트로핀 1mg 1알, 리스페달 1mg 1알 쿠에타핀12.5mg 0.5알 <살림의원 가정의학과> 무좀 점심: 티비에프 125mg 2알 <은평○○병원 신경과> 뇌전증 -아침, 저녁: 오르필서방정 300mg 1알, 라믹탈정 25mg 1알, 오르필서방정 150mg 1알
이전 예방접종	파상풍 2019
예방접종	독감과 코로나 : 2024~2025 절기
우려되는 점	1. 행동장애와 뇌전증 관리 - 신경과-정신과 사이의 약 처방에 대한 소통 원활해야 함 - 추후 갑상선 기능저하증/항진증 등 발생 가능성 높아 갑상선 기능에 대한 정기적인 추적 관찰 필요 2. 외상 발생 후 처치 시의 비협조로 인해 외상이 더욱 진행될 가능성 우려 3. 음식 섭취 시 웃거나 흥분하는 경향으로 질식, 흡인성 폐렴 등의 가능성 우려 4. 무좀 관리 5. 치아 관리
결정 사항	- 머리 박는 행동으로 뇌전증이 악화될까 걱정임 자해로 인한 뇌손상으로 뇌전증 악화될 가능성 없지는 않으나 높지도 않음 자해와 같은 어려운 행동도 뇌전증에 수반된 증상일 수 있음 오르필의 경우 뇌전증 약이지만 어려운 행동에도 복용할 수 있는 약이므로 오르필 증량 후 자해 행동 개선되는지 관찰 필요 - 손, 손등, 손목, 팔, 팔꿈치, 다리 등의 관절로 사물을 때리는 행동으로 인한 골절 염려 - 치아 상태는 좋으나 사물을 물거나 치아로 사물을 치는 행동으로 인한 치아 파손이 염려 행동장애 ——> 뇌전증의 일종으로 보는 견해

2025년 제2차 의료사례회의 (3. 19.)

주제	입주자 건강지원 방향 논의	작성자	김영환 사회복지사, 김정애 간호사 추혜인 촉탁의

■생활영역

1. 주간 일정

오전	- 6:00~10:00 아침 식사, 위생지원 - 10:00~12:00 유튜브 영상 시청, 책 가지고 놀기, 공놀이, 비닐 놀이 작업치료 (화요일, 목요일/14:30~15:00, 수요일, 금요일/10:00~10:30 주 4회 1일 30분)
오후	- 12:00~13:00 점심 식사, 위생 지원 - 13:00~17:00 유튜브 영상 시청, 책 가지고 놀기, 공놀이, 비닐 놀이, 간식 먹기 - 17:00~19:00 저녁 식사, 위생 지원 - 19:00~22:00 유튜브 영상 시청, 책 가지고 놀기, 공놀이, 비닐 놀이 - 22:00~ 취침

2. 일상생활 케어

키/몸무게 162cm, 58.7kg (3.2 기준)	
식사	- 스스로 식사하며 저작에 문제없음. 반찬보다 밥 위주로 식사 - 식사 중 다 드시지 않은 그릇을 들고 직원에게 다가오시면서 더 많은 양을 요구하시는 경우가 있음 - 김자반을 유난히 좋아하심. 대부분 김자반을 제공해 드리며 김자반이 있는 경우 보통 두 그릇 이상 식사함 - 특별히 편식하지 않으며 일반식으로 식사함. 고기류, 절인 음식, 채소를 좋아함 - 2월부터 식사량이 점차 증가하였고 과자 단 음료 지원을 줄이면서 식사에 집중할 수 있도록 지원함
수면	- 22:00 취침 → 05:00~06:00 사이 기상 / 1일 7시간 이상 숙면 - 기상하면 방에서 혼자 노는 경우가 대부분이나 때론 소리를 지르고 주변 입주자와 마찰이 일어나는 경우가 종종 있음
구강관리	- 치아 상태는 현재 좋으나 사물을 무는 행동과 치아로 사물을 치는 행동으로 인한 치아 파손이 염려되어 치아 관리에 세심한 관찰 중임 - 양치를 직원들의 전적인 도움을 받아 관리, 치아 사이에 음식물을 끼지 않도록 관리 - 1일 3회 양치질 지원
배뇨 배변	기저귀 착용하고 있으며 간혹 변기에 앉아 배뇨하기도 함 - 기저귀 착용하며 2일 간격 배변 활동하고 있으나 1일 2회 배변 활동을 하는 경우도 있음
체중	(아래 표 참조) - 2024년 3월부터 매달 체중이 감소하였으며 최고치 체중이었던 2024년 2월 68.6kg에서 현재 58.9kg. (9.9kg 감량)

2024년						
1/7	2/3	2/5	3/17	3/24	4/7	4/14
66.8	67.0	68.6(최고)	68.3	65.5	64.9	63.9
4/28	5/4	5/11	6/2	6/9	6/16	6/30
62.5	61.2	61.0	61.0	58.0	56.4	56.4
7/6	7/13	7/20	8/3	8/10	8/18	8/25
55.3	55.1	55.1	54.0	55.0	53.0	54.0
9/7	9/14	10/5	10/26	11/2	11/2	12/1
54.6	54.0	54.6	55.1	55.6	55.7	55.1(최저) 2/25 대비 13.5kg 감량
2025년						
1/25	2/1	2/15	2/22	3/2		
55.0	55.0	57.5	58.0	58.7		

3. 여가생활
- 유튜브 영상 시청, 책 가지고 놀기, 공놀이, 비닐 놀이, 간식 먹기
- 월 2회 지역사회 산책 또는 지역사회 상점 이용(카페, 식당)
- 연 1회 소규모 여행 (원가정 방문 추진)
- 스트레칭 운동 지원 (천장에 매달아 놓은 장난감과 비닐 잡기 시도) 예정
- 욕실에서 욕조 물놀이 지원 예정

4. 케어 시 어려운 점이나 궁금한 점
- 원하는 욕구에 대해 만족과 충족을 하지 못하는 경우 입주자, 직원을 꼬집고 할퀴려는 행동이나 소리를 지르는 행동을 보여 입주자와 마찰이 빚어지는 경우가 있음
- 2024/3 ~ 2025/3 체중 13.5kg 감소. 2025. 1월부터 자이프렉사정2.5mg 증량하여 약 복용함
  이후 식사량이 증가하여 다시 3.5kg 체중 증가 됨. 자이프렉사정을 지속적으로 복용해야 되는지? 현재 식욕이 증가하여 약을 감량하는 것이 좋을지 궁금함
- 자이프렉사2.5mg 복용 후 식욕과 식사량이 증가함. 매끼 2그릇 이상 드시며 체중도 증가함
  식욕이 늘어남에 충족감과 포만감을 느껴 식사 후 기분 좋은 모습을 보이기도 함. 꼬집고 할퀴는 행동의 경우 여전하며 새벽 기상 후 우는 소리, 머리를 찧는 행동을 보이기도 함. 직원에 따라 일상 케어 지원에 비협조적인 모습을 보임. 약 복용 전부터 해왔던 책 넘기기, 비닐 놀이는 여전히 좋아하고 즐김. 가족력으로 인해 주기적인 당뇨 확인이 필요하진 않은지 궁금함
- 오른쪽 팔꿈치가 골절되어 현재 일상생활을 지내고 있는데 열감은 없지만 통증이 있을 수 있는지?
  온찜질을 하는 것이 좋은지? 일상생활 속에서 어떻게 지원해야 하는지 궁금함

■의료영역

과거력	1. 행동장애 2. 뇌전증 - 부분 발작partial seizure 남아 있는 상태 3. 잦은 외상과 자해 - 이개 혈종, 주두 활액낭염 등 4. 질식(asphyxia) - 2019년 마시멜로 먹던 중, 119 출동, 폐부종으로 중환자실 입원, 기관지 내시경 시행 - 2024년 롤케이크 먹던 중 질식 발생하여 119 출동, 응급실 내원 후 큰 이상 없어서 귀가
복용약	<살림의원 정신건강의학과> **정신과 약물** - 아침, 취침전: 인데놀 10mg 0.5알, 리스페달 0.5mg 1알 - 아침: 아빌리파이 1mg 1알 - 취침전: 벤즈트로핀 1mg1알, 쿠에타핀 12.5mg 0.5알, 자이프렉사 2.5mg <살림의원 가정의학과> **무좀** 티비에프 125mg 2알(1일 1회/점심) <은평○○병원 신경과> **뇌전증** -아침, 저녁: 라믹탈정 50mg 1알, 오르필서방정 300mg 1알, 오르필서방정 150mg 1알
이전 예방접종	파상풍 2019
예방접종	독감과 코로나 : 2025~2026 절기
케어 포인트	1. 행동장애와 뇌전증 관리 - 신경과-정신과 사이의 약 처방에 대한 소통 원활해야 함 - 정신과 약물 조정 시 뇌전증 역치가 낮아질 수 있음 - 추후 갑상선 기능저하증/항진증 등 발생 가능성 높아, 정기적인 추적 관찰 필요 - 손떨림, 코어근육의 톤 저하, 식욕저하 등 약물 부작용이 잘 나타나는 편임 2. 외상 발생 후 처치 시의 비협조로 인해 외상이 더욱 진행될 가능성 우려 3. 음식 섭취 시 웃거나 흥분하는 경향으로 질식, 흡인성 폐렴 등의 가능성 우려 4. 무좀 관리 5. 치아 관리 6. 체중 관리 : 메게롤megesterol 필요 시 복용

♣ **결정사항**

- 원하는 욕구에 대해 만족과 충족을 하지 못하는 경우 입주자, 직원을 꼬집고 할퀴려는 행동이나 소리를 지르는 행동을 보여 입주자와 마찰이 빚어지는 경우가 있음
- 2024/3 ~ 2025/3 체중 13.5kg 감소. 2025년 1월부터 자이프렉사정 2.5mg 증량하여 약 복용함
  이후 식사량이 증가하여 다시 3.5kg 체중 증가 됨. 자이플렉사정을 지속적으로 복용해야 되는지? 현재 식욕이 증가하여 약을 감량하는 것이 좋을지 궁금함
- 자이프렉사 2.5mg 복용 후 식욕과 식사량이 증가함. 매끼 2그릇 이상 드시며 체중도 증가함
  식욕이 늘어남에 충족감과 포만감을 느껴 식사 후 기분 좋은 모습을 보이기도 함. 꼬집고 할퀴는 행동의 경우 여전하며 새벽 기상 후 우는 소리, 머리를 찧는 행동을 보이기도 함. 직원에 따라 일상 케어 지원에 비협조적인 모습을 보임
  약 복용 전부터 해왔던 책 넘기기, 비닐 놀이는 여전히 좋아하고 즐김. 가족력으로 인해 주기적인 당뇨 확인이 필요하지는 않은지 궁금함
- 오른쪽 팔꿈치가 골절되어 현재 일상생활을 지내고 있는데 열감은 없지만 통증이 있을 수 있는지?

- 자이프렉사 복용 후 체중 늘어났으나 어려운 행동에는 변화 없음 - 자이프렉사를 빼는 것보다는 감량하는 것이 어떨지? 추후 자이프렉사 용량 정신과 주치의와 상담 예정 - 당뇨 관리는 갑상선 기능 체크 연 2회 진행 시 함께 검사하기로 함(6월, 12월) - 골절 관련 조치 필요하지 않음. 통증 없어 보임. 관절 구축되어 있으나 큰 걱정 안 해도 됨 온찜질 안 해도 됨. 구축된 관절을 펴면서 온찜질은 가능

♣ **모니터링(의료사례 이후 진행사항)**

- 현재에도 매 식사 시 2~3그릇 비우며 많은 양의 식사를 하고 있음. 하지만 반찬을 골고루 섭취하지 않고 밥에 김이나 김자반 위주로 식사하는 편식이 나타나고 있음
- 밤에 수면시간이 줄어들었고 밤에 일어나 우는 소리, 문을 치거나 머리를 박는 행동을 보임. 여전히 특정 직원에게 꼬집거나 할퀴는 모습을 보임
- 책을 넘기면서 보는 것을 좋아하여 여가시간에 책을 집중해서 보는 편이고, 책이 없으면 비닐을 가지고 시간을 보냄. 날씨가 따뜻해지면서 중정에서 햇볕 쬐기, 동네 산책, 주말에는 외출 등을 지원함
- 오른쪽 팔꿈치 통증과 열감이 있는지 지속적으로 체크하며 관찰 중임

이○호 씨 긍정적 행동지원 매뉴얼

어려운 행동 예방을 위한 긍정적 행동 지원내용	어려운 행동 지원 방침 내용
1. TV, 태블릿 PC 사용 시 - TV 화면을 때리거나 머리를 박는(바닥, 책상등) 행동을 보일 경우 원하는 프로그램을 찾아 지원한다. 방법으로는 선호하는 프로그램을 직접 선택할 수 있도록 프로그램 사진이나 프린트물을 활용한다. 즉각적인 반응이 없을 때 머리 박는 행동은 더 과격해질 수 있다. **2. 식사 시나 간식을 요구할 때** - 식사를 권하면 화를 내며 쟁반이나 숟가락을 던지거나 물을 쏟아버리는 행동이 관찰 시에는 직원 간의 정보를 즉각 공유하고 좋아하는 반찬을 구입하여 대응할 수 있도록 한다. 이때 좋아하는 반찬이나 음식 사진을 보여주며 선택하도록 한 후에 구입한다. (멸치, 양파절임. 파래무침, 김, 김자반 등) - 배가 고플 경우 기다리지 못하는 경우가 있으므로 상황에 맞게 식사 순서를 제공한다, 좋아하는 반찬이 있으면 흥분하고 추가해달라고 요구하면 즉시 반찬을 제공한다. 선호하는 반찬 등을 기록하여 필요한 경우 구입하여 제공한다. (양파 절임. 멸치, 김자반, 김, 파래무침 등) - 좋아하는 과일과 나물 반찬들이 떨어지지 않도록 사전에 미리 준비하여 필요시 지원해 준다.	**1. 지나가다가 입주자를 밀치거나 꼬집는 행동을 보일 시 두 입주자 간의 선행 행동이 있었는지 확인해 본다.** - 입주자와 분리 조치 후 안정된 상태 보이면 조용하고 부드러운 말투로 하되, 단호하며 짧고 명료하게 잘못된 행동에 대해 알려줌 **2. 무는 행동(자해, 타해, 의복, 소파 등)** - 무관심으로 대응한다. 혹시 모를 위급한 상황이 발생하지 않도록 주시한다. - 재빨리 그 자리에서 벗어날 수 있도록 한다. 부득이 피할 수 없고, 마찰이 지속된다면 다른 직원의 도움을 받도록 한다. 3. 자신보다 약하다고 느끼는 입주자나 직원들에게 **해하는 행동을 보일 때에는 방으로 이동하여 잘못된 행동임을 알려주고 잠시 혼자만의 시간을 갖도록 한다. (단 혼자 있는 시간이 10분 이상이 되지 않도록 한다)**

3. 어려운 행동의 원인 중에 이○호 씨는 직원이나 동료 입주자의 관심이나 반응을 끌기 위한 행동일 수 있으므로 **원하는 것이 무엇인지 신속히 확인 후 지원한다.**
- 간식을 요구할 때 → 간단하게 간식을 제공한다.(푸딩, 과자 등)
- 놀이 도구를 찾을 때 → 비닐봉투, 책 등을 제공한다. 그리고 잠시 하던 일을 멈추고 함께 놀이를 해준다.

4. 정서적 지원
- 원하는 유튜브 영상을 시청 할 수 있도록 한다. 현재 TV, 태블릿 PC로 유튜브 영상을 시청하고 있음. 평소 좋아하는 번○맨, 아○야, 디○니랜드, 푸○오, 파○○인져 등을 시청하고 있음. 좋아하는 프로그램을 직원과 함께 시청하면서 이야기하는 것을 좋아하므로 옆에서 눈을 맞추고 대화한다.
- 산책이나 드라이브를 지원하며 일상생활에 스트레스를 해소시키도록 노력한다.

5. 이○호 씨에게 이야기를 할 때에는 자상하고 상냥한 말투, 웃는 얼굴로 이야기를 해주도록 한다.

4. 머리를 박는(바닥, 책상 등) 행동을 보일 때에는 무관심하게 반응한다.
이때 흥분하여 더 심하게 자해할 수 있으니, 주변에 딱딱한 물건들을 치워놓도록 한다. (단 지속적으로 감정을 조절하지 못할 때에는 부상의 위험이 있으니 일단 자제하게끔 직원들이 개입하도록 한다.)

5. 양치, 기저귀 교체, 약 복용 등을 거부할 경우
- 양치, 기저귀 교체, 약 복용 등을 할 때 꼬집거나 머리 박는 행동을 하는 경우 '하기 싫다'는 의사 표현임. 본인이 원하는 경우 스스로 하기에 기다려 줌
- "아~앙" 우는 소리를 습관적으로 낼 때는 무관심하게 반응하기

6. 식사 시 식탁을 밀치는 행동, 밥 먹다가 숟가락 버리는 행동, 거실 창을 두드리는 행동
- 원인을 찾는 노력을 우선한다. 반찬이 부족한지, 밥이 부족한지 잘 모를 경우 직접 물어보고, 지속될 경우 잠시 방으로 이동시키도록 한다.

7. 어려운 행동(물거나 꼬집거나 때리는 행동)을 할 때 입주자와 바로 분리를 시키고 안정을 시킨 뒤 잘못된 행동임을 알려준다.

한 걸음, 그리고 또 한걸음

사회복지사 이보라

2011년, 11세에 시설 전원으로 인해 은평재활원에 오게 되었습니다. 처음에는 변화된 환경에 적응하기 힘이 들어 입주자분들에게 어려운 행동(꼬집는 행동, 무는 행동, 밀치는 행동, 물건 던지기 등)을 보이는 줄 알았습니다. 시간이 지나면 적응해 가면서 나아질 거라고 기대했지만, 어려운(도전적) 행동은 쉽게 사라지지 않았습니다. 오히려 특정 입주자나 직원에게 집착하며 꼬집고 무는 행동이 갈수록 빈번해졌고, 강도도 높아졌습니다.

사춘기를 겪으며, 허리가 굽고, 걷는 것이 어려워지기 시작했습니다. 물리치료를 하면서 경과를 지켜봐야 했지만, 물리치료사를 꼬집고 무는 행동 때문에 치료가 쉽지 않았습니다. 그러다 보니 굽어가는 허리와 무릎은 점점 구축이 진행되어 상태는 악화되어 갔습니다. 건강이 나빠지면서 일상생활이 힘들어졌고, 이에 따라 어려운 행동도 더욱 강화되어 이○호 씨로 인해 주변 입주자분들이 다치는 일이 많아졌습니다.

또한 사람들에 대한 관심과 애착 욕구가 강해 주목과 관심을 받기 위해서 어려운 행동(꼬집는 행동, 무는 행동, 할퀴고, 밀치는 행동, 물건 던지기 등)을 보이는 횟수도 잦아졌습니다. 입주자분들이 주목하는 시선과 입주자들의 반응을 즐기다, 때론 보복성 공격을 가하기도 했습니다. 이러한 상황을 개선하고자 2019년(19세) 때 ○○○권익 옹호 기관인 ○○○인권센터에서 지원하는 도전적 행동 지원 컨설팅도 받았지만, 어려운 행동은 쉽게 소거되지 않았습니다. 당시 이○호 씨는 걷는 것이 힘들어 워커 사용을 권장받았고, 보행 시 쉽게 지쳤으며 일상생활에서도 씻기를 거부하거나, 움직이기를 거부하며 소리를 지르거나, 누워있는 일이 많았습니다.

'어떻게 도와줘야 할 것인가?'라는 고민을 중심으로 2019년부터 이○호 씨의 개별 지원계획을 수립하였습니다. 먼저 이○호 씨가 스스로 할 수 있는 일들을 찾고, 지원하는 것부터 시작했습니다. 의사소통을 돕기 위해 AAC(의복, 음식, 좋아하는 물건들의 사진)을 제작하여 활용하고, 이○호 씨가 좋아하는 미술 활동을 지원하였습니다. 또한, 허리와 무릎의 강직된 근육을 이완시키기 위해 욕조에서 물놀이를 할 수 있도록 도왔습니다. 신체활동을 늘리기 위해 짐볼 운동과 지역사회 산책 등을 시도하며 기분 전환을 돕고자 노력했으나 컨디션이 좋지 않은 날들이 많아 어려운 행동은 개선되지 못하였고, 입주자분들과 어울리기 더욱 힘들어졌습니다.

사람들과 잘 어울리지 못하고, 다른 입주자분들에게 비난을 받으면서 짜증이 쌓였고, 그로 인해 어려운 행동이 나타나는 악순환이 반복적으로 이어졌습니다. 당시 재활원은 입주자의 정신건강의학과 약물의 사용을 전면적으로 재검토하고, 약물의 부작용에 대해 고민하고 적극적으로 약물의 중단을 검토하는 상황이었습니다. 이○호 씨가 보이는 근육 위축 증상은 상당수 정신건강의학과 약물의 부작용일 가능성이 높다는 의견이 제기되었습니다. 이에 따라, 동일한 효능을 가지면서도 부작용이 적은 약물로 변경하고, 불필요한 약물은 과감히 줄이는 방향으로 조정이 이루어졌습니다.

약물 조정 과정은 예상보다 훨씬 어렵고 힘든 여정이었습니다. 어려운 행동은 일시적으로 줄어 들었다가 다시 심해지기도 했으며, 부정적인 행동이 더욱 빈번해지는 경우도 있었습니다. 또한 취침도 거부하고 밤새워 다른 입주자들과 직원들을 따라다니며 꼬집거나 할퀴는 행동이 지속적으로 반복되기도 했습니다. 이러한 상황 개선을 위하여 긍정적 행동지원 매뉴얼을 적극 활용하였습니다. 이○호 씨의 행동을 예측하고, 선행사건, 결과를 지속적으로 관찰하고 기록하며 이○호 씨의 기능을 평가하고 정보(환경, 주요 사건, 건강 관련, 문제 행동, 중재 방법, 수행 능력, 강점, 약점, 선호도 등)를 수집하였습니다.

이러한 과정은 이○호 씨와 직원 모두에게 힘든 시간이었지만, 서로를 이해하고 함께 해결방법을 고민하는 뜻깊은 과정이었다고 생각됩니다. 서로를 온전히 이해하지 못해 오해가 생기는 순간들도 있었지만, 이를 극복하며 약물 조정을 지속적으로 실시한 결과 눈에 띄는 변화가 나타났습니다. 이○호 씨가 다시 활기를 찾고, 활동량이 증가하기 시작했습니다. 이전까지 누워만 있던 이○호 씨가 걷기 시작했고, 나아가 뛰기까지 하면서 모두를 놀라게 했습니다. 뛰기 시작하니 호기심도 많아져 이곳저곳을 둘러보며 돌아다녔고, 계단도 직원들의 도움 없이 스스로 오르내리기 시작했습니다. 이러한 변화는 정신건강의학과 약물의 조정과 이○호 씨와 직원들의 노력이 결실을 맺고 있음을 확인시켜 주는 순간이었습니다. 자유롭게 움직이고, 원하는 것을 할 수 있게 되면서 점점 짜증 내는 횟수도 줄어 들었고, 입주자분들과 함께 여가활동과 공놀이도 하는 등 즐거운 시간을 보내는 날들이 늘어났습니다. 정신건강의학과 약물의 효과와 그에 따른 부작용을 다시금 되돌아보게 되면서, 지난 4년간의 여정이 결코 쉽지 않았지만, 이○호 씨의 변화와 주변 환경에 미친 긍정적인 영향이 한 개인의 삶 뿐만 아니라 공동체 전체에 기쁨과 행복을 가져다 준다는 것을 깨닫게 되었습니다. 앞으로 이○호 씨가 더욱 건강하고 행복하게 평범한 삶을 살아가기를 진심으로 바랍니다.

006 약물 부작용으로 인한 정신과 약 조정과 지원

정신과 약물 부작용이란?

치료 목적으로 복용한 약물이 본래의 효과 이외에 신체나 정신에 미치는 바람직하지 않은 영향 또는 이상 반응을 말합니다 [AI 기반 텍스트 활용]

안○필 씨는 의사 표현이 원활하지 않습니다. 본인의 의사가 잘 전달되지 않는다고 느끼거나 불만, 거부의 표현, 관심 끌기 등의 이유로 같은 말을 반복하다가 이마를 바닥이나 책상에 찧는 자해 행동이 있어, 13세(2010년) 때부터 정신과 약물 복용을 시작했습니다. 자해 행동을 줄이기 위해 정신과 약물을 드시고 있었지만, 이마를 벽에 찧어서 응급실에 가서 엑스레이와 CT를 찍는 날은 여전히 많았습니다. 정작 자해 행동은 크게 줄지 않고 정신과 약만 계속 늘어가는 상황이라, 의료기관을 기존의 정신건강의과의원에서 살림의원의 정신건강의학과로 바꾸고 약물을 조절해보기로 하였습니다. 불필요한 약을 줄이면서도 자해 증상이 줄어들 수 있도록 하는 것이 목표였습니다. 복용 중이던 약물 중 클로르프로마진은 중단, 벤즈트로핀, 인데놀은 감량하였습니다. 물론 약만 줄이는 것이 아니라, 환경과 행동에 대한 지원도 함께 하기로 하였습니다.

머리 찧는 행동에 대한 행동지원 요령 공유로 일관된 대처를 하기로 하면서, 지속적인 반복 질문에는 100번이면 100번 대답해 주기로 하였습니다. 또 자세한 대답과 반응에 대한 소통 매뉴얼을 전 직원들이 공유하기로 하였고, 어려운 행동을 소거하기 위해 ABA 행동치료로 일관된 개입, 감각통합치료, 긍정 행동 지원과 어려운 행동 매뉴얼을 통한 예방 지원이 함께 이루어졌습니다. 약물도 많이 줄어들었습니다. 약물 감량 후 웃음과 장난이 많아졌고, 직원과 대화하거나 본인의 욕구를 보일 시 웃으면서 요청하는 모습도 보였습니다. 큰 소리로 웃기도 하였고요.

이러한 지원이 계속되던 중, 23세(2020년) 여름에 구토가 잦아지면서 체중이 많이 빠지기 시작하였습니다. 촉탁의와 의논 후 청구○○병원에서 위내시경 검사를 받아보기로 하였고, 위내시경 검사 결과 십이지장궤양으로 진단되었습니다. 십이지장궤양이 생길만한 이유가 없었던 상황이었기에 약간 의아하였습니다. 왜냐하면 십이지장궤양은 주로 헬리코박터균이나 소염진통제 복용 때문에 생기는데, 안○필 씨는 헬리코박터균에도 감염되어 있지 않았고, 소염진통제도 복용하고 있지 않았기 때문입니다. 우선은 약물 치료와 영양사의 영양상담을 통해 신맛의 음식, 짜고 맵고 자극적인 음식, 마늘, 양파, 생강, 강한 향신료 등을 주의하기로 하였고, 커피는 일정량만 제공, 소화 기능을 떨어뜨릴 수 있는 찬 음식도 조심하기로 하였습니다.

원인이 불분명한 십이지장궤양의 갑작스런 발병에 의아했던 촉탁의는 체중이 자꾸 빠지는 것에 초점을 맞추어 갑상선기능검사를 시행하기로 하였고, 혈액검사에서 갑상선 기능이 항진된 것이 확인되었습니다. 알고 보니 갑상선 기능항진증으로 인하여 위 배출 시간이 너무 빨라져 있었고, 갑작스럽게 십이지장궤양이 진행되는 바람에 구토를 자주 하게 된 상황이었던 것이 드러났습니다. 십이지장궤양을 치료하기 위해서도 갑상선 기능항진증이 조절되어야 하는 상황이었습니다.

갑상선 기능항진증은 혈액검사 결과 자가면역성이 아닌 것으로 확인되었습니다. 정신과/신경과 약물에 많은 영향을 받을 수 있는 갑상선이기에, 약물에 의한 항진이 아닐까 추측 후 원인이 될만한 약물을 분석하였습니다. 아마도 드시는 약들 중 바렙톨(오르필)이 원인이 아닐까 싶었습니다.

촉탁의는 갑상선 기능항진증에 대한 약물 치료를 바로 하지 않고, 정신건강의학과 전문의와 상의 후 바렙톨을 끊어보자고 제안하였습니다. 다행히 행동과 환경 지원이 효과적으로 이루어지고 있어 정신과 약물을 더 줄일 수 있는 여지가 있었기에 정신건강의학과 전문의도 흔쾌히 바렙톨을 끊는 것에 동의하였고, 갑상선 기능항진증과 십이지장궤양 모두 큰 약물 치료 없이 바렙톨을 끊은 것만으로도 좋아지기 시작하여, 3개월 후 혈액검사에서는 갑상선 기능이 모두 정상이 되었음이 확인되었습니다. 가정의학과 전문의인 촉탁의와 정신건강의학과 전문의 사이의 정보 교환, 의사소통, 협업이 원활히 이루어져, 불필요한 약물치료를 더하지 않고 오히려 약을 줄이면서 갑상선 기능도 좋아진 사례였습니다.

안○필 씨가 음식을 급하게 드실 때는 "식사 시 천천히 식사하세요~." 라고 언어적으로 지원했습니다. 자원봉사자를 연계하여 주 1회 여가시간을 활용한 미술 활동도 진행하였고(드로잉, 색칠하기 활동), 얼굴 뜯는 행동의 감소를 위해 촉감놀이 지원, 언어적 지원이 이루어졌습니다. 이런 지원을 통해 점차 안○필 씨의 행동이 달라지는 것이 보였습니다. 동시에 정신과 약물도 지속적으로 줄여나갔고, 약 감량 후 일정 기간동안 안정된 상태가 유지되면 다시 소량씩 감량하는 방식으로 약을 줄여나가면서, 27세(2024년 1월) 드디어 모든 정신과 약을 끊을 수 있었습니다. 자해 충동을 조절하지 못해 점점 늘려왔던 정신과 약물을 큰 부작용 없이 모두 끊을 수 있게 된 것이 정말 놀랍고 신기했습니다.

2024년 안○필 씨는 다양한 지원(미술 활동, 촉감놀이, 신체활동 등)을 통해 점차 행동이 달라지는 모습을 보였고, 일상생활에서도 관심을 더 가지고 지원을 이어갔습니다. 동시에 정신과 약물도 조금씩 줄여가면서 감량 후 안정감 있게 생활하는지, 어려움은 없는지를 묻고 의논하였습니다. 관심과 지원을 통해 안○필 씨의 행동이 조금씩 달라지는 모습을 보였고, 약 감량하고 난 후 일정 기간 안정된 상태가 유지가 되면 다시 소량씩 감량하였습니다. 결국 모두의 지원과 의료사례회의 논의, 촉탁의와 정신건강의학과 전문의 진료를 통해 모든 정신과 약을 끊을 수 있는 놀라운 일이 있었습니다.

안○필 씨도 어려움 없이 아주 잘 지내다가 6월부터 다시 어려운 행동이 하나둘씩 보이기 시작하였습니다. 치약에 집착하기도 하고, 변기에 화장지를 풀어 넣기도 하고, 샤워기에 물을 틀어 귀에 대고 있거나 옷을 입은 채로 온몸을 적시기도 하고, 소변 실수, 수시로 화장실을 이용하는 모습, 얼굴 표피를 뜯는 모습, 뭔가 하나에 꽂히면 집착하는 모습 등을 보여, 직원으로서 매우 속상하기도 하고 안○필 씨가 어렵게 생활하지 않기를 바라며 더 집중하여 지원하였습니다. 7월 의료사례회의를 통해 묻고 논의하면서 고심한 끝에, 약물치료를 함께하는 것이 좋다는 진료 결정을 하고 11월 20일 저녁부터 리스페달 0.25mg 을 복용하기 시작하였습니다. 다시 약을 복용하면서 점차 자해 행동도 많이 줄어들기도 하였고 조금은 편안해진 모습을 보이지만, 가끔씩 보이는 어려운 행동은 직원들에게도 긴장을 주기도 합니다. 무엇보다 안○필 씨 본인이 제일 힘들 것이라 생각합니다.

그림을 그리고 화가로서도 활동하고 있는 안○필 씨는 그림 그리면서 즐거운 모습을 보입니다. 2024년에는 전시회도 3회 열면서 활동하였고, 주로 해바라기 그림을 다양하게 그리고 있습니다. 그림그리기 외에 뽁뽁이 터트리기, 찰흙 놀이를 통한 촉감놀이를 하고 있고, 산책이나 나들이로 기분 전환을 하고 있습니다. 외부활동을 하면서 소대변을 실수하지 않을까 신경이 쓰이기도 하고 긴장하면서 지원하고 있지만, 즐겁고 행복한 안○필 씨의 모습을 보면 더 열심히 지원해야겠다는 마음이 듭니다. 하고 싶은 것을 표현하는 안○필 씨가 앞으로 더 평범하고, 즐겁고, 행복하게 살아가기를 바랍니다.

2. 안○필 씨를 소개합니다.

나에게 중요한 것들

- 태블릿pc는 저에게 중요해요. '아기○어', '콩○이' 찬송가 등 노래와 영상을 시청하면서 여가 시간을 보낼 수도 있고, 의사표현도 할 수 있어요.
- 건강을 위해 음식을 천천히 섭취하는 것은 중요해요.
- 마트나 편의점에서 아이스크림이나 과자 같은 원하는 간식을 구입하기, 가끔은 카페에 가서 차 마시는 시간이 좋아요.
- 컬러링북 색칠하기가 즐거워요.
- 칭찬 듣는 것을 좋아해요.
- 청결하고 위생적으로 생활하기
- 원활한 의사소통
- 야외 나들이나 신체활동이 좋아요.
- 자립을 위한 역량 강화

사람들이 좋아하는 나의 장점

- 집중을 잘해요.
- 잘 웃어요.
- 좋아하는 것, 싫어하는 것을 명확하게 표현해요.
- 음악을 좋아하고 흥이 많아요.
- 의사 표현을 잘해요. 제가 하고 싶은 것은 적극적으로 표현해요.
- 그림그리기, 색칠하기를 잘해요.
- 글씨를 알고, 산수를 할 수 있어요.
- 대답을 잘해요.
- 키가 커서 옷맵시가 좋아요.
- 퍼즐을 잘 맞춰요.

나를 지원하는 최상의 방법

- 가사 활동, 일상생활 등 아직은 부족한 점이 많아요. 스스로 할 수 있도록 알려주면서 인내심을 가지고 기다려주세요.
- 제가 잘못한 행동을 할 때 "안돼요, 하지 마세요"라는 말보다는 관심을 다른 곳으로 가질 수 있게 해주세요.
- 식사할 때 씹지 않고 빨리 먹는 편이에요. 천천히 씹어서 먹을 수 있도록 지원이 필요해요.
- 상황에 따라 반복적이며 구체적으로 설명해주세요.
- 홈에서 색칠하기, 태블릿pc 영상 시청으로 여가를 보내고 외부 활동으로는 산책하면서 간식 구입하는 것을 좋아해요.
- 동작이나 행동이 커서 한 번씩 크게 웃거나 계단을 쿵쿵 걷거나 침대에 뛰듯이 올라가요. 부드러운 말투로 대처 행동에 대해 알려주세요.

나를 지원하는 사람이 갖춰야 할 특성

- 관심을 두고 저를 잘 이해해 주었으면 해요.
- 차분한 성격으로 내가 생각하고 행동할 때까지 기다려줄 수 있었으면 해요.
- 친절하고 상냥한 말투가 듣기 좋아요.
- 모르는 부분은 쉽고 자세하게 알려주었으면 해요.
- 부정적이고 강압적인 언어 사용을 자제해 주세요.

3. 사례 진행에 따른 변화

23세(2020. 5.) 살림의원 정신건강의학과로 전원하면서 전반적인 약물 조절 시작함
클로르프로마진은 중단, 벤즈트로핀, 인데놀, 오르필은 감량

머리 찧는 행동에 대한 행동 지원 요령 공유로 일관된 대처
지속적인 반복 질문에는 100번이면 100번 대답해 주기
자세한 대답과 반응에 대한 소통 매뉴얼을 전체 공유
도전적 행동을 소거하기 위해
ABA 행동치료 일관된 개입, 감각통합치료, 긍정 행동 지원과 도전적 행동 매뉴얼을 통한 예방 지원

23세(2020. 7.) 구역/구토 지속되어 청구○○병원 소화기내과 진료
→ 위내시경 검사. 검사 결과 십이지장궤양 진단
주치의가 잦은 구토로 십이지장궤양이 생겼거나, 십이지장궤양으로 구토했을 수도 있다고 함

약물 치료와 영양사의 영양상담, 교육
→ 조심할 음식 산성(신맛) 유제품, 짜고 맵고 자극적인 음식, 마늘, 양파, 생강 등. 커피는 일정량만
위산 자극은 아니지만, 소화가 더딘 찬 음식도 조심하도록 권유 또는 지원. 구토 증상이 지속되는지 체크

23세(2020. 8.) 갑상선 검사 결과 갑상선 기능항진증으로 정신건강의학과 주치의와 상담.
오르필 약물이 영향을 줄 수 있어 중지, 3개월 후 검사 결과 괜찮음을 확인

음식을 급하게 드실 때는 식사 시 "천천히 식사하세요~" 언어적 지원
봉사자 연계하여 주 1회 여가시간을 활용한 미술 활동 진행(드로잉, 색칠하기 활동)
종이 오리고 난 후 정리하는 것이 되지 않아 정리해야 함을 천천히 설명, 지원
5분 간격으로 화장실 다니기, 화장지를 풀어 변기에 넣는 행동, 얼굴 뜯는 행동으로 감소 위한 촉감놀이 지원, 언어적 지원
문구점 방문, 건물 조립 활동 지원

27세(2024. 1.) 리스페달 0.5mg으로 감량 후 안정적인 모습 유지되어 3월 약 종결
어려운 행동 관찰일지를 작성하며 경과 관찰

27세(2024. 11.) 치약에 집착하여 한 통을 전부 짜면서 양치질하는 모습, 샤워기 물을 틀어놓거나 귀에 샤워기를 대어 고막에 상처가 나게 하는 행동, 소변 실수를 자주 하는 모습이 확인
→ 촉탁의, 정신건강의학과 주치의와 상담하여 리스페달 0.25mg 복용 다시 시작

4. 다학제적 지원

안○필

사회복지사(생활지도원)

- 머리 찧는 행동에 대한 지원 요령 공유로 일관된 대처
- 지속적인 반복 질문에는 100번이면 100번 대답해 주기
- 자세한 대답과 반응에 대한 소통 매뉴얼을 전체 공유
- 도전적 행동을 소거하기 위해
- ABA 행동치료 일관된 개입, 감각통합치료, 긍정 행동 지원과 도전적 행동 매뉴얼을 통한 예방 지원
- 촉감놀이 지원
- 봉사자 연계 지원

영양지원팀

영양상담, 교육

건강지원팀(간호사)

- 병원 진료 지원과 연계
(살림의원 정신건강의학과, 가정의학과 청구○○병원 소화기내과)

주치의

- 적절한 약물 용량을 찾기 위해 시설 라운딩 통한 관찰
- 약물 상호 작용에 대한 검토
- 점진적인 약물 용량 감량

촉탁의

- 갑상선 기능항진증에 대한 진단, 치료
- 정신과 약물 중단 혹은 변경에 대한 권고
- 갑상선 기능항진증/저하증에 대한 교육

5. 안○필 씨 의료사례회의

2021년 제4차 의료사례회의 (5. 20.)

<table>
<tr><td>주제</td><td>정신과 약물 복용 입주자 건강관리 논의 사례</td><td>작성자</td><td>성○혜 간호사, 정소라 사회복지사</td></tr>
<tr><td>복용약</td><td colspan="3">관리병원
동○신경정신과의원 ⟶ 2020.5.7. 살림의원 정신건강의학과로 전원
최초복용
2010~ 서울○○어린이병원
변경 전 약물
- 아침: 리스페리돈 0.5mg 1정, 인데놀 20mg(10mg 2정), 벤즈트로핀 1mg 1정, 오르필 150mg 1정
- 저녁: 리스페리돈 2mg 1정, 벤즈트로핀 1mg 1정, 인데놀 20mg(10mg 2정), 오르필 150mg 1정, 클로르프로마진 75mg 1정
현재 복용약
- 저녁: 리스페리돈 2mg 1정, 렉사프로 5mg 1정, 쿠에타핀 12.5mg 1정</td></tr>
<tr><td rowspan="4">약물 변경</td><td colspan="2">- 2020. 5. 7. 안정된 상태가 1년 정도 유지되었고, 3개월 전까지는 머리 찧는 행동이 보이기는 했으나 5차례를 넘기지 않았고, 이유 없는 행동이 아니라 직원의 관심을 끌기 위한 표현이거나, 의사소통이 안 될 때 답답함을 나타내는 표현이었음. 컨디션이 매우 안정적으로 보여 저역가 ⟶ 고역가 순으로 감량하기로 함
- 고역가 약물(용량 단위가 작은 것들, g당 효과가 높은 것, 리스페리돈이 해당됨)
- 저역가 약물(클로르프로마진이 해당됨. 졸림 효과로 수면제 대용으로 쓰임.)</td><td>- 벤즈트로핀 1mg ⟶ 0.5mg(↓) 아침약 감량 (리스페리돈의 부작용 완화를 위해 쓰임)
- 인데놀 20mg ⟶ 10mg(↓) 아침, 저녁약 감량
- 오르필 150mg 아침약 중단(충동성 또는 텐션업된 기분 완화)
- 클로르프로마진 ⟶ 쿠에타핀 100mg으로 대체(옛날 (1세대) 약임. 2세대 약으로 처방)</td></tr>
<tr><td colspan="2">- 2020. 6. 4. 가만히 앉아서 종이 오리기를 자주 하던 모습이 조금 덜 관찰되고, 큰소리로 웃기도 하고, 웃음기와 장난이 많아졌음 (긍정적인 활동적인 변화), 머리 찧는 행동에 대해서는 관심을 주지 않는 행동요법 일관적으로 대응 중</td><td>- 벤즈트로핀 0.5mg 아침약 중단(부작용 완화에 쓰인약, 장기 사용은 큰 의미 없음)
- 쿠에타핀 100mg ⟶ 50mg(↓) 저녁약 감량
- 필요시 약(늦게까지 못 잘 때): 트리티코 25mg (추가됨) (항우울증약이지만 수면 약으로 처방)</td></tr>
<tr><td colspan="2">- 2020. 7. 1. 식사 후 반복적 구토. 내과 진료 지원 중임. 잦은 구토 관련하여 정신과 약물이 큰 관련은 없겠지만 어쨌든 약을 많이 쓰고 있으니, 부작용과의 연관성을 0이라 할 수 없어 약의 가지를 쳐보기로 함</td><td>- 인데놀 10mg ⟶ 아침약 중단(적은 확률이지만 구토 관련 약의 부작용일 수 있어서)
- 벤즈트로핀 1mg ⟶ 0.5mg(↓) 저녁약 감량 (부작용 완화를 위해 쓰인 약)
- 오르필 150mg ⟶ 바렙톨로 저녁약 대체(세로토닌계열의 항우울제로 식이장애 조절에 효과, 강박적 음식 반복 요구에 도움)
- 렉사프로 5mg 저녁약 추가</td></tr>
<tr><td colspan="2">- 2020. 8. 26. 혈액검사 결과 갑상선 기능항진증에 해당하는 수치임. 일시적인 바렙톨의 부작용일 수 있어서 바렙톨 복용 중단</td><td>바렙톨 저녁약 중단</td></tr>
</table>

<table>
<tr><td rowspan="4"></td><td>- 2020. 9. 17. 바렙톨 끊고도 특별한 행동 문제없고, 구토도 없어지고 수면도 잘 취하며 잘 지냄. 진료 시 주치의와 눈 맞추고 단답형 답변도 잘함. 안정 적인 상태</td><td>- 리스페리돈 0.5mg 아침약 중단
- 벤즈트로핀 0.5mg 저녁약 중단(부작용 완화에 쓰인 약, 장기 사용은 큰 의미 없음.)</td></tr>
<tr><td>- 2020. 10. 29. 리스페리돈, 벤즈트로핀 줄이고도 특이 사항 없음. 식사 시 더 먹고 싶어 하지만 건강을 위해 체중 관리 중임을 설명하면 바로 수긍하는 등 안정적인 상태 유지됨. 저녁에 졸려하거나 좀 일찍 수면하는 경향이 있어 약 조절함</td><td>쿠에타핀 50mg ⟶ 25mg(↓) 저녁약 감량(수면 문제 완화)</td></tr>
<tr><td>- 2021. 1. 21. 수면 양상과 컨디션 좋고, 안정된 상태 유지됨</td><td>쿠에타핀 25mg ⟶ 12.5mg(↓) 저녁약 감량(수면 문제 완화)</td></tr>
<tr><td colspan="2">- 2021. 5. 14. 현재 상황
23:00~00:00 사이에 취침, 08:00~08:30 사이 기상하며 상황에 따라 1시간 정도 오차 있음. 밤 동안 라운딩 실시하면 직원의 기척에도 깨지 않고 잘 주무시는 것으로 보아 숙면 확인. 아침에 식사하실 것인지 물으며 기상 지원하면 피곤한 기색 없이 잘 일어남 미세하게 손 떠는 증세 있음</td></tr>
<tr><td>기타 논의</td><td colspan="2">-</td></tr>
<tr><td>주치의 전달사항</td><td colspan="2">-</td></tr>
<tr><td>결정사항과 지원내용</td><td colspan="2">여드름을 손으로 계속 뜯는 부분, 양손 엄지손가락 윗부분 피부가 까지도록 손가락으로 마찰시키는 부분은 여전히 있으나, 2021. 4. 26.본원 ->아름빌 이동 이후 새롭게 나타난 행동 문제는 없음. 손떨림 부분은 리스페리돈을 감량하면 호전될 수도 있음. 리스페리돈을 감량하고도 호전이 없으면 아주 소량의 부작용 완화 약 추가 고려. 약물 변경 없이 지속/ 다음 진료 시에도 특이 사항 없으면 리스페리돈 감량 예정</td></tr>
</table>

2022년 제8차 의료사례회의 (11. 29.)

<table>
<tr><td>주제</td><td>정신과 약물 복용 입주자 건강관리 논의 사례</td><td>작성자</td><td>김정애 간호사, 박성신 사회복지사</td></tr>
<tr><td>복용약</td><td colspan="3">관리병원
서○병원 정신건강의학과->2020. 5. 19. 살림의원 정신건강의학과로 전원
최초복용
2020~ 서○병원 정신건강의학과
변경 전 약물(2022. 1. 12.)
아 침: 라시도필 1캡슐, 메디키넷리타드캡슐 5mg 1캡슐, 케이캡정 50mg 1정, 가스티인씨알정 1정
취침전: 라시도필 1캡슐, 리스페달정 1mg 1정, 리스페달정 0.5mg 1정
현재 복용약(2022. 9. 22.)
아 침: 라시도필 1캡슐, 가스티인씨알정 1정
취침전: 라시도필 1캡슐, 리스페달정 1mg 1정, 리스페달정 0.5mg 1정</td></tr>
<tr><td>약물 변경</td><td colspan="2">- 2022. 1. 12.
예전에는 자해 증상 보였으나 소거. 별다른 모습 보이지 않다가 2021년 구토증상 보임. 최근에 여기저기 아프다고 표현하며 포비돈 찾는 모습 보임. 관심, 욕구 표현. 구토 증상은 여전. 과식보다는 일부러 시도하려는 모습 보임</td><td>- 아 침: 라시도필 1캡슐,
메디키넷리타드캡슐 5mg 1캡슐
케이캡정 50mg(+) 1정
가스티인씨알정(+) 1정
- 취침전: 라시도필 1캡슐
리스페달정 1mg 1정
리스페달정 0.5mg 1정</td></tr>
</table>

약물 변경	12월23일 이후 구토 증상 2-3일에 1회 현재 4-5일에 1회 보임. 리스페리돈 감량 이후 간격은 늘어났으나 여전히 식사 시간(점심, 저녁식사 후)에 주로 구토 증상 보임. 구토 증상으로 2021년 8월 내과적인 검사 진행했으나 특이 소견 없었으며 내과 주치의 정신과적인 문제인 듯 정신과 진료 권유함 주치의 반추행동은 정신과 약이 효과적이지 않은 듯함 소화를 촉진하는 약을 장기간 처방하면서 경과 관찰 하기로 함	
	- 2022. 3. 3. 1월 14일부터 위장약 복용하는 시점에서 기존의 색칠하기, 오리기 등의 미술 활동에 집중하는 시간이 길어지는 모습과 함께 구토 횟수 줄어드는 양상 보임을 주치의에게 전달함. ADHD 약물 지속 복용 여부 확인 요청함. 약 그대로 복용하면서 다음 대면진료 시 약 조절 여부 결정하기로 함	- 아　침: 라시도필 1캡슐, 메디키넷리타드캡슐 5mg 1캡슐 케이캡정 50mg 1정 가스티인씨알정 1정 - 취침전: 라시도필 1캡슐 리스페달정 1mg 1정 리스페달정 0.5mg 1정
	- 2022. 5. 4. 주치의 안○필 씨에게 기분 좋아요? 질문에 기분 좋아요. 라고 답변 답답한 게 있어요? 질문에 답답해요. 그냥 답답해요 라고 답변함 주치의 어떻게 하면 답답한 게 풀릴까요? 라고 질문. 답변 없어 심호흡하면서 따라 하실 수 있도록 함. 심호흡 후 답답한 게 좋아졌다. 라고 함 최근 화장지를 풀어 변기에 넣는 행동 보이며 생활실에서 뿐만 아니라 직장에서도 보인다고 함 5분 간격으로 화장실 다니고 있음. 촉감놀이 지원하고 있으나 얼굴 뜯는 행동 보임 주치의 휴지를 별도로 두어 필요할 때만 사용할 수 있도록 권유함. 구토 증상은 많이 좋아졌으며 과식 할 경우 구토 증상 보여 적정량 드실 수 있도록 지원하고 있음을 주치의에게 전달함. 약 그대로 처방	- 아　침: 라시도필 1캡슐, 메디키넷리타드캡슐 5mg 1캡슐 케이캡정 50mg 1정 가스티인씨알정 1정 - 취침전: 라시도필 1캡슐 리스페달정 1mg 1정 리스페달정 0.5mg 1정
	- 2022. 7. 20. 최근 구토 증상 없었음을 주치의에게 전달함. 특별히 변화된 모습 없이 지내고 있음을 주치의에게 전달함 그림 그리고, 오리는 행동에 집중하는 모습 보이고 있음을 전달했으며 진료 중 고개 숙이고 있는 모습 보임. 약 그대로 처방받음	- 아　침: 라시도필 1캡슐, 메디키넷리타드캡슐 5mg 1캡슐 케이캡정 50mg 1정 가스티인씨알정 1정 - 취침전: 라시도필 1캡슐 리스페달정 1mg 1정 리스페달정 0.5mg 1정
	- 2022. 9. 22. 주치의 안○필 씨에게 "오늘이 며칠이죠?" 질문에 20일. "점심은 무얼 드셨나요?" 밥, 국. "국에는 무엇이 들었나요?" 김치라고 답변함. "답답하거나 힘든 것 있나요?" 질문에 러닝머신이라고 함. 생각나 는 단어 얘기하는 것 같다고 정O진 팀장 주치의에 게 전달함. 정○진 팀장 최근 러닝머신 사용하지 않으며 몇 달 전 사용하였을 때 좋아하지는 않았다 고 함. 최근 컨디션 좋음 . 오전에 좋아하는 미술활 동(그리기, 오리기) TV 보면서 나오는 단어 따라 하면서 말 늘어남. 혼자서 웃는 모습 보이기도 함. 소리 내어 웃기도 함. 예전 화장지에 집착해 뜯는 행동 보였으나 최근 언어적으로 지원하면 자제하는 모습 보임. ADHD 약물 복용하면서 약 효과 있는지 의문점이 든다고 정○진 팀장 주치의에게 질의. 약의 효과가 미미하다면 ADHD약 중단하기로 함. 위장 약 복용 후 구토 증상 완화. 장기 복용 시 역효과 날 수 있으므로 주치의 중단하면 어떨지? 약 중단 후 구토 증상 여부 관찰하기로 함 복용 약 중 메디키넷, 케이캡정 중단	- 아　침: 라시도필 1캡슐, 메디키넷리타드캡슐 5mg 1캡슐 케이캡정 50mg 1정 가스티인씨알정 1정 - 취침전: 라시도필 1캡슐 리스페달정 1mg 1정 리스페달정 0.5mg 1정

<table>
<tr>
<td rowspan="2">약물 변경</td>
<td>- 2022. 11. 24.
주치의 질문에 잘 지내고, 기분 괜찮다고 표현함. 최근 비즈 만들기, 그림그리기, 오리기 활동에 적극적 인 모습 보임
문구점 방문. 건물 조립 활동 좋아함
위장약 감량 후에도 구토 증상 보이지 않음.
화장지가 보이면 화장실에 풀어 넣는 행동은 여전히 보인다고 정소라 직원이 주치의에게 전달함
약 그대로 유지하기로 함</td>
<td>- 아 침: 라시도필 1캡슐,
가스티인씨알정 1정
- 취침전: 라시도필 1캡슐
리스페달정 1mg 1정
리스페달정 0.5mg 1정</td>
</tr>
<tr>
<td>- 2022. 11. 24.
현재 상황
- 과식으로 인한 구토 8월~11월 중 관찰되지 않음. 식사 시 “천천히 식사 하세요”라고 1~2회 정도의 언어적 지원만 하고 있음

- 직장 생활을 제외한 개인 여가시간에는 주로 색칠 하기, 오리기 등 활동에 집중하는 모습이 관찰됨

- 기분 변화의 폭이 크지 않고 실내, 실외에서 개인 활동을 주로 하며 시간을 보냄

- 05:00~09:00 기상하여 화장실을 5~6회 정도 수시로 이용하는 모습이 최근 9월부터 관찰됨. 화장실 이용 시 용변을 보지 않고 물을 내리는 경우도 있으며 화장실 이용 시간은 1분 내외로 짧음. 화장실을 아침 시간에 수시로 가는 이유를 파악하기 위해서는 지속적인 관찰이 필요해 보임</td>
<td>1. 건강생활 지원
*체중
<table>
<tr><td>일자</td><td>체중(kg)</td></tr>
<tr><td>8/27</td><td>58</td></tr>
<tr><td>9/10</td><td>59.9</td></tr>
<tr><td>10/29</td><td>63.4</td></tr>
<tr><td>11/19</td><td>62.3</td></tr>
</table>
- 월~금 저지방 우유 지원
- 1일 3회 체온 체크 확인
- 주 1회 체중, 허리둘레 체크
- 성인 여드름 피부 관리

2. 여가생활 지원
- 산책, 개별 여가 활동(편의시설 이용 등)
- 실내 미술 활동, 촉감놀이 등 지원
- 주 1회 토요일 실습생과 조립하기 활동, 팔찌 만들기 활동을 하며, 완성된 작품을 보며 성취감, 만족감을 느낌

3. 일상생활 지원
- 월~금 13:00~16:00 은평○○작업장 근무
- 가사 활동 지원
* 정서적 지원
- 직원이 출근 시 안○필 씨에게 인사를 나누고 당일 일정과 관련한 안부를 물으며 관심을 표현하기
- 수시로 소파에 앉아 있는 안○필 씨에게 대화하기
- 원하는 것이나 하고 싶은 것이 있는지 물어보면서 욕구 파악하고 지원하기
- 수면시간
· 평일/주말 : 21:30~22:00 취침, 06:30~07:30 기상
가끔 23:00~01:00 취침할 때가 있으나 주로 숙면함</td>
</tr>
</table>

현재 상황	주치의 의견
9월부터 아침에 잦은 화장실 출입	행동의 패턴, 심리적인 습관적인 행동일 수도 있어 경과 관찰
결정사항	12월 총 5일 배가 아프다고 하면서 화장실 이용하였지만, 3회는 화장실 이용 시 소리 없이 화장지만 풀어 변기에 버리는 행동이 관찰됨. 그 외에는 물을 바로 내려 직원이 용변 확인을 하지 못함

2023년 제 9차 의료사례회의 (11. 22.)

주제	정신과 약물 복용 입주자 건강관리 논의 사례	작성자	김정애 간호사, 조한나 사회복지사
복용약	**관리병원** - 서○병원 정신건강의학과->2020. 5. 19. 살림의원 정신건강의학과로 전원 **최초복용** 2020~ 서○병원 정신건강의학과 **변경 전 약물**(2023. 6. 7.) - 아 침: 라시도필 1알, 가스티인씨알정 1알 - 취침전: 라시도필 1알, 리스페달정 1mg 1알 **현재 복용약**(2023. 11. 14.) - 아 침: 라시도필캡슐 1알, 가스티인씨알정 1알 - 취침전: 라시도필캡슐 1알, 리스페달정 0.5mg 1알		
약물 변경	**2023. 6. 7. 정기진료**		
	- 식사 정량으로 잘하고 구토 증상 보이지 않음 - 점심 식사 후 스스로 옷 갈아입고 산책 준비함 - 방에서만 미술 활동하였는데 거실에 나와 의자에 앉아 TV 시청하는 모습을 보임 - 종이 오리고 난 후 정리하는 것이 아직 잘 되지 못하지만, 정리해야 함을 천천히 설명하면 자리에서 일어나 천천히 정리함 - 취침 시 숙면하고, 코로나 확진 이후 기력이 없어 보이는 듯한 모습이 관찰되지만, 다른 건강 이상 증세 없이 잘 지내고 있음 - 현재 복용 중인 약 감량에 대해 논의하였으면 함 생활실에서 전달받은 내용 주치의에게 전달함. 현재 안정적으로 약 감량하기로 함 복용 약 중 리스페달정 0.25mg 감량		
	<복용 약> - 아 침: 라시도필캡슐 1캡슐, 가스티인씨알정 1정 - 취침전: 라시도필캡슐 1캡슐, 리스페달정1mg 1정, 리스페달정 0.5mg 0.5정		
	2023. 8. 10. 정기진료		
	잘 지내고 있음. 약 줄이고도 큰 불편 없어 약물 조절 관련 상담 진행함 진료 후 약 조절 → 경과 관찰 → 약 조절의 단계로 약물 조절할 예정임. 약 그대로 유지		
	<복용 약> - 아 침: 라시도필캡슐 1캡슐, 가스티인씨알정 1정 - 취침전: 라시도필캡슐 1캡슐, 리스페달정 1mg 1정		

<table>
<tr><td rowspan="4">약물 변경</td><td colspan="2">2023. 11. 14. 정기진료</td></tr>
<tr><td colspan="2">1. 일상생활
- 취침 시간 평일 22:00~07:00, 주말 23:00~08:00 숙면함
- 식사 : 1일 3식 식사 잘함.
- 가사 분담표에 따른 가사 활동으로 설거지, 청소기 사용하여 청소 등 할 수 있도록 지원하면, 직원의 언어적 지원에 따라 잘 수행하는 모습을 보임
2. 정서적 지원
- 하루 기분 상태를 안O필 씨에게 물어보며, 기분, 컨디션 확인함
대체로 상황에 맞는 기분 변화를 갖는 모습이 관찰됨
3. 여가생활
- 봉사자와 함께 주 1회 여가 시간을 활용한 미술 활동 진행(드로잉, 색칠하기 활동 등)
- 매주 화, 금 2시간 유화 아크릴 수업 참여(○○재활체육센터)
- 매주 금요일 15:00~16:00 카누 수업 참여
- 주 2~3회 1시간씩 산책, 운동 지원
- 주로 실내 활동에 미술 활동 외 스트레칭 등 신체활동의 시간을 늘려가려고 함
4. 건강
- 8월과 체중을 비슷하게 유지하고 있으며 건강상 특이 사항은 보이지 않음

생활실에서 전달받은 내용 주치의에게 전달함
현재 안정적으로 약 감량 후 경과 관찰하기로 함
복용 중인 약물 중 리스페달 1mg→ 0.5mg으로 감량</td></tr>
<tr><td colspan="2"><복용 약>
아 침: 라시도필캡슐 1캡슐, 가스티인씨알정 1정
취침전: 라시도필캡슐 1캡슐, 리스페달정0.5mg 1정(↓)</td></tr>
<tr><td>~ 현재 상황
- 구토 증상 보이지 않음
- 식사할 때 밥, 국, 반찬을 한 가지씩만 섭취하고 있어 급하지 않게 천천히 골고루 섭취할 수 있도록 권하면 알려주는 대로 식사하고 있음
- 하고 싶은 거, 원하는 것에 대해 표현하는 횟수가 늘어남('종이 주세요. 3장', '산책', '더 주세요.', '나가요.', '싫어요.' 등)
- 얼굴 뜯는 행동이 눈에 띄게 횟수가 줄어듦. 요즘에는 뜯지 않음
- 산책, 외출하고 싶을 때 옷을 갈아입고 4층으로 올라오는데 가끔 계절에 맞지 않게 옷을 입고 올라오는 경우가 있어 계절에 맞는 옷을 선택할 수 있도록 알려줌. 상황에 따라 가까운 곳으로 다녀오거나 일정에 맞게 움직이고 있음</td><td>1. 일상생활 지원
- 평일/주말 : 21:30~22:00 취침, 06:30~07:30 기상하며 대부분 숙면함
- 방이나 거실에서 그림 그리고, 종이 오리기를 할 때 무릎을 구부리거나 불편한 자세로 앉아 오리기에 집중할 때 다리가 아플 수 있으므로 편안한 자세로 여가 보낼 수 있도록 바른 자세 수시로 권하고 있으며, 활동 후 다음 활동을 위해 정리해보자고 권하면 손을 흔들고 가만히 서 있다가 잠시 후 빗자루, 쓰레받기를 가지고 와서 휴지통에 담아 마무리하는 모습을 보임
- 주말에는 가까운 곳으로 산책을 즐기며 기분 전환하고 있음
2. 정서적 지원
- 안○필 씨에게 안부 전하며, 관심 있음을 표현함
- 하고 싶은 것이나 원하는 것이 있는지 물으며 욕구파악하고 지원함
- 자신이 할 일을 잘 수행했을 때 칭찬과 지지해 줌
- 미술 활동에 봉사자 연계하여 안O필 씨와 대화하며 기존의 표현 방법도 지지하며 더 다양하게 표현할 수 있도록 지원함
3. 여가생활 지원
- 산책, 개별 여가활동(카페, 편의시설 이용 등) 지원
- 실내 미술(그림그리기, 오리기) 봉사자 연계하여 활동 지원
- 카누(수영, ○○재활체육센터) 프로그램 매주 금요일 주 1회 참여
- 유화 아크릴 그림 수업(○○재활체육센터) 매주 화, 금요일 주 2회 참여하며, 대부분 해바라기 그림을 그리고 있고, 가끔 얼굴을 그리는 모습을 보이며, 수업에 참여하면서 만족해하는 모습을 보임. 그림 그리면서 재료 사용에 많은 양을 사용하여 담당자가 지원을 요청하여 수업 참여에 필요한 부분 지원하고 있음</td></tr>
</table>

현재 상황	주치의 의견
- 구토 증상 보이지 않음 - 하고 싶은 거, 원하는 것에 대해 표현하는 횟수가 늘어남 ('종이 주세요. 3장', '산책', '더 주세요.', '나가요.', '싫어요.' 등) - 얼굴 뜯는 행동이 눈에 띄게 횟수가 줄어듦. 요즘에는 뜯지 않음	- 약 감량 후에도 안정적. 경과 관찰

진행 사항	**1. 일상생활 지원** - 평일/주말 : 21:30~22:00 취침, 06:30~07:30 기상하며 대부분 숙면함 - 자립지원팀 이사로 인해 302호에서 502호로 옮겨 생활하고 있음. 현재 새로운 환경에 적응하여 오전 시간에는 거실에서 TV 시청을 하며 여가 시간을 보내거나, 책상에 앉아 그림 그리기, 종이 오리기 등 평상시 즐겨서 하던 취미 생활하며 지냄 - 가사 활동표에 따른 설거지, 청소, 가전제품 사용 등 지원하고 있음 **2. 정서적 지원** - 일상생활에 필요하거나 원하는 것이 있는지 관심 있음을 표현하고 물으며 욕구 파악과 동시에 지원함 - 수행해야 할 일을 잘하였을 때 칭찬과 함께 지지해 줌 **3. 여가생활 지원** - 지역사회 내 편의점, 문구점 등 개인 욕구에 따른 간식, 물품 지원 이용함 - 낮시간 미술 활동 외 산책, 운동 등으로 활동 지원함 - 월 2~3회 봉사자 연계하여 미술작품 활동 지원함 - 전시 관람 등 개별 지원함 - 주 1회 ○○재활체육센터 유화 아크릴 수업 참여함

2024년 제5차 의료사례회의 (7. 9.)

주제	정신과 약물 복용 입주자 건강관리 논의 사례	작성자	김정애 간호사, 조한나 사회복지사 조영애 사회복지사
복용약	**관리병원** - 서○병원 정신건강의학과 ---> 2020. 5. 19. 살림의원 정신건강의학과로 전원 **최초복용** 2020~ 서○병원 정신건강의학과 **변경 전 약물(2024. 1. 9.)** - 아침: 라시도필캡슐 1캡슐, 가스티인씨알정 1정 - 취침전: 라시도필캡슐 1캡슐, 리스페달정 0.5mg 1정 **현재 복용약(2024. 3. 13.)** - 아침, 저녁: 라시도필캡슐 1캡슐, 속시틴정 1정(*살림의원 가정의학과로 전과하여 진료와 약 복용 중임)		
약물 변경	**2024. 1. 9. 살림의원 정신건강의학과 정기진료** 약 감량 후에도 안정적임을 주치의에게 전달함. 다음 진료 시 안정적이면 약물 중단 고려 예정임 복용약으로 - 아침: 라시도필캡슐 1캡슐, 가스티인씨알정 1정 - 취침전: 라시도필캡슐 1캡슐, 리스페달정 0.5mg 1정		

약물 변경

2024. 3. 13. 살림의원 정신건강의학과 정기진료

약 변경 후에도 차분한 태도로 잘 생활하고 있음. 그림 그리기에 열중하는 것 외에는 특별히 큰 어려움은 없어 보임.
외출하고 싶어서 전에는 1층 현관에 자주 나갔었는데 이번 달에는 그런 모습은 별로 보이지 않고 있음
아크릴 그림 활동, 산책, 미술 전시회 관람 등 참여 중임
생활실에서 전달받은 내용 주치의에게 전달함
약 변경 후에도 안정적인 모습으로 약 종결 후 경과 관찰하기로 함. 위장약 변경

복용약으로
- 아침: 라시도필캡슐 1캡슐, 가스티인씨알정 1정, 속시틴정 1정(+)
- 취침전: 라시도필캡슐 1캡슐, 리스페달정 0.5mg 1정 속시틴정 1정(+)

2024. 4. 30. 살림의원 정신건강의학과 정기진료

1. 일상생활

1) 식사
- 편식하지 않고 스스로 식사 잘하나 음식물을 충분히 저작하지 않고 삼킴
- 대부분 식사 시간이 빠르거나, 저작하지 않아 천천히 식사하도록 언어로 지원함
- 먼저 반찬을 먹고 밥과 국을 먹는 모습을 보임
- 식사 (빵 종류, 구운 계란, 삼각 주먹밥 제공될 때) 하다가 가끔 구토하거나 음식물을 뱉어냄

2) 수면
- 평일: 22:00~07:00 숙면함
- 주말: 22:00~07:30 숙면함
- 수면 시 대부분 깨지 않고 숙면하며, 기상 시 취침을 더 원하는 경우 있음

3) 체중: 57.2kg

4) 어려운 행동
- 아침 식사로 한식 제공되었을 때 급하게 섭취하는 모습에 "안○필 씨, 천천히 드세요."라고 전달할 때 는 천천히 씹어서 삼키는 모습 보이지만, 반찬을 골고루 먹기보다는 한 가지씩 다 먹은 후 밥과 국을 먹는 모습을 보임
- 아침 식사로 빵(샌드위치)과 우유 제공되었을 때 "잘래요."라고 표현하는 모습을 보여 따로 챙겨 놓으면 잠시 후 나와 섭취하는 모습을 보이며, 삼각 주먹밥과 구운 계란이 제공되었을 때 구토나 뱉은 모습이 관찰됨(3회)
  [3/13~] 어려운 행동 관찰일지
- 3/20(수) 아침 식사(롤케이크, 드링킹 요구르트, 구운 계란) 중에 직원이 다른 호실 지원하고 다시 와보니 상위에 구토물이 있고 식사하는 모습이 관찰됨
- 3/25(월) 아침 식사(주먹밥, 사과주스, 구운 계란) 중 07:10경 주먹밥 반은 먹고 반은 상위에 뱉어 놓은 것 관찰됨. 형태는 그대로 있어 토사물로 보이지 않음
- 4/16(화) 13:50경 유화 아크릴 수업 참여로 준비 지원하기 위해 보니 머리 앞부분 박은 상처와 혹이 올라온 모습 발견됨. 12:30까지는 상처 없었음을 확인한 상태였음. 22:00 이후 취침하지 못하고 종이 오리기하거나 불 꺼진 방에 손 흔들고 서 있는 모습을 보여 취침하도록 권하고 다독여도 04:00까지 잠을 이루지 못하는 모습을 보임

* 취침 시 관찰하여 4/30(화) 진료 시 전달 예정임

2. 여가생활
- 산책, 개별 여가 활동(카페, 편의시설 이용 등) 주 2~3회 지원
- 실내 미술(그림그리기, 오리기) 활동 지원
- 유화 아크릴 수업 주 1회 참여
- 자원봉사자 연계 1:1 미술 활동 주 1회 지원
- 공예수업 주 1회 참여
- 전시회 관람

생활실에서 전달받은 내용 주치의에게 전달함
정신과 약물 중단한 상태로 수면 상태 관찰하여 진료 여부 결정하기로 하였으며 위장약, 유산균 약물 7일분 처방받아 가정의학과에서 이어서 복용할 예정임

복용약으로
아침, 저녁: 라시도필캡슐 1캡슐, 속시틴정 1정

약물 변경	~ 현재 상황 **1. 긍정적 변화** - 이마를 찧는 자해 행동이 관찰되지 않음(7/1 제외) - 그림 그리기 외 활동 시 집중력 있게 참여하고 어려운 행동을 보이지 않음 - 구토 증상 보이지 않음 - 얼굴 뜯는 행동 눈에 띄게 횟수가 감소함 (월 2~3회 정도-여름 계절에 관찰될 예정임) **2. 어려운 행동** - 옷 입은 채 샤워기 물 틀어놓고 적시는 모습 보임. (6회 정도) 불안한 모습을 보임 - 욕실로 들어가 많은 양의 치약을 짜서 입안에 물고 양치하는 모습 관찰됨(6월부터 행동 변화 보임) - 예전보다 이동할 때 급하게 이동하는 모습을 보임(계단을 빠르게 뛰어 내려감, 걸을 때는 손을 심하게 흔듦(동작이 커짐))으로 직원이 천천히 걷도록 권하면 강한 말투로 "걸어요.", "천천히"라고 언어 표현하며 행동은 반대로 보임 (6월부터 행동 변화 보임) ■ 5월 3일(금) 06시경 발을 쿵쿵 소리 내며 화장실 사용함. 기상 시 오른쪽 턱 밑에 긁힌 상처가 관찰되어 연고 도포 해줌 ■ 5월 20일(월) 아침 식사 후 스스로 화장실에 들어가서 양치질 하려고 함. 치약을 너무 많이 짜려고 하여 적정량 짜도록 도움. 치약을 많이 짜면 닦고, 헹궈내기가 불편함을 알림. 너무 매운맛이 입안에 감돌아 불편할 수도 있음을 설명해 주고 적당량을 알려주고, 양치질을 할 수 있도록 지원함 (기존에 치약을 많이 짜는 행동을 보였으나, 치약의 중간 부분을 눌러 더 많은 양을 힘껏 눌러서 짜려는 행동이 관찰됨) ■ 6월 11일(화) 아침에 티셔츠가 젖어 있는 채로 앉아서 그림을 그리고 있었음. 젖은 티셔츠를 새 티셔츠로 교체해서 입을 수 있도록 함. "안○필 씨 화장실에 가서 양치질을 혼자 한 거예요?" 물으니 "네."라고 대답함. 스스로 양치질을 한 일은 잘했다고 칭찬을 해주고 컵에 물을 조금만 받아서 천천히 헹궈내야 옷이 젖지 않는다고 설명해 줌 ■ 6월 12일(수) ○○재활체육센터에서 '관상' 영화관람을 하면서 간식(뻥튀기)을 3차례 먹고 화장실을 습관적으로 수시로 가고 화장지를 말아서 변기에 넣으려고 하여 잘못된 행동임을 알리고 지원하였다고 전달받음 ■ 6월 17일(월) 저녁 식사 후 양치하고 샤워기를 머리에 대고 있는 모습 보임. 샤워기를 15도 각도로 머리를 대고 있어 옷이 젖도록 계속 대고 있었음 ■ 6월 18(화) 아침 식사 마치고 화장실에서 양치질 뒤 물을 가득 받아 흘리는 행동으로 옷이 흠뻑 젖음. 같은 행동을 반복하려고 하여 관심을 다른 곳에 돌리기 위해 직원이 만화영화를 틀어주겠다고 한 뒤 영화를 골라보도록 하니 "얼굴."이라고 말하며 인크레더블을 고름. 영화를 보는 동안 화장실에 들어가지 않음. 저녁 식사 후 샤워를 마쳤음에도 다시 화장실에 들어가 옷을 적시는 행동을 하여, 하지 않도록 알림	**1. 일상생활 지원** - 취침 시간: 22:00~06:00 새벽에 일어나 쿵쾅 소리를 내며 화장실 이용함 (4시~6시 사이에 2~3회 정도) - 체중 감량됨 <체중 변화/단위 kg> <table><tr><th>날짜</th><th>체중(kg)</th></tr><tr><td>4/27</td><td>57.5</td></tr><tr><td>5/4</td><td>56.9</td></tr><tr><td>6/8</td><td>55.7</td></tr><tr><td>6/22</td><td>55.2</td></tr><tr><td>6/29</td><td>55</td></tr></table> **2. 정서적 지원** - 안○필 씨에게 안부 전하며, 관심 있음을 표현함 - 하고 싶은 것이나 원하는 것이 있는지 물으며 욕구 파악하고 지원함 - 자신이 할 일을 잘 수행했을 때 칭찬과 지지해 줌 - 미술 활동에 봉사자 연계하여 안○필 씨와 대화하며 기존의 표현 방법도 지지하고 더 다양하게 표현할 수 있도록 지원함 - 주 1회 운동, 주 2~3회 산책지원 - 긍정적 언어 표현 하도록 지원 **3. 여가생활 지원** - 평소 여가 활동으로 TV 시청, 그림그리기, 종이 오리기로 시간 보냄 - 주 1회 화요일 유화 아크릴 수업 참여 중임 - 주 1회 목요일 자원봉사자 연계로 미술 활동 중임 - 주 1회 금요일 공예수업 참여 중임 - 주 2~3회 산책과 지역사회 이용 지원하고 있음 - 연 1회 소규모 여행 - 전시회 관람과 나들이함

<table>
<tr><td>약물 변경</td><td>■ 6월 24일(월)
07:10 안○필 씨 502호 화장실에서 치약 1통을 거의 짜서 세면대와 옷에 흘린 채 양치질하고 있었음. 입안을 살펴보니 치약이 가득 있어서 치약을 뱉고 입안을 깨끗하게 헹궈내도록 함. 개인위생 후 옷 갈아입을 수 있도록 지원함
08:30 402호 화장실에 바지를 벗은 상태로 칫솔을 들고 치약을 양껏 짜려고 시도함. 옷을 바르게 입고 치약과 칫솔을 제자리에 두도록 함
11:20 402호 휴지를 가득 풀어 변기가 막힘
12:25 치약을 양껏 짜려는 모습 관찰되어 직원과 함께 양치하도록 권함. 12:30에도 1회 더 시도함

■ 6월 30일(일)
13:40경 갑자기 1층 현관으로 내려가 교회 차량을 기다림. 들어가서 기다리도록 설명했으나 “교회에 가고 싶어요.”를 반복함. 교회에 가기에는 이른 시간임을 알리고 올라오도록 권했으나 “여기 있을래요.” 를 반복하며 계속 서 있기를 원함. 직원이 간식을 먹자고 권했으나 “안 먹어요. 안 갈래요.”라고 말함. 이○혁 씨가 과자를 꺼내서 보여주자 먹고 싶은 마음이 들었는지 손을 내미는 행동함. 이○혁 씨가 재빨리 402호로 이동하자 따라옴. 14:30 전까지 간식을 먹으면서 차량을 기다리도록 함. 예배 도중에도 화장실을 뛰듯이 급하게 이동하여 2차례 대변을 봄. 예배를 마치고 다른 입주자들이 천천히 올라가는 상황에서 급하게 계단을 뛰어 올라가려고 행동하여 “천천히 걸어서 가요.”라는 직원의 말을 급하게 따라 말함. 손을 크게 휘두르는 행동에 잠시 붙잡은 뒤 “손을 크게 휘두르며 계단을 오르면 다른 입주자와 부딪혀 다칠 위험이 있어요. 조금 기다렸다가 가요.” 라고 말해줌. 잠시 기다렸으나 재빨리 손을 놓고 올라가려고 행동함. “천천히 가요.”라는 말을 하고 천천히 가도록 안내함

■ 7월 1일(월)
오전 6시 30분경 쿵쿵쿵 소리가 502호에서 남. 확인하니 머리를 박아 이마가 붓고 피가 난 상태였음. 소독 후 김정애 간호사와 소통 후 바세린 거즈로 지혈함. 오전 9시경 은하빌로 이동하여 김정애 간호사가 상처 부위 직접 살피고 촉탁의에게 문의함. 열상보다 찰과상과 타박상으로 봉합은 필요하지 않은 상태로 냉찜질해 주면 된다고 함. 구토, 두통 호소하면 응급실 방문하여 CT 촬영할 것과 1-2일 경과 관찰해야 한다고 전달받음</td><td></td></tr>
<tr><td>어려운 행동</td><td colspan="2">- 옷 입은 채 샤워기 물 틀어놓고 적시는 모습 보임(6회 정도) 불안한 모습을 보임
- 욕실로 들어가 많은 양의 치약을 짜서 입안에 물고 양치하는 모습 관찰됨(6월부터 행동 변화 보임)
- 예전보다 이동할 때 급하게 이동하는 모습을 보임(계단을 빠르게 뛰어 내려감,
걸을 때는 손을 심하게 흔듦(동작이 커짐)으로 직원이 천천히 걷도록 권하면 강한 말투로 “걸어요.”, “천천히”라고 언어 표현하며 행동은 반대로 보임(6월부터 행동 변화 보임)</td></tr>
<tr><td>결정 사항</td><td colspan="2">- 샌드위치, 삼각김밥 식사 시 구토 2회 하여 그릇에 담아 먹기 편하게 제공하고 있음
- 새벽 4시 기상하여 화장실 연속해서 이용, 치약 집착, 자해
약 중단 후 금단으로 어려운 행동 올라올 수 있음
어려운 행동 두드러지게 늘어나는 상황으로 약물 복용하면서 조절하면 어떨지?
화장지 사용, 샤워기 물 틀어놓는 행동은 환경요인으로 보일 수 있어 생활실에서 좀 더 관찰하기로 함
- 자해, 다른 어려운 행동 관찰하여 기준선 설정 필요에 따라 상해 입는 정도, 자해 주 2회 이상이면 리스페리돈 0.25mg 활용하면 어떨지?
- 최근 손을 잡으면 손에 힘이 없음. 그림 그릴 때는 힘주어 그리는 모습 관찰됨
근력 떨어져 조절 어려움으로 생긴 듯 보여 근력 강화, 단백질 보충 필요함</td></tr>
</table>

진행 사항	- 화장지, 치약 등 적절한 양 사용하도록 지원 중임 - 근력 강화로(전신 기능성 운동) 살림 건강거점 다짐 운동 '펑셔널트레이닝' 수업으로 8/1(목) 매주 화, 목 19:00에 참여 예정임 - 보양식(단백질 보충) 추어탕, 갈비탕, 족발, 육회비빔밥 등 도움 될만한 음식을 섭취 중임 - 욕구 파악하여 간식 지원함 - 주 1회 체중 체크리스트 지원 7/6 54.6kg ⟶ 7/13 54.9kg ⟶ 7/20 55.8kg(증량)

2025년 제4차 의료사례회의 (5. 21.)

주제	입주자 건강지원 방향 (자립지원팀)	작성자	김정애 간호사, 조한나 사회복지사 추혜인 촉탁의

■생활영역

1. 주간 일정

<table>
<tr><th></th><th>월</th><th>화</th><th>수</th><th>목</th><th>금</th><th>토</th><th>일</th></tr>
<tr><td rowspan="2">오전</td><td colspan="5">07:00~08:00 체온 확인, 약 복용, 아침 식사와 정리, 위생관리
08:00~09:00 여가생활</td><td colspan="2" rowspan="2">07:00~08:00
아침 식사와
약 복용. 개인위생 지원
(*일요일 아침 식사 전 혈압 체크)
08:00~12:00
개인 위생관리,
개인 여가활동</td></tr>
<tr><td>09:00~12:00
한○건설
장애 예술인
매칭사업(그림)
재택근무</td><td>09:00~12:00
한○건설
장애 예술인
매칭사업(그림)
재택근무
10:00~10:50
특수체육활동
(○○재활체육센터)</td><td>09:00~12:00
한○건설
장애 예술인 매칭사업(그림)
재택근무
10:00~11:30
노래교실
(우리○○○복지관)</td><td>09:00~12:00
한○건설
장애 예술인 매칭
사업(그림)
재택근무
10:00~10:50
특수체육활동
(○○재활체육센터)</td><td>09:00~12:00
한○건설
장애 예술인
매칭사업(그림)
재택근무
10:00~10:50
건강증진프로그램
(○○재활체육센터)</td></tr>
<tr><td rowspan="5">오후</td><td colspan="5">12:00~13:00 점심 식사</td><td colspan="2" rowspan="2">12:00~13:00 점심 식사, 양치
13:00~14:20 개인 위생관리</td></tr>
<tr><td>13:00~17:30
개인여가활동</td><td>13:00~14:00
개인여가활동,
수업이동준비</td><td>13:00~14:00
개인여가활동</td><td rowspan="3">13:00~17:00
개인여가활동,
지역사회이용,
산책</td><td rowspan="3">13:00~17:00
개인여가활동,
지역사회이용,
산책</td></tr>
<tr><td rowspan="2">18:50~19:50
공예수업</td><td rowspan="2">14:00~16:00
유화 아크릴 수업
(○○재활
체육센터)</td><td>14:00~16:00
영화관람
(○○재활체육
센터)</td><td rowspan="2">14:30~16:00
지역사회산책
19:30~20:00
입주자
자치회의 참석</td><td rowspan="2">14:20~16:30
참○교회
예배</td></tr>
<tr><td>20:00~21:00
훌라춤 수업</td></tr>
<tr><td colspan="5">17:30~18:30 저녁 식사와 개인위생관리
18:30~22:00 개인여가활동(TV보기, 그림 그리기, 종이 오리기 등)
22:00~07:00 취침</td><td colspan="2">17:00~18:30 저녁 식사,개인
위생관리
18:30~22:00 개인여가활동
22:00~07:30 취침</td></tr>
</table>

2. 일상생활 케어

키/몸무게 171.7cm, 59kg	
식사	- 편식하지 않고 스스로 식사 잘하나 음식물을 충분히 저작하지 않고 삼킴 - 식사중 구토하거나 음식물을 뱉어냄(빵이나 주먹밥, 구운 계란), 대체 음식 볶음밥으로 지원 - 대부분 식사 시간이 빠르거나 저작하지 않아 천천히 식사하도록 언어로 지원함 - 먼저 반찬을 먹고 밥과 국을 먹는 모습을 보임
수면	- 평일: 22:00~07:00 숙면함 - 주말: 22:00~07:30 숙면함 - 수면 시 대부분 깨지 않고 숙면하며, 기상 시 취침을 더 원하는 경우 있음
구강관리	- 스스로 하기보다는 양치해야 함을 알리면 욕실로 들어가서 양치 가능함 - 빠르게 양치하고 헹궈내는 모습에 확인 및 지원이 필요함 - ○마일치과에서 주기적으로 구강 관리함
배뇨 배변	- 스스로 화장실 이용하나, 뒤처리가 안 되어 확인이나 최소한의 도움이 필요함 - 화장실 이용하면서 화장지를 남김없이 풀어 변기에 넣는 행동에 막히는 일이 많음

3. 여가생활
- 평소 여가 활동으로 TV 시청, 그림그리기, 종이 오리기 활동
- 주 1회(월) 공예수업 참여 중임
- 주 1회(화) 유화 아크릴 수업 참여 중임
- 주 1회(수) 훌라춤 수업 참여 중임
- 주 2~3회 산책 및 지역사회 이용
- 연 1~2회 소규모 여행
- 전시회 관람 및 나들이함
- 월 1회 정도 대중목욕탕 사우나 이용

4. 케어 시 어려운 점이나 궁금한 점

1) 가만히 앉아 있다가 급하게 움직이며, 손톱깎이가 보관되어 있는 서랍장을 열어 "손톱 깎아 주세요.", "손톱 깎아"라 고 표현하는 모습을 보임. 직원이 이미 손톱을 다듬어서 깎을 손톱이 없음을 확인해주면 손톱을 보고 자리에 앉았다가 다시 일어나 손톱을 깎아 달라고 반복적으로 표현하는 모습을 보임. 직원이 손톱깎이로 손톱을 다듬어 보자고 하면 손을 빼고 다시 자리에 앉는 모습을 반복해서 보임(자극행동을 원하여 뽁뽁이 터트리기, 네일아트 등 지원 중임/ 4/22 정신건강의학과 진료 및 의료사례회의 시 논의하여 취침전 리스페달 0.5mg 복용약을 아침, 저녁식사 후 복용하여 관찰하기로 함)
2) 외부 활동 중 화장실 이용하는 횟수가 많아짐. 갑자기 화장실로 뛰어가는데 가끔 여자 화장실로 들어갈 때가 있음. 남자 직원과 외부활동하면 그래도 어려움은 없으나 여자 직원과 외부 활동 시 어려움이 있음
   - 잦은 화장실 이용을 보임. 소변을 보고 나와 다시 들어가 나오지도 않는데 아랫배에 힘을 주고 소변을 보려고 힘쓰는 모습을 반복해서 보임. 건강에 문제가 있는 것이 아닌지 비뇨의학과 진료가 필요한지 궁금함
3) 얼굴 뜯는 행동이 한동안 보이지 않다가 다시 보이는데 강도가 더 강해져 얼굴 상처가 깊어 걱정이 됨
   - 얼굴 뜯는 행동을 줄이려고 위생 장갑 착용, 라텍스 장갑 착용, 뽁뽁이 터트리기, 산책 등 관심사를 돌려보려고 하지만 잠시뿐 다시 뜯는 모습을 보임. 상처밴드 붙이고 떼지 않도록 전달하여도 다시 뜯어내는 모습을 보임(진료 후 항생제 복용 시에는 얼굴 뜯는 횟수가 줄어들었다가 복용약 종결이 되자 다시 뜯는 행동을 보임)

■의료영역

과거력	자폐장애 - 자해 행동: 욕구 불충족 시 이마를 벽이나 바닥에 부딪히는 행동 - 바렙톨 부작용: 2021년 갑상선 기능항진으로 인한 십이지장궤양, 구역/구토 지속 - 정신과 약물 지속적으로 줄여가는 중, 현재 정신과 약물 중단했다가 다시 약간 늘림 갑상선 기능저하증 손발톱 백선: 매일 무좀약 복용 중 시력 저하: 안경 착용하지 않음 좌측 부고환염 과거력 여드름: 이소티논 주 1회 정기적으로 복용 중, 필요 시 항생제 처방 중 야외 활동 부족: 6개월마다 비타민D 주사 맞는 중

복용약	<살림의원 정신건강의학과> 아침, 저녁: 리스페달정 0.5mg 0.5알 <살림의원 가정의학과> 갑상선 기능저하증 - 아침식전: 씬지로이드정 0.075mg 0.5알 손발톱 백선 - 티비에프 125mg*2알 매일 복용 피지 억제제 - 아침식후: 이소티논연질캡슐 1알(토/주1회)
이전 예방접종	파상풍 2019
예방접종	2025절기 독감과 코로나 접종
케어 포인트	1. 갑상선 기능의 문제 - 갑상선 기능저하증으로 현재 약물 복용 중이나, 기능항진으로도 나타날 수 있음 - 정기적인 혈액검사 필요 : 혈액검사에 대한 거부감 있음 2. 정신과 약물 꾸준히 조절 중 - 4/22 이후 리스페달 0.5mg 0.5알 하루 1번에서 2번으로 늘린 상태 3. 손발톱 백선 - 티비에프**terbinafine 250mg** 매일 복용 중 - 원래 무좀이 옮을 컨디션 아니었으나, 발톱이 부러진 부위에서부터 무좀 곰팡이균이 옮아 시작되어 현재 약물 복용 중

♣ 결정 사항

1. 가만히 앉아 있다가 급하게 움직이며, 손톱깎이가 보관되어 있는 서랍장을 열어 "손톱 깎아 주세요.", "손톱 깎아"라고 표현하는 모습을 보임. 직원이 이미 손톱을 다듬어서 깎을 손톱이 없음을 확인해주면 손톱을 보고 자리에 앉았다가 다시 일어나 손톱을 깎아 달라고 반복적으로 표현하는 모습을 보임. 직원이 손톱깎이로 손톱을 다듬어 보자고 하면 손을 빼고 다시 자리에 앉는 모습을 반복해서 보임(자극행동을 원하여 뽁뽁이 터트리기, 네일아트 등 지원 중임/ 4/22 정신건강의학과 진료 및 의료사례회의 시 논의하여 취침전 리스페달 0.5mg 복용 약을 아침, 저녁식사 후 복용하여 관찰하기로 함)
2. 외부 활동하면서 화장실 이용하는 횟수가 많아짐. 갑자기 화장실로 뛰어가는데 가끔 여자 화장실로 들어갈 때가 있음.남자 직원과 외부활동하면 그래도 어려움은 없으나 여자 직원과 외부활동 시 어려움이 있음. 화장실 이용 후에도 여러번 사용하는 모습을 보임. 소변을 보고 나와 다시 들어가 나오지도 않는데 아랫배에 힘을 주고 소변을 보려고 힘쓰는모습을 반복해서 보임. 건강에 문제가 있는 것이 아닌지 비뇨의학과 진료가 필요한지 궁금함
3. 얼굴 뜯는 행동이 한동안 보이지 않다가 다시 보이는데 강도가 더 강해져 얼굴 상처가 깊어 걱정이 됨. 얼굴 뜯는 행동을 줄이려고 위생 장갑 착용, 라텍스 장갑 착용, 뽁뽁이 터트리기, 산책 등 관심사를 돌려보려고 하지만 잠시뿐 다시 뜯는 모습을 보임. 상처밴드 붙이고 떼지 않도록 전달하여도 다시 뜯어내는 모습을 보임(진료 후 항생제 복용 시에는 얼굴 뜯는 횟수가 줄어들었다가 복용약 종결이 되자 다시 뜯는 행동을 보임)

- 얼굴 여드름과 상처의 경우에는 한 번 뜯어서 딱지와 상처가 생기면 계속 뜯을 것이 생기는 상황이라 점점 심해지고 반복되게 되므로, 여드름 및 상처는 초기에 관리하여 상처가 심해지지 않게 하는 것이 중요함. 빠르게 약을 써서 염증을 가라앉혀 악순환이 되지 않도록 하는 것이 좋음
- 4/22 정신과 의료사례회의 후 용법 변경으로 충동적인 행동이 줄어드는지 관찰해 주시도록
- 소변을 보려고 계속 힘을 주는 모습의 경우, 비뇨기과 진료가 필요할 수 있음. (요로역동학 검사) 그러나 검사 자체가 침습적이고 불편한 검사이므로, 요로 감염이 반복되거나 하는 증상이 있을 때 검사를 해 봐도 됨

♣ 모니터링(의료사례 이후 진행 사항)

- 얼굴 여드름과 뜯는 행동으로 상처가 생길 시 연고 도포와 듀O덤 부착으로 염증이 생기지 않도록 지원중임(듀O덤 부착 시 뜯는 행동 시 위생 또는 라텍스 장갑 착용으로 뜯는 행동을 전환)
- 충동적인 행동으로 취침 전 복용(리스페달 0.5mg)했던 약을 5월 2일 저녁약부터 아침(리스페달 0.25mg), 저녁(리스페달 0.25mg) 식후 복용하며 관찰 예정임
- 소변을 볼 때 힘을 주는 모습으로 비뇨기과 진료를 지원할 계획임

안○필씨 긍정적 행동지원 매뉴얼

구분	지원 항목	긍정적 행동 지원내용	긍정적 기대반응
선호하는 여가 활동 지원	산책, 여행과 나들이	1. 안○필 씨가 가고 싶은 곳에 대해 직접 언어 표현이 어려워 간단한 단어나 AAC 의사소통기구(이미지 사진)로 표현할 수 있게 한다. - 결정하는데 있어서 "여기"라고 표현하면서 모든 장소를 선택하는 모습이 보이므로 안○필 씨에게 많은 이미지는 선택에 어려움이 있어 2~3가지 정도의 이미지를 준비하여 의사를 결정하도록 한다. 2. 안○필 씨가 가고 싶다고 표현한 장소에 언제 갈 것인지 약속을 정한다. - 묻고 논의하면서 결정한 약속에 관해서는 일정을 지키면서 활동할 수 있도록 한다. - 약속의 중요함을 느끼도록 한다. 3. "안○필 씨, 산책 다녀오면 어떨까요?"라고 물어 집 인근으로 하여 산책을 다녀오도록 한다. - 이동하면서 횡단보도를 건너야 할 때, 자동차가 많을 때, 사람이 많은 길거리에서는 안○필 씨에게 손을 잡아도 되는지 묻고 손을 내밀어 주면 지원자와 손을 잡고 이동한다. - 횡단보도를 건너기 전에 앞만 보고 달려갈 수 있으므로 손을 잡고 건너갈 수 있도록 한다.	- 언어로 자신의 욕구를 표현할 수 있도록 하여 의사 표현 능력을 향상할 수 있다. - 산책을 통해 기분전환을 돕고, 적절한 신체활동을 하도록 함으로써 일상생활의 스트레스를 해소할 수 있다. - 약속과 규칙을 지킬 수 있는 능력을 향상할 수 있다.
	여가 활동 (그림그리기, 오리기)	1. 그림그리기 하면서 사용한 도구를 잘 정리하도록 하게 한다. - 그림그리기 하면서 원하는 재료나 필요한 것이 있을 때 표현할 수 있도록 한다. - 표현하였을 때 적극적으로 격려와 지지하며, 원하는 재료를 직접 선택하고, 구매하여 사용할 수 있도록 한다. - 취침 전 20시에 활동하면서 책상 위나 바닥에 떨어진 종이 조각은 본인 스스로 청소기를 사용하여 정리하도록 한다. 2. 다양한 여가 활동에 참여하도록 한다. - 화장실 다니기, 화장지를 풀어 변기에 넣는 행동, 얼굴 뜯는 행동 감소를 위해 촉감놀이(뽁뽁이, 찰흙, 구슬꿰기 등)에 참여하도록 한다. - 요리 활동 시 밀가루 등을 이용하여 촉감을 강화한다.	약속과 규칙을 지킬 수 있는 능력을 향상할 수 있다.
의사소통과 대인관계 향상	대인관계 예절 습득	1. 안○필 씨와 직원과 서로 예의를 갖춰 "안녕하세요?", "안녕히 가세요.", "안녕히 계세요." 등의 인사 예절을 배우고, 직접 해봄으로써 대인관계의 기초를 형성할 수 있다. - 눈을 마주치고 웃으며 반갑게 인사한다. 2. 수시로 배우고, 생활 속에서 긍정적 예절습관이 형성될 수 있도록 출, 퇴근 직원과 함께 인사를 자주 나눈다. - 표현에 있어서 짧은 문장도 중요하지만 생활 속에서 필요한 것들을 구체적으로 표현할 수 있도록 한다.(예) "종이, 2장"→ "종이 2장 주 세요.")	대인관계 기초 예절을 인사를 통해 형성하고, 타인에게 먼저 다가갈 수 있는 긍정적인 변화를 기대할 수 있다.

<table>
<tr><td rowspan="3">일상
생활</td><td>식사 시</td><td>1. 급하지 않게 식사하도록 전달하며, 조용히 옆에서 기다려 준다.
- 식사 시 천천히 섭취할 수 있도록 권한다.
- 과식하지 않도록 한다.
* 간식 요구 시 적절한 양으로 지원한다.
2. 역할 수행하지 않을 시 가사 분담표의 역할을 스스로 확인할 수 있도록 하고, 수행 시 옆에서 격려하며 끝까지 마칠 수 있도록 한다.
- 자신의 역할을 잘 수행함으로써 책임감을 기를 수 있다</td><td>구토 증상이 소거됨으로 편안한 생활할 수 있다.</td></tr>
<tr><td>대화
하기</td><td>1. 무엇을 원하는지 물을 때 되도록 간단한 단어를 사용한 문장을 구성해서 질문한다.
- 반복된 질문이나 대답을 할 경우 간단명료하게 대답해 주거나 잠시 기다려준다.
2. 결정을 요하는 중요한 사항일 경우 관련 사항에 대한 사진이나 그림을 활용하여 대화를 이어감으로써 이해를 높이고 원하는 결정을 정확히 할 수 있도록 돕는다.
3. 욕구에 대해 표현할 경우 수용하고 지지를 하되 상황적으로 즉각 이루어질 수 없는 경우 알기 쉽게 설명하고 일정에 대한 약속을 정하여 불안감을 해소한다.</td><td>대화를 통해 자신의 욕구를 정확히 표현할 수 있도록 돕고, 욕구 해소가 지연됨으로써 겪는 불안감을 줄일 수 있다.</td></tr>
<tr><td>개인
위생 유지</td><td>1. 스스로 개인위생에 관심을 갖도록 “안○필 씨 깨끗하게 씻으면, 기분이 좋아져요.”라고 말할 때 바로 욕실로 들어가는 모습이 자주 관찰된다. 긍정적인 말로 씻을 수 있는 동기부여를 해준다.
- 스스로 닦을 수 있는 부분을 닦도록 하고, 손이 닿지 않는 부분은 직원의(남자) 도움으로 개인위생 관리를 한다.
2. 다 씻은 후 옷을 점검하고, 머리를 다 말릴 수 있도록 한다.
- 헤어드라이어의 사용에 어려움이 있으므로 언어 지원과 약간의 도움으로 헤어관리를 하도록 돕는다.
3. 식사 후 양치질을 스스로 할 수 있도록 이야기하고, 스스로 양치가 힘들 경우 조금의 도움으로 양치할 수 있도록 한다.
- 양치할 때 치약을 많이 사용하는 모습에 알맞게 사용할 수 있도록 한다.
- 양치 후 “양치했어요.”라고 안○필 씨가 말했을 때 “잘했어요. 깨끗하네요.”라고 칭찬을 해준다.</td><td>청결한 개인위생을 유지함으로써 건강유지에 도움을 주고 외모를 꾸미기 좋아하는 안○필 씨에게 긍정적인 습관을 형성할 수 있도록 한다.</td></tr>
<tr><td colspan="4">변화된 반응 시
AAC 의사소통 기구를 활용하여 가고 싶은 장소나 욕구를 정확히 표현할 수 있도록 지원한다.</td></tr>
</table>

슬기로운 건강생활

사회복지사 박성신

"안○필 씨 걷기 운동할까요?"라고 물으면 "네." 라고 답하거나 아무 말 없이 뛰어가 운동화를 신고 옵니다. 아직 운동화 끈을 잘 묶지 못하여 끈 풀린 운동화를 직원에게 내밀어 보입니다. 직원이 묶어주며 잘 따라 할 수 있도록 설명해 주고 학습합니다. 태블릿PC를 이용하여 동영상 목록을 보여주니 "상어 틀어주세요."라고 요청합니다. 안○필 씨는 러닝머신 걷기 운동하며 상어 가족 동영상을 시청하길 좋아합니다.

안○필 씨는 지방간 초기로 운동과 식단관리 중입니다. 그리고 정신건강의학과 약물을 조정 중에 있습니다. 복용 약 조정을 위해 기존에 진료본 ○○신경정신과의원에서 살림의원 정신건강의학과로 전원하여 2020년 5월 7일 초진하였습니다. 현재의 안정된 상태가 1년 정도 유지되었고, 3개월 전까지는 머리 찧는 행동이 보이기는 했으나 5차례를 넘기지 않았고, 머리 찧는 행동이 이유 없는 행동이 아니라 직원의 관심을 끌기 위한 표현이거나, 소통이 안 될 때 답답함을 나타내는 표현이었음을 전달하였습니다. 약물 변경의 중요 요건이 현재 몸 상태인데 매우 안정적으로 보여 약 줄 이는데 좋은 시기라고 여겨진다는 주치의 소견이 있었고 약물의 용량 단위가 크고 g당 효과가 낮은 저역가 약에서 용량 단위가 적고 g당 효과가 높은 고역가 순으로 조율하는 것이 기본임을 안○필 씨에게 설명하였습니다. 제일 중요한 약은 항정신성 약물이기에 제일 나중에 조절하기로 하였습니다.

약 변경 후 안○필 씨의 변화된 모습으로는 가만히 앉아서 종이 오리기 빈도가 줄어들었으며 큰소리로 웃기도 하고 장난이 많아졌습니다. 원내 이동할 때 뛰어다니는 모습이 관찰되었으며 치킨, 라면, 밥양을 늘려 먹고자 하는 등 식욕이 늘어났습니다. 늦잠으로 아침 식사를 잘 하지 않았으나 아침 기상이 빨라져 아침을 먹기 시작했습니다.

2020년 6월 4일 살림의원 정신건강의학과 재진하여 초진 이후 약물 변경 후의 변화를 전달하였습니다. 활동적인 변화는 긍정적이라고 하였으며 머리 찧는 행동에 대해서는 일관적으로 관심을 주지 않는 행동요법을 쓰고 있음을 전달하였습니다. 식욕이 늘어난 문제는 상담 후 약물 변경을 하였습니다. 수면을 돕는 약이 들어가는데 식욕과 식사량이 늘 수 있는 약이라서 절반 줄이고, 대신 잠을 못 주무시는 거 같으면 필요할 때 약으로 수면을 돕기 위한 약을 처방 받았습니다.

6월 중순 이후 과식과 심리적인 이유로 추정되는 구토증세가 나타났습니다. 체중도 4월에는 74.4kg이었다가 65kg 정도 까지 빠졌습니다. 여러 차례 구토하여 7월 1일 청구○○병원 소화기 내과 초진 진료하였습니다. 식사 후나 간식 후, 또는 섭취 중간 등 불규칙적으로 발생하며, 구토하지 않을 때도 음식 섭취 후 명치 통증을 호소하였고 이틀 전 3회 구토, 전날 5회 구토, 당일 오전 죽 식사 후 바로 1/5가량의 양의 구토 증세 1차례 보였음을 설명하고, 위장보호제 1주일 치를 처방받았습니다. 수면내시경 7월 10일 예약하여 진행하기로 하였습니다.

살림의원 정신건강의학과 재진하여 잦은 구토 관련하여 상담 진행하였습니다. 정신과 약물이 큰 관련은 없겠지만 어쨌든 약을 많이 쓰고 있으니, 부작용과의 연관성을 '0'이라 할 수 없고 약의 가지를 줄여나가자고 하시며, 부작용 완화를 위해 썼던 약을 줄이고 대신 항우울제(식이장애 조절에 효과, 강박적 음식 반복 요구에 도움)를 추가 처방하여 복용하게 되었습니다.

7월 10일 청구○○병원 건강검진센터에서 복부초음파와 수면 위내시경 검사를 받게 되었습니다. 검사 결과 십이지장궤양과 지방간이 있다는 결과가 나왔습니다. 다행히 지방간 초기로 식단 조절과 운동으로 얼마든지 건강해질 수 있다고 하여 꾸준한 운동과 식단관리를 하기로 합니다. 잦은 구토로 인한 십이지장궤양일 수도 있고, 십이지장궤양으로 인한 잦은 구토일 수도 있다는 의사 선생님의 말씀을 들었습니다. 다행히 십이지장궤양약을 복용한 뒤로 차츰 구토증은 사라졌고, 간 초음파상 지방간은 구토와 관련이 없다고 하여 식습관 개선과 건강관리를 시작하였습니다.

정기복용하는 약 일부를 의사의 소견에 따라 바꾸거나 중단하기로 하였습니다. 꾸준한 운동과 식습관을 바꾸어 가기로 안○필 씨와 약속하고 기름진 음식, 맵고 짜고 자극적인 음식은 멀리하고 건강관리와 식단관리를 하게 되었습니다. 치킨, 피자, 라면, 족발 등 기름진 음식을 자제해야 하는 것이 제일 힘든 일이었습니다. 왜냐하면, 안○필 씨가 제일 좋아하는 음식이었거든요. 잡곡밥으로 식사하고 꼭꼭 씹어서 먹을 수 있도록 하고, 치킨과 과자, 피자, 라면 등을 멀리하였습니다. 다른 직원도 많이 먹으면 배가 아플 수 있음을 일관되게 설명하였습니다. "네."라고 대답은 하지만 아쉬워서 한 번 더 요청하기도 합니다.

신체활동도 꾸준히 하기로 합니다. 코로나19로 외부 활동에 제약이 있으니, 러닝머신으로 운동을 꾸준히 하고 있습니다. 40여 분 걷고 나면 등줄기에 땀이 납니다. 운동의 즐거움을 알고 운동이 끝나고 샤워를 마치면 그렇게 개운한 얼굴을 하고 있습니다.

8월 13일 살림 의원 정신건강의학과 주치의 장창현 원장님 본원 라운딩을 하였고 안○필 씨와 대화 중 질문과 맞지 않게 치킨 등 간식의 단어만 반복하여 말하는 모습 보였습니다. 최근 식은땀과 조금만 걷거나 뛰어도 심하게 땀을 흘리는 부분에 대하여 약물 검토하였습니다. 7월 1일에 추가된 약 중 항우울제(식이장애 조절에 효과, 강박적 음식 반복 요구에 도움)가 갑상샘에 영향을 줄 수 있고, 갑상선 호르몬의 이상증세로 땀이 날 수 있어 혈액검사(갑상선 호르몬 수치)를 권유받았습니다.

갑상선 호르몬 검사 결과 갑상샘항진증 확인되었습니다. 수치상 약 복용이 필요한지 혈액검사 진행하였습니다. 일시적인 어떠한 원인으로 수치가 올라간 것으로 보이며 약물 때문일 수도 있고 감염 때문일 수도 있다고 합니다. 항우울제(바렙톨)가 영향을 줄 수 있다는 판단으로 항우울제 복용을 중지하였습니다.

추이 관찰하여 특별한 행동 문제가 없고 구토도 없는 상태로 잠 잘 자고 잘 지내고 있어 계속 중단하기로 합니다. 9월 17일부터 아침 약 중단하고 저녁 약 중 부작용 완화를 위해 썼던 약을 중단하였으며 10월 29일 저녁 약 중 일부 복용 약을 감량한 뒤 추이 지켜보기로 하였습니다.

12월 10일 정기진료로 진료실에서도 양호한 자세로 일상적인 대화를 나누었고 건강을 위해 좋아하는 간식(치킨, 피자 등)을 제한하고 잡곡밥으로 식이조절하고 있고 협조적인 모습을 보여 조정된 약물을 유지하도록 하고 있습니다.

현재 복용 약 조정 후 전체적으로 변화된 모습은 종이를 달라고 요구하는 횟수가 줄었으며 본인의 욕구가 충족될 때까지 직원을 따라다니며 눈 마주치고 반복적으로 요구하거나 손으로 상대방의 어깨를 잡아당기는 모습이 줄어들었습니다. 식사량이 일정하고 추가로 요구하지 않는 모습이 보입니다. 큰 소리로 자주 웃기도 하고 장난이 많아졌습니다. 혼잣말이 늘어 소파에 앉아 보라색, 귀향, 아~아, 흠, 삐카, 오징어, 안돼~, 고장 났다고~, 좋아요, 안 해요. 등의 단어를 말하고 콧노래를 자주 부르고 있습니다. 고개를 숙이고 한참 앉아 있기도 하고 자신의 자리에 다른 입주자가 앉아 있으면 '비켜 줘'라고 말하기도 합니다.

제일 큰 변화로는 하반기 머리 찧는 횟수가 크게 줄어 거의 보이지 않고 있습니다. 욕구 표현에 대해 긍정적 지원을 하고 있으며 운동으로 스트레스 조절과 식단관리, 약물 조정의 긍정적 변화로 보입니다.

007 요로결석에 대한 지원

요로결석이란?
오줌 성분이 가라앉아 굳어진 돌. 콩팥 깔때기, 요관, 콩팥, 요도 따위에 생긴다.
[출처: 문화체육관광부 국립국어원 표준국어대사전]

임○하 씨는 소아마비와 경미한 지적 장애를 가지고 있는 분입니다. 원가족 없이 아주 어렸을 때부터 아동병원에 입원하고 있었고, 아동기에 은평재활원에 입소하여 오랫동안 생활해 왔습니다. 의사소통이 원활하여 시설 내에서 입주자 대표를 맡고, 평소 기타를 연주하며 자작시를 써 시화전을 열기도 하는 낭만이 있는 입주자이자, 청소년기 입주자들에게 '재미있는 임○하 삼촌'으로 불리기도 하는 인기인이었습니다.

실외에서는 전동휠체어를 타고 움직일 수 있으나 실내에서는 목발을 짚고 이동하거나 혹은 기어서 이동을 할 수 있었습니다. 임○하 씨는 이전부터 시설에서 지역사회로 자립할 계획을 가지고 있었는데, 40대에 접어든 이후 2013년, 2015년, 2018년 3번의 요로결석을 겪어 응급실 진료를 받으면서 약간 의기소침해져 있었습니다.

임○하 씨는 평소 물을 잘 드시지 않는다고 하였습니다. 요로결석 예방을 위해서는 물을 많이 마셔야 한다는 것을 여러 번 말씀드려도 물을 잘 마시려 하지 않았습니다. 상담과 생활 관찰을 통해 확인한 결과, 지체 장애로 인해 밤에 화장실에 가는 것이 편치 않다 보니 아예 물을 마시지 않는 방식으로 생활 습관이 형성되어 있었던 것이었습니다. 아마도 누군가에게 화장 실에 데려다 달라고 얘기하거나 혼자 목발을 짚고 밤중에 일어나 화장실을 다녀오는 것이 불편하여 물을 마시지 않는 쪽으로 점차 강화되어 왔던 것 같았습니다.

여러 직종의 직원들이 물을 많이 드시도록 설득하였으나 오랫동안 형성된 습관이 바로 바뀌지를 않았습니다. 시설의 직원들을 '잔소리하는 사람'으로 여겨 귀찮아하며 기피하기도 하고 때로는 화를 내기도 하였습니다. 영양사/조리원들과 협조하여 식사와 함께 물을 제공하였더니, 식사 후 물잔을 노려보고 가만히 앉아 있기만 하는 등 본인을 위해 수분 섭취를 독려하는 직원들의 마음을 잘 이해하지 못하고 직원들과 사이가 나빠지기 일쑤였습니다.

의료사례회의에서 '누가 물을 많이 마시라고 설득하는 것이 가장 좋을까?'에 대해 서로 얘기를 나누니, 임○하 씨가 교회에서 집사 안수를 받았는데, 교회의 목사님을 평소에 많이 의지하고 신뢰하고 있으니 목사님을 통해 '물을 많이 마시라'고 설득하는 것이 어떨까? 하는 아이디어가 나왔습니다. 직원들은 목사님께 임○하 씨에게 요로결석 재발 예방을 위해 수분 섭취 교육을 해주십사 부탁을 드렸고, 목사님은 흔쾌히 그렇게 하겠다고 답을 주셨습니다.

그 외에도 식사 후 물을 꼭 1잔 이상 마실 수 있도록 모든 직원이 식사와 함께 물을 제공하고 수분 섭취를 독려하기로 하고 (특정 직원만 물 마시라고 하는 것이 아니라 모든 직원이 매 식사 시 얘기하기로), 밤에 화장실까지 가지 않아도 소변을 볼 수 있도록 침대 옆에 간이 소변기를 마련하여 소변보는 것이 아주 힘들지 않도록 환경을 변화시켰습니다. 임○하 씨는 지적 장애가 경미하였기에 낮에 스스로 소변기를 씻고 위생적으로 정리하는 것은 가능한 상태였습니다. 소변기 사용을 적극적으로 권유하였고, 혹시 1개로 부족할까 봐 소변기 2개를 구매하여 방에 갖추기로 하였습니다.

목사님의 설득과 직원들의 일관된 수분 섭취 지원, 소변기 구매에 힘입은 것인지, 2018년 세 번째 요로결석이 발병한 이후로는 더이상 발생하지 않았고, 임○하 씨는 건강 때문에 망설이던 자립을 2019년 12월에 할 수 있었습니다. 자립 전 시설에서는 자립 준비로서 의료사례회의를 통해 요로결석을 예방하기 위한 생활환경을 갖출 수 있도록 미리 준비하였고, 자립 후 임○하 씨의 생활 전반을 지원하게 될 활동보조사에게 임○하 씨의 요로결석과 건강 상태에 대한 정보를 제공하였습니다.

시설에서 임○하 씨의 주치의를 맡았던 촉탁의는, 임○하 씨의 자립과 함께 장애인 주치의로 등록하여 시설을 나간 이후에도 지속적인 건강관리를 하기로 하였고, 이후에도 필요시 가정방문, 정기적인 외래진료를 통해 임○하 씨의 건강관리를 돕고 있습니다. 2024년 10월 현재까지 요로결석은 한 번도 재발 없이 잘 지내시는 중입니다.

2. 사례 진행에 따른 변화

43세(2013. 1. 6.) 구토와 심한 복통으로 응급의학과 진료(요로결석/청○성심병원)

43세(2013. 1. 13.~18.) 결석 크기가 크지 않아 요관 넓혀주는 투약 치료(강북○○병원)

45세(2015년) 요로결석 발견하여 치료받음(강북○○병원)

48세(2018. 3.) 요로결석 증상이 발견되어 진료(강북○○병원)

48세(2018. 5.) CT 촬영한 결과 확인
결석 남아 있음을 진단
이번 진료에서도 많은 수분 섭취를 강력하게 권고받음

48세(2018. 6.) 의료사례회의 진행
- 꾸준한 수분 섭취를 위한 텀블러 사용
- 취침 중 화장실 이용 어려움으로 소변통 사용 지원
- 영양상담 진행
- 목사님과 상담 협조 요청(수분 섭취의 중요성 인식)

49세(2019. 4.) 의료사례회의 진행
꾸준한 수분 섭취를 위한 텀블러 사용 ⟶ 들고 다니기 불편하다고 호소
매 식후, 저녁 시간에 2시간 간격으로 알람 설정하여 물 마시기로

49세(2019. 12.) 은평재활원에서 자립 주택으로의 자립

자립 이후 촉탁의가 근무하는 살림의원에 주기적으로 방문하며 건강관리 중임

3. 다학제적 지원

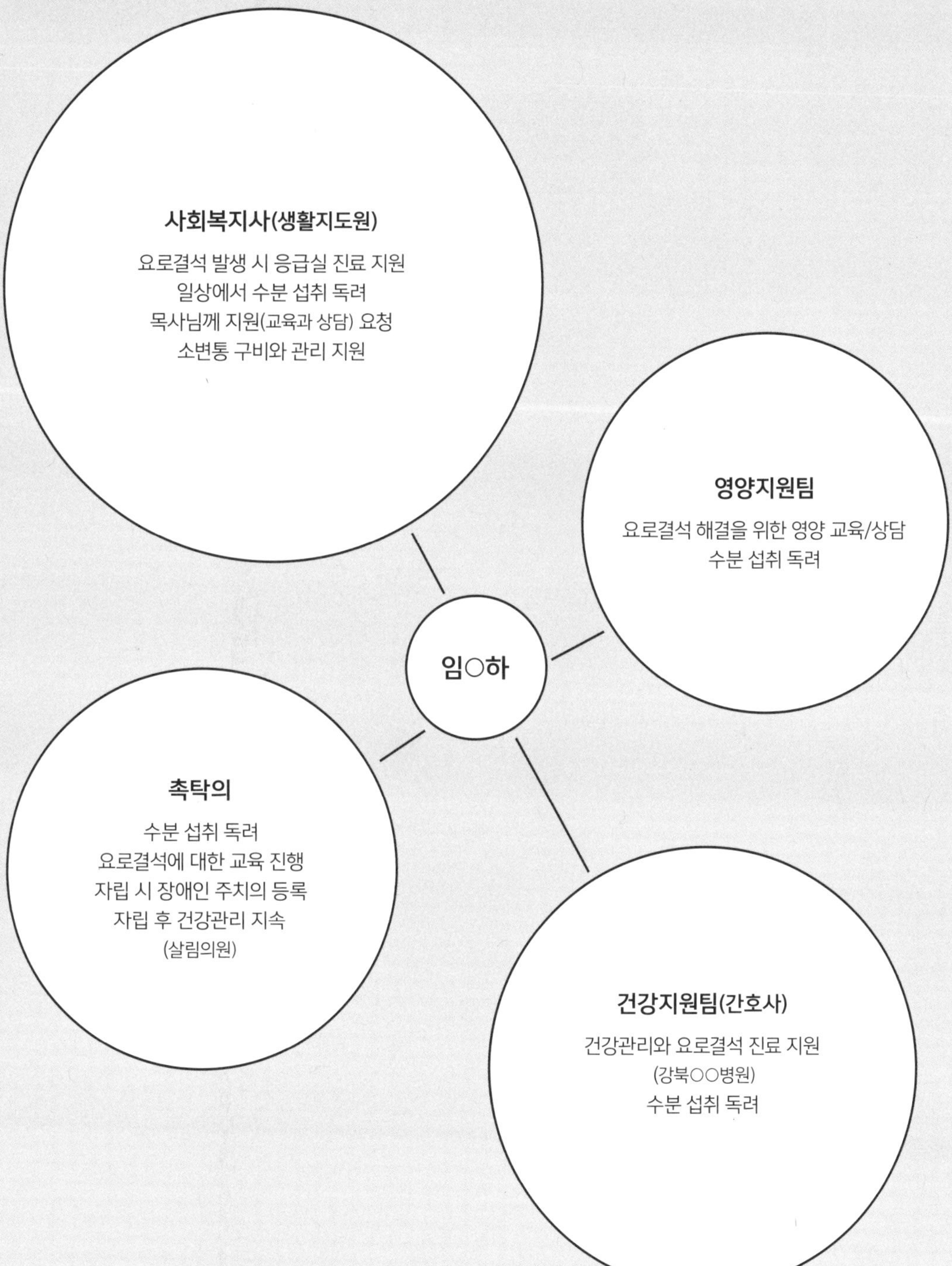
사회복지사(생활지도원)
요로결석 발생 시 응급실 진료 지원
일상에서 수분 섭취 독려
목사님께 지원(교육과 상담) 요청
소변통 구비와 관리 지원
영양지원팀
요로결석 해결을 위한 영양 교육/상담
수분 섭취 독려
임○하
촉탁의
수분 섭취 독려
요로결석에 대한 교육 진행
자립 시 장애인 주치의 등록
자립 후 건강관리 지속
(살림의원)
건강지원팀(간호사)
건강관리와 요로결석 진료 지원
(강북○○병원)
수분 섭취 독려

4. 임○하 씨 의료사례회의

2017년 제4차 의료사례회의 (10.12.)

<table>
<tr><th colspan="6">입주자 건강관리 요약지</th></tr>
<tr><td>작성자</td><td colspan="5">촉탁의 추혜인 (가정의학과 전문의)</td></tr>
<tr><td>성명</td><td>임○하</td><td>성별</td><td>남</td><td>생년월일</td><td>1970년 0월 0일</td></tr>
<tr><td>장애 유형</td><td>지체 1급</td><td>신장</td><td>152cm</td><td>체중</td><td>44kg</td></tr>
<tr><td>과거력</td><td colspan="5">혈액형: Rh+ O
뇌성마비cerebral palsy
- 1990년 다리 인대확장수술
- 2010년 고○○○병원, 사지기형 교정 위해 근육유리술
요로결석: 2013년, 2015년</td></tr>
<tr><td>간염 항체 정리</td><td colspan="5">1. A형 간염: 확인 필요
1. B형 간염: HBs Ab(+)
1. C형 간염: 확인 필요</td></tr>
<tr><td>검진 결과</td><td colspan="5">BP: 130▲/86▲
CBC: 4200-14.5-246k
Glucose: 95
Total Chol: 208▲
AST/ALT: 22/15
HBs Ab(+)
U/A: normal
Chest PA: normal</td></tr>
<tr><td>건강 문제</td><td colspan="5">발 무좀과 발톱 무좀
- fluconazole 150mg qT 주 1회 복용 중, 네일라카 바르는 중
요로결석 예방
- 평소 물 많이 마시도록
- 급성 통증 발생 시 응급 대처 필요</td></tr>
<tr><td>앞으로의 계획</td><td colspan="5">1. 갑상선 검사: 호르몬 체크 (TSH, T3, free T4)
2. 인바디, 골밀도, Vit D 검사
3. 필요 시 HAV IgG, HCV Ab 검사
4. 발 무좀과 발톱 무좀에 대한 관리 지속: 네일라카 + 경구약</td></tr>
</table>

☞ 평상시 물을 많이 마시도록 권하며, 혈압이 조금 높으나 고혈압 정도는 아니고 다음 건강검진 시 결과 확인해야 함

2018년 제6차 의료사례회의 (6.14.)

<table>
<tr><th>작성자</th><td colspan="5">박○규 사회복지사</td></tr>
<tr><th colspan="6">입주자 사항</th></tr>
<tr><th>장애유형과 등급</th><td>지체 1급</td><th>신장</th><td>152 cm</td><th>체중</th><td>45 kg</td></tr>
<tr><th>담당자 지원</th><td colspan="5">1. 현재 건강 문제 중심으로 작성
평상시 움직이는 것을 힘들어해서 화장실 가는 횟수를 스스로 조절하기 위해 최대한 물을 마시지 않으려는 경향이 있음. 수분을 많이 섭취하면 소변을 자주 봐야 한다며 물을 잘 먹지 않으며 식사 시 국도 거의 먹지 않음. 이러한 연유로 예전에도 결석이 생겨 2013년, 2015년 진료 이력이 있음. 2018년 6월 8일 현재도 요로결석 관계로 강북○○병원 비뇨기과 진료 중임
* 2013. 1. 6. 청○성심병원 구토 심한 복통 호소 응급진료 (결석 발견)
* 2013. 1. 7.~18. 강북○○병원 결석 크기가 크지 않아 요관 넓혀주는 투약 치료
* 2015. 8. 30.~9. 14. 강북○○병원 요로결석 발견하여 치료함
* 2018. 3. 30. 요로결석 발견되어 강북○○병원 진료
* 2018. 4. 30. 강북○○병원 경과 진료, CT 촬영. 결석이 깨졌는지를 확인하기 위한 것이었는데 진단 결과 아직도 남아있다는 소견. 소변을 보는데 약간의 혈뇨가 나와서 조금 따가웠다고 함
* 2018. 5. 2. 4/30 CT촬영 결과 결석이 남아있음을 확인. 많은 수분 섭취를 강력하게 권고함

2. 1번에 따른 서비스 지원 사항 작성
생활실에서는 물론 직장에서도 꾸준한 수분 섭취 관리를 위해 휴대용 텀블러에 물을 채워서 물을 드실 수 있도록 지원하고 있음
생활실 직원들의 지원에도 불구하고 임○하 씨 본인의 수분 섭취 노력이 부족하여 현재까지 잔존 결석이 모두 소거되지는 않고 있다 함</td></tr>
<tr><th>해결할 사항</th><td colspan="5">임○하 씨의 수분 섭취 지원 방안
스스로의 노력으로 수분을 섭취하여 결석을 완전히 제거해야 함에도 불구하고 자가 노력이 너무 부족함. 병원에서 처방하는 약물치료만으로는 한계가 있을 뿐만 아니라, 직원들의 수분 섭취 지원도 한계를 가질 수밖에 없으므로 임○하 씨에 대한 의료적 경각심이 강하게 어필될 필요성이 있다고 사료됨
추후 있을 수도 있는 자립에도 수분 섭취와 결석 문제는 상당한 걸림돌이 될 것이라 판단됨</td></tr>
<tr><th rowspan="2">영역별 지원</th><td>간호사</td><td colspan="4">- 요로결석: 강북○○병원 비뇨기과 진료하여 현재 완전 배출되었는지 확인하기 어려운 점은 골반뼈와 겹쳐있어 1개월 동안 물 섭취와 진통제(병원 원내처방) 복용 후 1개월 후 검사하여 남아있으면 수술하고 수술 전과 후에도 물 섭취 하지 않으면 신장 망가져 혈액투석 할 수 있다고 촉탁의가 엄격하게 설명하였습니다.
- 물 섭취를 하면 취침 중에 화장실 사용이 불편하다고 하여 개인용 소변 통을 사용하고 뒷정리, 소독을 생활지도원에게 부탁하면 지원해 주지만 미안하고 싫다고 합니다.</td></tr>
<tr><td>영양사</td><td colspan="4">고지방식 제한</td></tr>
<tr><th>향후 지원</th><td colspan="5">- 현재 수분 섭취만 잘해도 도움이 많이 되는 것으로 판단됨
- 영양상담 진행하기로 함
- 박○기 목사님에게 부탁하여 수분 섭취의 중요성에 대해서 임○하 씨에게 전달해 줄 수 있도록 협조 요청하기로 함
- 저녁 시간에 수분 섭취가 중요함으로 한 번 더 전달 할 수 있도록 함</td></tr>
</table>

2019 제3차 의료사례회의 (4.24)

<table>
<tr><th>작성자</th><th colspan="2">이○일 사회복지사</th></tr>
<tr><td>해결할 사항</td><td colspan="2">임○하 씨는 2019년 하반기에 자립을 예정하고 있는 입주자로 건강을 체크하고 관리와 계획에 대해 논의하고자 함.</td></tr>
<tr><td>간호사 지원</td><td colspan="2">1. 현재 건강 상태 : 양호
2. 의료 서비스 지원 : 2013, 2015, 2018년 요로결석으로 강북○○병원 진료 후 물 섭취 잘 할 수 있도록 생활지도원 지원으로 현재 병원 진료 없음</td></tr>
<tr><td rowspan="3">영역별 지원</td><td>사례관리자
(일상생활)</td><td>- 현재 복용하는 약은 주 1회 무좀약으로 발톱 무좀이 육안으로는 가릴 수 없을 정도로 많이 호전된 상태임
- 그 외 복용하는 약은 없으나 2013년, 2015년 식사 시 국도 거의 먹지 않고 물도 잘 마시지 않으므로 결석 진료 이력이 있음. 2018년 6월 8일에도 요로결석으로 강북 ○○병원 비뇨기과 진료를 받은 이력이 있음
* 2018년 5월 2일 4/30 CT 촬영 결과 확인. 결석이 남아 있음을 진단받은 적도 있어 많은 양의 수분 섭취를 강력하게 권고함
- 꾸준한 수분 섭취를 위해 텀블러에 물을 채워 마실 수 있도록 지원하였으나 텀블러를 들고 다니는 일을 불편해하여 매 식후와 저녁 시간에는 2시간 간격으로 알람을 맞춰주고 알람이 울리면 물을 머그컵으로 한 잔씩 마시도록 지원하고 있음
- 물을 자주 마시면 소변량이 늘어나 잦은 소변 처리의 불편함을 호소하여 2019년 3월 1일 휴대용 소변통 2개를 구입하여 교대로 임○하 씨의 손이 닿는 가까운 곳에 두고 사용할 수 있도록 지원하고 있음</td></tr>
<tr><td>치료사</td><td>해당 사항 없음</td></tr>
<tr><td>영양사</td><td>영양상담 진행(2회)/수분 섭취와 아침 결식</td></tr>
<tr><td>향후 지원</td><td colspan="2">- 소변통 위생적 관리 관찰 필요
- 건강검진 진행 차수가 있다면 1차로 진행. 평행봉 이동과 서 있기 활동 자체 진행</td></tr>
<tr><td>촉탁의 의견</td><td colspan="2">소변통 위생적 관리 관찰 필요</td></tr>
</table>

참고: 임○하 씨는 2019년 12월 퇴거하여, ○○○씨를 소개합니다(2021년 제작), 스토리텔링(2020년 4분기 제작) 자료가 없습니다.

008 당뇨에 대한 지원

당뇨란?

소변에 당분이 많이 섞여 나오는 병. 탄수화물 대사를 조절하는 호르몬 단백질인 인슐린이 부족하여 생기는 것으로 소변량과 소변보는 횟수가 늘어나고, 갈증이 나서 물을 많이 마시게 되며, 전신 권태가 따르는 한편 식욕이 좋아진다. [출처: 문화체육관광부 국립국어원 우리말샘]

우○안 씨는 8세에 뇌전증으로 약 복용을 시작하신 분으로, 은평재활원에 촉탁의 진료가 시작된 첫 해인 2017년에 갑상선 기능에 대한 입주자 전체 혈액검사를 하는 중에 갑상선 기능저하증이 발견되었고, 그때부터 갑상선 호르몬제를 복용하기 시작하였습니다. 은평재활원 입주자 중에서는 인지기능이 좋은 편으로, 입주자 대표나 인권지킴이단 활동도 하셨고, 이전에도 직장 취업과 자립생활을 시도했던 적이 있습니다. 비록 적응이 힘들어 다시 은평재활원으로 돌아오기는 하였지만 말이죠.

30세 전후부터 체중이 크게 늘기 시작해서 은평재활원 내에서도 영양관리를 통한 체중 조절에 신경을 썼으나, 편의점을 이용하여 간식을 섭취하거나 배달앱을 통해 고칼로리 음식(정크푸드)들을 배달받아 섭취할 수 있었던 관계로 식단을 잘 조절하기는 솔직히 쉽지 않았습니다. 이러한 상황에서 우○안 씨는 다시 한번 자립을 준비하고 있었습니다. 이에 은평재활원 직원들은 영양지원팀의 꾸준한 상담, 식사 전 야채 특별 제공 등의 지원을 통해 우○안 씨의 건강을 유지하기 위해 함께 노력하 였습니다.

2019년 12월 자립 전 건강상태 체크를 위해 실시한 우○안 씨의 혈액검사에서, 당화혈색소는 5.4로 아직 당뇨와는 거리가 먼 상태였습니다. 그리고 2020년 1월 드디어 우○안 씨의 자립생활이 시작되었습니다. 안타깝게도 우○안 씨는 자립 직후부터 고혈압약을 드셔야 하는 정도로 혈압이 높아졌습니다. 영양사가 관리하는 식단이 아닌 배달음식 등을 주로 섭취한 결과,

자립 1달 만에 혈압이 치솟아 고혈압약을 드시지 않으면 위험한 정도에까지 이르렀던 것입니다. 짠 음식을 줄이고 고칼로리 고탄수화물 식단을 바꿔보려고 그곳의 직원들도 부단히 노력하였으나, 우○안 씨의 배달 음식에 대한 고집은 꺾이지 않았습니다.

우○안 씨도 은평재활원에서 자립생활센터로 이동 시, 다른 입주자들과 마찬가지로 촉탁의를 맡았던 살림의원 원장님을 장애인 주치의로 등록하여 건강관리 계획을 세웠으나, 협조가 잘 되지 않아 건강관리가 쉽지 않았습니다.

2022년 4월 당화혈색소가 8.6으로 완전히 당뇨로 진행한 것이 확인되었고, 고지혈증과 지방간도 같이 진단되어 고혈압, 당뇨병, 고지혈증, 지방간, 갑상선 기능저하증 등 여러 만성질환에 대한 통합적인 관리가 필요하게 되었습니다. 설상가상으로 우○안 씨는 2022년 10월부터 흡연도 시작하였습니다. 그 다음 달인 11월 당화혈색소가 인슐린을 처방하지 않으면 안 될 정도인 13.7까지 올랐습니다. 하지만 아침/저녁으로 잘 챙겨서 복용해야 하는 경구약도 잘 복용하지 않는 상황에서, 저혈당의 위험까지 안고 인슐린을 시작하기는 힘들었습니다. 인슐린을 처방하여 투약할 경우 저혈당 쇼크가 간혹 생길 수 있는데, 시설 내에서라면 모르겠지만 혼자 생활하고 있는 자립 상황에서는 응급 상황이 생겨도 스스로의 대처가 힘들 것이라는 판단이 있었습니다.

어쩔 수 없이 식욕을 줄이고 혈당을 안정화시키면서도 저혈당의 위험이 적은 약인 주사제 트루리시티를 주치의가 추천하여, 일주일에 한 번 투약하는 것을 시작하게 되었습니다. 트루리시티는 GLP-1 작용제 계열의 주사약으로, 식욕을 억제하는 효과가 있어 비만인 발달장애인의 당뇨관리에 있어 중요하게 생각되는 약입니다. 단점이라면 주사약이라는 것으로, 우○안 씨의 경우 혼자서 주사를 놓기가 힘들었기 때문에, 오히려 투약을 위해서 의료기관에 일주일에 한번씩 방문을 해야 하는 상황이 되었고, 더 자주 우○안 씨의 건강 상태를 확인할 수 있어 도움이 되었습니다. 물론 우○안 씨는 일주일에 한 번씩 의원에 가는 것을 무척 귀찮아했지만요.

다행히 트루리시티가 잘 맞아 당화혈색소는 6점대까지 떨어졌고 체중도 많이 줄었지만, 주사에 대한 우○안 씨의 불편 호소는 지속되었습니다. 트루리시티 주사가 마침 한국에 잘 수입되지 않는 시기가 있어 우○안 씨와 의논하여 '혈당이 잘 조절되기 시작하였으니 경구약으로 투약을 변경하기로' 결정하였지만, 식욕이 조절되는 주사도 맞지 않고 일주일에 한 번씩 의원에 가야 하는 약속도 없어지자마자 우○안 씨의 체중과 혈당은 높아지기 시작했습니다.

주치의는 ○○구 보건소의 건강동행사업의 방문건강관리와 건강교육을 신청하였는데, 2023년 말 보건소 건강동행사업팀이 우○안 씨의 집(자립생활센터)을 방문해보니 물 대신 감귤쥬스를 마시고 있는가 하면 건강하지 않은 간식 섭취, 폭식, 흡연, 음주 등 여러 건강습관이 좋지 않은 모습이 확인되었습니다.

2023년 11월 당화혈색소는 13.1까지 다시 높아졌고 트루리시티 주사약을 재투약하기 시작하였지만, 경구약 투약이 소홀해지고 주사약도 건너뛰는 모습을 보이던 끝에 트루리시티에는 저항성이 생겨 더 이상 약이 듣지 않는 상태가 되었습니다. 이로 인해 결국 2024년 10월에 시립병원 내과에 입원까지 하게 되었습니다. 현재는 퇴원하여 인슐린 주사를 맞는 방식으로 당뇨를 관리하기로 했습니다만, 때때로 배달 음식을 하루에 23만 원어치씩 시켜 먹고 남는 음식을 버리는 등의 기행이 있어 주변인들이 모두 걱정하는 상태입니다. 최근 정신과 상담을 주기적으로 받아가면서 식탐에 대한 치료를 위해 노력하고 있습니다.

자립은 우○안 씨가 너무나 원하던 것이기는 했지만, 배달 음식을 마음껏 시켜 먹고 음주, 흡연을 마음대로 하려고 자립하였나 싶을 만큼 개인 건강관리가 잘 되지 않는 모습을 보여, 건강과 자유에 대한 고민을 많이 하게 하는 분입니다.

2. 사례 진행에 따른 변화

31세(2018년) 비만, 혈압상승, 이상지질혈증: 체중감량과 운동 필요

32세(2019년) 체중 관리, 자립을 위한 건강관리 방향성 논의
(운동을 해서 피곤해지면 뇌전증 증세 보임)

33세(2020년) 매 식사 마다 야채 섭취
주2회 살림건강센터 다짐에서 리햅운동 참여
간식으로 닭가슴살, 샐러드 섭취 지원
걷기 활동에 동기부여 제공(캐쉬워크앱 이용)
인스턴트(편의점, 패스트푸드)음식을 자제할 것을 권유

2020. 1. 13. 자립주택으로 이동 후 장애인 주치의 등록으로
촉탁의 병원 살림의원에서 건강관리받고 있는 중임

3. 다학제적 지원

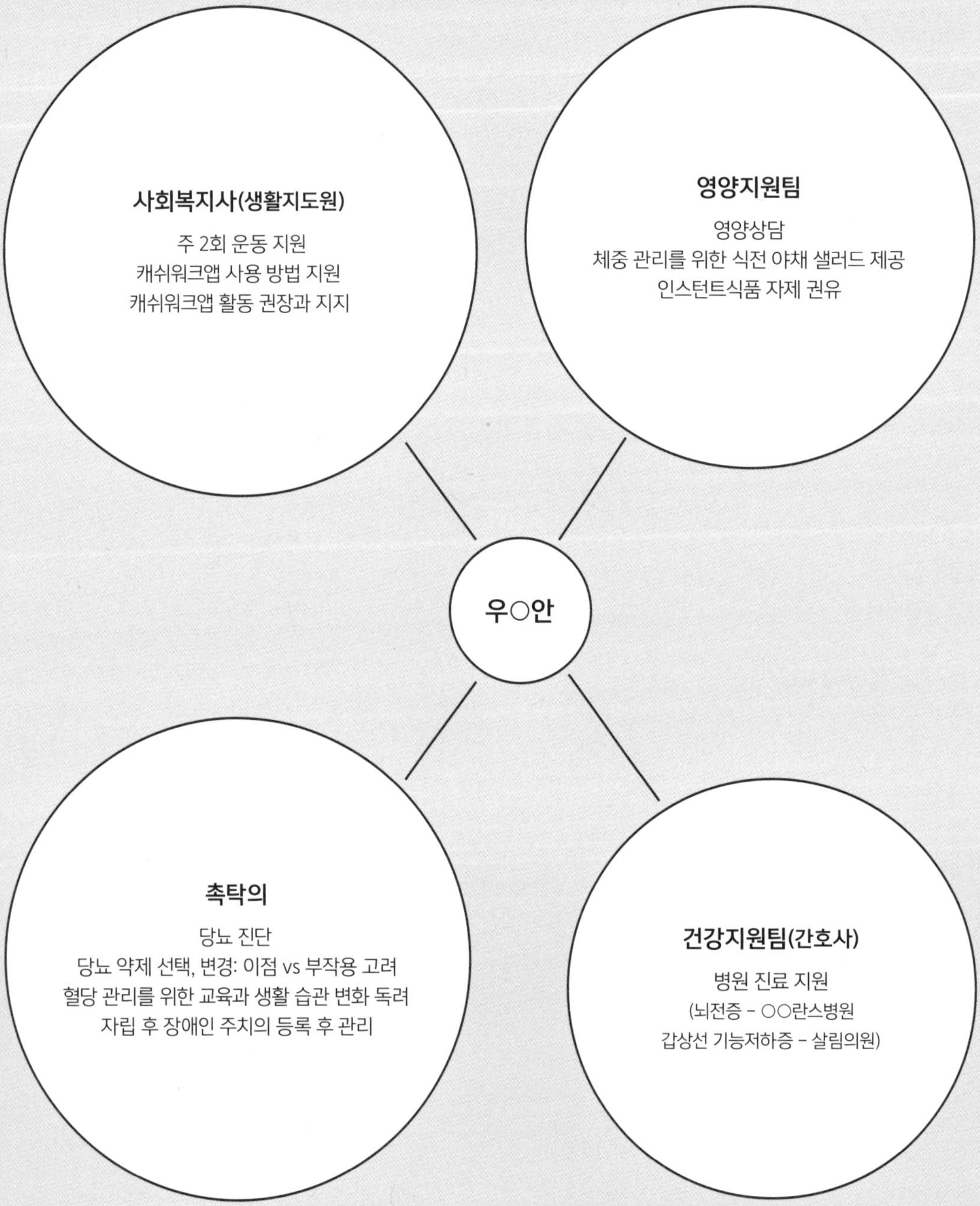
사회복지사(생활지도원)
주 2회 운동 지원
캐쉬워크앱 사용 방법 지원
캐쉬워크앱 활동 권장과 지지
영양지원팀
영양상담
체중 관리를 위한 식전 야채 샐러드 제공
인스턴트식품 자제 권유
우○안
촉탁의
당뇨 진단
당뇨 약제 선택, 변경: 이점 vs 부작용 고려
혈당 관리를 위한 교육과 생활 습관 변화 독려
자립 후 장애인 주치의 등록 후 관리
건강지원팀(간호사)
병원 진료 지원
(뇌전증 – ○○란스병원
갑상선 기능저하증 – 살림의원)

4. 우○안 씨 의료사례회의 내용

2017년 제2차 의료사례회의 (8.3.)

<table>
<tr><th colspan="6">입주자 건강관리 요약지</th></tr>
<tr><td>작성자</td><td colspan="5">촉탁의 추혜인 (가정의학과 전문의O) 작성일: 2017년 8월 3일</td></tr>
<tr><td>성명</td><td>우○안</td><td>성별</td><td>남</td><td>생년월일</td><td>1987년 0월 0일</td></tr>
<tr><td>장애 유형</td><td>지적 2급</td><td>신장</td><td>169cm</td><td>체중</td><td>88kg</td></tr>
<tr><td>과거력</td><td colspan="5">혈액형: Rh+ A
예방접종: HBV/HAV/MR/독감(매년)
뇌전증: ○○란스병원 신경과 (2016년 MRI/EEG: 정상)
지루성 피부염
비만(복부비만)
2013년 갑상선 기능저하증 (TSH: 60▲)
2015년 HbA1c: 5.5</td></tr>
<tr><td>간염 항체</td><td colspan="5">1. A형 간염: 예방접종 2차례 완료, HAV IgG(+)
1. B형 간염: HBs Ab(+) Ag(-)
1. C형 간염: HCV Ab</td></tr>
<tr><td>검진 결과</td><td colspan="5">BP: 135▲/87▲
CBC: 6240-15.8-224k
Glucose: 95
C-T-H-L: 218▲-197▲-40▼-138▲
AST/ALT/GGT: 25/27/24
Cr/eGFR: 1.0/93
U/A: normal
Chest PA: normal
갑상선 초음파: 경미한 갑상선 실질의 변화 (만성 염증으로 인한 기능저하증 의심)
FreeT4/T3/TSH: 0.75▼/0.8▼/69.88▲
골밀도/비타민D: -0.92/14.2▼</td></tr>
<tr><td>건강 문제</td><td colspan="5">갑상선 기능저하증: 살림의원 관리 중
뇌전증: ○○란스병원 신경과
비만, 혈압상승, 이상지질혈증: 체중감량과 운동 필요</td></tr>
<tr><td>앞으로의 계획</td><td colspan="5">갑상선 기능저하증: 씬지로이드 복용, 살림의원 관리 지속
체중감량과 운동
비타민D 저하: Vit D 주사 혹은 경구영양제 복용 필요</td></tr>
</table>

2018년 제2차 의료사례회의 (2.8.)

<table>
<tr><td>작성자</td><td colspan="5">김명화 사회복지사</td></tr>
<tr><td colspan="6">입주자 사항</td></tr>
<tr><td>장애유형과 등급</td><td>지적 2급</td><td>신장</td><td>169cm</td><td>체중</td><td>94kg</td></tr>
<tr><td>담당자 지원</td><td colspan="5">1. 현재 건강문제
- 갑상선 기능저하증, 뇌전증으로 정기적인 병원 진료와 약 복용 중임
- 비만, 혈압상승, 고지혈증으로 체중 관리가 필요함
- 작년 8월까지 88kg~89kg이던 몸무게가 하반기부터 다시 늘어나면서 94kg 유지하고 있음

2. 서비스 지원사항
- 매 식사마다 야채 섭취를 하고 있음
- 홈에서 틈틈이 실내운동하고 있음.(하지만 관심과 의욕 부족)
- 외부에서의 인스턴트(편의점, 패스트푸드)음식을 자제할 것을 자주 당부함</td></tr>
<tr><td>해결할 사항</td><td colspan="5">- 체중 관리가 필요하지만, 운동 후 피곤해지면 뇌전증 증세가 나타나서, 체중 관리에 도움이 될만한 운동을 권하기에 어려움이 있음. 이에, 적절한 운동이나 혹은 체중 관리에 도움이 될 만한 해결책을 모색하고 함
- 여러 건강 문제가 있어, 향후 자립을 위해서 건강관리는 어떤 방향성을 갖고 지원할 것인지 논의하고자 함</td></tr>
<tr><td rowspan="3">영역별 지원</td><td>간호사</td><td colspan="4">1. OO란스병원 신경과: 뇌전증 복용약 1일 2회 저녁, 아침 체중 95kg으로 식욕억제제가 들어있는 뇌전증 약은 부작용이 심해 우O안 씨가 직접 부작용을 감당하고 복용한다는 싸인을 받아야 한다고 함. 3개월마다 정기진료
2. 살림의원: 갑상선 기능저하증 1일 1회 아침식전 30분 복용 2개월마다 진료</td></tr>
<tr><td>치료사</td><td colspan="4">해당 사항 없음</td></tr>
<tr><td>영양사</td><td colspan="4">1. 식전 비타민과 무기질이 풍부한 야채 샐러드를 제공으로 포만감을 유도하여 식사량이 감소되어 체중감량에 도움을 줌
2. 영양(비만) 교육 /2회</td></tr>
<tr><td>향후 지원</td><td colspan="5">1. 향후 의료지원 서비스 사항
2. 사례담당자 향후 지원사항
- 현재 갑상선 수치는 안정된 상태로 가고 있으며 변동 폭이 줄어든 상황임
- 체중 증감은 갑상선 수치로 보는 것은 무리이며 문제는 외부에서 먹는 음식인 것으로 생각됨. 많은 안내와 설명해도 본인 스스로 노력하지 않으면 어려움이 있는 상황임
자립 전까지 재미있는 운동과 비만 관리를 할 수 있도록 꾸준히 지원하도록 하며, 우O안 씨의 선택과 책임이 있는 상황으로 봐야 함
- 자립 후에도 자립지원센터에서 지속적으로 관심을 가지고 신경 쓰겠다고 하였으므로 운동지원과 비만 관리에 대해서 안내해 드리도록 함</td></tr>
</table>

2019년 제2차 의료사례회의 (3.20.)

<table>
<tr><th>작성자</th><th colspan="2">김명화 사회복지사</th></tr>
<tr><td>해결할 사항</td><td colspan="2">현재 건강문제
- 갑상선 기능저하증, 뇌전증으로 정기적인 병원 진료와 약 복용 중임
- 체중이 93kg으로 비만이며 이로 인해 혈압상승, 고지혈증 나타나 체중 관리가 절실하지만 쉽게 살이 빠지지 않고 있음
- 올해 하반기에 자립을 목표로 하고 있는데 자립 준비의 과정으로 체중이나 건강관리를 다시 한번 체크하며 자립하기 전까지 건강을 위해 지원할 점이 있는지 논의하였으면 함</td></tr>
<tr><td>간호사 지원</td><td colspan="2">- 뇌전증: ○○란스병원신경과 정기진료 중임
복용약:
저녁약: 케르파정 1000mg 1정, 파이콤파필름코팅정 4mg 1정
토파맥스 25mg 1정, 토파맥스 100mg 0.5정 (식욕억제제 포함)
- 아침약: 케르파정 1000mg 1정, 토파맥스정 25mg 1정, 토마맥스정 100mg 0.5정
- 갑상선 기능저하증: 살림의원 가정의학과 정기진료 중임
복용약: 갑상선 기능저하증 조절하기 위해
씬지로이드 0.075mg 0.5정, 씬지로이드 0.05mg 0.5정 1일 1회 아침 식전 30분 복용</td></tr>
<tr><td rowspan="3">영역별 지원</td><td>사례관리자
(일상생활)</td><td>- 매 식사마다 야채 섭취를 하고 있음
- 3월부터 주 2회 살림○○센터 다짐에서 리햅운동 참여하고 있음
- 간식으로 닭가슴살, 샐러드를 섭취하도록 지원함. (원가정에서 챙겨주기도 함)
- 캐쉬워크앱(걸으면 캐쉬 쌓이는 앱)을 깔아 걷기나 활동에 동기부여를 함
- 외부에서의 인스턴트(편의점, 패스트푸드)음식을 자제할 것을 자주 당부함</td></tr>
<tr><td>치료사</td><td>해당 사항 없음</td></tr>
<tr><td>영양사</td><td>식전 야채 샐러드 제공</td></tr>
<tr><td>향후 지원</td><td colspan="2">외부에서 인스턴트 음식을 자제하도록 꾸준히 독려하고, 자립 이후에도 주치의(촉탁의) 병원에서 계속 건강관리 받을 수 있도록 하기로 함</td></tr>
<tr><td>촉탁의 의견</td><td colspan="2">–</td></tr>
</table>

참고: 우○안 씨는 ○○○ 씨를 소개합니다(2021년 제작), 스토리텔링(2020년 4분기 제작) 제작 전인 2020년 1월 퇴거하여 자료가 없습니다.

009 가족샘종폴립증에 대한 지원

가족샘종폴립증이란?

어릴 때부터 잘록창자에 샘종 같은 폴립이 생기기 시작하는 유전 질환. 폴립의 수가 증가하고 만성 염증을 일으키며 치료하지 않으면 거의 암을 일으킨다.

[출처: 문화체육관광부 국립국어원 우리말샘]

이○원 씨는 중학생 무렵부터 시작된 혈변이 점점 심해졌고, 체중도 잘 증가하지 않았습니다. 결국 중학교 2학년(2011년)에서 3학년(2012년) 올라갈 무렵 더 이상 미룰 수 없어 대장내시경 검사를 하게 되었는데, 내시경 검사에서 수많은 용종이 대장에 빼곡하게 자라고 있는 모습이 확인되었고, 가족샘종폴립증familial adenomatous polyposis(FAP)이라는 병이 의심된다는 진단을 받았습니다. 이 병은 '가족'이라는 이름이 붙어있을 정도로 유전적인 성향이 강한 질환입니다. 가족 중 대장암의 발병이 아주 많은 것이 특징적인데, 이○원 씨는 2살(1998년) 무렵부터 쭉 시설에서 자라왔기 때문에 가족력을 확인할 수가 없었습니다.

이 가족샘종폴립증familial adenomatous polyposis(FAP)은 100% 확률로 대장암이 발병하기 때문에, 가능하면 빨리 대장 전체를 절제하는 수술을 해야 합니다. 하지만 가족보호자가 없는 청소년인 이○원 씨에 대해 이런 큰 수술을 결정하기란 쉽지 않았습니다. 또한 아직 성장기에 있는 점을 고려하여 매년 대장내시경 검사를 해나가면서 이○원 씨의 성장이 어느 정도 이뤄지기를 기다리면서, 대장 절제 수술의 시점을 결정하기로 하였습니다. 이런 과정에서 재활원의 직원들은 이○원 씨의 부모, 보호자와 같은 심정이 되어 여러 사항을 고려하며 결정해나가야 했습니다.

결국 17세(2013년) 되었을 때 대장 내시경 검사 결과 더 이상 미룰 수 없는 상태로 확인되어, 18세(2014년) 대장절제술을 받았고, 장루를 만들었습니다. 하지만 여기서 끝이 아니었습니다.

남아있는 십이지장을 비롯하여 소장에서도 계속 용종이 만들어지고 있었기 때문에 상부 내시경 검사도 지속해야 했습니다.

19세(2015년) 장루가 잘 유지되고 항문 근처가 잘 회복되어, 드디어 회장-항문문합술을 통해 항문을 복원하였습니다. 하지만 장루를 복원하여 항문의 기능을 찾은 이후로는 항문의 괄약근이 약해져 설사가 지속되는 문제가 끊이지 않았고, 가족샘종폴립증과 관련한 이○원 씨의 건강 문제들도 꾸준히 발생했습니다. 십이지장 용종을 수술로 제거하거나 우측 부신에 생긴 낭종도 복강경으로 절제술을 받아야 했습니다.

이○원 씨는 지적장애 3급을 진단받을 정도로 인지기능이 높았지만, 배변 후 뒤처리와 같은 위생 문제에 대해서는 좀 더 훈련이 필요하였습니다. 특히 이○원 씨가 바리스타 교육을 받아 카페에서 아르바이트를 시작하려는 상황에서는, 만성 설사 뒷처리가 정말 중요한 이슈가 되었습니다. 식품위생업에 종사하는 사람이 되어야 하기 때문이었죠.

이○원 씨에 대한 의료사례회의를 통해 은평재활원의 직원들은 가족샘종폴립증familial adenomatous polyposis(FAP)이라는 질환에 대해서 좀 더 잘 이해하게 되었고, 이 질환이 있는 분들은 대장전절제술을 하지 않을 경우 필연적으로 암이 생길 수밖에 없다는 사실, 대장암이 아니어도 몸의 여러 장기에 종양이 생기기 쉽다는 것을 받아들이게 되었습니다.

대장 전체 절제를 비롯한 여러 큰 수술을 받은 이○원 씨가 이후 장폐쇄로 인한 증상이 생기지 않도록 스스로 교육하고 관리하는 일에 대한 계획도 함께 세웠고, 위생관리를 위한 교육도 꾸준히 진행했습니다. 자립하여 혼자 살아가기 위한 준비를 하는 과정에서 A형 간염에 대한 예방접종도 마쳤고, 혹시 추후 의료급여에서 탈락하게 될 때를 대비하여, 정확한 유전자 검사를 통해 가족샘종폴립증 확진으로 희귀난치성 질환에 대한 산정특례 등록까지 완료하였습니다.

현재는 은평재활원에서 자립하여, 그간 관계를 맺으며 얼굴을 익혀왔던 주치의가 있는 살림의원으로 아플 때마다 주기적으로 방문하며 건강을 관리해 가고 있습니다. 여전히 체중은 늘지 않고 있지만, 그래도 설사에 대한 대처나 위생관리는 많이 좋아지셨습니다.

2. 이○원 씨를 소개합니다.

나에게 중요한 것들

- 주말 예배드리는 것을 좋아해요.
- 은평재활원 자치회장으로서 자치회의를 통해 입주자를 위한 활동을 하는 것에 관심이 많아요.
- 건강에 관심이 많고, 자극 없는 음식을 먹는 것을 좋아해요.
- 자립 준비를 위한 요리활동에 관심이 있어요.
- 지인, 친구들과 만남을 통해 즐거움을 나누는 것 좋아합니다.
- 대학에 들어가서 사회복지과를 전공하고 사회복지사가 되어 많은 사람을 돕고 싶어요.
- 노트북 pc로 게임을 하기도 하고 동영상을 시청하기도 해요.
- 합창단 활동을 하며 노래 부르는 일이 재미있어요.
- 핸드폰에 관심이 많아요.
- 지역사회로 자립해서 멋진 나만의 집을 갖고 싶어요.

나를 지원하는 최상의 방법

- 칭찬과 응원을 해주면 더 잘할 수 있어요.
- 항상 묻고 의논해서 내가 원하는 만큼, 원하는 방법으로 지원해 주세요.
- 실수하거나 어려워할 때 지적보다는 어떻게 하면 되는지 구체적으로 설명해 주세요.
- 대학진학에 관심이 많은데 공부와 진학을 위한 정보를 지속적으로 제공해서 꿈을 이룰 수 있게 해주세요.
- 매일 건강관리와 컨디션에 관심을 기울여서 정보도 제공해주고, 건강 유지를 할 수 있도록 지원해주세요.
  (복용약, 병원 진료, 현재 건강 상태 등 알기 쉽게 설명)
- 지역사회 활동과 모임, 입주자자치회 등을 적극적으로 할 수 있도록 지원해 주세요.
- 건강에 맞는 식단을 알려주고, 스스로 조리하거나 차려 먹을 수 있도록 알려주세요.

사람들이 좋아하는 나의 장점

- 다른 사람들을 잘 도와줍니다.
- 다른 사람들과 소통하고 어울리는 것을 좋아합니다.
- 리더십이 있어서 신뢰감, 책임감을 가지고 자치회장 역할을 맡아서 하고 있습니다.
- 성격이 밝고 웃음이 많습니다.
- 가사일을 열심히 합니다.

나를 지원하는 사람이 갖춰야 할 특성

- 천천히 알기 쉽게 반복해서 설명해줬으면 해요.
- 내가 하고 싶은 것과 하기 싫은 것을 잘 이해해 주었으면 해요.
- 나와 내 꿈을 존중하고, 공감해주는 역할을 해주세요.
- 대학진학, 자립 등 중요한 계획과 결정 시 필요한 정보와 지원을 적극적으로 해주셨으면 해요.

3. 사례 진행에 다른 변화

14세(2010. 3.) 잦은 혈변, 설사로 검사 결과 대장암(분변검사) 양성으로 판단

15세(2011. 1.) 혈변으로 내시경 검사. 치질 수술 요함
대장에 용종이 많아 대장내시경검사, 1년간 약물치료 후 수술을 결정하기로 함

16세(2012. 2.) 대장용종으로 대장내시경검사와 조직 검사

17세(2013. 4.) 대장내시경 결과 대장용종이 다소 커져 있고, 십이지장에서도 작은 용종이 발견됨

18세(2014. 4.) 대장 절제 수술함. 장루 주머니 착용

19세(2015. 1.) 장루 주머니 주변 발진으로 진료

19세(2015. 3.) 회장낭 항문문합술 수술

19세(2015. 7.) 회장루 복원술

19세(2015. 8.) 장루 봉합 부위 염증으로 진료

19세(2015. 8.) 장루 복원 수술 후 괄약근 조절되지 않아 대변이 계속 흘러
항문 발진 심해짐. 입원 치료

20세(2016. 6.) 십이지장조직검사 결과 큰 선종 3년 전과 같은 모양 유지
주변 작은 선종 대장에 있던 같은 모양으로 되어 있어 암으로 전이될 수 있어 수술 권유

20세(2016. 12.) 검사 결과 십이지장용종으로 췌장/담도암센터 협진
음식 섭취 속도 조절 권유(정상: 1일 5~6회) 현재 13~16회 하면 탈수 증상 있어 지사제 처방
2016. 12. 12 십이지장용종 제거

22세(2018. 7.) 식사 시 속도 조절과 식사일지 작성/설사 유발 음식 확인, 수분 섭취 제한

23세(2019. 2.) 부신에 혹 제거 후 건강관리 위해 체중 체크(50kg 이상) 유지 지원

24세(2020. 4.) 복막염 입/퇴원

25세(2021. 2.) 자립 이후 촉탁의가 근무하는 살림의원에 주기적으로 방문하며 건강관리

4. 다학제적 지원 내용

이○원

사회복지사(생활지도원)

식사 시 양 조절
주 1회 체중 체크
대변 체크와 건강 상태 확인
항문 습진으로 연고 도포와 통풍관리
실내 자전거 운동 지원
식사 일기 작성

영양지원팀

단백질 식사 제공(조금씩 자주)
경구 영양 보조식 제공
수분 섭취 제한
영양교육

건강지원팀(물리치료사)

- 부족한 운동과 수술 후
대상자 장폐쇄증 예방
안마의자를 이용한 피로도 감소
- 러닝머신을 통한 운동 지원
처음 10분 2.0km/h로 운동
30분 동안은 2.5km/h
마지막 10분 2.0km/h로 운동

건강지원팀(간호사)

○○란스병원 소화기내과, 심장내과,
안과, 대장항문외과 진료/검사지원
서○병원 진료 지원

촉탁의

- 가족샘종폴립증에 대한 교육
- 설사에 대한 수액 처방
- 항문 습진에 대한 관리 계획 수립
- 개인위생 관리 교육 실시
- 생활습관 개선을 위한 약물 처방
- 자립 후 장애인 주치의 등록 후 관리

5. 이○원 씨 의료사례회의 내용

2017년 제4차 의료사례회의 (10.12.)

입주자 건강관리 요약지					
작성자	촉탁의 추혜인 (가정의학과 전문의)				
성명	이○원	성별	남	생년월일	1996년 0월 0일
장애 유형	지적 3급	신장	162.9cm	체중	44.6kg
과거력	혈액형: Rh+ B 가족샘종폴립증familial adenomatous polyposis(FAP) 의심 - 대장 용종으로 대장전절제술과 회장항문연결술 (장루복원술) - 십이지장 용종 : 내시경적 제거와 정기적 추적관찰 중 뇌전증: ○○시립병원, 항경련제 복용 중, 2012년~ (2009년 brain MRI : normal) 편도 비대 + 중이염: 2004년 편도절제술 만성 습진 + 항문 주위 습진 예방접종력: HBV/Td(2008)/PCV/MMR/JE/독감(매년)				
간염 항체	1. A형 간염: 확인 필요 1. B형 간염: HBs Ab(+) 1. C형 간염: HCV Ab(-)				
검진 결과	BP: 111/68 CBC: 5500-13.9-178k Glucose: 81 Total Chol: 144 AST/ALT: 23/15 HBs Ab(+) U/A: normal Chest PA: normal				
건강 문제	가족샘종폴립증 진료 지속: ○○란스병원 소화기내과 - ○○란스 소화기내과 진료 지속: 매년 위내시경, Abdomen CT (필요 시) - ○○란스 가정간호사업소 지원 지속: 가능할 때까지 뇌전증: 서○시립병원 신경과 항문 피부 습진: 보습 + 보소미(아연) 연고 도포 시력 저하: 근시, 난시, 사시는 아니라고 들음				
앞으로의 계획	1. 가족샘종폴립증 관련: APC 유전자 확인 필요 2. 갑상선 검사: 호르몬 체크 (TSH, T3, free T4) 3. 인바디, 골밀도, Vit D 검사 4. 필요 시 HAV IgG 검사 5. 2018년 파상풍 예방주사 필요				

2018년 제6차 의료사례회의(7.25.)

작성자	정○진 사회복지사				
입주자 사항					
장애유형과 등급	지적 3급	신장	162.9cm	체중	46.5kg
담당자 지원	1. 현재 건강문제 - 2014. 4. 23. 대장수술과 2015년 7월 22일 장루복원수술 이후 대장기능저하로 음식 섭취 시 영양분이 체내 잘 흡수되지 못하여 영양분 부족과 면역력 약화와 저체중으로 건강관리가 필요함 - 2016.5.19. 위내시경 결과 십이지장에 용종이 발견되어 2016. 12. 12. ○○란스병원 십이지장용종제거 위내시경 시술함 - 2017.03.24. ○○란스병원 정기진료: 십이지장 용종시술 후 CT 촬영 결과 시술 부위 양호하고 대장처럼 용종이 많아 전위할 정도는 아니지만 용종을 약물로 줄여보는 방법으로 진료하기로 함 - 현재 정기진료와 검사를 통하여 용종을 확인하여 건강 상태 관찰 중임 - 섭취하는 음식에 따라 설사 양이 늘어나는 등의 증세를 보임. 잦은 설사 증세는 탈수증세로 이어질 수 있어 지속적인 관찰에 따라 이○원 씨에게 설사를 유발하는 음식에 한정하여 섭취 제한이 필요함 - 최근 1개월 평균 체중 46.5kg으로 체중 증가를 요함 - 잦은 화장실 이용으로 항문 발진이 만성적으로 있음 - 감기나 감염 증세로 고열이 오르거나 할 때 본인이 인지하지 못함. 고열이 오를 때 평소보다 일찍 취침하는 경우가 있어 평소 일상생활에서 일찍 취침할 때마다 체온을 측정하여 고열증세가 있는지 확인 필요함 - 기초체력과 근력이 약하여 근력 향상을 위한 지원이 필요함 - 현재 관찰된 내용을 토대로 설사를 유발하는 음식 : 포도, 사과, 고구마, 시판되는 과자, 빵, 라면, 초콜릿 - 지속적인 관찰로 음식 섭취 시 화장실 이용 횟수가 증가하면 그에 대한 음식 섭취제한을 통하여 탈수와 항문 발진 예방 - 최근 병원 진료 6. 18. ○○란스병원(췌장 담도 위내시경, 조직검사와 위 CT: 피검사 결과 당뇨, 고지혈증 간기능 정상. 위 CT 촬영과 췌장담도내과에서 내시경 검사 결과 십이지장 용종 크기 변화 없어 지난달과 같은 약, 용종 줄이는 약 진통 소염제 쎄레브렉스캡슐 200mg 1정/ 1일 2회 180일분 처방, 위 보호제 무스타코정 1정/ 1일 3회 180일분 처방, 지사제 크라운염산로페라미드캅셀 1일 4회(아침, 점심, 저녁, 취침전) 180일분 처방, 6개월 후 피검사, 직장검사 예정으로 관장약 수령함 검사 예약 12. 19. 14:00, 결과 예약 2019. 1. 7. 10:00 2. 서비스 지원사항 - 약 복용 지원 현황 · 위 보호제 3회 아침, 점심, 저녁 복용 · 용종 줄이는 약 2회 아침, 저녁 복용 · 지사제 4회 아침, 점심, 저녁, 취침전 복용 · 간질약 2회 아침, 저녁 복용 - 1일 3식 개별 식단 고단백 저자극 제공 중임 - 주 1회(화요일) ○○란스병원 가정방문간호사 방문으로 수액과 영양제 1000ml 지원 - 주 1회 체중 체크 지원 - 대변 체크를 하며 건강 상태 체크(1일 평균 8회~11회) - 비데 이용과 잦은 배변 활동으로 항문 습진으로 수시로 습진 연고 도포와 통풍 지원 - 1일 2회 경구 영양간식(단백질 푸딩) 섭취 지원 - 간식 섭취에도 제한이 있어 설사 유발이 적은 쌀과자 위주의 간식 제공 - 수시로 실내 자전거 운동 지원을 하지만 당사자가 싫어하여 잘 지켜지지 않고 있음 - 수분 섭취에 제한으로 용돈을 사용하여 이온 음료를 수시로 음용하고 있음 - 저녁 식사 시, 국은 건더기 위주로 식사를 하도록 하고 저녁 식사 이후 늦게 음식을 섭취 시 잦은 화장실 이용으로 수면에 방해가 되어 가급적 음식 섭취에 제한을 두고 있음 - 6. 28. 시립○○병원에서 건강검진 시행함				

<table>
<tr><td>해결할 사항</td><td colspan="2">생활실 이동을 하면서 건강에 대한 지속적인 관리가 필요함</td></tr>
<tr><td rowspan="3">영역별 지원</td><td>간호사</td><td>- ○○란스병원 대장항문과 주치의는 일반식사 시 음식을 골고루 섭취하면서 설사를 많이 하는 음식은 조금씩 늘려가고, 식사 시 속도 조절 권함
- 폭염으로 찬 음료를 바로 마시지 않도록 주의</td></tr>
<tr><td>치료사</td><td>지원내용 없음</td></tr>
<tr><td>영양사</td><td>- 고단백질 식사제공
- 경구 영양 보조식 구입</td></tr>
<tr><td>향후 지원</td><td colspan="2">식사 일기 작성으로 설사 유도하는 음식과 그렇지 않은 음식에 대해서 알아보기로 함</td></tr>
</table>

2019년 제1차 의료사례회의 (2. 20.)

<table>
<tr><td>작성자</td><td colspan="2">유○정 사회복지사</td></tr>
<tr><td>해결할 사항</td><td colspan="2">- 콩팥 위에 있는 부신(호르몬은 수분과 나트륨의 배설을 조절) 에 혹이 5cm, 콩팥 크기로 2월 18일에 입원하고 19일에 수술을 진행 예정. 현재 혈압조절 약 복용 중임. 수술 후 식단과 건강관리지원에 대해 논의하고자 함
- 수술 회복 후 체력 정도를 어떻게 판단해서 참여 부분을 진행해야 하는지에 대해 논의하고자 함
(건강염려 때문에 프로그램과 직업훈련을 꺼려함.)</td></tr>
<tr><td>간호사 지원</td><td colspan="2">1. 현재 건강상태
- 양호 하나 목표 체중 53kg 2018년 47kg 저체중
- 2019. 2. 18. 부신 수술로 입원 시 체중 50kg
- 갑상선 내분비외과 주치의 수술 전 체중 증가로 열량이 높은 초콜릿, 사탕 등 권함
단백질 음식은 설사가 많아 조금씩 자주 섭취 권하여 영양사가 식단 조절 중임

2. 의료 서비스 지원 사항
- 18일 입원 전 신경과, 마취과 진료
- 신경과에서 뇌전증 있지만, 수술할 수 있다는 시립○○병원 신경과 진단서 제출
- 마취과에서 수술 전 수술 내용 설명 부신 수술 시 복강경으로 할 생각인데 열어보아야 알 수 있는 것으로 단순 혹이면 간단한 수술이지만, 크롬친화성 세포종일 경우 혈압 상승하여 혈압약 복용 1일 1회 아침 식후 7일분 230mmHg 넘어 중환자실 입원할 수 있다고 이○원 씨에게 설명하고 이○원 씨가 사인함
- 입원하여 주치의가 수술하는 과정 설명하고 12시에 수술 예정으로 시간은 2시간이지만 마취과 설명과 같은 내용 설명하고 수술 후 중환자실 입원 동의서 싸인 이○원 씨가 함
- 유료 간병인에게 수술 내용 인수인계함
- 주치의 회진하면서 안심하고 잠을 잘 자도록 설명함
- 수술 후 건강 회복을 위해 체중 53kg 목표로 단백질 섭취량을 조절하여 수시로 섭취할 수 있도록 영양사가 식단 조절</td></tr>
<tr><td>영역별 지원</td><td>사례관리자
(일상생활)</td><td>- 식사 시 양 조절 지원
- 위생관리(기저귀 처리)와 자기관리 지원
- 외부(사회적응, 여행 등) 프로그램 지원
- 개인의 꿈: 바리스타 교육 지원
- 수술 일정으로 컨디션 조절 지원
- 저체중으로 체중 조절 지원</td></tr>
</table>

<table>
<tr><td rowspan="2">영역별 지원</td><td>물리치료사</td><td>- 러닝머신을 이용해서 기초체력 증진
- 안마의자를 이용해서 피로도 감소</td></tr>
<tr><td>영양사</td><td>- 2018년 제12차 의료사례회의 결정 사항 일반식 제공
- 2018. 2. 1. 부신용종 수술 전 체중 증가를 위해 경구 영양 보조식, 번데기, 닭가슴살, 구운 계란 등 단백질 추가 제공</td></tr>
<tr><td>향후 지원</td><td colspan="2">- 식사는 일반식 제공
- 간식을 좀 더 챙겨 드릴 수 있게 하겠음
- 식사 일기 작성 지속적 유지</td></tr>
<tr><td>촉탁의 의견</td><td colspan="2">- 체중이 50kg 밑으로 내려가면 적신호이므로 체중 확인
- 단백질 보충제 수분형은 설사 유발. 따라서 말린 식품과 같은 유형이 좀 더 좋음
- 소화가 잘 되게 저작을 오래 할 수 있게 지도 필요</td></tr>
</table>

사회복지사를 꿈꾸며

사회복지사 김명화

이○원 씨는 유전 질환이 강한 가족샘종폴립증이라는 질환으로 중학교 때부터 잦은 혈변으로 고생을 했습니다. 이 병은 100% 대장암이 발병하기 때문에 가능하면 빨리 대장 전체를 절제하는 수술을 해야 했습니다. 그리하여 17세(2013년)에 대장내시경 검사 결과 더 이상 미룰 수 없어, 18세(2014년)에 대장절제술을 받았고 장루를 차게 되었습니다. 남아있는 십이지장을 비롯하여 소장에서도 용종이 계속 만들어지고 있기 때문에, 상부 내시경 검사도 지속해야 했습니다. 19세 때 장루가 잘 유지되고 항문 근처가 회복되어, 드디어 회장-항문문합술을 통해 항문을 복원하였습니다. 하지만 장루를 복원하여 항문의 기능을 찾은 이후로는 항문의 괄약근이 약해져 설사가 지속되는 문제가 끊이지 않았고, 감염으로 인한 고열로 응급실도 여러 차례 가게 되면서 가족샘종폴립증과 관련한 이○원 씨의 건강 문제들도 꾸준히 발생했습니다. 일상생활에서는 위생이나 청결 부분이 이○원 씨의 건강관리에 기본적이고 중요했기 때문에, 이○원 씨가 스스로 위생이나 건강관리를 할 수 있도록 계획도 세우고 교육도 받으면서 추후에는 응급실 가는 횟수도 줄고 건강을 잘 유지하게 되었습니다.

건강을 유지하면서 이○원 씨는 하고 싶은 일들이 많고 뚜렷하기 시작했습니다. 작년 사람중심 계획 교육에 PATH를 적용하면서 이○원 씨의 꿈이 사회복지사 직업을 가지면서 가정을 이루고 싶다는 꿈을 알게 되었습니다. 경남체험홈에서 생활하면서 중장기적으로 꿈에 다가가기 위해 올해에는 이○원 씨가 한국○○사이버대학교 사회복지학과에 입학하게 되었고 자립하고 싶다는 욕구도 강하여 ○○IL센터 동료 상담, 단기 숙박 체험, 자조 모임 등에 참여하였습니다. 또한, 사무보조나 바리스타 쪽으로 일을 하고 싶고 이직을 원하여 기회가 생길 때마다 신청서를 작성하는 등의 노력을 하였습니다. 그러던 중 ○○IL센터 복지 일자리에 보조업무 자리가 나면서 이○원 씨도 이쪽으로 이직을 원하여 면접을 보고 10월부터 출근하였습니다. 어느 날 센터 직장을 다녀온 이○원 씨에게 "이○원 씨 근무는 어때요?"라고 물으니 "근무 시간도 길지 않고 업무도 어렵지 않아 괜찮아요." 라고 합니다. 자립에 대해서도 자신감을 가지며 언제든지 나갈 준비가 되어 있다고 합니다.

현재 ○○IL센터 단기 숙박 체험을 통해 센터의 자립 주택으로의 자립을 결정한 상태로 올해 센터의 예산 때문에 내년 1월에 자립할 계획입니다. 자립을 준비하면서도 본인이 적극적으로 센터 담당자와 소통하였고, 장애 재진단 병원 진료를 할 때도 "직원이 할까요?"라고 했더니 본인이 하겠다며 전화 통화로 예약을 잡기도 하였습니다. 뭐든 스스로 하려는 자신감과 의욕이 있는 이○원 씨는 자산을 본인이 맡아서 관리하고 싶다고 하여 자산관리도 스스로 하고 있습니다. 학교 수업도 이○원 씨 스스로가 시간표를 짜서 진도에 맞게 성실하게 수강하였습니다. 하루는 시간표대로 오후 8시에 수업을 듣고 있는데 직장에 다녀와서 피곤했는지 졸고 있었습니다. 직원이 "직장 다녀와서 많이 피곤하죠? 피곤하면 일찍 쉬세요"라고 휴식을 권하였는데 본인의 책임감 때문이었는지 "아니요, 괜찮아요, 책으로 공부하려고요."하면서 웃으며 말합니다. 책에 어려운 단어들이 많아서 인터넷으로 찾아보겠다며 학습에 적극적인 모습입니다.

코로나19로 인해 학습 봉사자 지원도 어려워 이○원 씨가 공부하면서 어려운 점이 없는지 이○원 씨에게 묻고 확인하면서 직원이 최대한 학습 지원을 하려고 하였습니다. 이○원 씨는 수업을 듣거나 책을 보면서 어려운 단어들이 많아서 이해되지 않는다고 합니다. 단어를 인터넷으로 찾아도 설명 또한 어려워서 잘 모르겠다고 하여 어려운 단어는 단어장을 만들어 기록하거나 체크한 후 직원에게 물어보면 직원이 최대한 아는 선에서 쉽게 설명을 해주겠다고 하니 좋다고 합니다.

직원이 비록 경남체험홈에서 근무하지 않아 자주 대화를 나눌 수 없었지만, 카톡이나 전화로 소통하면서 학교 수업이나 시험, 과제물을 체크하였습니다. 이○원 씨가 워낙 스스로 잘하고 있었기에 듬직하고 믿음직스러웠습니다. 어느덧 1학년 과정을 마치고 이제 기말고사를 남겨두고 있습니다. 코로나 19가 아니면 학교 입학식에도 가고 학생 모임도 가지면서 좀 더 폭넓은 학교생활이 되었을 것인데 아쉬움이 남습니다. 그래도 지난 5월에 학교에서 '제40회 장애인의 날'을 맞아 수기 공모전에 수기 글을 작성하여 제출하고 우수상을 받게 되면서 모든 직원분에게 축하와 응원을 받기도 하였습니다.

"2020년은 바쁜 한해였지만 그만큼 보람도 컸어요!"

이○원 씨는 재활원의 자치회장도 맡고 있으며 회의를 주관하여 진행하고 있습니다. 자치회의를 통해 '우리들의 사랑 음악회'도 개최하고 명절 윷놀이 행사 등 크고 작은 일을 입주자 자치 회의를 통해 주도적으로 하고 있습니다. 이○원 씨는 자치회장, 학생, 직장인 등 여러 역할을 하면서도 싫어하는 내색 없이 열심히 하면서 책임감이 강하고 다재다능한 모습을 보였습니다. 여러 역할을 하면서 점점 역량도 강화되고 자신감도 향상되면서 무슨 일을 할 때면 직원의 도움보다는 본인이 "해볼게요."라고 말합니다. 잠재력이 무궁무진한 이○원 씨의 앞날에 다양한 경험과 배움을 통해 더욱 성숙하고 발전하는 이○원 씨가 되기를 기대하며 힘찬 격려와 응원을 보냅니다.

010 통풍에 대한 지원

통풍이란?

팔다리 관절에 심한 염증이 되풀이되어 생기는 유전성 대사 이상 질환. 관절 속이나 주위에 요산염이 쌓여서 일어나며, 열이 나고 피부가 붉어지며 염증이 생긴 관절에 통증이 있다 [출처: 문화체육관광부 국립국어원 우리말샘]

허○준 씨는 25세(2013년)에 처음으로 좌측 엄지발가락 관절의 통증과 부종으로 통풍을 진단받았습니다. 이때가 허○준 씨의 나이 25세 무렵이었는데, 통풍이 발생하기에는 좀 이른 나이이기는 합니다. 대개 통풍은 중년의 남성들에게 호발하는 질환으 로 알려져 있으니까요.

허○준 씨는 다운증후군이라고 하는 21번 염색체가 3개인 염색체 질환을 가지고 있는데, 이 다운증후군 염색체 질환이 있는 이들에게 요산 수치의 증가, 통풍 관절염이 종종 잘 발생합니다. 하지만 허○준 씨가 통풍을 처음 진단받았을 때에는 이러한 다운증후군의 특징을 잘 이해하지 못하여, 통풍 발작이 나타나면 정형외과에 가서 통풍 관절염의 발작 상태를 호전시키기 위한 소염진통제만 처방받아서 복용했을 뿐, 예방하기 위한 체계적인 치료를 시작하지는 못하였습니다. 아마도 허○준 씨의 나이가 젊어 꾸준히 약물을 복용해야 하는 통풍 관리 치료를 시작하기에 좀 이르다고 정형외과 의사들이 생각했기 때문인 것 같습니다.

하지만 사실 허○준 씨와 같은 다운증후군 염색체 이상이 있는 사람들은 통풍 관절염이 한 번이라도 발생하였다면 일생 동안 요산 수치를 관리하기 시작해야, 통풍성 관절염의 반복적인 재발을 막고 나아가 신장의 기능도 보존할 수 있다고 합니다.

결과적으로 25세부터 29세(2017년)까지 허○준 씨에게 통풍 발작이 반복적으로 발생하였지만, 그때마다 정형외과에서 임시 방편으로 소염진통제를 복용하는 치료를 받게 되었고, 이러한 소염진통제의 처방으로 인하여 허○준 씨의 위와 십이지장에는 미란과 궤양이 생기게 되었습니다. 또한 허○준 씨는 지루성 피부염과 응괴성 여드름도 있어 피부과에서 항생제와 소염제를 처방받는 일들도 종종 있었는데, 이러한 약물의 처방도 위와 십이지장의 상태를 안 좋게 만들었던 것 같습니다.

28세(2016년)에서 29세 1년 사이에 체중이 10kg 가까이 빠지면서 29세(6월) 위내시경 검사를 받게 되었고, 십이지장 궤양을 진단받았습니다. 이 십이지장 궤양이 지금까지 통풍 발작과 응괴성 여드름으로 인하여 반복적으로 소염진통제와 항생제를 복용하였던 결과 생긴 문제라는 것을 파악하게 되었습니다.

그래서 향후 반복적인 임시방편의 약물 처방보다는, 장기적으로 허○준 씨의 소화기계, 신장계를 보호할 수 있는 꾸준한 관리가 필요하다는 점을 의료사례회의를 통해 확인하고, 요산 수치를 낮추어주는 페브릭이라고 하는 약물을 꾸준히 복용하는 것으로 방향을 잡았습니다. 이렇게 꾸준한 관리를 시작한 29세 하반기 이후로는 단 한번도 통풍 발작을 겪지 않아 소염진통제를 드실 필요가 없어지게 되었습니다.

허○준 씨는 32세에 은평재활원에서 ○○공동생활가정으로 자립하여 생활 중입니다(2020년 9월). 시설에서 촉탁의로서 주치의 역할을 하였던 가정의학과 의사가 자립과 함께 장애인 건강주치의 시범사업 제도를 활용하여 주치의를 연속적으로 맡아 현재까지 건강을 관리 중입니다. 허○준 씨의 통풍은 여전히 한번도 발생하지 않았지만, 신장기능은 조금씩 떨어지고 있는 것이 확인됩니다. 다운증후군에서 요산 수치가 지속적으로 높은 것이 신장기능의 저하를 초래하여 투석으로까지 진행할 수 있는 신부전의 위험을 높인다는 것을 이제 모두가 잘 알게 되어, 현재 꾸준히 신장기능을 평가받으면서 신장 손상을 최대한 예방하기 위해 노력 중입니다.

2. 사례 진행에 따른 변화

29세(2017. 4.) 요산 수치 7.8mg/dl(통풍약 복용 중임)
- 음식량 체크, 몸무게 체크,
- 발 붓기 체크

31세(2019. 6.) 체중 감소(2년 사이 11kg) ⟶ 주 1회 체중 측정
일상생활 변화 체크 (룸메이트, 직장변화, 수면, 음식량 체크)

위내시경 검사 결과 위궤양, 십이지장궤양 진단
- 약물 복용 시 구토, 설사가 있는지 체크.

통풍 발작 시 진통소염제를 복용하게 되면 위궤양 재발 가능성 있음
- 통풍약 복용하며 음식 체크, 몸무게 변화 체크

31세(2019년) 얼굴, 목 부위 피부염으로 지원 방향 논의, 천연샴푸 사용
- 보습제 구입(로션, 팩등)

32세(2020년) 허리둘레 크기 변화

32세(2020년) 무릎에 무리가 없는 운동 권유
앉아서 무릎들기, 벽에 기대어 서서 운동 지원
요가 자세로 몸의 균형과 유연성 강화지원

3. 다학제적 지원

사회복지사(생활지도원)

추위 노출 자제
지루성 피부염, 여드름 관리
(세안, 머리 감기 깨끗하게 유지 지원
베갯잇 세탁과 베갯속 교체
피부 건조로 로션 구매 후 바르기)

영양지원팀

저 퓨린식 지원

허○준

촉탁의

- 통풍에 대한 진료 방향 수립
: 단기 처방 ⟶ 중장기적 관리
- 통풍에 대한 교육과 약물 처방
- 통풍/여드름/지루성 피부염/십이지장궤양/
갑상선 기능저하증에 대한 통합적 관리
- 신장 기능 저하를 예방하기 위한 관리
- 자립 후 장애인 주치의 등록 후 관리

건강지원팀(간호사)

건강 상태 파악
병원 진료 지원과 연계
(○○란스병원/뇌전증
살림의원/갑상선 질환, 통풍)

4. 허○준 씨 의료사례회의

2017년 제1차 의료사례회의 (7.27.)

<table>
<tr><th colspan="6">입주자 건강관리 요약지</th></tr>
<tr><td>작성자</td><td colspan="5">촉탁의 추혜인 (가정의학과 전문의)</td></tr>
<tr><td>성명</td><td>허○준</td><td>성별</td><td>남</td><td>생년월일</td><td>1988년 0월 0일</td></tr>
<tr><td>장애 유형</td><td>지적 1급</td><td>신장</td><td>166cm</td><td>체중</td><td>54kg</td></tr>
<tr><td>과거력</td><td colspan="5">HBV/MR 예방접종
지루성 피부염 + 심한 여드름 (턱, 목)
2016년 첫 경련: MRI에서 선천성 뇌기형(양쪽 뇌 크기 다름), EEG 정상</td></tr>
<tr><td>간염 항체</td><td colspan="5">1. A형 간염: HAV IgG(-)
2. B형 간염: HBs Ab(+)
3. C형 간염:</td></tr>
<tr><td>검진 결과</td><td colspan="5">BP: 124▲/81▲
CBC: 7100-13.4/341k
Glucose: 94
Total Chol: 129, BUN/Cr : 14/1.1
AST/ALT: 27/43▲, HBs Ab(+)
U/A: normal, Chest PA: normal
인바디/골밀도(발목)/Vit D: 내장지방 8 level▲/-1.18▼/18.9▼
Uric Acid: 7.8▲ → 4.4
FreeT4/T3/TSH/TPO Ab: 2.84▲/1.5/<0.01▼/159.2▲</td></tr>
<tr><td>건강 문제</td><td colspan="5">뇌전증: 약물 복용 중, ○○란스 병원 신경과
체중감소: 2년 사이 11kg 감소, 지속적으로 체중 측정 지속 (주 1회)
- 위궤양 치료 후 체중 변화 체크
- 근육량 감소: 통풍 식이 조절 많이 하지 않도록
- 쳐짐, 우울: 심리적 지지 필요, 작업장 조기 복귀 필요
위내시경/대장내시경/복부초음파/CT 검사: 급성 위궤양 치료, ○○란스병원
갑상선 기능저하증: 현재 약물 과다로 항진 상태, 교정 중, 주기적 관리 필요
- 씬지로이드 50mcg → 25mcg 하루 1번 (2017년 8월 초 검사 예정)
통풍: 발작이 오지 않도록 관리 필요, 페브릭 80mg 하루 1번
- 통풍 발작 시 진통소염제를 복용하게 되면 위궤양 재발 가능성 있음
지루성 피부염과 여드름 관리: 필요 시 항생제 처방</td></tr>
<tr><td>앞으로의 계획</td><td colspan="5">1. A형 간염 예방접종 2차례 시행
2. 갑상선 기능저하증 관리: 항진/저하 반복할 가능성 있음, 자주 검사
3. 골감소증: Vit D 주사 or 경구 영양제(비타민D + 칼슘) 복용
4. 지루성 피부염과 여드름 관리
5. 통풍관리: 페브릭 80mg qd 유지</td></tr>
</table>

2018년 제1차 의료사례회의(2.28.)

<table>
<tr><td>작성자</td><td colspan="5">조명희 사회복지사</td></tr>
<tr><td colspan="6">입주자 사항</td></tr>
<tr><td>장애유형과 등급</td><td>지적 1급</td><td>신장</td><td>166cm</td><td>체중</td><td>54kg</td></tr>
<tr><td>담당자 지원</td><td colspan="5">1. 현재 건강문제
- 2017년 상반기에는 통풍 증상으로 직장 휴무가 잦았지만, 하반기부터는 특별히 증상이 나타나지 않았음
- 2월 8일 촉탁의 방문 시 얼굴 지루성 피부염 연고 처방받아 바르고 있음
- 갑상선 기능저하증 피검사 결과 수치 안정적이라 1월과 같은 약 처방받아 복용함
- 지루성 피부염으로 인하여 얼굴에 여드름과 피부염증이 잦음

2. 서비스 지원사항
- 세안이나 머리 감기를 깨끗하게 씻을 수 있도록 지원함. 베갯잇 세탁과 베갯속 교체
- 겨울철 피부가 건조한 편으로 순한 제품의 로션을 구매하여 바르도록 하고 있음
- 피부염이 심할 때 병원 진료 의뢰하며, 피부연고 발라줌
- 작업활동장 근무 시 생활실에서 중식 섭취 지원함
- 갑상선, 통풍, 뇌전증 약 잊지 않고 복용할 수 있도록 지원함</td></tr>
<tr><td>해결할 사항</td><td colspan="5">얼굴, 목 부위 피부염 증상이 완전히 호전되지 않고 있음. 일상적인 생활에서 본인 관리가 중요하고 병원 진료 후 꾸준한 연고 도포를 통해 치료에 효과를 보고자 함</td></tr>
<tr><td rowspan="3">영역별 지원</td><td>간호사</td><td colspan="4">- 뇌전증: 약복용 중으로 증상 없음. 라믹탈 100mg 1정 1일 2회
- 십이지장: 궤양은 통풍으로 구토 증상이 반복되어 만성으로 직경이 4cm~6cm 로 좁아져 증상으로 소화불량, 속쓰림 등이 있지만, 약복용 중으로 호전
약복용 중 1일 3회

* 3월 23일 십이지장 수면내시경검사 예정
- 통풍: 평생 약복용으로 1일 1회 약 복용 중
증상 있을 때 식단 조절 원내 영양사 협조로 지원함
- 갑상선 기능저하증: 씬지로이드 0.05mg 0.5정 약복용 중으로 정상 유지함
1일 1회 아침 식전 30분 복용</td></tr>
<tr><td>치료사</td><td colspan="4">해당 사항 없음</td></tr>
<tr><td>영양사</td><td colspan="4">- 2017. 4. 9 ~ 2017. 4.16.: 통풍 발작으로 인해 저퓨린식 제공
- 2017. 4. 29. ~ 2017. 5. 1.: 대장내시경 검진 전 식사 관리</td></tr>
<tr><td>향후 지원</td><td colspan="5">1. 향후 의료지원 서비스 사항(황○영 작성)
2. 사례담당자 향후 지원 사항(황○영 작성)
3. 여드름의 경우 지금처럼 지원 방법을 유지하면서 약은 복용하지 않고 지원하기로 함.
4. 천연샴푸를 구매해서 사용해 보기로 함</td></tr>
</table>

2019년 제5차 의료사례회의(6.26.)

작성자	박○규 사회복지사	
해결할 사항	현재 통풍약을 복용하고 있는데 스스로 음료수를 구매하여 섭취하고 있는데 섭취가 가능한지와 지원 방법에 대해 논의하고 체중과 허리 사이즈 변화로 건강에 대해 논의하고자 함 (2019. 4. 27. 체중 61kg, 허리 29in, 5/18 59.5kg, 허리 29, 6/15 59.5kg, 허리 30in)	
간호사 지원	1. 현재 건강 상태: 양호 2. 의료 서비스 지원사항 다운증후군으로 평생 갑상선 기능저하증 약 복용함 통풍약, 뇌전증 약도 평생 복용함 복용약 - 뇌전증: 라믹탈정 100mg 1정 1일 1회/ 자기전 - 갑상선 기능저하증: 씬지로이드정 0.05mg 0.5정 1일 1회/아침 식전 30분 - 통풍: 페브릭정80mg 1일 1회/아침 식후 30분	
영역별 지원	사례관리자 (일상생활)	- 지루성 여드름은 주기적으로 관찰되고 필요 시 치료 지원함 - 5/29(수) 시립○○병원에서 건강 검진함 - 지역사회 목욕탕 이용으로 위생관리 지원함 - 매주 체중과 허리둘레 측정하고 있음 - ○○보호작업장 근무 중임
	치료사	해당 사항 없음
	영양사	고염 & 고퓨린식 제한식이 관리
향후 지원	무릎관절 무리 없는 운동 필요 ⟶ 러닝머신 활동 시 수행 속도와 지속시간 확인하여, 생활실 내 진행 예정	
촉탁의 의견	체중 저하와 함께 허리 사이즈 증가는 운동량 증가 필요함 통풍과 음료수 관계는 없음. 효모발효 알콜이 안 좋음	

참고: 허○준 씨는 2020년 9월 퇴거하여 '○○○ 씨를 소개합니다(2021년 제작), 스토리텔링(2020년 4분기 제작)' 자료가 없습니다.

III 맺는 글

의료사례회의를 시작해 봅시다./추혜인(은평재활원 촉탁의, 살림의원 가정의학과 전문의)

추천사 _ 복지와 의료가 연계하는 의미—입주자에게 보통의 인간다운 삶을!

김병순(전 KOMI&복지연구소 소장)

_ 거주시설 장애인의 건강회복을 위한 사회복지 종사자들의 협력과 헌신에 감사하며

문회원(서울시장애인일자리통합지원센터 사무국장)

_ 소통과 성장의 기록, 의료사례회의

장창현(신천연합병원 정신건강의학과 과장)

의료사례회의를 시작해 봅시다

추혜인 (은평재활원 촉탁의, 살림의원 가정의학과 전문의)

1단계: 좋은 의사를 구합시다

시설에 촉탁의로서 의료사례회의를 진행하러 같이 나와줄 의사를 구해봅시다. 아무래도 시설이나 가정을 방문하여 방문 진료를 해 본 경험이 있거나 장애인을 진료해 본 경험이 있는 의사가 더 나을 것 같습니다.

한국의료복지사회적협동조합연합회(http://www.hwsocoop.or.kr) 홈페이지에 들어가서 소속 조합들을 한번 살펴보시기 바랍니다. 우리 지역에 설립되어 활동하고 있는 협동조합이 있다면, 촉탁의 근무와 의료사례회의 진행을 문의해 보아도 좋겠습니다. 의료복지사회적협동조합들은 건강한 지역사회를 위해 의료인과 주민들이 협동하여 만든 의료기관이므로, 대부분 중증장애인에 대한 방문진료를 하고 있기 때문입니다. 협동조합이 아니더라도 한국사회적의료기관연합회(https://healthallnet.org) 라는 곳도 있습니다. 의료의 사회적, 공공 역할의 가치를 두는 의료기관들의 모임이기 때문에 역시 장애인 주치의에 관심을 갖고 있는 의료기관들이 많이 속해 있습니다.

다른 방식으로 알아볼 수도 있습니다. 건강보험심사평가원 홈페이지(https://www.hira.or.kr)에 들어가서 '의료정보'를 클릭 하고 '특수 운영기관 정보'를 다시 클릭합니다. 특수운영 항목에서 '장애인'을 클릭하면 장애인 건강주치의 시범 기관의 정보를 확인할 수 있습니다. 우리 지역에 있는 장애인 건강주치의 시범 기관의 리스트를 뽑아 장애인 방문 진료를 시행하는지도 물어보고, 시설 촉탁의에 관심이 있는지도 물어봅시다. (덤으로 바로 옆에는 장애인 치과 주치의 시범 기관 클릭도 있으므로, 우리 지역 내 장애인 진료가 가능한 치과 의료기관의 리스트도 확인할 수 있습니다.)

우리 지역 내에 장애인 주치의 의료기관이 없다면 '일차 의료'를 클릭해 봅니다. 일차 의료 항목 아래로 '일차 의료 방문 진료수가 시범사업'이라는 항목이 있습니다. 이것을 역시 클릭하면 방문 진료를 나가는 의료기관들을 확인할 수 있습니다. 이 리스트를 가지고 기관들에 연락해서 방문 진료를 나가고 있는 기관을 확인해 봅시다. 의료기관에 따라서는, 원래 내원하여 진료를 하던 환자들에게만 방문을 나가는 경우도 있고, 방문 진료가 필요한 환자들에게 모두 방문 진료를 나가는 의료기관도 있기 때문에 방문 진료 초진도 가능한지 한번 물어보면 좋습니다.

이런 기관이 전혀 없다면 지역 의사회에 문의를 해 봅시다. 의사회 소속 의사 중에서는 노인장기요양시설 요양원으로 촉탁의 진료를 나가고 있는 의사들이 있습니다. 이미 요양원에 촉탁의 계약을 맺고 진료를 나가 본 경험이 있는 의사라면 장애인 시설에도 촉탁의로 나올 수 있는 가능성이 있으니까요. 와상의 노인 환자들을 진료해 본 경험이 있는 의사라면 시설 장애인의 진료에 대해서도 조금 더 익숙할 수도 있고요.

촉탁의의 전문과는 내과나 가정의학과처럼 여러 질환에 대해 두루 진료할 수 있어 일차 의료 주치의를 맡을 수 있는다면 제일 좋겠습니다. 소아청소년과나 재활의학과도 좋습니다. 장애인 진료 경험이 충분하다면 전문과는 크게 중요하지 않을 수 도 있고, 전문의가 아니어도 상관없을 수도 있습니다. 장애인 건강증진을 위해 노력하고자 하는 열정이 있고, 의료사례회의에 참여하는 여러 직역의 전문가들에 대한 존중과 이를 통해 배우고자 하는 진지한 열의가 있다면 어떤 의사라도 가능하다 고 생각합니다.

2단계: 일단 만나서 시작합시다

의료사례회의를 시작해 봅니다. 어떻게 틀을 잡아서 시작하겠다고 생각하면, 훨씬 더 막막합니다. 우선 시작해 보아야 알게 되는 것들이 있고, 그래야 우리 시설에 맞는 틀을 잡아갈 수 있습니다. 그러니 일단 시작해 봅니다. 처음에는 너무 막연할 수 있으니, 시설에 계시는 분들의 의무기록을 한분 한분 꼼꼼히 같이 검토해 보는 시간부터 가져보면 좋을 것 같습니다.

현재 정기적으로 다니는 의료기관이 있는 장애인부터, 다니는 의료기관과 진료받는 전문과는 무엇이고 어떤 진료를 받고 있는지, 무슨 약을 복용하고 있는지, 이 약을 왜 복용하게 되었는지, 언제부터 복용하기 시작했는지, 약의 부작용은 있는지 없는지, 건강검진은 언제 마지막으로 받았는지, 건강검진 결과 중 이상한 부분은 없었는지, 예방접종은 빠짐없이 잘 받고 있는 지 등등 한분 한분 꼼꼼히 들여다보아야 할 것들이 많습니다.

저의 경우에는 은평재활원에서 2017년 의료사례회의를 처음 시작했던 해에는 50여 분의 장애인의 수십 년 치 의무기록을 검토하는 데 꼬박 1년이 걸렸습니다. 당시의 의무기록은 지금처럼 전산화되어 있지도 않아서, 직접 시설을 방문해서 종이 차트를 넘겨봐야만 파악할 수 있었기에 시간이 많이 걸렸습니다만, 지금은 많은 부분 전산화되어 관리되고 있어 조금 수월

할 수 있을 것 같습니다. 이렇게 한번 검토하고 나야 각 장애인들에 대한 대략적인 정보가 공유됩니다.

3단계: 정기적인 의료사례회의를 챙겨봅시다

우선 특정한 주제를 정해서 그것을 집중적으로 들여다보는 것도 좋겠습니다. 연초에는 모든 입주자의 예방접종 기록을 검토하여 올해 맞아야 할 예방접종 리스트를 챙겨볼 수도 있습니다. 매년 맞아야 하는 독감이나 코로나 같은 무료 예방접종들은 잘 챙겨지지만, 10년에 한 번 맞아야 하는 파상풍이나 만 50세 이후에 맞으면 좋은 폐렴구균(단백결합백신), 백일해, 대상포진 등의 유료 백신들은 잘 맞지 않을 수도 있기 때문에, 무료 접종 이외에도 건강을 관리하기 위해 맞으면 더 좋은 예방접종 리스트도 같이 챙겨볼 수 있습니다.

의료기관에서 사용하는 예방접종통합관리시스템을 통하면 각 장애인의 주민번호만으로도 평생 동안의 예방접종 이력을 확인 할 수 있습니다. (이 시스템은 2012년에 만들어졌기에, 그 이후에 생긴 접종력을 확인할 수 있습니다. 간혹 유료 접종은 이 시스템에 등록해 주지 않는 의료기관들이 있는데, 모든 예방접종은 유료이든 무료이든 이 시스템에 등록해달라고 요청하시는 것이 좋습니다. 만약 이 시스템에 등록하기를 거부하는 의료기관이 있다면, 앞으로는 그 의료기관 이용을 권하고 싶지 않습니다. 환자의 통합적인 병력 관리에 크게 관심이 없다는 뜻이니까요.)

또 40대 이하의 젊은 입주자의 경우 A형 간염 예방접종을 한 적이 없다면 단체생활을 위해서 꼭 권해야 하고, 그 이상 연령의 입주자의 경우에도 A형 간염 항체가 없다면 접종을 권합니다. B형 간염에 대한 항체 검사 후 간염 예방접종이 필요한 분을 뽑아볼 수도 있습니다.

건강검진 결과를 검토하는 날도 가져보는 것이 좋습니다. 시설에 계시는 장애인은 대체로 1년에 한 번씩 건강검진을 받게 되는데, 이 건강검진 결과를 같이 검토하는 시간을 가지는 것이지요. 결과도 검토하고, 이 연령대에 받아야 하는 국가 검진이 아니더라도 추가로 받을만한 검진이 있다면 추천해도 좋습니다. 국가검진은 최소한의 항목만 검진에 넣기 때문에, 시설 장애인들에게 필요한 검진이 모두 포함되어 있다고 보기는 힘듭니다.

발달장애인의 경우에 당뇨와 갑상선 기능이상과 같은 만성 질환들이 놓쳐지기 쉽기 때문에, 건강검진 시에 당화혈색소, 갑상선 기능검사를 추가하여 검사하는 것도 좋겠습니다. 은평재활원에서는 1년에 한 번씩 하는 정기 검진 시 당화혈색소와 갑상선 기능검사를 추가하여 만성질환을 조기에 발견하려고 하고 있습니다. 당화혈색소의 경우 과체중 이상의 장애인들에게 검사가 필요하고, 갑상선기능검사의 경우 다운증후군이나 뇌전증, 행동장애 약물을 복용하는 장애인들에게서 1년에 한 번씩 필수 적으로 검사하는 것이 좋습니다.

건강검진 결과를 검토하고, 검진 항목 이외에 더 검사해야 하는 항목을 뽑아서 검사를 하거나 검진 결과가 이상했던 항목을 추적하여 검사하고, 그 결과를 다시 검토하고 공유하는 것으로도 1년에 여러 차례의 의료사례회의가 필요합니다.

각 질환별로도 의료사례회의를 준비할 수 있습니다. 은평재활원에서는 B형 간염, 뇌전증, 당뇨, 갑상선기능저하증, 다운증후군, 무릎관절염, 뇌졸중, 행동장애, 지루성피부염, 무좀 등 다양한 주제로 의료사례회의를 진행했습니다. 이렇게 각 질환별로 묶어서 의료사례회의를 하게 되면, 질환에 대한 이해도도 높아지고, 이 질환을 가지고 계시는 분들의 건강을 어떻게 관리해야 하는지에 대한 지식들도 쌓이게 됩니다. 이런 질환별 의료사례회의 때는 촉탁의가 해당 질환에 대해서 간단하게 교육하는 시간도 가지면 좋습니다. B형 간염에 대한 교육을 진행한 후, 우리 시설의 B형 간염 보균자들의 기록을 같이 검토해봅니다. 어떤 분은 항바이러스제를 복용하고 있기도 하고, 어떤 분은 아직 항바이러스제를 복용하고 있지 않기도 합니다. 만 40세 이후부터 시작되는 6개월 마다의 국가검진이 잘 챙겨지고 있는지도 체크하고, 만 40세 이전이라도 필요하면 간초음파검사나 B형 간염 바이러스 DNA 검사를 해야 할 수도 있으니, 이런 필요성을 같이 의논해 보는 것이 좋습니다.

각 팀별로 의료사례회의를 진행해 볼 수도 있습니다. 시설은 특성에 따라 여러 팀으로 나눠져서 돌봄을 하고 있으니, 팀별로 같이 모여서 우리 팀이 돌보는 장애인의 건강 문제를 같이 들여다보게 되면, 팀 내 의사소통도 강화하고 팀원들이 동일한 원칙으로 돌보고 있는지도 체크하는 자리가 됩니다. 우리 팀 돌봄의 원칙들을 다시 확인하거나 더 잘 알게 될 수도 있습니다.

4단계: 응급 의료사례회의를 진행합니다

응급 의료사례회의야말로 의료사례회의의 꽃이라고 할 수 있습니다. 지금 건강 문제가 대두된 어떤 특별한 한 분에 대해, 의료, 간호, 재활, 돌봄, 복지 등 전 분야 전 직역에 걸쳐 전방위적인 정보를 모아 의료사례회의를 진행합니다.

체중이 점점 늘어나고 있거나 빠지는 분에 대해서, 건강검진에서 큰 이상 소견이 발견된 분에 대해서, 수면 패턴이 변화된 분에 대해서, 행동장애가 잘 조절되지 않는 분에 대해서, 요로결석이 계속 재발하는 분에 대해서 등등 어떤 사유로든 서로 만나서 물어보고 의논해야 할 사항들이 있다면 의료사례회의를 준비할 수 있습니다.

이렇게 진행했던 의료사례회의는 다음 회의 자리에서도 후속 조치들이 잘 진행되고 있는지 계속 확인하고, 필요하면 다시 회의를 합니다. 우리의 생각보다 의료사례회의에서 함께 해결해 나갈 수 있는 문제들이 많이 있습니다.

5단계: 특수한 의료사례회의도 마련할 수 있습니다

은평재활원에는 현재 3개월마다 정신건강의학과 전문의가 라운딩을 옵니다. 촉탁의인 저는 가정의학과 전문의인데, 제가 일 하는 살림의료복지사회적협동조합 소속 정신건강의학과 전문의가 진료를 위해 시설을 방문하는 것입니다. 정신건강의학과 (정신과) 진료에서도 시설 방문은 중요합니다. 지적장애/자폐장애인들의 경우 장애인들의 일상적인 모습을 관찰하고, 여러 직역의 사람들로부터 다양한 정보를 들어야 온전한 진료가 가능합니다. 진료실에서 잠깐 관찰하는 모습이나 대리인 1인을 통한 정보만으로는 삶의 모습을 가늠하기 쉽지 않습니다.

하지만 시설로는 장애인 건강주치의 방문 진료가 가능하지 않습니다. 또한 일차 의료 방문진료 수가 시범사업에 의한 방문진료도 가능하지 않습니다. 즉 촉탁의가 아닌 다른 의사가 방문을 할 경우 수가를 마련하기가 여의치 않다는 뜻입니다. 무료 재능기부로써 방문해 주실 의사를 찾는 것은 사실 가능하지도 않을뿐더러 지속적이거나 안정적이지도 않습니다.

만약 시설에 다른 교육 비용이 있어서 자문료라는 방식으로 지급할 수 있으면 그것도 좋습니다. 아니라면 정신과 상담 수가를 이용하는 방식을 고려할 수 있습니다. 정신과는 다른 전문과와 달리, '상담수가'라는 항목이 있습니다. 10분 단위로 10분 이하, 10~20분, 20~30분, 30~40분, 40분 초과로 상담 수가를 받을 수 있으니, 정신과 전문의와 함께 의료사례회의를 하거나 시설 라운딩을 한다면 정신과 상담 수가를 활용할 수 있겠습니다. (물론 그 정신과 의사가 소속된 의료기관이 적어도 방문진료나 장애인 주치의 진료를 하는 곳이어야, 위법의 가능성이 없겠습니다.)

이런 방식으로 우리 시설에 잘 맞고 필요한 의료사례회의를 세팅해 나갈 수 있을 것입니다. 처음부터 모든 것을 다 하려고 하기보다는 시설 입장에서는 우선은 '만나자, 제안해 보자'는 마음이면 좋을 것 같고요, 의사 입장에서도 '한번 방문해 보자'는 마음이면 충분할 것 같습니다. 만나서 얘기하다 보면, 한 번이라도 시설을 방문해보면 의외로 같이 할 수 있는 것이 많다는 사실을 깨닫게 되니까요.

추천사

복지와 의료가 연계하는 의미—입주자에게 보통의 인간다운 삶을!

김병순(전 KOMI&복지연구소 소장)

지적/정신적 질환을 앓고 계시는 분들이 복용하고 있는 약이 '너무 많다'는 문제의식은, 비단 그분들이 생활하는 현장에서 맞닥뜨리고 있는 우리 복지인들 뿐만 아니라 그분들에게 애정 어린 관심을 가지고 있는 사람이라면 한 번씩은 느꼈을 수 있는 우리 사회의 오래된 과제라고 말 할 수 있을 것입니다.

그러나 약 처방은 의료의 영역이기 때문에 의사분들께서 사회복지 현장에 대해 관심을 가지고 적극적으로 나서 주지 않는 한 궁극적인 해결 방도가 없다는 현실과, 막상 '과도한' 약물 처방에 큰 변화를 주어 줄이거나 중단하였을 때, 오히려 어려운 증상이 가중되어 시설 직원에게 다가올 케어 부담감 또한 자신 없는 현실 앞에서 쉽게 손을 댈 수가 없는 문제일 것입니다.

이러한 현실 속에 하성도 원장님께서 재활원의 입주자분들에게 '약을 줄여서' 보통의 인간다운 모습으로 살아가시도록 해드리고 싶다는 '참사랑의 결심'을 하시고, 함께 실천해 주실 의사분을 찾아서, 전 직원분들과 함께 '의료사례회의'를 실시하면서 보다 좋은 케어를 제공하기 위한 시스템을 구축해 오신 점에 대해 '정말 잘 하셨고 수고 많이 하셨다'고 감히 평가해 드리고 싶습니다.

저는 오랫동안 케어 서비스를 제공하는 장애인복지와 노인복지 현장 직원들에게 '보다 좋은 케어'를 제공하기 위한 케어 방법과 사례관리 방법 등을 교육해 왔던 사람으로서, 또한 일본과 우리나라의 관련 현장에서의 교육 및 근무 경험을 통해, 우리 복지인들이 아무리 최선을 다하여 케어의 질을 높여간다 해도, 의사분들의 적극적인 도움 없이는 지적/정신적인 어려운 증상들에 대한 궁극적인 노력이 어렵다는 점을 잘 알고 있습니다. 따라서 살림의원 추혜인 원장님처럼 복지 영역과 적극적으로 협업해주시는 의사분이 얼마나 소중하고 감사한 지, 복지인의 한 사람으로서 깊은 감사를 드리고 싶은 마음입니다.

은평재활원에서 생활하는 분들처럼, 케어가 필요한 장애인 모두는 반드시 한 가지 이상의 질병(장애 포함)을 앓고 있기 때문에 직원들은 각종 질병이나 건강과 관련한 지식과 그에 따른 생활 속의 관리 방법(케어)을 모르고는 '좋은 케어'를 제공할 수가 없다고 해도 과언이 아닙니다. 은평재활원의 의료사례회의에서는 입주자분들의 질병을 비롯한 전반적인 건강 문제를 개별적으로, 구체적으로 심도 있게 다루어 왔기 때문에 직원들이 입주자를 더욱 잘 이해하고 적절한 케어를 제공하기 위해 최선의 노력을 다

할 수 있는 전문가로 성장해 올 수 있었다고 생각하며, 그 내용을 본 사례회의집을 통해 엿볼 수가 있었습니다.

은평재활원에서 그동안 실천해온 변화 과정을 이렇게 책자로 남기는 것의 의미 또한 크지만, 저의 부족한 글솜씨로 다 표현할 수가 없음을 느끼면서, 몇 가지 생각나는 대로 적어봅니다. 먼저 비슷한 현장들에서는 벤치마킹을 통해 '용기 있는' 실천으로 이어질 수 있을 것이라 생각하여 기대가 됩니다. 그러기 위해서 는 이 책자에서도 거론된 것처럼 '좋은 의사'분을 찾는 것부터 시작하여야 하겠지요? 아니 그전에 '변화'로 빚어질 현장의 '요동'에 대한 두려움을 떨쳐버리고, 입주자를 보다 인간 본연의 자연스런 모습으로 살아가게 해드리고 싶다는 열정으로, 시설 전체가 인식을 같이하는 작업부터 필요할 것입니다.

이 책자에는 직원들이 실제로 케어할 때 부딪힐 수 있는 어려운 증상에 대한 '좋은' 대응 방법, 케어 방법을 찾아가는 노력들이 세세하게 실려 있어서, 현재의 동종 업계 직원은 물론 미래에 사회복지사 및 관련 직종 직원이 될 학생에게도 간접적인 현장 학습자료가 되어 살아있는 교과서로 애용될 수 있을 것이라 생각합니다. 특히 각 사례별 후반부에 실려 있는 의료사례회의 자료들을 꼼꼼히 읽어 보시기를 추천합니다. 발달 장애인분들이 또 다른 질병으로 인해 일상에서 표출되는 어려운 모습들과 시설 및 직원들이 하나가 되어 대응해 가는 과정들을 생생하게 만날 수 있을 것입니다.

앞으로도 지속적인 '실천'을 통해, 제2, 제3의 사례회의집이 출간되어 우리나라의 발달장애인 관련 케어(서비스)의 질을 더욱 끌어올리는 길잡이가 되어 주시기 바라며, 그로 인해 장애인 분들이 어려운 질병을 앓더라도 최선의 건강을 유지하며, 보다 즐거운 모습으로 살아갈 수 있길 바라는 마음을 전합니다.

마지막으로 치열한 현장에서 정말 많은 수고들을 해오셨을 은평재활원 직원 여러분께 격려와 축하의 말씀을 드리며 졸필을 끝내도록 하겠습니다. 감사합니다!!

추천사

거주시설 장애인의 건강회복을 위한 사회복지 종사자들의 협력과 헌신에 감사하며

문회원 (서울시장애인일자리통합지원센터 사무국장)

우리가 사는 세상에는 다양한 사람들이 있습니다. 그중에 장애인 거주시설에서 살고 있는 장애인은 어떻게 보면, 세상에 자신의 존재를 드러내지 않은 채, 그렇게 이름 없이 살아가고 있는지도 모릅니다. 그들의 삶이 어떠한지에 대해 세상 사람들은 별로 관심이 없습니다. 또한, 그들이 어떤 건강 문제로 아파하고, 힘들 어했는지는 더더욱 알려져 있지 않습니다.

본 책에는 은평재활원에 거주하는 장애인이 겪고 있는 건강 문제인 연하곤란, 반추행동, 혈액투석, 치매, 위암, 강직성 척추염, 정신건강의 학적 문제, 요로결석, 당뇨, 가족샘종폴립증, 통풍 등을 병명에 따라 개별적으로 추적, 치료, 회복시키려고 한 은평재활원 직원들의 노력과 진정성이 매우 구체적으로 담겨있습니다. 사회복지사 중심의 팀원들이 촉탁의의 도움을 받아, 8년 동안 거의 매월 한 번씩 사례회의를 진행하면서, 장애인을 위한 실질적인 치료와 회복을 모색하는 과정이 본 책에는 매우 사실적이고 구체적으로 기술되어 있습니다. 이른바 전문적 의료사례관리 서적으로도 손색이 없다고 생각합니다.

그러나, 이 책의 가치는 의료적 지원 차원을 넘어서서, 한 사람의 장애인을 중심에 놓고 전문가들이 협력하였다는 점과, 거주시설에서 장애인을 위한 케어 서비스 지원 범위를 확대, 구체화 시킨 점이라고 보여집니다. 요컨대, 지적장애와 뇌전증을 동반한 박○범씨의 연하곤란 및 반추행동을 지원하기 위하여 사회복지사(생활지도원), 작업치료사, 영양사, 물리치료사, 간호사, 촉탁의가 함께 협력적 지원을 하였고, 이러한 지원이 1회성으로 끝나는 것이 아니라, 장기간에 걸쳐서 이루어졌다는 것, 그리고 지원 이후의 모니터링 역시 충실하게 진행된 점은 참으로 인상적입니다. 이러한 과정 안에서 사회복지 종사자들이 보인 거주시설 장애인을 위한 사랑과 헌신 역시 느낄 수 있었습니다.

궁극적으로 본 책이 장애인의 건강 문제 회복을 위해 일하고 있는 사회복지종사자들의 교과서가 되고, 더 나아가, 우리나라 장애인 복지시설 의료사례관리 발전에 모델링 역할을 하기를 기원합니다.

소통과 성장의 기록, 의료사례회의

장창현(신천연합병원 정신건강의학과 과장)

안녕하세요. 저는 정신건강의학과 의사 장창현입니다. 저는 2018년 7월부터 2024년 8월까지 살림의원에서 근무하였습니다. 그 전부터 살림의원의 가정의학과 의사이자 대표원장님이신 추혜인 원장님께서 은평재활원에 계시는 발달장애 당사자분들의 촉탁의로서 주치의 역할을 하고 계심을 알고 있었습니다. 추 원장님과 은평재활원의 신뢰 관계를 토대로 정신과 약물을 복용하는 은평재활원의 당사자분들과 정신과 진료로 뵙게 되었습니다.

솔직한 말씀으로 저는 정신과 전공의 수련 시절에 지적장애 혹은 자폐성 장애를 가진 발달장애 당사자 분들과 어떻게 소통할지 어떻게 그 분들을 좀 더 잘 도울 수 있을지, 그분들을 도울 때 정신과 약은 어떻게 활용 하는 것이 좋을지 제대로 잘 배우지 못했습니다. 이러한 상황을 겪는 것은 저뿐만이 아닙니다. 정신과 수련 시절, 소아 정신과 내용과 사례를 공부할 때에 정말 맛보기식으로 스쳐 지나가듯 배우게 됩니다. 발달장애인 분들에게 정신과적 접근이 상당히 중요한 것에 반해 안타까운 부분이 아닐 수 없습니다.

서구 사회든 우리나라든 발달장애 인구의 50% 정도가 정신과 약을 복용하고 있습니다. 적지 않은 숫자입니다. 정신과 의사로서 환자분들을 돕는 수단은 크게 두가지 입니다. 하나는 말, 또 다른 하나는 정신과 약물이지요. 발달장애인 분들은 언어적 소통에 있어 비장애인들과 차이가 큽니다. 뇌의 취약성으로 정신과 약물의 대한 반응이 적을 수 있고, 부작용은 더욱 클 수 있습니다. 대한민국에서는 정신과 의사들은 이 부분에 대해 공부할 기회가 많지 않습니다. 저는 운이 좋은 정신과 의사입니다. 은평재활원과 함께 하는 시간은 제게 큰 배움의 시간이었습니다.

첫 시작은 2020년 4월경으로 기억합니다. 당시 만 9세인 구OO 군과의 진료가 첫 시작이었습니다. 당사자인 구OO 군과는 직접 대화가 어려웠습니다. 익숙하지 않은 진료실에서 자신의 머리를 쉴새 없이 때리는 구OO 군의 행동에 속으로는 참 난감했습니다. 보이는 어려운 행동, 어려운 행동을 벗어나는 데 도움이 되는 대안적 행동, 행동적 특성, 수면의 질, 기존의 복용하던 정신과 약물에 대한 정보 정도만 얻고 덜 필요해 보이는 약을 덜어내는 정도로 첫 진료를 마쳤습니다. 3, 4명의 당사자분들에서 시작된 정신과 진료는 십여 명으로 확대되었습니다. 돕는 분들이 많아지면서 좀 더 도움이 되는 약 사용의 방향, 인간 행동의 ABC에 대한 공부를 제 스스로도 이어 갔습니다. 당황하는 시간은 줄어 가고 보람의 시간이 커졌습니다.

2021년 5월부터 의료사례 회의에 합류하게 되었습니다. 처음에는 마음 속으로 '진료실에서 진료하면 되지, 왜 굳이 재활원을 방문하여 회의에 참석해야 하는 거지?'라고 생각했습니다. 하지만 다양한 직책과 직역의 사람들이 모여 각자의 시선을 공유하고 도움이 되는 방향을 함께 모색해가는 과정은 정말 필요한 것이었습니다. 정신과 약물이 조정될 때 줄어들거나 늘어나는 어려운 행동, 약을 조심스럽게 줄일 때에 개선되는 신체 부작용을 여러 선생님의 말씀을 통해 들을 때마다 신중한 정신과 약 조절의 중요성을 다시금 되새겼습니다. 무엇보다 발달장애인 분들의 어려운 행동은 정신과 약 뿐만이 아니라 그분들의 삶과 만나 함께 하며 돕는 담당자분들의 손길이 필요한 것이구나 하는 깊은 가르침을 얻게 되었습니다.

서로의 가치와 전문성을 인정할 때 더욱 소중한 것을 얻게 됩니다. 가장 중요한 것은 사람 중심의 접근입니다. 당사자분께서 사람다운 삶을 살 수 있도록 돕는 것이 저를 비롯하여 당사자분들을 돕는 사람들의 본분이 아닌가 싶습니다. 무엇이 교과서적으로 맞는가도 따져 보아야 하지만 무엇이 당사자분들에게 실제로 도움이 되느냐도 함께 살펴야 합니다. 의사 한 사람의 독단적인 판단만으로는 결코 이룰 수 없는 것입니다. 은평재활원과 함께 한 6년의 시간이 제가 정신과 의사로서 세상 속에서 기능하는 데 큰 보탬이 되었음에 감사의 말씀을 드립니다. 은평재활원의 의료 사례회의는 한 특별한 기관만의 이야기로만 남지 않고, 발달장애인의 건강을 돕는데 새로운 표준이 되리라 믿습니다. 이 이야기가 널리 퍼져 이 땅의 발달장애인 분들을 돕는데 소중한 열매로 사용되기를 기원합니다.

부록

의료사례회의 종결 평가와 차 후년 방향성 논의 (2021- 2025년)

아산재단 공동체 네트워크 사업의 의미 - 장보석

교육 자료 - 발달장애인의 정신과 약물 및 건강 관리(장창현, 정신건강의학과 전문의)

함께한 사람들

은평재활원 미션/비전/핵심가치

의료사례회의 종결 평가와 차후년 방향성 논의(2021- 2025년)

※ 의료사례회의 평가와 차후년 방향성 논의는 2021년부터 시작됨

2022년 제1차 의료사례회의 (1. 12.)

<table>
<tr><th>주제</th><th>2021년 의료사례회의 평가와 2022년 방향성 논의</th></tr>
<tr><td>결정 사항</td><td>1. 2021년 의료사례회의 평가
가. 긍정적인 부분
- 질환별 의료사례회의 진행되었던 점이 좋았음
- 다음 회차 진행되는 의료사례회의와의 연결성이 좋았음
- 2017년 3월부터 진행되어 5년이 다 되어감. 처음에는 막막했고, 병력 위주로 진행함. 사례회의 기록을 점차적으로 촉탁의 진행에서 2018년부터 각 팀에서 자료 준비하여 진행. 배운 부분이 많고 다학제적 사례회의로 이상적인 모델이 되었다고 생각함. 배울 수 있는 소중한 시간이 됨(추혜인 촉탁의)
- 평생 약물에 의존하여 살 수 없지 않을까?
"약의 의존도를 낮출 수 있는 사례를 만들면 좋겠다."라는 생각으로 접근. 당연히 드셔야 하는 것으로 알고 있었고, 언제부터 드셨는지 모르고 습관적으로 드셨던 부분들이 많이 호전됨
나. 2022년 요구사항
- 질환별 의료사례회의 통해 의료 지식적인 부분 진행 되었으면 좋겠음
- 자료집으로 발간하여 의료사례회의 참고 자료가 될 수 있도록 하면 좋겠음
- 올해 진행 예정이었던 뇌전증 질환 관련 못한 부분에 대해 내년에 진행하면 좋겠다는 의견 있었음
- 정신과 주치의와 촉탁의 함께 사례회의에 참여하여 입주자에 대한 의견을 나누면 좋겠다는 원장님 의견에 따라, 2022년 1월 12일 정신과 주치의 의료사례회의에 촉탁의 참여 여부 확인 예정

2. 2022년 의료사례회의 방향성 논의
가. 의료사례회의, 질환별 교육 격월 진행 논의
- 김○환 씨 골절되어 반기브스 관리, 붕대 감을 때 어려움 발생으로 붕대 사용법, 소독하는 법, 응급처치 교육이 있었으면 좋겠음
- 부수적인 모르는 부분 점검하고 진행해 보면 어떨까? 라는 의견 있었음
나. 교육 필요성
- 교육을 통해 병에 대해 잘 알고 지원하고 싶다고 함
- 신입직원이 많아져 질환 교육(필요한 부분에 대해) 반복 원함
- 교육을 통해 듣고, 알고, 입주자분들께 지원하면 좋겠음
다. 교육 방법
- 교육은 다른 날짜로 잡거나 미리 공지하여 많은 직원이 참석하도록 하고, 넓은 곳에서 교육을 진행하면 좋겠음
- 간호사 교육, 촉탁의 교육 함께 진행하면 좋겠음
- 질환별 우선순위 확인 후 촉탁의에게 요청하기로 함
- 다운증후군으로 생길 수 있는 질환, 도움이 될 수 있는 케이스로 교육이 이루어지면 좋겠음</td></tr>
<tr><td>진행 사항</td><td>1. 의료사례회의와 교육 내용으로 다루었으면 하는 질환별 교육 의견취합
가. 뇌전증 교육
나. 환절기 시 주의해야 될 질병(대상포진, 감기, 면역성 질환)
다. 만성관리 교육
- 당뇨, 눈 관리, B형 간염 지원, 갑상선기능
라. 응급치료
- 붕대 사용법, 다쳤을 때 응급치료, 열이 났을 때의 대처법
마. 만성질환 입주자에 대한 교육
- 신장질환 입주자, 도뇨 관리에 대한 교육, 당뇨 질환자 교육

2. 의료사례회의 질환별 주제 촉탁의와 논의 내용
가. 2월 뇌전증 학습과 지원논의
나. 4월 신부전(혈액투석) 학습과 지원논의
다. 6월 갑상선 질환 학습과 지원논의
라. 10월 만성질환(당뇨, 고혈압, 간염, 부정맥, 고지혈증, 골다공증, 통풍 등)학습과 지원논의

3. 간호사 직원교육
- 년 2회(4월, 9월) 응급처치교육(응급상황 발생 시 대처 요령, 붕대사용법, 다쳤을 때 응급치료, 열이 났을 때의 대처법 등)</td></tr>
</table>

2022년 의료사례회의 평가와 2023년 방향성 논의

주제	2022년 의료사례회의 평가와 2023년 방향성 논의
결정 사항	1. 2022년 의료사례회의 평가 - 만성질환에 대한 설명, 약물에 대한 설명이 참 좋았다고 함 - 의료사례회의 시 질환에 대한 강의와 함께 진행되어 질환에 대해 쉽게 이해할 수 있어 좋았음 - 2022년에는 질환에 대한 강의와 논의가 주였는데 2023년에는 입주자 개별 논의가 더 이루어지면 좋겠음 2. 2023년 방향성 논의 - 차후 진행일정 · 매주 3째 주 수요일 10:00 진행 예정(1월, 8월 제외) - 질환별 의료사례회의 논의 내용 · 강직성 척추염 · 골다공증 · 근골격계 관련 교육 · 치매 · 뇌질환(뇌출혈, 뇌경색, 파킨슨 등) · 응급상황대처 ★질환에 따른 교육은 촉탁의와 상의 후 진행 예정(2023년부터 촉탁의 변경 예정) 3. 김○현 군 치과 치료 논의 - 학교 구강검진 시 침 흘리는 것 치아교정으로 치료 필요하다고 함(치료 시기가 늦어지면 안 된다고 함) - ○스마일치과 침 흘리는 것은 교정으로 치료되는 것이 아니라 턱 근육의 발달이 필요 ⟶ 살림치과 방문하여 의견, 상담 진행하기로 함
진행 사항	1. 2023년도 의료사례회의 월별 진행 일정(촉탁의와 논의) - 2월 치매(이○식 씨) - 3월 강직성 척추염(김○필 씨) - 4월 골다공증(김○운 씨) - 5월 정신건강의학과 - 6월 퇴행성관절염(김○로 씨) - 7월 근막통증증후군(이○혁) - 9월 건강 검진 리뷰 - 10월 정신건강의학과 - 11월 뇌경색, 뇌출혈/교육(해당 입주자 없음) - 12월 의료사례회의 평가와 2024년 방향성 논의 2. 김○현 군 살림의원 방문하여 상담 진행 여부 * 촉탁의와 해당 내용에 대해 상의하였으며, 살림의원 치과 원장님과 상담 진행한 결과, - 침을 흘리는 것은 교정으로 좋아지지 않을 수도 있음 - 하지만 영구치가 나올 공간이 부족해 교정은 필요할 것으로 보임 - 교정이 동네 교정치과에서 가능할 지 아니면 대학병원 교정과를 가야할 지 치아 상태와 아동의 협조도를 보아야 할 필요 있음을 전달받음 * 더○○일치과에 교정 관련 문의 - 교정하면 좋으나 아직 유치에서 영구치로 바뀌는 시기라 이르다고 함 - 송곳니가 나와야 교정이 가능하다고 함 - 관리가 가능할지? 자세한 사항은 교정을 한다면 엑스레이 찍어보고 확인할 수 있으며 주변에서 많이 도와주어야 한다고 함 - 본뜨고 장치 붙이는 과정을 거쳐야 하며, 장치를 김○현 군이 관리할 수 있을지? 라고 답변 들음 * 팀장회의에 진행 사항을 전달하였으며 논의 결과 추후 사례회의를 통해 재논의하기로 함

2023년 의료사례회의 평가와 2024년 방향성 논의

주제	2023년 의료사례회의 평가와 2024년 방향성 논의
결정 사항	- 의료사례회의 진행 전 질환에 대한 학습을 통해 입주자의 상황을 이해할 수 있는 부분이 있었으나, 같은 어려움의 반복으로 구체적이고 세심한 지원 방향 논의가 필요함 - 작업, 언어, 물리치료는 진행되고 있으나 의료사례회의 대상자 중 필요한 내용은 함께 공유하여 지원 방향을 구체적으로 논의하는 것도 필요하다고 생각됨 - 의료사례회의 진행 시 입주자의 사례담당자가 참여하면 좋겠음 - 질환 교육을 통해 질환에 대해 많이 알게 되었으며 각 팀에서 참여하여 좋겠음 - 질환 학습 후에 질환과 연관된 입주자의 사례 진행으로 인해 이해도가 높았음 - 노후 대비와 앞으로의 케어 방향에 대해 논의 진행하면 좋을 것 같음 - 팀별로 진행하여 입주자 한 분 한 분에 집중하여 진행하면 어떨지? - 팀별로 진행하는 것보다 함께 진행하면 다른 팀의 아이디어도 알 수 있어 좋은 것 같음 - 현재 진행되는 방식대로 질환별로 진행하면 좋겠음 - 팀별 질환에 따른 피드백을 받으면 좋겠음. (예/ 돌봄집중팀: 무좀, 자립지원팀: 비만) - 응급처치 교육(출혈, 낙상으로 인한 대비 어려움/겁내고, 두려워 도움 요청) 진행하면 좋겠음 - 질환별 교육을 통해 디테일하게 알게 된 것, 모르던 부분을 알게 되어 좋았음 - 의료사례회의 진행 후 지속적인 모니터링이 필요함 - 정신건강의학과 정보가 더 다루어지면 좋겠음(현재 2회에서 4회로 횟수를 늘렸으면 좋겠다.) - 많은 분을 다루지 않더라도 서너 분의 건강을 집중적으로 다루면 좋을 듯함 - 추혜인 원장님이 진○철 씨, 안○필 씨 약물 복용의 변화 정리한 내용 좋았음 다른 분들의 진행 상황, 변화, 의료 개입, 생활 지원이 어떻게 지원되었는지 정리해 보는 것도 필요하겠음 - 의료사례집을 만들면서 약물 관련된 변화 정리 필요성 느낌 (눈에 보이는 약물 지원변화, 비약물 지원의 변화) - 체계적인 협조, 지원을 받으면 좋겠음(시설의 약물 오남용에 대한 대안 마련) - 의료사례집을 만들면서 검수받아 정리하면 좋겠음(편집, 내용적인 부분 포함) - 약물 관련 방향성 제시하면 어떨지? - 3년간 변화를 정리하여(몇 명의 정신과 약물 감량 케이스) 학회지나 저널에 투고하면 어떨지? - 추혜인 원장님, 운영위원장 등의 자문을 통해 은평재활원의 사례 보급을 위한 논문 작성 필요할 듯 함
진행 사항	- 1월 11일 15:00 의료사례회의 진행 관련 논의함(김정애 간호사, 김종수 물리치료사, 이보라 사회복지사, 정○진 사회복지사, 조영애 사회복지사, 추혜인 촉탁의/6명 참여) * 응급상황 대처법, 응급처치 교육 요청으로 년 1회 직원 교육으로 진행 예정(4월 요청으로 진행 예정임) * 전 직원 참여 CPR 교육 요청(2-3회), 소방서에 문의 후 진행 예정 * 정신건강의학과 의료사례회의 분기별 진행 요청으로 확인 결과, 진료 인원 많아 년 2회 가능함을 전달받음. * 구급함은 의무실에 비치하여 돌봄집중팀, 돌봄지원팀 사용할 수 있도록 하고, 자립지원팀에 1개 별도 비치할 계획임. 요청에 따라 구입 후 공유 예정 * 2월, 3월, 4월 각 팀별 입주자 전체 대상으로 의료사례회의 진행하기로 함 (2월: 돌봄집중팀, 3월: 돌봄지원팀, 4월: 자립지원팀/ 팀별 진행 시 각 팀 전체 직원 참여 예정) * 2월, 3월, 4월 의료사례회의 진행 후 6월, 9월, 11월은 좀 더 다루었으면 좋겠다고 생각되는 입주자를 대상으로 의료사례회의 진행하기로 함.(6월: 돌봄집중팀, 9월: 돌봄지원팀, 11월: 자립지원팀) * 의료사례회의 내용 작성 시 생활지원 내용으로, 일주일 개인별 스케줄표, 식사, 수면, 구강 관리, 배뇨/ 배변, 케어 시 어려운 점이나 궁금한 점 생활실에서 적어 주면 좋겠다고 추혜인 촉탁의 요청함 * 과거력, 약물 복용력, 2024년 예방접종, 향후 우려되는 점 작성하여 논의할 예정임

2024년 의료사례회의 평가와 2025년 방향성 논의

주제	2024년 의료사례회의 평가와 2025년 방향성 논의
결정 사항	- 2024년도 팀별 입주자 지원 방향 논의 진행 좋았음 - 팀별 입주자 지원 방향 논의를 통해 입주자들의 건강지원 사항과 케어 시 어려운 점, 궁금한 점을 질의할 수 있었고, 입주자의 개인 질병과 일상생활에서의 질병의 연관성을 이해할 수 있었음 - 1년마다 팀별 입주자 지원 방향 진행하면 좋겠음 - 의료사례회의 당사자 참여 미흡 - 당사자 참여가 어려운 경우 당사자에게 의료사례회의에서 진행된 내용을 전달, 동의를 받으면 좋겠음.(절차) - 아산사업 교육으로 좋은 강사님을 통한 인연 잘 연계하면 좋겠음. 예를 들어, 물리치료 입주자 의료사례회의 진행 시에 전문가의 의견 자문받아 내용 담아내면 좋겠음 - 외부 전문가 참여 통해 좋은 방향, 결정 부분에서 더 나아지지 않을지, 놓친 부분은 없는지, 더 좋은 방법 모색, 사례검토, 효율적인 진행 고려 필요함 - 정신건강의학과 의료사례회의 횟수를 늘렸으면 좋겠음. (현재 2회) - 노화, 노인성 질환 대비 ——> 의료사례회의 교육과 지원할 수 있는 방법 논의하면 좋겠음. - 질환에 대한 교육을 다시 받았으면 좋겠음.(신규직원 많아졌음) - 영역별 관련 의사 선생님 참여하면 좋겠음 - 상/하반기 인바디검사 결과를 토대로 식사, 운동, 전체적인 신체활동 지원방향을 논의하면 좋겠음. - ○○보건지소 재활치료실을 이용하여 발달장애인 운동치료 받으면 어떨지? - 만성질환에 대한 진행에 대비, 일상생활 지원방향 논의하면 좋겠음. - 지역사회 연결 프로그램을 통해 노령화 된 입주자의 경우 요양원 컨셉 가져오면 어떨지?(단체 프로그램 세팅 방식) - 코미 레이저 차트를 통해 생활면, 인지적인 면을 객관적으로 확인할 필요가 있음 - 노화 척도, 근력 등에 있어 객관적인 데이터가 필요함 - 이른 감이 있으나 일부 입주자를 염두에 두고 임종 준비 계획 필요함 - 임종 후 자산 고민도 필요함 - 케어의 한계에 따른 계획 필요함 (은평재활원에서 어느 정도까지 케어 지원 가능한지?, 더 좋은 케어를 위한 요양원 전원도 고려) - 치매의 단계별 지원방법을 확인하고 증상 악화 시를 대비하며, 행정적인 절차(장기요양보험등급 신청 등)에 대해서도 확인할 필요 있음 - 와상 상태가 되면 어떻게 할지? - 사망을 예견한 상태에서 48시간 이내 진료한 기록이 있으면 주치의가 사망진단서 작성이 가능함 - 치매와 관련된 강의, 약물 복용, 지원 방법 구체적으로 알고 싶음. - 돌봄 지원에 따른 체크리스트 있으면 좋겠음. - 팀별 입주자 지원 방향에 대해 2025년에는 돌봄지원팀- 돌봄집중팀- 자립지원팀 순서로 진행하기로 함 - 지적장애인의 고령화에 대응하기 위해 신체활동 늘리기, 지적장애인의 치매 관리 학습 및 지원 논의 필요함 - 운동 지원 방향에 대해 팀별 입주자별 구체적인 논의 필요
진행 사항	■ 의료사례회의 진행 일정(4월, 10월 제외한 매월 셋째 주 수요일 10:00) - 2월 입주자 건강지원 방향 논의(돌봄지원팀) - 3월 입주자 건강지원 방향 논의(돌봄집중팀) - 4월 정신건강지원 방향 논의(4/22 화요일) - 5월 입주자 건강지원 방향 논의(자립지원팀) - 6월 입주자 건강지원 방향 논의(주제별 사례관리 논의) - 7월 전체 입주자 건강검진 결과 리뷰(전체 입주자) - 9월 입주자 건강지원 방향 논의(주제별 사례관리 논의) - 10월 정신건강지원 방향 논의(화요일/ 날짜 미정) - 11월 입주자 건강지원 방향 논의(주제별 사례관리 논의) - 12월 2024년 의료사례회의 평가 및 2025년 방향성 논의 ■ 장기요양등급 관련 2/21 서○병원 신경과 진료 예정임(김○로 씨, 김○명 씨)

아산재단 공동체 네트워크 사업의 의미

- 지역공동체의 배움과 나눔의 여정 -

장보석 (은평재활원 사무국장)

시작: 준비과정과 주요 내용

은평재활원에서는 '발달장애인 복지-의료 연합 네트워크 구성'이라는 큰 방향을 설정하고 사업을 준비하면서, 발달장애인의 건강권 확보와 지역사회에서의 평범한 삶을 이루는 효과적인 방법이 무엇일지 고심하였다. 그보다 조금 앞서, 우리 재활원에서의 노력과 경험을 지역사회에 공유하고 함께 변화를 이루어낼 수 있는 방법이 무엇인가에 초점을 두고, 예산 확보와 진행을 위해 공모사업에 지원하기로 하였다. 그 통로로서 아산재단 지원사업 중 '공동체 네트워크 사업'이 지향하는 바와 우리가 하고자 하는 것의 연결점을 찾아 기획하는 과정을 거쳤다.

현장에서 진행하는 많은 사업과 활동은 의미가 있고 효과적인 것이 많지만, 예산지원을 전제한 공모사업에서 선정되려면 내용을 효과적으로 담아내고 체계적으로 구성해가는 과정이 필요하다. 이를 위해 원 내 각 분야 전문가로 TF팀을 구성 후 기획회의부터 여러 차례 토론하는 시간을 가졌고, 그간 중점적으로 진행해왔던 과정을 정리하고 일정부분 흩어져 있던 생각과 내용들을 모으는 작업을 진행했다. 공모사업 당락의 기준은 말로서 전달되는 것이 아닌 우리가 하고자 하는 중요한 바가 잘 설명되고 요약된 제안서이기에, 중요한 사업내용과 의견을 구조화하고 더 적확하게 드러낼 수 있도록 기획서 작성에 심혈을 기울였다.

위의 과정과 3차례 심사를 거쳐 최종 선정된 사업의 사업명은 「"잇다, 있다" : 복지와 의료를 잇다, 건강한 삶이 있다 - 발달장애인 지원을 위한 사회복지-의료분야 연합 네트워크」로, 2024년 7월부터 2025년 6월까지의 1년차 사업을 지원받아 진행하였다. 초기 계획한 3년 프로젝트는 아래 표와 같고, 1년차 이후 사업은 자체적으로 진행할 계획으로 있다.

이 글에서는 자세히 언급하기에 한계가 있으나, 사업계획 초안과 세부 사업계획안에는 다음의 중요한 내용을 담았다. 우리가 개입하고자 하는 상황과 문제, 지나온 과정과 앞으로의 계획과 개입의 직접적인 결과를 설명하였고, 특별히 이 사업을 통해 우리 사회에 끼치는 긍정적인 변화와 영향을 다루었다. 또한 핵심 참여자와 주변 참여자가 누구인지, 본 사업을 기획하게 된 이유와 기존 유사 사업과의 차별점은 무엇인지, 특히 우리 기관이 이 사업을 수행해야 하는 이유와 지역사회 연계 계획까지 심도 깊게 기술하였다.

단계별 계획	1년차 ▶ 네트워크 구성과 연계회의/교육을 통한 실무자 역량강화, 자료집 제작/배포 - 은평재활원과 유관기관과의 연계
	2년차 ▶ 지역사회 내 협력과 연계 지속, 커뮤니티케어 확산(자료집 활용한 지역 세미나) - ○○구사회복지협의회/○○협의체와의 연계 계획
	3년차 ▶ '복지-의료 연계 모델' 타 지역사회 보급, 확산(타지역 세미나, 토론회) - 거주시설 협회, 지역별 부모회와의 연계 계획

배움과 나눔: 실무자 교육과 네트워크, '복지-의료 연계사례집' 제작

우리가 하고자 하는 사업의 주된 흐름 중 하나는 발달장애인을 온전히 이해하기 위해 질환별 정보와 지원방안, 약물/비약물 지원에 관한 협력내용을 논의하고, 복지와 의료, 치료와 영양 등 각 영역에서의 주제별 교육을 실시하여 실무자의 전문적 역량을 강화하는 것이다. 그리고 네트워크 확대를 통해 발달장애인이 지역사회 내에서 건강하게 살아가도록 지원망을 연결하고, 필요 시 지원받고 소통할 수 있는 지역 환경을 조성하는 것이다.

이를 위해 발달장애인 지원방안과 여러 자료를 담은 사례집을 준비함과 동시에 발달장애인을 지원하는 실무자를 위한 교육을 기획하고 진행하였다. 교육은 단순한 지식전달과 단편적인 주제 구성이 아닌, 사회복지와 의료, 치료와 영양 영역을 고르게 포함하고, 가장 중요하고 필요한 주제를 선정한 후 좋은 강사님을 섭외하고자 하였다. 교육 구성을 위해 일정과 세부 내용을 협의하는 과정이 있었고, 기본적으로 발달장애인 지원을 위한 현장 실무자들의 필요를 채우는 데 초점을 맞추었다.

재활원 내부교육으로서 오승환 교수님의 수퍼비젼을 받은 것을 시작으로, 2024년 하반기에는 김미옥/김경미 교수(사회복지 영역), 추혜인/송은향 전문의(의료영역), 부경희/김수형/김대훈/최정화 교수(치료/영양영역)를 강사로 섭외하여 교육을 진행하였다. 참여자들로부터 교육주제가 매우 좋고 강의내용 등 전반적인 수준이 높다는 피드백이 있었고, 실제 참여 신청율이 높아 교육 장소를 변경하여 진행하기도 하였다. 또한 사전사후 설문조사와 매회 교육평가를 실시함으로 추후 더 좋은 사업기획을 위해 준비하고자 하였다.

구체적인 교육주제로서, 복지 분야에서는 '발달장애인을 위한 좋은지원Good support'과 '발달장애인과 가족의 정신건강'을 다루었고, 의료분야에서는 '발달장애인의 만성질환 관리'와 '치매바로알기'에 대한 교육으로 실무자들의 큰 호응이 있었다. 치료분야에서는 작업치료 관점에서 발달장애인과 함께하는 삶을 들여다보고, 언어치료 분야에서는 보완대체의사소통을, 물리치료 분야에서는 자세와 척추 건강을 다룸으로써 실제적인 도움을 받기도 하였다. 또한 교육을 통해 지역 실무자 간 어느 정도 관계를 형성한 후, 통합네트워크 모임과 분야별 네트워크를 통해 실제적인 지원방안을 공유하고 찾아가는 시간을 마련했다.

2025년 상반기 발달장애인 실무자 교육과 네트워크에서 또한 각 분야별로 좋은 강사님의 교육과 각 기관 전문가들과의 소통을 통해 지속 성장을 도모하였다. 복지분야의 용효중, 김병순 대표 강의를 시작으로 치료분야의 김선희/김대훈 교수와 김오송/부경희 센터장, 의료분야의 추혜인 원장과 장창현 과장 등 각 분야별 주요 내용을 비롯한 구체적 사례와 더불어 실제적인 지원방안을 발견하고 적용하고자 하였다.

교육과 네트워크를 진행함과 동시에, 그동안의 의료사례회의 진행내용과 축적된 자료를 중심으로 '복지-의료 연계사례집' 발간을 준비하여왔다. 각 분야 전문가들의 지원방법과 과정을 잘 정리하여 타 시설을 비롯한 지역사회 기관들, 발달장애인 가정들에 도움이 될 수 있기를 바라며 틈틈이 준비하였다. 무엇보다 입주자를 지원하는 데 있어 그분들에게 누가 되지 않도록, 그리고 더 나은 전문가가 되기 위해 수년간 교육과 학습에 많은 시간을 투자하였고, 그러한 노력의 결과들이 다양한 지원방법과 결과로서 나타난 것 같아 뿌듯한 마음이기도 하다. 복지-의료 연계사례집은 이러한 다양한 실천과 시도들, 그 과정에서의 성공과 시행착오를 그대로 담아내고자 하였다.

남은 과제: 시작과 변화를 견인하기

지역주민과 유관 기관 관계자가 발달장애인의 건강하고 행복한 삶의 영위에 동참하도록 독려하는 것을 1차 년도의 목표로 삼고, 그것을 어떻게 실현해 갈 수 있을지 구체적인 방안을 제시하는 것이 우리의 남은 과제라고 생각하였다. 이러한 차원에서 지난 기간 재활원에서 쌓여진 지식과 경험을 담은 사례집은, 앞으로 우리가 바라는 변화를 이끌어 내고 확장하는 하나의 시작점이자 도구로 활용될 수 있으리라 생각한다. 이것은 단순히 사업 결과물로서 제작한 것이 아니다. 같이 해보자는, 이렇게도 할 수 있으니 각각의 환경과 세팅에 맞는 시도를 하면서 각자의 모델을 만들어 가보자는 제안이기도 하다. 서로의 경험을 징검다리 삼아 우리에게 주어진 역할을 좀 더 잘 해내는 것, 특별히 입주자의 삶에 관여하는 것과 지원자로서의 사명을 더 엄중히 여기면서, 이전보다 좀 더 온전하게 해나가는 기관과 전문가가 점차 많아지는 것, 그것이 개인적으로 가장 바라는 바이기도 하다.

현 시점에서 우리는 '발달장애인의 조기 노화와 치매'에 대한 고민과 해결과제를 안고 있다. 발달장애인분 중 연세가 드시면서 치매 증상을 보이는 분들에 대한 전문적인 지원방안을 찾고 논의하며 적용해가는 과정에 있고, 이를 심화시키는 것이 매우 필요한 시기이다. 그동안의 복지-의료 협업을 통해, 그리고 이번 아산사업의 교육과 네트워크를 통해서 도움을 받아왔고, 앞으로 더 많은 내용을 배우면서 방안을 모색해가야 할 부분이다. 이 과제를 위해 우리는 각자의 전문영역과 위치한 자리에서 최선을 다할 것이고, 발달장애인분들은 지금보다 더 나은 환경과 돌봄여건 속에서 소중한 삶을 영위하게 되시리라 믿는다.

2024년 아산재단 협력기관 지원증서 전달식

공동체네트워크 모임(통합네트워크 모임 후 식사)

공동체네트워크 모임(분야별 모임: 돌봄 영역)

공동체네트워크 모임(분야별 모임: 의료 영역)

의료사례회의

의료사례회의

복지영역 교육 (강사: 김미옥 교수)

복지영역 교육 (강사: 김병순 소장)

복지영역 교육 (강사: 용효중 대표)

의료영역 교육 (강사: 추혜인 원장)

물리치료 영역 교육 (강사: 김대훈 교수)

응용행동분석 영역 교육 (강사: 김오송 대표)

작업치료 영역 교육 (강사: 부경희 대표)

의료영역 교육 (강사: 장창현 원장)

교육 자료

의료 관련 교육 목차

1. 뇌전증 이해하기(2017/추혜인, 살림의원 가정의학과 전문의)
2. 건강 상태 모니터링(2019/추혜인, 살림의원 가정의학과 전문의)
3. 장애인시설 이용인 건강관리(2020/추혜인, 살림의원 가정의학과 전문의)
4. 만성B형간염(2021. 2. 17./추혜인, 살림의원 가정의학과 전문의)
5. 다운증후군의 갑상선 기능의 이상(2021. 4. 21./추혜인, 살림의원 가정의학과 전문의)
6. 감염관리와 예방접종(2021. 11. 1.7/추혜인, 살림의원 가정의학과 전문의)
7. 폐렴(2021. 12. 6./추혜인, 살림의원 가정의학과 전문의)
8. 뇌전증 이해하기(2022. 3. 16./강○림, 살림의원 가정의학과 전문의)
9. 콩팥 건강 이야기(2022. 4. 20./강○림, 살림의원 가정의학과 전문의)
10. 갑상선질환(2022. 6. 15./강○림, 살림의원 가정의학과 전문의)
11. 글루코스 혁명(2022. 10. 18/강○림, 살림의원 가정의학과 전문의)
12. 은평재활원 약물 탐구생활(2022. 11. 15./강○림, 살림의원 가정의학과 전문의)
13, 치매의 약물치료(2023. 2. 15./추혜인, 살림의원 가정의학과 전문의)
14. 강직성 척추염 환자의 이해(2023. 3. 22./추혜인, 살림의원 가정의학과 전문의)
15. 골다공증(2023. 4. 19./추혜인, 살림의원 가정의학과 전문의)
16. 무릎관절염 학습자료(2023. 6. 14./추혜인, 살림의원 가정의학과 전문의)
17. 건강한 식생활(2023. 9. 20./추혜인, 살림의원 가정의학과 전문의)
18. 근막통증증후군, 잠복 결핵의 진단과 치료(2023. 9. 20./추혜인, 살림의원 가정의학과 전문의)
19. 뇌졸중(2023. 10. 18./추혜인, 살림의원 가정의학과 전문의)
20. 발달장애인의 정신과 약물 및 건강 관리(2023. 11. 22./장창현, 살림의원 정신건강의학과 전문의)
21. 일상생활 속 응급처치(2024. 4. 11./추혜인, 살림의원 가정의학과 전문의)
22. 피부곰팡이증(2024. 9.25./추혜인, 살림의원 가정의학과 전문의)
23. 발달장애인 만성질환 관리(당뇨, 갑상선 2024. 11. 7./추혜인, 살림의원 가정의학과 전문의)

발달장애인 실무자교육

■ 2024년 교육

교육 [영역]	일시	강사(소속)	주제
[교육1]	10.24.목 10-12시	김미옥 교수 (전북대학교)	(복지) 발달장애인을 위한 좋은 지원Good support: 사람 중심 액티브 서포트와 유능한 환경을 중심으로
[교육2]	10.30.수 10-12시	김경미 교수 (숭실대학교)	(복지) 발달장애인과 가족의 정신건강
[교육3]	11. 7.목 10-12시	추혜인 원장 (살림의원)	(의료) 발달장애인의 만성질환관리 - 갑상선, 당뇨
[교육4]	11.14.목 10-12시	송은향 과장 (서북시립병원)	(의료) 치매 바로알기
[교육5]	11.27.수 14-16시	최정화 교수 (숭의여자대학교)	(영양) 장애인의 건강을 지키는 영양관리 - 만성질환, 고지혈증, 당뇨 통합솔루션
[교육6]	12. 4.수 10-12시	부경희 센터장 (보담아동청소년상담센터)	(작업치료) 발달장애인과 함께 하는 삶 - 작업치료적 관점에서
[교육7]	12.11.수. 10-12시	김수형 교수 (대림대학교)	(언어치료) 발달장애인에 대한 의사소통지원 - 보완대체의사소통을 중심으로
[교육8]	12.18.수. 14-16시	김대훈 교수 (경동대학교)	(물리치료) 자세와 척추건강

■ 2025년 교육

교육 [영역]	일시	강사(소속)	주제
1 [복지]	4.23.수 10-12시	용효중 대표 (우리다움 사회복지연구소)	(강점관점 사례지원) 강점기반 실천 제대로 이해하기
2 [복지]	4.30.수 10-12시	김병순 소장 (전 KOMI& 복지연구소)	(치매케어) 발달장애인에게 나타나기 쉬운 치매 증상, 증상별 대응방법
3 [의료]	5.15.목 10-12시	추혜인 원장 (살림의원)	(만성질환) 발달장애인의 만성질환 관리
4 [의료]	5.22.목 10-12시	김오송 센터장 (다인 ABA 행동지원센터)	(응용행동분석) 발달장애인 어려운 행동에 대한 긍정적 행동지원
5 [치료]	5.29.목 14-16시	김선희 교수 (대구계명문화대학교)	(언어치료) 발달장애인을 위한 의사소통중재 실제
6 [치료]	6. 4.수 10-12시	부경희 센터장 (보담아동청소년상담센터)	(작업치료) 발달장애인과 함께 하는 삶 - 작업치료 실제 사례 중심으로
7 [의료]]	6.10.화. 10-12시	장창현 과장 (신천연합병원)	(정신건강의학) 발달장애인의 정신과 약물 이용
8 [치료]	6.12.목. 10-12시	김대훈 교수 (경동대학교)	(물리치료) 신체 관절별 기능적 운동 - 균형, 근력, 인지자극운동

은평재활원은 정신과 약물 오남용을 막고, 돌봄지원과 더불어 약을 통해 최선의 도움을 드리기 위해 주치의와 함께 논의하며 협력해왔습니다. 약물 감량과 중단, 가장 적합한 투약방법 등을 함께 고민하며 의논하고, 변화상황을 면밀히 체크하였습니다. 이러한 실행이 가능했던 것은 장창현 주치의와 재활원의 방향성이 같고, 전문의로서의 소신과 협의의 중요성을 올곧게 실천했기에 실행될 수 있었습니다.

약물 지원에 대한 가치와 소신, 실천을 담은 교육 자료를 공유합니다.

개요

1. 발달장애란
2. 발달장애인의 정신적 어려움과 약물 사용
3. 함께하는 의사결정
4. 비행기 여행하듯 사용하는 정신과 약
5. 발달장애인의 노화와 건강 관리

2

발달장애란?

- 성인이 되기 전까지의 시기(대개 18세 이전)에 나타나는 상당한 수준의 발달지연이나 독특한 발달 양상이 드러나는 상태
- 여러 가지 원인으로 인해 발달 중에 드러나는 중추신경계의 이상이나 인지, 언어, 사회성 및 운동능력 발달에 지체를 보이는 상태를 총칭
- 또래 아동의 평균적인 발달과 비교했을 때 신체적, 정신적 또는 두 가지 영역 모두에서 현저하게 낮은 발달을 보일 수 있고 오래 지속될 가능성이 있음
- 보통 지적장애, 자폐성장애 등을 포함

(발달장애 양육길라잡이, 국립특수교육원)

3

발달장애의 진단

- 옷 입기, 식사하기 등 일상생활에 필요한 '자조 및 적응기술', '말의 이해와 표현(언어)', '인지(학습)', '운동(이동)', '사회성과 놀이' 등의 영역 중 두 가지 이상에서 기능적인 제한이 명확하게 드러나야
- 발달장애 여부는 발달 선별검사 등을 통하여 알 수 있는데, 정상발달의 기대 치에서 25% 이상 지체된 경우

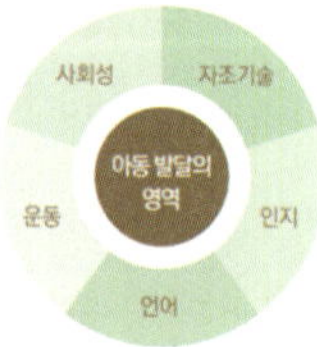

4

발달장애인의 수와 비율

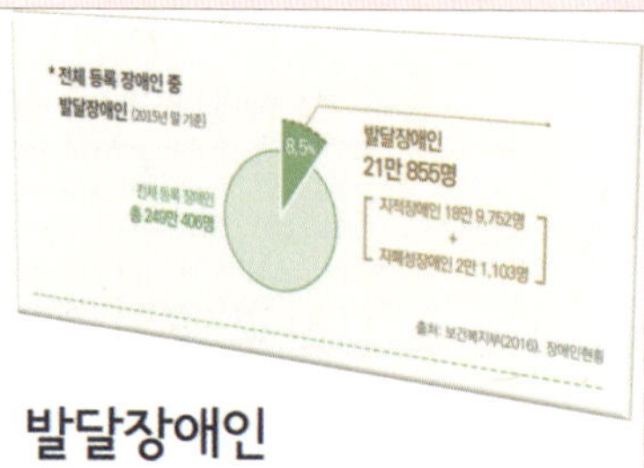

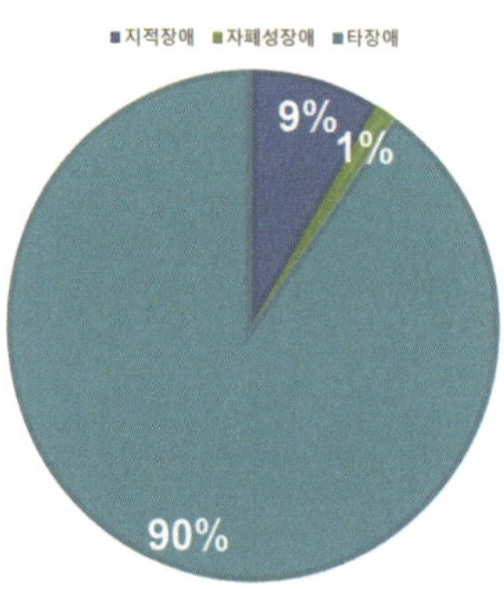

전체 등록 장애인
총 2,652,860명

발달장애인
총 263,311명

지적장애인 225,708명
+
자폐성장애인 37,603명

출처: 국가통계포털(2022), 장애인현황.

5

지적장애

- 과거 정신지체로 불리움
- 정의: 지적인 기능(추론, 학습, 문제해결)과 적응적 행동(개념적, 사회적, 실용적 기술)에 있어 중대한 한계가 있는 장애
- 사회적 적응력과 지능지수(IQ)의 측정으로 판정
- 사회적 적응력의 평가: 사회적 기능, 사회적 기준 이해, 매일의 과제 수행에 대한 능력을 평가
- 평가 시에 지능지수 자체보다 적응적 능력 자체를 더 중요시 하는 방향으로 바뀜(DSM-5)

6

중등도에 따른 지적장애

- 경도 정신지체(IQ 50~69, 성인일 경우 정신연령 8~12세)
  - 학교에서 학습에 어려움을 겪기 쉬움, 다수가 성인기에는 일을 하고 좋은 사회 관계를 유지할 수 있음
- 중등도 정신지체(IQ 35~49, 성인일 경우 정신연령 6~9세)
  - 아동기에 현저한 발달지체를 보이나 대부분 어느 정도 독립적 자기 관리 가능, 적절한 의사소통과 학습기술 획득, 성인기에는 사회에서 살아가고 일 하는 데 다양한 도움 필요
- 고도 정신지체(IQ 20~34, 성인일 경우 정신연령 3~6세): 지속적 도움 필요
- 최고도 정신지체(IQ 20 미만, 성인일 경우 정신연령 3세 미만): 자기관리, 배변조절, 의사소통, 운동성 등 심각한 제한

7

지적장애의 공존 정신질환

- 지적장애의 2/3은 공존하는 정신질환이 있음 (지적장애가 있는 아동 청소년은 정상 발달의 경우에 비해 2.8~4.5배 정신질환 가질 가능성이 높음)
- 지적장애가 더 심할수록 정신질환 공존 위험이 더 높음
- 공존질환: 기분장애, 조현병, ADHD 등
  - 지적장애의 2~3%에서 조현병(일반인구 1%)
  - 지적장애의 50%는 기분장애 진단기준에 부합

8

자폐성장애

- 보통 만 36개월 이전에 확인되며 사회적 상호작용과 언어 사용 및 의사소통에 있어서 제한이 있고, 한정적이고 반복적인 관심과 활동을 보임
- 교육적 성취 및 일상생활 적응에 도움을 필요로 함
- 원인: 높은 유전적 소인(유전율 80%), 다수 유전자 변이가 동시에 작용하여 발생하는 복합 유전질환 + 유전자 - 환경 상호작용의 결과
- DSM-5에 이르러서는 '자폐스펙트럼장애'로 부름

9

'자폐스펙트럼장애'로 부르는 이유

- 그 기능과 손상의 범위가 매우 넓음
- 사회적, 교육적, 기타 맥락에서 자폐성 장애인의 지적 기능과 언어 및 의사소통 기능이 매우 넓은 범위에 걸쳐 있음
- 즉, 같은 자폐성 장애인이라 할지라도 그의 지적기능, 언어 및 의사소통 기능, 사회적 기능 등에 있어 매우 다르다는 것이 자폐성 장애의 가장 큰 특징 중 하나

10

자폐스펙트럼장애의 공존 정신질환

- 1/3은 지적장애를 동반
- 기분장애와 불안장애가 흔함
  - 26~57%의 자폐 성인은 기분장애를 경험
  - 불안장애, 특히 사회불안장애가 비슷한 정도로 흔함
- ADHD 또한 흔하며 11~43%에서 경험
- 20~22%는 틱장애를 경험
- 나이든 자폐인이 어린 자폐인에 비해 공존정신질환이 적음

11

발달장애인의 정신과적 어려움

	지적장애	자폐성장애
동반 정신질환	25%	70~72%
문제행동 동반	20%	20~60%

(홍강의. 소아청소년정신의학. 학지사, 2014.)

- **문제행동:** 자신이나 다른 사람에 대한 공격행동, 물리적 환경이나 물건에 손상을 일으키는 행동, 새로운 기술 획득에 방해되는 행동, 결국 환자 자신을 사회로부터 고립시키는 모든 행동.
  (예시: 타인에 대한 공격, 자해, 상동행동, 초조, 파괴적 행동, 철회, 성적행동 등)
- 도전행동/관심행동/어려운행동

12

발달장애인의 정신과 약물 사용 비율

- 약물사용이 많은 경향
  - 지적장애를 가진 환자의 49%가 정신과 약물을 처방, 이중 절반은 공존 정신과 질환에 대한 처방, 나머지 절반은 문제행동에 대한 처방(2015, 영국)
  - 발달장애 환자 60%가 정신과 약물 처방, 그 중 절반이 공존하는 정신질환을 진단 받음(2017, 미국)
  - 발달장애인의 정신건강문제에 대한 실태 빅데이터 분석: 정신과 약물 평균 처방률은 지적장애인 45.9%, 자폐장애인 49.6%(2018, 한국)

1) BMJ 2015;351:h4326.
2) Autism Res 2017;10:2037-47.
3) 발달장애인의 정신과 약물복용에 대한 고찰, 2018

13

대한민국 지적장애인의 정신과 약 처방률

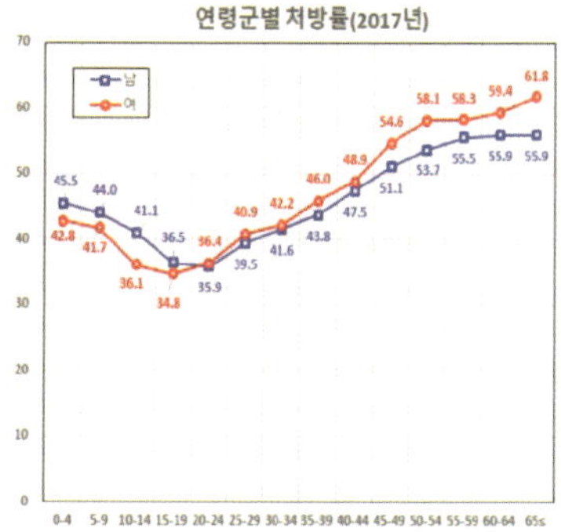

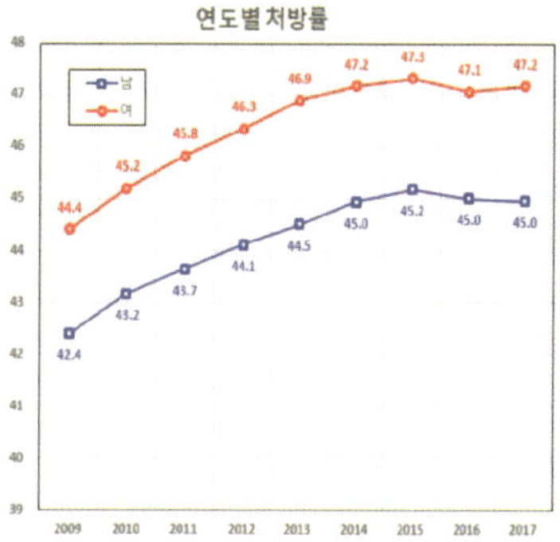

(발달장애인의 정신과 약물복용에 대한 고찰, 2018)

14

대한민국 자폐장애인의 정신과 약 처방률

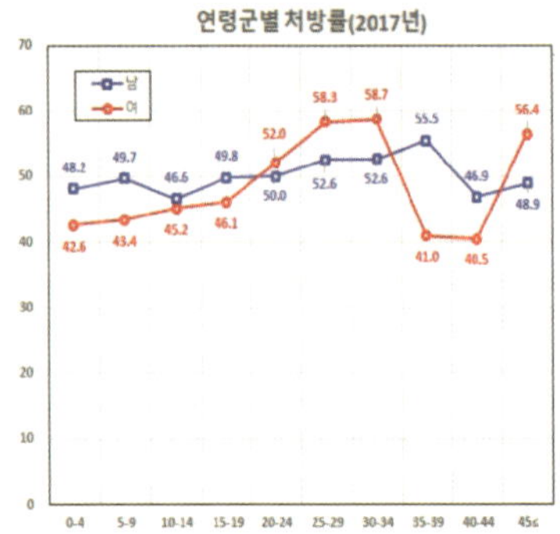

(발달장애인의 정신과 약물복용에 대한 고찰, 2018)

15

약물 처방, 관리는 어떻게 이루어지고 있을까?

- 어려운 행동 추가될 때마다 약물이 추가될 가능성 ↑ → **다약제 처방**이 적지 않음 → **부작용 가능성 ↑**
- **발달장애인 당사자**와의 살뜰한 소통을 기반에 둔 진료가 얼마나 작동되고 있을지 의문
- **환자 가족** 혹은 **시설 돌봄 제공자**가 대신 외래 진료를 통해 약물 처방 받는 경우도 적지 않을 것

16

직접 경험한 발달장애인 정신과 약물 부작용

- 27세 남자 환자 분(지적장애/자폐증)
  - 10년 이상 정신과 약 복용, 비만체형
  - 10대, 20대 때 공격성으로 2차례 정신과 입원
  - 아버지의 병환, 누나의 결혼으로 23세에 복지관 입소. 공격성으로 여기저기 옮겨 다님.
  - 마지막 정신과 입원 후 시설에 돌아간 지 1년 만에 장폐색증으로 대학병원 소화기 내과 입원
  - 소화기 증상은 호전되었으나 불면증, 안절부절 못함, 사지 뻗뻗해짐, 행동문제로 정신건강의학과로 전과
  - 정신과 약물의 효과, 부작용을 모니터하며 1달 간 약물조절을 함

17

발달장애 환자 어려운 행동에 흔히 사용되는 '항정신병약물'의 부작용

- 대사부작용
  - 체중증가, 비만, 고지혈증
- 항콜린부작용(점막 건조)
  - 변비, 소변저류, 시야흐림, 입마름
- 추체외로 부작용(근육 계통 부작용)
  - 좌불안석증(akathisia)
  - 파킨슨 증상(Parkinsonism)
  - 급성 근긴장 이상증(acute dystonia)
  - 신경악성증후군(neuroleptic malignant syndrome)

18

형제복지원 - 부랑자 선도 명목의 인권유린

✓ 1975년부터 1987년까지 부산 일대 부랑자(여기에는 발달장애인, 정신장애인도 포함됨) 불법 감금, 강제 노역

✓ 12년 동안 공식 사망자 수는 513명. 야산에 암매장 혹은 해부용 시신으로 팔아 넘김

✓ 형제복지원 내 정신장애인 수용시설 형제정신요양원. 항정신병 약물 '클로르프로마진'을 마구잡이로 투여

✓ 형제복지원에서 상습적으로 원생들에게 약을 투여했다는 증언

✓ "가자마자 주사를 맞았다", "약물을 마셨을 때는 몽롱해졌다", "빨간 알약이 널려 있어서 단맛 때문에 겉면을 핥아먹었다", " 말을 안 들으면 강제로 약을 먹였다 " 라는 증언들…

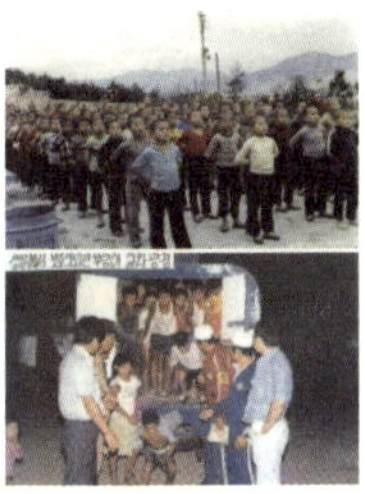

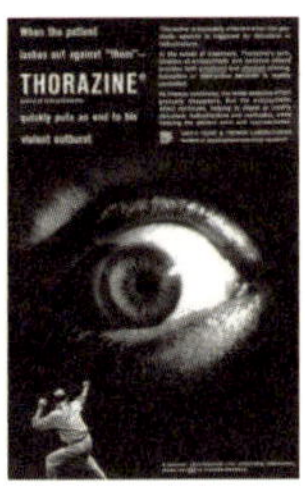

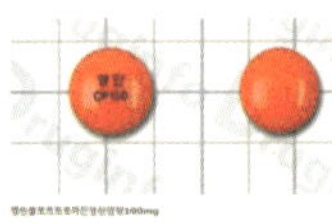

19

정신과 약물을 학대·통제의 수단으로 활용

- 복지원에서 상습적으로 원생들에게 투여해온 극약 중 '클로르프로마진'이란 약은 향정신성 의약품으로 전문의 처방 없이는 절대 투여할 수 없게 돼있다. 그런데도 복지원 측은 처음 끌려온 원생들이 항의소동을 벌이면 으레 이 약을 강제로 복용시켰다고 했다.
- 이 약을 복용할 경우… 전신무력증과 시각장애, 안면근육 마비 등의 후유증을 앓게 된다고 했다. 복지원 측은 이 약 외에 전문의의 처방도 없이 '할로페리돌', '퍼페나진' 등 10여 종의 정신과 약품을 대량으로 구입해서 사용해왔으며…
- 최고 단위인 100mg을 복용할 경우 전신무력증에 빠지게 되는 '클로르프로마진'… 복지원 측은 부설정신요양원에 수용된 정신질환자용으로 사들인 뒤 엉뚱하게도 귀가조치를 주장하며 저항하는 원생들에게 집중적으로 투여해왔다…
- 강제수용된 김모씨(46)는 "귀가를 요구할 때마다 이 약을 강제로 먹이는 바람에 손발이 떨리고 요폐증까지 생겨 소변조차 제대로 보지 못하는 등 심한 약물중독 증세가 나타나고 있다 " 고 호소했다.

『삼성던』 중에서

20

약물을 사용하기 전에…

- 모든 약은 효과와 부작용이 있을 수 있음
- 부작용은 몸과 마음, 행동으로 나타날 수 있음
- 발달장애인들은 뇌의 취약성으로 인해 부작용 반응이 더욱 민감하게 나타날 수 있음
- 예상되는 효과, 부작용을 동시에 고려하여 위험-이득의 저울을 재어 환자와 함께 약을 선택해야(임상적 이득이 위험성보다 높은 약제를 골라야 함)
- 부작용 대처법: 1) 부작용과 관련된 약의 용량 줄이기
  2) 부작용 완화에 도움이 되는 약 보완하기

21

발달장애에서 약물치료를 고려할 때

- 동반되는 자극과민성
- 자타해 위험성
- 수면의 어려움
- 심한 상동행동 혹은 강박
- 동반 정신질환(강박증, 사회불안장애, ADHD 등)

22

정신과 약은 도깨비 방망이가 아니다.

23

ABC 분석

- "자폐인은 행동을 통해 표현하고 소통할 수 있다."
- A(선행사건, Antecedent): 행동에 앞서 일어나는 것들.
- B(행동, Behavior): 선행사건 이후에 따라오는 (어려운) 행동 그 자체.
- C(결과, Consequence): 행동 후에 따라오는 결과. B를 더 일으킬 수도, 줄일수도 있음.'
- 선행중재(antecedent intervention): 문제행동의 발생 빈도를 줄이거나 대체 행동을 증가시키기 위해 목표 행동이 일어나기 전의 환경(선행사건)을 바꾸는 것
- 대체행동 차별강화(DRA, Differential Reinforcement of Alternative Behavior): 어려운 행동 대신 할 수 있는 적절하고 바람직한 행동을 알려주고 그 행동을 강화하는 것

24

은평재활원과의 협업 사례(의료-복지)

일상생활 지원

1) 일상생활(배변, 식사, 이동 및 기저귀 교체 시) 지원

- 배변, 식사, 목욕 위생 지원 전/ 등. 하교, 치료 지원 전/ 기저귀 교체 전 등 사전에 설명을 해주고 기다린 후 자해행동 횟수를 줄이도록 한다.
- 아침, 저녁식사 후 배변 훈련 지원하고 배변 실수 전 사전에 변의를 느끼는지 잘 관찰하여 바로 지원한다.
- 화장실이 아닌 그 외 장소에서 대변 실수 시 교사 감정을 보이지 않고 입주자의 마음을 헤아려 긍정적 언어 사용하여 지원한다.
- 신체활동 및 배 마사지를 지원하여 배변활동에 도움을 준다.(배변활동을 못할 시)
- 식사 및 간식 섭취 전 "혼자 먹을 수 있겠어요?" 라고 물어보고 스스로 고개를 끄덕이면 스스로 먹도록 하고, 고개를 저으면 교사가 손을 잡아주며 지원한다.
- 식당, 학교, 작업치료 등의 이동 지원 시 주저앉아 일어나지 않으려고 할 때는 1차 언어적 지원 후 기다려보고 2차 언어적 지원을 한 후에 양 손을 잡아 일으켜 세우거나 겨드랑이에 손을 넣어 일으켜 세운다. 자해를 보일 때에는 양 손을 잡아 주며 지원한다.
- 간식, 타블릿PC, 식사, 스마트폰 등 욕구가 있을 시 이미지 그림, 손짓을 이용하여 의사 표현을 해보도록 지원한다.
- 의복 착.탈의 지원 시 스스로 할 수 있도록 언어로 유도하며 옷 안에 있던 팔을 빼도록 유도하며 지원한다.

25

은평재활원과의 협업 사례(의료-복지)

일상생활 지원

2) 정서적 지원

- 감각통합치료, 발달센터 작업치료, 원내작업치료, 원내 언어치료 피드백을 통한 생활실에서도 1일 1회 30분 정도 안아주며 감각자극 지원한다.
- 학교, 생활실에서 OOO군이 스킨십을(안아 주기, 손 잡아주기) 요구하고 자해를 하려고 하면 "그러면 안 되는 거야" 라고 하며 자해행동을 자제하도록 하고 안정을 찾도록 지원 한다.
- 11월부터는 교실에 입실하면 외투를 벗고 조끼를 입은 후 양 손을 스스로 조끼 주머니에 넣도록 지원한다.
- 평상시 머리를 치는 행동은 "자동 행동 반응"으로 지원하는 교사가 과한 반응을 하지 않는다.
- 손, 팔 등을 자동화행동(습관적 행동)이 아닌 자해와 물어뜯는 행동을 보일 때는 교사가 웃으며 OOO군의 머리를 마사지로 자극을 지원한다.
- 평상시 몸에 이불을 두르는 행동은 심리적으로 안정을 찾으면서 단계적으로 무게와 크기를 감소하는 방향으로 최종적으로는 타올 정도의 크기로도 만족 할 수 있도록 지원한다.
- 타블릿PC를 사용 시 손을 사용하지 않고 입으로 사용하는 퇴행의 모습은 손을 사용할 수 있도록 대안을 찾아 지원 한다.

26

은평재활원과의 협업 사례(의료-복지)

일상생활 지원

3) 여가생활 지원

- 여가생활 지원으로 즐거움을 찾도록 한다. (테블릿PC, 트램폴린, 산책, 블록놀이, 외출, 색칠하기, 글씨쓰기 등)
- 본인 소유의 타블릿PC를 욕구가 있을 시 자유롭게 사용할 수 있도록 지원한다.
- 여가생활 및 심리정서 안정을 위해 촉감인형(말랑이: 과일, 야채 모양) 등 욕구를 파악하여 지원한다.
- 이불을 뒤집어 쓴 채 테블릿pc 사용 시 시력보호를 위해 적절한 시간, 화면 밝기 조절(좀 더 어둡게) 도움을 준다.

27

OOO 프로필 (2022.05.09.)

사람들이 좋아하는 나의 장점

- 모든 사물에 대해 호기심을 가지고 있어요.
- 저는 자연을 닮아서, 나뭇잎이나 풀을 좋아해요.
- 같은 방을 사용하는 동생들을 좋아해요
- 웃는 모습이 예뻐요
- 혼자만의 시간을 좋아하고 혼자서도 잘 놀아요.
- 사람들이 제 피부가 모두 탐이 난대요.

나를 지원하는 최상의 방법

- 제가 하고 있던 것을 바로 멈추기가 쉽지는 않아요. 다른 일로 넘어가기 위해서는 일정한 시간이 필요해요. 무언가 하고 있을 때 갑자기 멈추지 마세요. 사전에 충분히 인지하도록 ~하고 ~할거에요 라고 반복적으로 말해주면서 언어적 지원 후 행동적 지원을 해주세요.
- 공감해주고(그랬어~) 칭찬 받는 걸 좋아해요. 어려운 행동이 나와야 할 타이밍에 나오지 않을 때 즉각적으로 반응하여 칭찬(잘했어~, 최고!)해주세요.
- 주저 앉아 일어나지 않으려고 할 때는 먼저 언어적 지원 후 기다려보고 2차 언어적 지원을 한 후에 양 손을 잡아 일으켜 세우거나 겨드랑이에 손을 넣어 일으켜 세워주세요. 어려운행동(자해)을 보일 때에는 양 손을 잡아 주며 지원해주세요.
- 전환 시 사전에 반복적으로 말해주고, 타이머를 사용하여 기다려주세요.
- 언어적 지원만을 이용하는 것 보다 그림 등 시각적 지원을 해주세요.
- 저의 감정을 읽고 어떻게 표현해야하는지 방법을 알려주세요.
  (예:힘들지~, 괜찮아, 도와줄까?)
- 따뜻한 물로 목욕하는 걸 좋아해요. 샤워기는 저에게 주세요.
- 제가 배변을 하기 전에 신호(바지를 내리는 행동)를 보내니 저를 화장실로 이동해주세요

나를 지원하는 사람이 갖춰야 할 특성

- 전환 시 사전에 공지하고 충분한 시간을 갖고(20분 정도) 기다려주세요.
- 엄마나 아빠와 같은 다정한 미소로 저를 안아줄 수 있었으면 좋겠어요.
- 차분한 목소리와 칭찬을 많이 해줄 수 있었으면 좋겠어요.
- 제가 가진 "다른 점"을 잘 이해해 줄 수 있었으면 좋겠어요.
- 저의 감정을 잘 파악하고 도와주었으면 좋겠어요

나에게 중요한 것들

- 엄마 같은 품(교사에게 안기면 불안감이 사라져요)
- 매 순간 변화되는 미묘한 감정을 잘 파악해 주는 타인의 마음
- 머물고 싶은 장소에 오래 머무르고 싶은 본인의 마음
- 같은 방을 사용하는 동생들
- 자연(바람, 풀, 나뭇잎, 흙, 물 등)
- 조용한 주위 환경, 익숙한 냄새
- 그날 유독 손이 가는 음식들
- 간식(견과류, 육포, 젤리, 컵라면 등)
- 조끼, 태블릿, 트램폴린, 말랑이 등
- 적당한 온도로 샤워하기
- 주기적인 배변
- 아침기상 시간에 나를 깨우는 부드러운 목소리
- 충분한 숙면

28

약물 조정은 신중히 해야 한다

- 공존질환/ 어려운 행동으로 정신과 약물치료 多
- 의사소통의 어려움으로 효과, 부작용 판단 어려움
  ➔ 약물 사용, 용량 조절 어려움
- Start Low! Go Slow!
- 돌봄 제공자에게 발생 가능한 부작용, 대처방안에 대해 알려주어야
- 설명되지 않은 부작용 경험은 치료순응도 저하로 이어짐

29

발달장애에 도움이 될 수도, 해가 될 수도 있는 정신과 약물

- 2세대 항정신병약물(antipsychotics): 자극과민성, 상동행동, 부적절한 말, 강박 행동, 틱 증상에 효과. 아리피프라졸 & 리스페리돈은 자극과민성에 대해 FDA 승인을 받음. 쿼티아핀은 진정 및 수면 유도 효과. 체중증가, 변비, 점막건조, 근육 부작용 가능성 c.f) 1세대(할로페리돌, 클로르프로마진 등)는 근육부작용 심한 단점
- 기분안정제(mood stabilizers): 기분의 오르내림, 충동성, 공격성에 효과. 조증 - 디발프로엑스, 발프로에이트, 우울증 - 라모트리진 등. 체중증가, 간기능 이상, 피부 발진, 혈액 부작용 가능성
- 항우울제(antidepressants): 강박증상, 불안에 효과가 있을 수 있으나 연구의 일관된 결과 부족. 에스시탈로프람, 플루옥세틴 등. 조증 전환에 주의해야
- 신경자극제(stimulants): 산만함, 주의력 부족, 충동성에 도움이 될 수도 있으나 자극과민성, 불안정성, 공격성, 흥분이 높아질 수 있음. 메틸페니데이트, 아토목세틴(비신경자극제 ADHD약)
- 항불안제(anxiolytics): 불안, 불면, 진정이 필요할 때 처방이 되곤 하나 의존성, 남용, 탈억제 부작용에 주의해야 함. 로라제팜, 알프라졸람, 클로나제팜, 디아제팜 등 벤조디아제핀 계열 약제.
- 수면유도제(hypnotics): 불면에 도움을 주기 위해 처방되곤 하나 의존성, 남용, 탈억제, 몽유병, 야간폭식 등의 부작용에 주의해야. 졸피뎀, 조피스타

✓ www.druginfo.co.kr(약전사이트) 간단한 회원가입 & 로그인 통해 약물에 대한 효과, 부작용 정보 알 수 있음.

30

지적장애자 문제행동 조절을 위한 정신과 약물 사용 원칙 가이드라인(1)

- 약물 처방을 고려할 때에 주의할 점
  - ✓ 약물 처방은 환자의 최선의 이익을 위해서만 사용되어야 함
  - ✓ 약물 처방은 비약물적 관리 만으로 어려울 때에 사용되어야 함. 또한 약물 처방은 비약물적 관리와 함께 제공되어야 함.
  - ✓ 가능한 경우 비용효과성에 대한 근거를 고려해야 함.
  - ✓ 이전에 효과가 있었던 약물과 그렇지 않은 약물에 대한 정보를 반드시 참고해야 함.
  - ✓ 이전에 사용했던 약물에서 받아들이기 어려운 부작용이 있었을 경우, 세부적 내용을 파악해야 함.
  - ✓ 치료 계획에서 가용한, 가용하지 않은 치료 방법이 치료 계획 수립 시에 고려되어야 함.
  - ✓ 적합한 지역, 국가 가이드라인 하에 처방이 이루어져야 함.

(Deb S et al. World Psychiatry, 2009)

31

지적장애자 문제행동 조절을 위한 정신과 약물 사용 원칙 가이드라인(2)

- 약물 처방 이후에 지켜야 할 점
  - ✓ 적절한 신체 검진과 실험실 검사가 일정한 시간 간격을 두고 수행되어야 함.
  - ✓ 환자, 가족, 그리고 돌봄 제공자에게 허가된 적응증 밖에서의 사용에 대해 설명되어야 함. 이 경우, 효과성에 대한 근거를 설명해주어야 함.
  - ✓ 약물치료에 대해 결정할 핵심 인물을 확인해야 함. 관련 당사자와 약물과 관련된 모든 변화를 소통해야 함.
  - ✓ 만약 가능하다면, 처방 당시에 추천되는, 보호자가 동의한 치료 계획 사본을 제공함.
  - ✓ 가능한 한 효과와 부작용을 평가할 객관적인 방법이 있어야 함(표준화된 척도, 목표 행동의 강도와 빈도 등).
  - ✓ 지속적인 모니터링을 위한 추적 진료 및 평가가 필요함.
  - ✓ 가능하면 한 번에 한 가지 약물을 처방해야 함(가능한 한 최소한의 약물 사용).
  - ✓ 낮은 용량에서 시작하여 필요한 경우에 천천히 증량해야 함(start low, go slow).
  - ✓ 약물은 가능한 한 낮은 용량으로 필요한 최소한의 시간 동안 사용되어야 함.
  - ✓ 약물 중단을 고려해야 하고, 비약물적 관리에 대한 탐색이 동반되어야 함.

(Deb S et al. World Psychiatry, 2009)

32

함께하는의사결정(Shared decision making)

질병과 약물 지식의 전문가인 **의사**와
질병과 약물의 경험자인 **환자와 가족**이
서로를 존중하는 마음으로 **정보를 주고받아**
최선의 치료를 선택해나가는 것

33

	가부장적 모델	함께하는 의사결정 (SDM) 모델	당사자 선택 모델
치료자의 역할	적극적: • 모든 정보를 가지고 있다. • 자신이 알고 있는 최선의 치료법을 선택한다.	적극적: • 알고 있는 모든 정보를 당사자와 공유한다. • 선택 가능한 치료법을 추천할 수 있다. • 당사자와 함께 치료법을 선택한다.	수동적: • 알고 있는 모든 정보를 당사자와 공유한다. • 어떤 결정도 하지 않는다.
당사자의 역할	수동적: • 치료자의 결정을 받아들인다.	적극적: • 모든 정보를 받는다. • 스스로 결정을 내린다. • 치료자와 더 선호하는 치료법에 대해 상의한다. • 치료자와 함께 치료법을 선택한다.	적극적: • 모든 정보를 받는다. • 스스로 결정을 내린다. • 당사자 혼자 결정한다.
의사결정 책임	치료자	치료자와 당사자	당사자

34

발달장애인과의 의사소통

- 존중과 배려. 발달장애인 성인에게는 나이에 맞는 호칭과 언어를 사용해 대화해야.
- 대화를 할 때 구체적이고 쉬운 말을 사용.
  (예: "길동 씨가 준비되면 우리는 식사를 하러 갈 거예요."라고 말하기보다는 "길동 씨, 컴퓨터를 끄세요. 그러면 우리는 점심을 먹으러 갈 거예요."라고 말하기)
- AAC(Augmentative and Alternative Communication)라는 보완·대체의사소통 활용
  - AAC는 말(구어) 대신에 의사소통 도구 등 다른 대체적인 방법으로 의사소통을 하는 것임.
  - 발달장애인은 청각적, 언어적 정보를 처리하는데 취약성을 가지고 있지만, 눈으로 보고 확인할 수 있는 시각적 정보를 처리하고 기억하는 데 강점(말로만 정보를 들려주는 것은 그 정보를 기억해야 하는 발달장애인에게 어려움을 줄 수도. 같은 정보를 그림, 사진 또는 종이 위에 쓰인 글자로 제공해 주었을 때 그것을 더 잘 기억하고 사용할 수 있기도.)
- 대화를 할 때는 무엇을 하지 말라는 '부정어'보다 어떻게 하라고 하는 '긍정어'를 사용하면 발달장애인이 더 쉽게 이해할 수 있음. 예를 들어 발달장애인이 대중교통 이용 시 "마스크를 안 쓰면 버스를 탈 수 없어요."보다는 "마스크를 쓰고 버스에 타 주세요."라고 말하는 편이 더 이해하기 쉽고, 이후에 어떻게 해야 하는지까지 알 수 있음.

1) 발달장애인과의 의사소통 - 미디어생활 칼럼
https://www.imedialife.co.kr/news/articleView.html?idxno=32944
2) 발달장애인 활동지원 프로그램 메뉴얼.
꿈고래놀이터, 소통과지원연구소.

35

STOMP (영국)

- 'Stopping over medication of people with a learning disability, autism or both (STOMP)'
- 2015년부터 시작된 발달장애인의 과도한 정신과약물 처방을 감소시키기 위한 것을 목표로 하는 영국의 국가단위 프로젝트
- **핵심가치:** '의료인, 돌봄 제공자, 가족들이 협력하여 지적장애나 자폐증을 가진 환자에게 정신과 약물을 과도하게 사용하지 않도록 한다. 그리고 이를 통해 이들의 삶의 질을 높인다.'

36

STOMP의 메시지

- STOMP는 정신과약물을 너무 오래 복용하거나, 너무 많이 복용하거나, 혹은 잘못된 근거로 복용을 하게 되면 **'체중 증가, 피로감, 심각한 신체적 건강 문제'** 와 같은 부작용이 발생할 수 있다고 지적.
- STOMP 프로젝트는 발달장애인의 주돌봄자인 가족 뿐만 아니라 주치의, 정신과 의사, 심리학자, 약사, 간호사, 사회복지사 등을 위한 관련 교육 및 안내자료를 제공하는 사업 등을 수행.

37

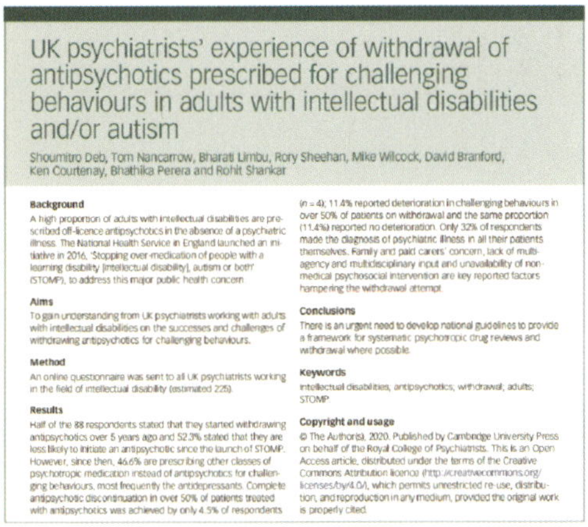

UK psychiatrists' experience of withdrawal of antipsychotics prescribed for challenging behaviours in adults with intellectual disabilities and/or autism

Shoumitro Deb, Tom Nancarrow, Bharati Limbu, Rory Sheehan, Mike Wilcock, David Branford, Ken Courtenay, Bhathika Perera and Rohit Shankar

Background
A high proportion of adults with intellectual disabilities are prescribed off-licence antipsychotics in the absence of a psychiatric illness. The National Health Service in England launched an initiative in 2016, 'Stopping over-medication of people with a learning disability [intellectual disability], autism or both' (STOMP), to address this major public health concern.

Aims
To gain understanding from UK psychiatrists working with adults with intellectual disabilities on the successes and challenges of withdrawing antipsychotics for challenging behaviours.

Method
An online questionnaire was sent to all UK psychiatrists working in the field of intellectual disability (estimated 225).

Results
Half of the 88 respondents stated that they started withdrawing antipsychotics over 5 years ago and 52.3% stated that they are less likely to initiate an antipsychotic since the launch of STOMP. However, since then, 46.6% are prescribing other classes of psychotropic medication instead of antipsychotics for challenging behaviours, most frequently the antidepressants. Complete antipsychotic discontinuation in over 50% of patients treated with antipsychotics was achieved by only 4.5% of respondents ($n = 4$); 11.4% reported deterioration in challenging behaviours in over 50% of patients on withdrawal and the same proportion (11.4%) reported no deterioration. Only 32% of respondents made the diagnosis of psychiatric illness in all their patients themselves. Family and paid carers' concern, lack of multi-agency and multidisciplinary input and unavailability of non-medical psychosocial intervention are key reported factors hampering the withdrawal attempt.

Conclusions
There is an urgent need to develop national guidelines to provide a framework for systematic psychotropic drug reviews and withdrawal where possible.

Keywords
intellectual disabilities; antipsychotics; withdrawal; adults; STOMP.

Copyright and usage
© The Author(s), 2020. Published by Cambridge University Press on behalf of the Royal College of Psychiatrists. This is an Open Access article, distributed under the terms of the Creative Commons Attribution licence (http://creativecommons.org/licenses/by/4.0/), which permits unrestricted re-use, distribution, and reproduction in any medium, provided the original work is properly cited.

- **225명의 지적장애 담당 정신과 의사 인터넷 설문. 이중 88명의 응답.**
- **STOMP 시작 후 지적장애 환자 진료를 하는 정신과 의사 52.3%에서 항정신병약물 처방이 줄음.**
- 50% 이상의 지적장애 환자에서 항정신병약물을 중단한 정신과의사는 4.5%
- **대다수인 60.2%는 1~25%의 담당 환자에서 항정신병 약물을 중단함. 32%의 응답자만이 모든 환자에서 정신질환 진단명을 붙임.**
- 정신과 약물 중단이 어려운 이유는 가족과 돌봄 직원의 염려, 다학제 인력 협력의 부재, 비약물적 정신사회적 개입의 부재 등

=>체계적 정신과 약물 리뷰와 종결에 대한 국가 가이드라인 개발이 필요

(BJPsych Open. 2020 Sep 17;6(5):e112.)

38

은평재활원-살림의원 협력 사례

- 남/24세. 중증 자폐장애.

2020-5-7	2021-9-7
쿠에타핀 100mg 1알	리스페달 2mg 1알
바렙톨서방정 300mg 1알	쿠에타핀 12.5mg 반알
환인벤즈트로핀 1mg 1.5알	
리스페달 2mg 1알, 0.5mg 1알	
(1년 총 약제비 627,982원)	(1년 총 약제비 291,270원)
-이마를 책상이나 벽에 스스로 박아 이마 피부 찢어짐. 열상 치료 및 X-ray/CT 촬영 위해 수시로 응급실 내원 -바렙톨서방정 부작용으로 갑상선기능저하증. 구역/구토/위장장애로 위내시경 검사, 갑상선 치료	-현재 안정된 상태 유지 중

39

약 사용은 비행기 여행을 하듯이 한다.

이룩
정신과 약 시작하기

- 약을 시작할 때는 낮은 용량에서 서서히 증량
- 약의 효과와 사용을 권하는 이유를 설명
- 발생할 수 있는 흔한, 중요한 부작용에 대해 설명

항로 유지
정신과 약 유지하기

- "언제까지 약을 먹어야 하나요?"
- 정답은 없음
  효과가 나타나는 데까지 1~3주
  충분한 효과 경험까지 2~3달
  안정을 지속하기 위해 6개월 가량 유지해 볼 수 있음
- 마음이 힘든 기간이 길거나 힘든 정도가 크면 치료기간도 오래 걸릴 수 있음
- 적절한 시간 동안 부작용이 없다면 중요한 약의 용량이 충분히 투여 되어야

치료 종결

정신과 약 덜어가기

- 마음의 힘듦이 충분히 덜어졌을 때/환자와 가족이 원할 때/부작용으로 인한 어려움이 더 클 때
  (안정이 3~6개월 지속 되면, 큰 삶의 변화가 없는 안정기에)
- 함께 상의하여 결정하면 남은 과정에서 치료에 자발적, 적극적으로 참여할 수 있음
- 재발에 주의해야 함
- 불필요한 약부터 서서히 줄여 감(금단증상 방지를 위해)

더하여!
발달장애인의 노화와 건강관리!

46

발달장애인의 노화와 건강격차

- 발달장애인의 경우 일반 인구에 비해 건강 나이의 비율이 낮음
- 건강격차의 이유 – 자연적 생물학적 차이, 건강 행동의 차이(운동 참여, 활동 등), 건강에 좋지 않은 생활 여건, 필수 건강 관련 서비스에 대한 접근의 어려움, 사회적 계층 이동, 공병 질환 등

47

노화와 기대여명

- 다운증후군의 경우 1949년에는 기대여명이 12세였으나 2004년에는 기대여명이 60세 가량 됨
- 하지만 여전히 중등도, 중증 지적장애의 경우 일반 인구보다 기대수명이 낮음(남성 65세, 여성 63세)
- 영국의 경우 통계적으로 일반 인구보다 16년 일찍 사망
- 첫째 사망원인은 폐렴, 두번째는 알츠하이머 치매

48

일반 인구보다 더 일찍, 더 많이 경험하는 건강 이슈

- 보행, 이동의 제한
- 시력/청력의 저하
- 심혈관 건강 위험, 고혈압, 제2형 당뇨병
- 치매, 우울증 등

- 연관 요인들: 발달 장애 자체, 동반 질환, 의료 접근성, 생활 습관, 환경 등 ➔ 이 중 개선 가능한 것은 개선의 노력이 필요

49

생활 건강 위험 요인

- 가장 흔한 생활 건강 위험 요인
  - 흡연 및 간접흡연
  - 음주
  - 과체중 지속
  - 낮은 신체 활동 수준

Age	19–34 y (n = 436)	35–54 y (n = 516)	55–64 y (n = 198)	65+ y (n = 103)	Total (N = 1253)
Smoking					
No	91.5	90.0	90.4	85.1	90.1
Now and then	3.7	4.3	3.0	4.0	3.9
Daily	4.8	5.7	6.6	10.9	6.0
Alcohol use					
Never	71.2	61.5	60.5	60.0	64.6
Less than twice a month	23.0	26.1	29.1	27.0	25.6
1–2 days a week	4.0	8.5	4.1	10.0	6.3
3–6 days a week	0.7	1.8	2.6	3.0	1.6
Every day	1.2	2.2	3.6	0.0	1.9
Physical activity					
Sedentary	52.4	49.0	53.3	60.9	51.8
Light activities 4 hours a week	36.8	45.4	42.8	37.0	41.4
Gardening, jogging, recreational sports 4 hours a week	9.0	5.0	2.8	1.1	5.7
Hard training, competitive sports more than once a week	1.8	0.6	1.1	1.1	1.1

Haveman et al., 2011

Fig. 15.2 Lifestyle risk factors in adults with ID according to age (%). Haveman et al.

(The European POMONA data)

50

흡연

- 중증, 중등도 지적장애에서는 낮은 빈도를 보이나
  경도-경계선 지적장애의 경우에는 더 높은 빈도를 보임
- 흡연은 복용하는 약물의 효과를 줄이기도 함
- 시설에서는 '보상' 으로 잘못 활용 되기도 했음
- 심혈관질환, 당뇨병, 암 등의 위험요인

51

과체중 및 비만

- 과체중(BMI 25.5~30), 비만(BMI>30)
  → 심혈관질환, 폐질환, 대사성질환, 암, 골다공증, 생식기능 이상 등의 확률을 높임
- 위험요인: 다운증후군, 고령, 스스로 음식 준비를 할 수 없음, 고지방 음식 섭취, 적은 신체 활동, 항정신병약물의 사용 등
- 과체중 및 비만으로 인해 고혈압, 고지혈증, 당뇨병 확률이 3-10배 높아짐
- 미국 경도, 중등도 지적장애 당사자의 45%가 과체중, 8%가 비만
- 신선 식품의 섭취(채소 과일 등), 신체 움직임이 도움이 될 수 있음

52

생활 습관을 고려한 개입

- 신체 활동은 사망률을 낮출 뿐 아니라 심혈관질환, 고혈압, 비만, 당뇨병, 변비, 골다공증 유병률도 낮춤
- 신체활동 증가는 발달장애 성인 인구의 건강 상태를 높일 가장 효과적인 방법
- 발달장애 성인의 신체 활동, 운동 수준은 낮은 편
  (노년의 경우에도 발달장애인의 활동이 일반인보다 더 낮음)
- **발달장애 성인 운동, 신체활동의 방해 요인:** 인지, 사회 감정적 장벽(동기 부족, 자기 효능감 부족, 결과 예측 능력 부족), 접근성 이슈(이동, 도구나 장비에 대한 접근성 부족, 돈), 가족/돌봄 직원의 신체활동 촉진 및 지지에 대한 동기가 부족함

발달장애인은 허약하다는 편견을 버려야 한다!
조금이라도 움직일 수 있도록 독려해야 한다!

53

하루 22분만 움직이기

WHO 2020 신체활동 가이드라인

- 몸 움직임은 신체건강 뿐 아니라 인지기능, 삶의 질, 정신건강, 수면의 질을 높인다.
- "조금이라도 움직이는 게 안 움직이는 것보다 낫다!"
- "앉는 시간을 줄이자!"
- 권고안을 충족하지 않아도 신체활동은 건강에 도움이 된다.

54

식이, 영양

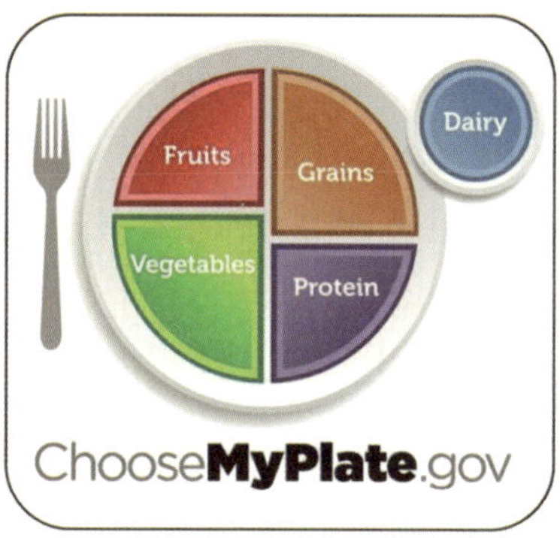

1. 평생에 걸쳐 건강한 식습관 패턴을 따르기
2. 칼로리를 생각하고 다양하게, 영양가 높은, 적절한 양을 섭취하도록 한다.
3. 설탕, 포화지방을 통한 칼로리 섭취는 제한하고, 염분 섭취를 줄인다.
4. 좀 더 건강한 음식을 선택한다. (풍부한 채소, 건강한 단백질 등)
5. 모든 환경에서 건강한 식이를 돕도록 한다.

55

THE HEALTHY EATING PYRAMID

Department of Nutrition, Harvard School of Public Health

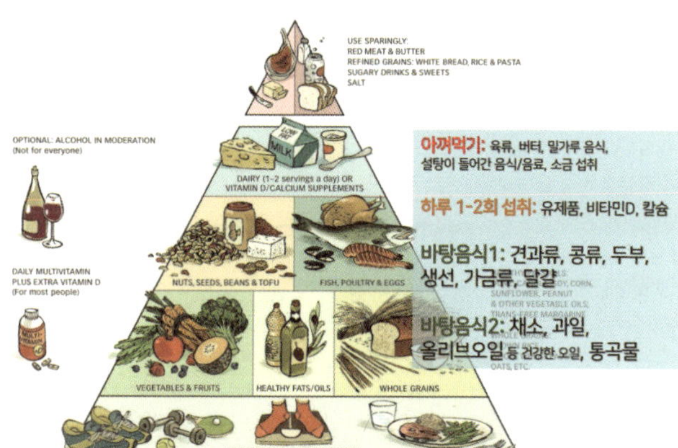

출처: https://www.hsph.harvard.edu/nutritionsource/healthy-eating-pyramid/

56

발달장애인의 노화와 신체건강(1)

- **일반인에 비해 진단을 놓칠 경우가 많기 때문에 정기적 검진이 필요**
- 시력 저하: 노안, 황반변성(, 백내장(수정체 흐림), 녹내장(눈의 압력 상승)
- 청력 저하: 만성 중이염, 귀지로 인한 전도성 난청, 감각신경성 난청, 혼합형 난청
- 뇌전증: 일반인의 20배. 적절한 진단과 치료가 필요
- 심장질환: 서구 사회에서는 일반인과 같이 발달장애인 사망원인 1위. 위험요인 - 흡연, 영양 부족, 운동 및 신체 활동 부족.

57

발달장애인의 노화와 신체건강(2)

- 당뇨병: 위험요인 – 고지혈증, 27 이상의 체질량지수, 주간 운동 부족, 고혈압. (지적장애가 심할 수록 당뇨병 위험은 줄어듬)
- 소화기질환: 집단 생활 시 헬리코박터 파이로리 감염률이 더 높음. 위식도역류질환 발생률도 높음(증상 – 가슴통증, 역류, 소화불량, 기관지 경련). 한 연구에 의하면 40-50%
- 근골격계 질환: 유산소운동과 골밀도의 연관성. 골다공증 – 작은 신체, 성발달저하, 다운증후군, 애초에 낮은 근육 발달 정도와 관련됨.
- 암: 발달장애인 10명 중 1명은 암으로 사망. 암 정기검진이 필요.

58

발달장애인의 치매

- 치매: 뇌의 병리학적 악화로 인해 발생하는 기억력 저하, 인지 능력 손상, 행동 변화 증후군
- 진행성 단계에서는 시력, 언어 능력, 움직임, 대소변가리기에도 어려움이 생길 수 있음
- 다운증후군의 경우 일반 인구보다 더 젊은 나이에 치매 발생
  - 감정 변화, 사회적 행동, 동기 상실이 미묘하고 점진적으로 올 수 있음
- 기저 기능(baseline function)의 평가가 중요

Table 13.1 Approximate prevalence of dementia in people with DS by age

Age of individuals with Down syndrome	Estimated prevalence of Alzheimer's dementia (%)
30–39	3
40–49	10
50–59	40
>60	>40

오늘의 핵심 요약

- 발달장애인의 정신과적 어려움은 적지 않다.
- 발달장애인의 정신과 약물 사용 비율도 적지 않다.
- 모든 약은 효과와 부작용이 있을 수 있으므로 신중하게 사용해야 한다.
- 정신과 약 사용은 비행기 여행하듯이 한다.
- 발달장애인의 신체 건강을 위해 좋은 영양, 적절한 움직임, 신체 검진을 챙겨야 한다.

60

참고문헌

- Deb S, et al. International guide to prescribing psychotropic medication for the management of problem behaviours in adults with intellectual disabilities. World Psychiatry. 2009 Oct;8(3):181-6.
- Houghton R, et al. Psychiatric comorbidities and use of psychotropic medications in people with autism spectrum disorder in the United States. Autism Res 2017;10:2037-47.
- Kaplan and Sadock's Synopsis of Psychiatry, 11th edition
  - 29.1 General Principles of Psychopharmacology
  - 31.3 Intellectual Disability
  - 31.5 Autism Spectrum Disorder
- Marquis SM, et al. Mental health of parents of children with a developmental disability in British Columbia, Canada. J Epidemiol Community Health. 2020 Feb;74(2):173-178.
- Sheehan R, et al. Mental illness, challenging behaviour, and psychotropic drug prescribing in people with intellectual disability:UK population based cohort study. BMJ 2015;351:h4326.
- Stopping over medication of people with a learning disability, autism or both (STOMP) 웹페이지. https://www.england.nhs.uk/learning-disabilities/improving-health/stomp/
- Vee P. Prasher et al. Mental Health, Intellectual and Developmental Disabilities and the Ageing Process. Springer International Publishing. Kindle Edition.
- Vee P. Prasher, Matthew P. Janicki. Physical Health of Adults with Intellectual and Developmental Disabilities (p. 332). Springer International Publishing. Kindle Edition.
- 국립특수교육원. 발달장애 양육길라잡이. 2016.
- 김나리. 미디어생활. 발달장애인과의 의사소통. 2020.09.11. https://www.imedialife.co.kr/news/articleView.html?idxno=32944
- 꿈고래놀이터, 소통과지원연구소. 발달장애인 활동지원 프로그램 매뉴얼(2022년 경기도 협동조합 공유협업모델 지원사업).
- 샌드라 스테인가드 저, 장창현 역. 비판정신의학 논쟁 그리고 임상적용. 건강미디어협동조합. 2020.
- 패밀리 링크. 제4과 함께하는 의사결정(Shared Decision Making, SDM). 패밀리 링크, 제7판. 2017.
- 한국장애인복지시설협회. 발달장애인의 정신과 약물복용에 대한 고찰: 복지, 의료, 심리의 통합적 접근. 2018.

61

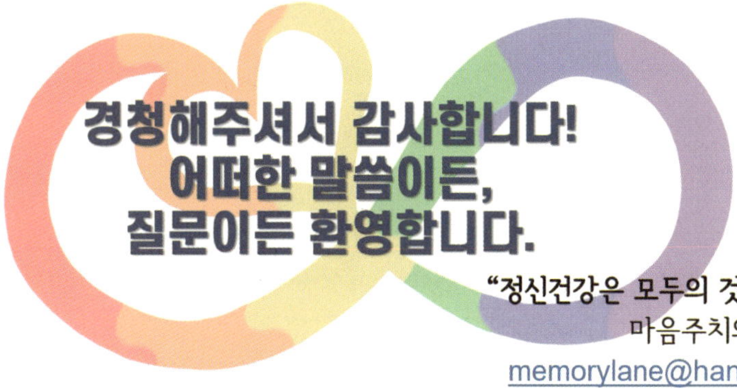

"정신건강은 모두의 것입니다!"

마음주치의 장창현
memorylane@hanmail.net

We all think differently

함께한 사람들

■ 편집자: 하성도 원장, 장보석 사무국장, 김종수/이보라 부장, 이동준/조영애 팀장, 김정애 간호사, 김충 작업치료사

■ 집필자(이하 가나다순)
- 평범한삶부: 김규리, 김명화, 김영환, 박성신, 박현주, 이동준, 이보라, 이용운, 정소라, 정수진, 조명희,조영상, 조영애, 조한나, 최인석 사회복지사(생활지도원)
- 건강한삶부: 김정애 간호사, 김종수 물리치료사, 김종찬 언어재활사, 김충 작업치료사, 전유미 영양사
- 촉탁의: 추혜인 원장(가정의학과 전문의)
- 장보석 사무국장

■ 의료사례회의 참석자
- 평범한삶부: 권병진, 김명화, 김소영, 김영환, 김애경, 문호준, 박성신, 박현주, 이동준, 이보라, 이용운, 이진명, 장국형, 정소라, 정진욱, 조명희, 조성향, 조영상, 조영애, 조한나, 최인석, 한상우 사회복지사(생활지도원) 외
- 건강한삶부: 김정애 간호사, 김종수 물리치료사, 김종찬 언어재활사, 김충 작업치료사, 전유미 영양사
- 행복한삶부: 박지영, 이민경, 이상원 사회복지사
- 촉탁의, 정신건강의학과 전문의: 추혜인 원장, 장창현 과장
- 하성도 원장, 장보석 사무국장
- 퇴사자: 김규리, 김수미, 김은희, 박진규, 변석빈, 염영일, 유희정, 이순, 이해리, 전정민, 정수진, 황인영 외

■ 아산사업 TFT
- 평범한삶부: 이동준, 이보라, 조영애 사회복지사(생활지도원)
- 건강한삶부: 김정애 간호사, 김종수 물리치료사, 김충 작업치료사, 전유미 영양사
- 행복한삶부: 박지영 상담평가요원
- 장보석 사무국장

■ 자문위원(감수)
- 김병순 소장(전 KOMI&복지연구소)
- 김봉선 교수(숭의여대 사회복지학과)
- 문회원 국장(서울시장애인일자리통합지원센터)
- 장창현 과장(신천연합병원 정신건강의학과)

사회복지법인 엔젤스헤이븐
은평재활원

미션 / 비젼 / 핵심가치 / 행동규범

Mission 우리는 입주자의 건강한 삶, 평범한 삶, 행복한 삶을 위해 함께 합니다.

Vision 1 사람 중심의 인권경영

Vision 2 개별지원 체계화 (사람중심계획과 코미시스템 도입)

Vision 3 지역사회와 함께하는 성장과 자립

Vision 4 (가칭) 돌봄지원전문센터 운영

핵심가치 ▶ 서로 존중, 자유로운 소통, 함께하는 성장

행동규범 ▼

존중

1) 존칭, 존댓말과 긍정적인 언어를 사용하고, 구체적으로 칭찬합니다.
- "고맙습니다, 덕분이에요, 잘하셨어요, 좋아요"

2) 입주자 스스로 선택하고 결정하도록 지지하고, 기다립니다.
- 지원하기 전에 의견을 여쭙고, 동의를 구하기
- "아침 식사하시겠어요?", "지금 간식 드릴까요?", "산책하러 나가고 싶으세요?", "둘 중 어떤 것을 하고 싶으세요?"

3) 입주자와 맺은 계약과 약속을 반드시 지킵니다.

소통

1) 입주자의 말을 경청합니다.
- 하고자 하는 말을 끝까지 듣습니다.

2) 이해하기 쉬운 말로 전달합니다.
- 구체적이고 명확하게 설명하고, 답합니다.

3) 지역사회의 소식과 다양한 정보를 공유하고, 함께 참여합니다.

성장

1) 성장을 위해 도전하고, 지지하고, 칭찬합니다.
- "최고에요, 잘 하고 있어요", "할 수 있어요"

2) 입주자의 장점과 재능을 살린 직업을 연결합니다.
- 예체능, 사무, 바리스타 등의 재능발굴, 연계

3) 전문성 향상을 위한 개인의 목표를 설정하고 실천합니다.
- 학업, 전문자격 취득, 외부교육 이수

www.changel.or.kr

건강하고 평범한 삶을 위한 발자국

편저자 · 은평재활원

발행인 · 이명묵
디자인 · 김선미

발행일 · 2025.7.31.
발행처 · 도서출판 인간과복지
신　고 · 제 2019-000007호
주　소 · 경기도 파주시 문발로 119 200호
전　화 · 02-383-0743
팩　스 · 02-382-3486
이메일 · hwbook22@daum.net
카　페 · https://cafe.daum.net/hwbook1

값 · 30,000원

ISBN 978-89-8007-231-6 93330

※ 이 사례집은 아산사회복지재단과 사회복지법인 엔젤스헤이븐 지원으로 제작되었습니다.

※ 사례집의 수익금은 입주자 건강관리 지원을 위해 사용됩니다.

문의가 필요하신 경우 은평재활원(02-385-2046)으로 연락주시기 바랍니다.